资本论
选读和简论

[德]卡尔·马克思 / 著 刘炳瑛 / 选论

Capital:
A Critique of Political Economy

华夏出版社

图书在版编目（CIP）数据

《资本论》选读和简论／（德）卡尔·马克思著；刘炳瑛选论．--北京：华夏出版社，2016.8（2024.7重印）
　　ISBN 978-7-5080-8895-2

Ⅰ．①资…　Ⅱ．①卡…　②刘…　Ⅲ．①《资本论》－马克思著作研究　Ⅳ．① A811.23

中国版本图书馆 CIP 数据核字 (2016) 第 154662 号

版权所有　翻印必究

《资本论》选读和简论

作　　者	［德］卡尔·马克思
选　　论	刘炳瑛
策划编辑	陈小兰
责任编辑	陈小兰　　增　慧
出版发行	华夏出版社有限公司
经　　销	新华书店
印　　装	三河市少明印务有限公司
版　　次	2016 年 8 月北京第 1 版 2024 年 7 月北京第 6 次印刷
开　　本	720×1030　1/16 开
印　　张	38.75
字　　数	576 千字
定　　价	58.00 元

华夏出版社有限公司　地址：北京市东直门外香河园北里 4 号　邮编：100028
　　　　　　　　　　网址：www.hxph.com.cn　电话：（010）64663331（转）
若发现本版图书有印装质量问题，请与我社营销中心联系调换。

马克思1867年8月16日给恩格斯的信

献　给

我的难以忘怀的朋友

勇敢的忠实的高尚的无产阶级先锋战士

威廉·沃尔弗

1809 年 6 月 21 日生于塔尔瑙

1864 年 5 月 9 日死于曼彻斯特流亡生活中

《资本论》选读和简论说明

《资本论》博大精深，对其选读和简论，是一项需要深入研究的课题。本社特邀中共中央党校教授、博士生导师、《资本论》研究专家刘炳瑛，对《资本论》做选读和简论。在这里说明几点。

1. 保持《资本论》体系及其篇、章、节框架，从中选读科学原理的论述。
2. 面对当代普遍存在的市场经济的现实，突出选读《资本论》对商品、货币、资本、市场的论述。
3. 适应《资本论》教学和自学的需要，从《资本论》一至三卷的250多万字中，选读50万字，并做解读简论。
4. 《资本论》的解读简论，深入浅出，对当代怎样学习研究《资本论》提出了切实有效的方法，特别对《资本论》的科学原理及其实践意义，紧密联系实际，从理论和实践的结合上做了简明阐述。
5. 本书选读和简论的《资本论》，采用了中共中央马恩列斯著作编译局的译本，人民出版社2004年版。

华夏出版社
2006年11月

目 录

《资本论》简论

《资本论》概观 …………………………………………… 1
领会马克思对阅读《资本论》的提示 …………………… 7
《资本论》第一卷选读的理论内容及其实践意义 ……… 12
《资本论》第二卷选读的理论内容及其实践意义 ……… 37
《资本论》第三卷选读的理论内容及其实践意义 ……… 46

《资本论》选读

第一卷 资本的生产过程

马克思 第一版序言 ……………………………………… 69
马克思 第二版跋 ………………………………………… 72
马克思 法文版序言和跋 ………………………………… 75
恩格斯 第三版序言 ……………………………………… 76
恩格斯 英文版序言 ……………………………………… 78

第一篇　商品和货币

第1章　商　品 ·· 82
　1. 商品的两个因素：使用价值和价值（价值实体，价值量）··· 82
　2. 体现在商品中的劳动的二重性 ························ 86
　3. 价值形式或交换价值 ······························· 90
　4. 商品的拜物教性质及其秘密 ························ 101
第2章　交换过程 ······································ 109
第3章　货币或商品流通 ······························ 114
　1. 价值尺度 ·· 114
　2. 流通手段 ·· 117
　3. 货币 ·· 128

第二篇　货币转化为资本

第4章　货币转化为资本 ······························ 136
　1. 资本的总公式 ···································· 136
　2. 总公式的矛盾 ···································· 137
　3. 劳动力的买和卖 ·································· 139

第三篇　绝对剩余价值的生产

第5章　劳动过程和价值增殖过程 ····················· 146
　1. 劳动过程 ·· 146
　2. 价值增殖过程 ···································· 152
第6章　不变资本和可变资本 ·························· 155
第7章　剩余价值率 ·································· 157
　1. 劳动力的剥削程度 ································ 157
　2. 产品价值在产品相应部分上的表现 ················· 158
　3. 西尼耳的"最后一小时" ························· 158

4. 剩余产品 ··· 159

第 8 章　工作日 ··· 160

　　1. 工作日的界限 ··· 160

　　2. 对剩余劳动的贪欲。工厂主和领主 ····························· 161

　　3. 在剥削上不受法律限制的英国工业部门 ····················· 162

　　4. 日工和夜工。换班制度 ·· 163

　　5. 争取正常工作日的斗争。14 世纪中叶至 17 世纪末叶
　　　 关于延长工作日的强制性法律 ···································· 164

　　6. 争取正常工作日的斗争。对劳动时间的强制的法律限制。
　　　 1833～1864 年英国的工厂立法 ···································· 165

　　7. 争取正常工作日的斗争。英国工厂立法对其他国家
　　　 的影响 ·· 166

第 9 章　剩余价值率和剩余价值量 ······································· 167

第四篇　相对剩余价值的生产

第 10 章　相对剩余价值的概念 ·· 172

第 11 章　协　作 ·· 176

第 12 章　分工和工场手工业 ··· 182

　　1. 工场手工业的二重起源 ·· 182

　　2. 局部工人及其工具 ··· 183

　　3. 工场手工业的两种基本形式——混成的工场手工业和有机
　　　 的工场手工业 ··· 184

　　4. 工场手工业内部的分工和社会内部的分工 ················ 186

　　5. 工场手工业的资本主义性质 ····································· 188

第 13 章　机器和大工业 ·· 189

　　1. 机器的发展 ··· 189

　　2. 机器的价值向产品的转移 ··· 190

　　3. 机器生产对工人的直接影响 ····································· 192

　　4. 工厂 ·· 193

　　5. 工人和机器之间的斗争 ·· 194

6. 关于被机器排挤的工人会得到补偿的理论 …………… 195
7. 工人随机器生产的发展而被排斥和吸引。棉纺织业的危机 ……………………………………………… 195
8. 大工业所引起的工场手工业、手工业和家庭劳动的革命 ……………………………………………… 196
9. 工厂立法（卫生条款和教育条款）。它在英国的普遍实行 ……………………………………………… 199
10. 大工业和农业 ……………………………………… 201

第五篇　绝对剩余价值和相对剩余价值的生产

第14章　绝对剩余价值和相对剩余价值 ………………… 204
第15章　劳动力价格和剩余价值的量的变化 …………… 209
  1. 工作日的长度和劳动强度不变(已定)，劳动生产力可变 … 210
  2. 工作日和劳动生产力不变，劳动强度可变 …………… 210
  3. 劳动生产力和劳动强度不变，工作日可变 …………… 211
  4. 劳动的持续时间、劳动生产力和劳动强度同时变化 … 211
第16章　剩余价值率的各种公式 ………………………… 212

第六篇　工　资

第17章　劳动力的价值或价格转化为工资 ……………… 216
第18章　计时工资 ………………………………………… 217
第19章　计件工资 ………………………………………… 218
第20章　工资的国民差异 ………………………………… 219

第七篇　资本的积累过程

第21章　简单再生产 ……………………………………… 223
第22章　剩余价值转化为资本 …………………………… 227
  1. 规模扩大的资本主义生产过程。商品生产所有权规律

   转变为资本主义占有规律 …………………………… 227
  2. 政治经济学关于规模扩大的再生产的错误见解 ………… 231
  3. 剩余价值分为资本和收入。节欲论 ……………………… 232
  4. 几种同剩余价值分为资本和收入的比例无关但决定
   积累量的情况：劳动力的剥削程度；劳动生产力；所
   使用的资本和所消费的资本之间差额的扩大；预付
   资本的量 ……………………………………………………… 234
  5. 所谓劳动基金 …………………………………………… 236

第 23 章 资本主义积累的一般规律 ………………………………… 237
  1. 在资本构成不变时，对劳动力的需求随积累的
   增长而增长 ……………………………………………… 237
  2. 在积累和伴随积累的积聚的进程中资本可变
   部分相对减少 …………………………………………… 240
  3. 相对过剩人口或产业后备军的累进生产 ……………… 243
  4. 相对过剩人口的各种存在形式。资本主义积累
   的一般规律 ……………………………………………… 244
  5. 资本主义积累一般规律的例证 ………………………… 246

第 24 章 所谓原始积累 ………………………………………………… 249
  1. 原始积累的秘密 ………………………………………… 249
  2. 对农村居民土地的剥夺 ………………………………… 250
  3. 15 世纪末以来惩治被剥夺者的血腥立法。
   压低工资的法律 ………………………………………… 251
  4. 资本主义租地农场主的产生 …………………………… 252
  5. 农业革命对工业的反作用。工业资本的国内市场
   的形成 …………………………………………………… 253
  6. 工业资本家的产生 ……………………………………… 254
  7. 资本主义积累的历史趋势 ……………………………… 258

第 25 章 现代殖民理论 ………………………………………………… 261

第二卷　资本的流通过程

恩格斯　序言 ··· 267

第一篇　资本形态变化及其循环

第1章　货币资本的循环 ··· 270
   1. 第一阶段　G—W ··· 270
   2. 第二阶段　生产资本的职能 ······································· 272
   3. 第三阶段　W′—G′ ··· 274
   4. 总循环 ·· 274

第2章　生产资本的循环 ··· 276
   1. 简单再生产 ··· 276
   2. 积累和规模扩大的再生产 ··· 277
   3. 货币积累 ··· 277
   4. 准备金 ·· 278

第3章　商品资本的循环 ··· 279

第4章　循环过程的三个公式 ··· 280

第5章　流通时间 ··· 285

第6章　流通费用 ··· 287
   1. 纯粹的流通费用 ··· 287
   2. 保管费用 ··· 289
   3. 运输费用 ··· 294

第二篇　资本周转

第7章　周转时间和周转次数 ··· 298

第8章　固定资本和流动资本 ··· 300
   1. 形式区别 ··· 300
   2. 固定资本的组成部分、补偿、修理和积累 ························· 306

第 9 章　预付资本的总周转。周转的周期 …………………… 309
第 10 章　关于固定资本和流动资本的理论。重农学派和
　　　　　亚当·斯密 …………………………………………… 312
第 11 章　关于固定资本和流动资本的理论。李嘉图 ………… 313
第 12 章　劳动期间 ……………………………………………… 314
第 13 章　生产时间 ……………………………………………… 316
第 14 章　流通时间 ……………………………………………… 318
第 15 章　周转时间对预付资本量的影响 ……………………… 320
　　1. 劳动期间和流通期间相等 ………………………………… 320
　　2. 劳动期间大于流通期间 …………………………………… 320
　　3. 劳动期间小于流通期间 …………………………………… 321
　　4. 结论 ………………………………………………………… 321
　　5. 价格变动的影响 …………………………………………… 322
第 16 章　可变资本的周转 ……………………………………… 323
　　1. 年剩余价值率 ……………………………………………… 323
　　2. 单个可变资本的周转 ……………………………………… 324
　　3. 从社会的角度考察的可变资本的周转 …………………… 324
第 17 章　剩余价值的流通 ……………………………………… 326
　　1. 简单再生产 ………………………………………………… 326
　　2. 积累和扩大再生产 ………………………………………… 327

第三篇　社会总资本的再生产和流通

第 18 章　导　言 ………………………………………………… 330
　　1. 研究的对象 ………………………………………………… 330
　　2. 货币资本的作用 …………………………………………… 331
第 19 章　前人对这个问题的阐述 ……………………………… 333
　　1. 重农学派 …………………………………………………… 333
　　2. 亚当·斯密 ………………………………………………… 334
　　3. 以后的经济学家 …………………………………………… 336

第20章 简单再生产 ································· 338
  1. 问题的提出 ································· 338
  2. 社会生产的两个部类 ··························· 340
  3. 两个部类之间的交换：Ⅰ(v+m)和Ⅱc的交换 ········· 342
  4. 第Ⅱ部类内部的交换。必要生活资料和奢侈品 ········· 342
  5. 货币流通在交换中的中介作用 ····················· 344
  6. 第Ⅰ部类的不变资本 ··························· 344
  7. 两个部类的可变资本和剩余价值 ··················· 345
  8. 两个部类的不变资本 ··························· 345
  9. 对于亚当·斯密、施托尔希和拉姆赛的回顾 ··········· 347
  10. 资本和收入：可变资本和工资 ····················· 347
  11. 固定资本的补偿 ······························· 348
  12. 货币材料的再生产 ····························· 349
  13. 德斯杜特·德·特拉西的再生产理论 ··············· 350

第21章 积累和扩大再生产 ··························· 351
  1. 第Ⅰ部类的积累 ······························· 351
  2. 第Ⅱ部类的积累 ······························· 354
  3. 用公式来说明积累 ····························· 355
  4. 补充说明 ··································· 360

第三卷 资本主义生产的总过程（上）

恩格斯 序言 ······································ 365

第一篇 剩余价值转化为利润和剩余价值率转化为利润率

第1章 成本价格和利润 ······························· 370
第2章 利润率 ······································· 374
第3章 利润率和剩余价值率的关系 ····················· 376
第4章 周转对利润率的影响 ··························· 378

第 5 章　不变资本使用上的节约 ·············· 381
　1. 概论 ······································· 381
　2. 靠牺牲工人而实现的劳动条件的节约 ········ 387
　3. 动力生产、动力传送和建筑物的节约 ········ 388
　4. 生产排泄物的利用 ························· 389
　5. 由于发明而产生的节约 ····················· 391
第 6 章　价格变动的影响 ······················· 392
　1. 原料价格的波动及其对利润率的直接影响 ···· 392
　2. 资本的增值和贬值、游离和束缚 ············ 393
　3. 一般的例证：1861～1865 年的棉业危机 ······ 396
第 7 章　补充说明 ····························· 397

第二篇　利润转化为平均利润

第 8 章　不同生产部门的资本的不同构成和由此引起的
　　　　利润率的差别 ·························· 400
第 9 章　一般利润率（平均利润率）的形成和商品价值
　　　　转化为生产价格 ······················· 403
第 10 章　一般利润率通过竞争而平均化。市场价格
　　　　 和市场价值。超额利润 ················· 409
第 11 章　工资的一般变动对生产价格的影响 ······ 424
第 12 章　补充说明 ···························· 425
　1. 引起生产价格变化的原因 ··················· 425
　2. 中等构成的商品的生产价格 ················· 425
　3. 资本家的补偿理由 ························· 426

第三篇　利润率趋向下降的规律

第 13 章　规律本身 ···························· 428
第 14 章　起反作用的各种原因 ·················· 430
　1. 劳动剥削程度的提高 ······················· 430

2. 工资被压低到劳动力的价值以下 ……………………… 431
   3. 不变资本各要素变得便宜 ……………………………… 431
   4. 相对过剩人口 …………………………………………… 432
   5. 对外贸易 ………………………………………………… 432
   6. 股份资本的增加 ………………………………………… 433
第 15 章 规律的内部矛盾的展开 …………………………… 434
   1. 概论 ……………………………………………………… 434
   2. 生产扩大和价值增殖之间的冲突 ……………………… 435
   3. 人口过剩时的资本过剩 ………………………………… 436
   4. 补充说明 ………………………………………………… 436

第四篇 商品资本和货币资本转化为商品经营资本和货币经营资本（商人资本）

第 16 章 商品经营资本 ……………………………………… 440
第 17 章 商业利润 …………………………………………… 445
第 18 章 商人资本的周转。价格 …………………………… 453
第 19 章 货币经营资本 ……………………………………… 458
第 20 章 关于商人资本的历史考察 ………………………… 461

第五篇 利润分为利息和企业主收入。生息资本

第 21 章 生息资本 …………………………………………… 468
第 22 章 利润的分割。利息率。"自然"利息率 ………… 470
第 23 章 利息和企业主收入 ………………………………… 472
第 24 章 资本关系在生息资本形式上的外表化 …………… 485
第 25 章 信用和虚拟资本 …………………………………… 487
第 26 章 货币资本的积累，它对利息率的影响 …………… 490
第 27 章 信用在资本主义生产中的作用 …………………… 492
第 28 章 流通手段和资本。图克和富拉顿的见解 ………… 498

第三卷　资本主义生产的总过程（下）

第五篇　利润分为利息和企业主收入。生息资本（续）

第29章　银行资本的组成部分 …………………………… 502
第30章　货币资本和现实资本 I ………………………… 509
第31章　货币资本和现实资本 II（续） ………………… 516
　　1. 货币转化为借贷资本 ………………………………… 516
　　2. 资本或收入转化为货币，这种货币再转化为借贷资本 … 517
第32章　货币资本和现实资本 III（续完） ……………… 519
第33章　信用制度下的流通手段 ………………………… 521
第34章　通货原理和1844年英国的银行立法 …………… 524
第35章　贵金属和汇兑率 ………………………………… 525
　　1. 金贮藏的变动 ………………………………………… 525
　　2. 汇兑率 ………………………………………………… 525
第36章　资本主义以前的状态 …………………………… 527

第六篇　超额利润转化为地租

第37章　导　论 …………………………………………… 532
第38章　级差地租：概论 ………………………………… 541
第39章　级差地租的第一形式（级差地租 I） …………… 548
第40章　级差地租的第二形式（级差地租 II） ………… 552
第41章　级差地租 II——第一种情况：生产价格不变 … 556
第42章　级差地租 II——第二种情况：生产价格下降 … 557
　　1. 追加投资的生产率不变 ……………………………… 557
　　2. 追加资本的生产率降低 ……………………………… 558
　　3. 追加资本的生产率提高 ……………………………… 558

第43章　级差地租 II——第三种情况：生产价格上涨。
　　　　　结论 ·· 559
第44章　最坏耕地也有级差地租 ································ 561
第45章　绝对地租 ·· 562
第46章　建筑地段的地租。矿山地租。土地价格 ·············· 570
第47章　资本主义地租的起源 ···································· 573
　　1. 导　论 ··· 573
　　2. 劳动地租 ··· 573
　　3. 产品地租 ··· 574
　　4. 货币地租 ··· 574
　　5. 分成制和农民的小块土地所有制 ························· 577

第七篇　各种收入及其源泉

第48章　三位一体的公式 ··· 582
　　1 ·· 582
　　2 ·· 583
　　3 ·· 583
第49章　关于生产过程的分析 ···································· 585
第50章　竞争的假象 ·· 587
第51章　分配关系和生产关系 ···································· 590
第52章　阶　级 ·· 597

计量单位和货币名称表 ··· 599
作者简介 ·· 601

《资本论》简论

《资本论》概观

一、《资本论》是"千年思想家"马克思以毕生精力撰写的伟大巨著

1. 马克思由公众评选为公元第二个千年的"千年思想家"

在千年交替之际，1999年，英国剑桥大学文理学院，由教授们发起，以"谁是公元第二个千年思想家"为题，开展评选活动。评选的投票结果，马克思位居第一。

相继，西方颇有影响的作为英国政府广播电视机构的英国广播公司（BBC），在全球互联网上举办评选第二个千年最伟大、最有影响的思想家的投票活动，欢迎世界各地人士依照自己的良知参与投票。投票结果，名列榜首的是马克思。

2. 马克思以毕生精力创作《资本论》，完成由四卷构成的全书

从《马克思恩格斯（资本论）书信集》中可以看到，在《资本论》的成书过程中，马克思夜以继日地"通常从早晨九点到晚上七

点,在英国博物馆的图书馆里撰写";"由于工作量很大,晚上多半都工作到早晨四点钟"。吃饭的时候,往往还没有咽下最后一口饭菜,又匆匆回到摊着书稿的桌前。"在种种困苦的包围之下",马克思长期营养不良,而又劳累过度,致使疾病缠身。但他以惊人的毅力,抵抗着疾病的折磨,坚持创作《资本论》。马克思在与友人通信中写道,"我一直在坟墓的边缘徘徊","不得不利用我还能工作的每时每刻来完成我的著作。为了它,我已经牺牲了我的健康、幸福和家庭","如果我没有全部完成我的这部书(至少是写成草稿)就死去的话,我的确会认为自己是不实际的"。

马克思从1843年开始研究经济问题,陆续写了一系列经济学手稿。这为后来《资本论》成书,提供了研究资料。经过千辛万苦,马克思终于在1865年完成了《资本论》的全部草稿。

《资本论》全书包括四卷。其正文连同脚注有380多万字。其中第一、二、三卷为理论部分,有250多万字,第四卷(包括三册)为史论部分,有130多万字。人们平常说,《资本论》有三大卷,只是指它的理论部分。

二、《资本论》出版传播影响深远

马克思原计划对《资本论》草稿要作为"完整的艺术品"逐卷修订出版。对这草稿,马克思在修订中总是反复推敲,一改再改,有时为了润色几个句子,也要花上整天时间。1867年9月,马克思修订出版了《资本论》第一卷以后,没有来得及修订出版其他卷,就与世长辞了。

之后,恩格斯承担起整理《资本论》草稿的艰巨工作。他对友人说:"只要我不病倒,就一定把全部草稿都整理出来,"还说,"不管怎样,都要坚持下去,因为这部书将成为马克思的纪念碑。"(见《马克思恩格斯(资本论)书信集》)当花了12年时间整理出版了《资本论》第二卷和第三卷以后,没有来得及整理出版第四卷,恩格斯就逝世了。

之后,《资本论》第四卷先由考茨基编辑出版,称《剩余价值学说史》；后来，由前苏联重新编辑出版，称《剩余价值理论》。

《资本论》有德文、俄文、法文、英文、波兰文、丹麦文、意大利文、西班牙文、荷兰文、日文、中文等几十种文字，出版了数以百计的各种版本，在欧洲、亚洲、非洲、北美洲和拉丁美洲以及大洋洲广泛传播。特别是第二次世界大战以后，在西方不少著名大学的专题讲座课里和著名学者的论著中，都有对《资本论》重要观点的介绍。

在中国，共产党创始人之一李大钊于1919年在《新青年》上发表的《我的马克思主义观》一文，首次宣扬了《资本论》的基本思想。1920年，上海出版的《民国》月刊登载的一篇署名费觉天译的《资本论自序》（即《资本论》第一卷第一版序言的中译文介绍），是我国最早的《资本论》的部分中译文字。相继，由《资本论》的部分中译文字到《资本论》各卷的中译本陆续出版。现在，既有《资本论》各卷中译的单行本，又有以《资本论》第一、二、三、四卷为内容的《马克思恩格斯全集》第23、24、25、26卷的中译本。在我国，研究《资本论》的专著和论文层出不穷。《资本论》的光辉思想在传播和应用中发扬光大。

三、《资本论》以劳动价值论为基础建立理论体系

劳动价值论是指对劳动创造商品价值的论述。在劳动价值论的基础上形成了《资本论》一至四卷的理论体系。

在《资本论》第一卷中，运用劳动价值论：（1）从分析商品开始，以论述商品价值的形成和实体为中心，建立了商品理论；（2）以论述商品价值的表现为中心，建立了货币理论；（3）以论述商品价值的运动为中心，揭示了价值规律；（4）以论述商品价值的增殖为中心，建立了资本和剩余价值生产理论；（5）以论述商品价值增殖中的资本增大为中心，建立了资本积累理论。

在《资本论》第二卷中，运用劳动价值论：（1）以论述企业生产经营中追求投资的价值增殖为中心，建立了资本循环理论；（2）以论述企业投资反复循环的周期为中心，建立了资本周转理论；（3）以论述社会不同生产部门之间的平衡关系为中心，建立了社会总资本

再生产理论。

在《资本论》第三卷中，运用劳动价值论：（1）以论述剩余价值转化为利润为中心，建立了平均利润和生产价格理论；（2）以论述追求利润最大化为中心，建立了资源节约理论；（3）以论述生产和消费的排泄物的利用为中心，建立了循环经济理论；（4）以论述信用制度为中心，建立了股份公司理论；（5）以论述超额利润转化为土地所有者收入为中心，建立了地租理论。

在《资本论》第四卷中，运用劳动价值论，对资产阶级经济学的各个学派在剩余价值上的理论观点，进行了系统的历史的评论和分析批判，同时以论战的形式对一系列重要经济问题进行了正面的研究和阐述。《资本论》第四卷分为三册。其中第一、二册述评资产阶级经济学古典学派对剩余价值的理论观点和有关经济问题；第三册述评古典学派以后的各学派对剩余价值的理论观点和有关经济问题。

四、《资本论》具有伟大意义

1.《资本论》是马克思主义百科全书

《资本论》是对马克思主义最深刻、最全面、最详细的证明和运用。它为马克思主义的三个组成部分，即马克思主义的哲学、经济学和科学社会主义，都提供了科学原理。

2.《资本论》是划时代的伟大著作

《资本论》证明和运用马克思主义，划时代地揭示了人类社会发展的来龙去脉以及全人类走向解放的规律。人类社会不是一成不变的。它由古代到近代，由近代到现代，由现代到未来，是不断发展变化的。这是不以人的主观意志为转移的客观规律。正如马克思在《资本论》第一版序言中提出的并在《资本论》中充分论证的科学论断所述："我的观点是把经济的社会形态的发展理解为一种自然史的过程。"

3.《资本论》的科学预见在当代社会发展实践中得到验证

事实验证了《资本论》及其证明和运用马克思主义对未来的如下预见：随着社会生产力的发展，三大差别即城乡差别、工农差别、脑力劳动与体力劳动差别，必将逐步缩小；社会制度必然呈现变革的趋势。这些预见正是当今世界的现实。

人类社会向前发展的潮流，尽管会出现高潮与低潮相互交替的现象，但前进的趋势是不可逆转的。美国克罗拉大学教授马拉布尔，在他的一篇题为《改造美国的马克思主义》论文中写道："我们必须敢于具有历史的想象力，敢于做马克思主义者，如果我们能够这样，那么就要确信，1989~1990年所谓的社会主义的死亡，总有一天会像凤凰那样将其自身转化为新生。"（转引自《特区理论与实践》2002年第8期许明达的论文）

五、《资本论》在当代怎样学习研究

1. 采取坚持、发掘、发挥、发展的态度

一要坚持。针对"过时论"的偏见，要强调坚持《资本论》的科学原理。有一种说法，所谓《资本论》一百多年了，已经"过时"。这是一种不顾事实的偏见。历经2500年的《孙子兵法》，其战略思想和用兵之道，现今依然受到国内外政界、军界以及商界的推崇，怎么能说论述一百多年来一直存在发展的商品货币关系和资本运营的《资本论》竟然过时了呢！经典著作的科学原理必须坚持。

二要发掘。针对过去认识的历史局限性，对《资本论》忽视或埋没的科学原理要发掘出来。比如，本来《资本论》对资本的含义，既论述了其在资本主义制度下的特殊性，也阐明了其在商品货币关系中存在的一般性。但是，在过去的认识中，只承认资本的特殊性，而否定资本的一般性。因而认定资本为资本主义经济所独有，不正视在商品货币关系中生产经营的公有制经济的投资同样是资本，结果抑制了其投资作为资本运营的功能。要发掘资本的一般性，要正视资本在当今世界的商品货币关系中普遍存在。

三要发挥。面临现实的新情况、新问题，不要教条主义式地对待《资本论》，要对其科学原理的精神加以发挥。比如，《资本论》论述商品、货币、资本、市场，没有直接归结到市场经济。但是，对《资本论》的论述加以发挥，一方面可以清楚地看到《资本论》论述的商品货币关系及资本运营和市场竞争，正是通过市场而实现商品交换的市场经济的内容；另一方面可以深刻地认识到《资本论》阐明的商品生产得以产生或存在的条件（即社会分工以及个别劳动与社会劳动的矛盾），正是当今世界市场经济普遍存在的根本原因。

四要发展。面对时代的变迁和历史条件的变化，要丰富和发展《资本论》的理论。比如，"资"和"社"并存共处的"一球两制"以及"一国两制"的经济关系，在《资本论》中是没有也不可能论及的。这就要求必须面对国内外的现实经济生活，在经贸交往中采取互利双赢的态度。要正视当今资本主义生产方式还有生命力，要承认现实社会主义生产方式需经历自我发展、自我完善的过程。既要坚信现代社会必然向更高阶段发展的大方向，又要确认新旧社会制度在全世界范围内的交替是一个相当长的历史过程。

2. 运用"钻进去"和"跳出来"的方法

首先要"钻进去"。《资本论》博大精深，必须"钻进去"读懂，看马克思讲了什么和怎样讲的。从而掌握其科学原理，提高理论素质。

然后要"跳出来"。把掌握的科学原理，应用于现实，增强分析新情况、研究新问题的能力。

"钻进去"和"跳出来"不可分割偏离。只"钻进去"，不能"跳出来"，导致"书呆子"；不下功夫"钻进去"，而只想"跳出来"，充其量不过是一知半解而已。

领会马克思对阅读《资本论》的提示

——学习研究《资本论》第一版序言及其实践意义

在《资本论》第一版序言中,马克思对于学习研究《资本论》所做的提示,是指导我们深刻领会《资本论》的总精神。

一、《资本论》不难懂

马克思说:"万事开头难,每门科学都是如此。"阅读《资本论》也是这样。马克思勉励读者:"不能说这本书难懂。当然我指的是那些想学到一些新东西,因而愿意自己思考的读者。"(这里和本文下面未注明出处的引文,均是《资本论》第一版序言的原文)

二、《资本论》运用抽象法分析经济形式

1. **抽象法的含义**。抽象法是对研究对象做抽象思维活动的科学方法。马克思强调"分析经济形式,既不能用显微镜,也不能用化学试剂。二者都必须用抽象力来代替"。

抽象法的运用包括两方面。一方面是由具体到抽象的研究方法。

就是说，从研究对象的实际的"具体"出发，调查研究，透过现象看本质，"抽象"即概括出概念、观点。另一方面是由抽象到具体的叙述方法。就是说，运用上述研究方法中"抽象"或概括出来的概念、观点，把研究对象作为理论的"具体"叙述出来。《资本论》的成书正是运用抽象法的研究方法和叙述方法的结果。

2. 抽象法的实践意义。（1）既对深入实际调查研究提供了研究方法，又为撰写"调查报告"提供了叙述方法。（2）抽象法为著书立说写论文提供了科学方法。社会科学论著是无不体现抽象法的运用的。

三、《资本论》有其特定的研究本题和研究对象

马克思指出："我要在本书研究的，是资本主义生产方式以及和它相适应的生产关系和交换关系。"这里我们可以领会到两点。

一是《资本论》研究的本题是资本主义生产方式。就是说，《资本论》不是泛泛地研究"生产方式一般"，而是瞄准资本主义生产方式。这里提出"研究的本题"是有根据的。马克思为了明确研究经济问题的指导思想，曾经撰写了一篇《导言》，其中强调"一开始就要声明，我们指的是某个一定的历史时代，例如，是现代资产阶级生产——这种生产事实上是我们研究的本题"（《马克思恩格斯全集》第46卷上册第22页）。

二是《资本论》研究的对象是资本主义生产方式的生产关系和交换关系。就是说，《资本论》研究的对象，不是泛泛地研究"生产关系一般"和"交换关系一般"。本来生产关系可以包含交换关系。这里把交换关系同生产关系并列提出来，强调了交换关系既有一般性也有特殊性。

领会《资本论》研究的本题和研究的对象，其实践意义在于指导我们在经济研究的实践中，无论研究什么问题，必须首先明确研究的范围，从而得以集中深入地研究问题。

四、《资本论》以英国做例证，具有普遍意义

马克思撰写《资本论》时，因为资本主义生产方式的典型地点是英国，所以在理论阐述上主要用英国作为例证。这是有普遍意义的。马克思生动形象地指出："如果德国读者看到英国工农业工人所处的境况而伪善地耸耸肩膀，或者以德国的情况远不是那样坏而乐观地自我安慰，那我就要大声地对他说，这说的正是阁下的事情！"

理论阐述有例证，增强了理论说服力。《资本论》为我们从理论和实践的结合上研究问题，提供了范例。

五、《资本论》的最终目的是揭示经济运动规律

马克思指出："本书的最终目的就是揭示现代社会的经济运动规律。"凡规律都是反映事物运动的趋势或必然性。现代社会的经济运动规律，在商品货币关系和资本运营中贯彻，表现为以下必然性。

一是投资作为资本来经营，必然追求利润最大化。

二是为了提高利润率，必然扩大生产规模并为降低成本而节约资源。

三是为实现利润而占领市场，必然进行市场竞争。

四是为在市场竞争中取得优胜，必然不断推进科学技术进步与应用。

五是科学技术的进步与应用，必然促进社会生产力发展。

六是社会生产力发展，必然为现代社会向更高阶段过渡而创造条件。

《资本论》的最终目的告诉我们，要从规律上分析研究问题，要深刻认识现代社会在生产力推动下的发展趋势。人类社会从原始发展到今天，都是由社会生产力推动的。现代社会向更高阶段迈进，是由社会生产力发展创造条件的。因此，我们在社会主义建设进程中，要以生产力为标准，把是否有利于解放和发展生产力作为我们考虑一切问题的出发点和检验一切工作的根本标准。只有不断发展社会生产

力，才能推动社会不断进步。

六、《资本论》的根本观点确认社会经济制度发展是"一种自然史的过程"

马克思在谈到他在《资本论》中贯穿的根本观点时指出："我的观点是把经济的社会形态的发展理解为一种自然史的过程。"我们把经济的社会形态可以看做社会经济制度，它不是一成不变的。它的发展体现着不以人的主观意志为转移的客观规律，因而"为一种自然史的过程"。现代社会经济运动的历史趋势，必然向更高历史阶段过渡，它正经历着"自然史的过程"。

《资本论》的根本观点的实践意义，在于指导我们从发展上看问题、看社会。一定经济的社会形态，有其历史存在的必然性，但不会固定不变，必然随着社会生产力的发展而发展。因此，对现代社会，要坚信它必然逐步向更高阶段发展的大方向。

七、《资本论》体现马克思的科学态度

经济问题涉及利益关系。不同的阶级在利益关系上不仅相互对立而且矛盾很激烈。这在《资本论》的科学研究遭到的攻击中可以看到，"在政治经济学领域内，自由的科学研究遇到的敌人，不只是它在一切其他领域内遇到的敌人。政治经济学所研究的材料的特殊性质，把人们心中最激烈、最卑鄙、最恶劣的感情，把代表私人利益的复仇女神召唤到战场上来反对自由的科学研究"。

马克思强调要坚持科学态度。马克思严正声明："任何的科学批评的意见我都是欢迎的。而对于我从来就不让步的所谓舆论的偏见，我仍然遵守伟大的佛罗伦萨人的格言：走你的路，让人们去说罢！"

"伟大的佛罗伦萨人"是指著名的意大利诗人但丁（1265~1321年）。因为他生于意大利的佛罗伦萨城，其诗作享有盛名，所以马克

思称之为"伟大的佛罗伦萨人"。但丁的著名长诗《神曲》中,有含"走你的路,让人们去说罢"的诗句,马克思借以倡导,在理论研究中要排除干扰,走科学研究之路。

在这里,马克思的科学态度,指导我们在理论研究中,既要欢迎任何的科学批评,又要振作科学探讨问题的勇气。

《资本论》第一卷选读的理论内容及其实践意义

这里要掌握的重点:一是商品理论;二是货币理论;三是价值规律;四是资本和剩余价值生产理论;五是资本积累理论。

一、商品理论的要点及其实践意义

1. 商品具有二因素即使用价值和价值(见《资本论》第 1 卷第 1 章第 1 节)

《资本论》从分析商品开始,一方面把商品的有用性概括为使用价值;另一方面把生产商品所耗费的劳动凝结概括为价值。这样,各种商品既有用而具有使用价值,又凝结了劳动而值钱即具有价值。

2. 掌握商品二因素原理具有重要的实践意义

一是运用商品二因素原理,指导商品生产经营。商品生产经营之道有这样的说法:只有生产物美价廉的商品,才能占领市场实现效益。怎样才能生产物美价廉的商品呢?运用商品二因素原理,一方面从商品的使用价值的角度,改进生产技术、提高商品质量,从而做到

"物美";另一方面从商品的价值角度,减少劳动耗费、降低商品成本,从而做到"价廉"。

二是运用商品二因素原理为评价企业管理提出一个标准,看企业在商品二因素上是否有保证物美价廉的切实有效的措施,以此评价企业的管理水平。

3. 马克思和恩格斯界定了商品含义

在《资本论》第1卷第1章第1节的最后一段里,马克思在阐述什么是商品时,恩格斯加注解,共同界定了商品含义:第一,商品是为交换而生产的劳动产品;第二,商品是其使用价值和价值的统一体。

4. 商品的含义不单纯是概念问题,还有重要的实践意义

商品含义表明,只有为交换而生产的、不是自产自用的劳动产品,才成为商品。这就为生产的商品化提出了一个标准:只有改变"大而全"或"小而全"的自然经济状况,发展社会分工,培植各自的优势,面向市场,依据市场,为交换而生产市场需求的劳动产品,才能实现生产的商品化。

5. 生产商品的劳动具有二重性即具体劳动和抽象劳动(见《资本论》第1卷第1章第2节)

生产商品的劳动,一方面从其具体形式看,称为具体劳动;另一方面撇开或抽掉其具体形式,抽象地看做一般人类劳动,称为抽象劳动。生产商品的劳动二重性不是两种劳动,也不是两次劳动,而是同一劳动的两个方面。

为什么要把生产商品的劳动划分为具体劳动和抽象劳动?这是由商品生产及其交换关系决定的。商品是为交换而生产的。不同商品之间相交换,比如麻布和上衣相交换,在其生产时的具体劳动形式上,因性质不同没有可比性,即织麻布的劳动和做上衣的劳动不能用统一标准比较,只有抽掉劳动的具体形式,把生产麻布和上衣的劳动,都看做性质相同的一般人类劳动即抽象劳动,它们才有可比性,从而按

照一定比例实现交换。

6. 生产商品的劳动二重性原理，用来指导商品生产经营的管理

生产经营商品的企业，运用划分具体劳动和抽象劳动的二重性原理，分别对具体劳动和抽象劳动加强管理。一方面从具体劳动的角度，不断改进生产技术，用更先进的技术加以武装，从而提高劳动生产率，增强商品的技术含量，去占领市场；另一方面从抽象劳动的角度，缩短劳动时间，减少劳动耗费，从而降低商品成本，在市场价格竞争中占上风，去实现效益。

7. 生产商品的劳动二重性，决定商品二因素（见《资本论》第1卷第1章第2节的最后一段）

生产各种商品的劳动，一方面由于具体形式不同，因而生产出各种不同使用价值的商品；另一方面由于抽掉劳动的具体形式，作为抽象劳动的凝结，形成各种商品共有的价值。可见，劳动二重性决定商品二因素，即具体劳动生产商品的使用价值，抽象劳动形成商品的价值。

在这里指导我们明确认识商品价值的性质。商品的价值是各种商品的共性，只能由生产各种商品的性质相同的抽象劳动决定；商品的使用价值，是各种商品的个性，只能由生产各种商品的性质不同的具体劳动决定。由此可以回答或澄清所谓为什么具体劳动不能形成商品价值的问题。

8. 商品生产得以产生或存在，是由客观条件决定的（见《资本论》第1卷第1章第2节）

《资本论》的阐述：各种商品"表现了社会分工。这种分工是商品生产存在的条件"，但是，只有社会分工，还不能决定商品生产存在。"只有独立的互不依赖的私人劳动的产品，才作为商品互相对立"。这里阐明了决定商品生产得以产生或存在的两个条件：

第一，社会分工。这是商品生产得以产生或存在的前提条件。

第二，非社会统一安排的私人劳动的产品要通过市场去交换。这

是商品生产得以产生或存在的决定性条件。"私人劳动"是相对于"社会劳动"而言的个别劳动。在未能由社会统一占有生产资料的前提下，社会分工中的各行业各企业各个个人所从事的劳动，都是个别劳动或称私人劳动。

在历史上，一直到当今，由于个别劳动或私人劳动还不能直接成为社会劳动，所以社会分工中的各行业各企业各个生产者，都要把自己的产品作为商品相交换，从而形成商品生产。这也就是当今世界普遍存在商品生产的原因。

由商品生产得以产生或存在的客观条件，启发我们深刻认识市场经济的根源。市场经济是通过市场而运行的经济。为什么只有通过市场才能运行呢？就是因为当今世界社会分工中的各行业各企业各个生产者的个别劳动或私人劳动还不能直接成为社会劳动。

9. 在商品生产中，商品价值的创造和物质财富的生产在条件上是不同的（见《资本论》第 1 卷第 1 章第 2 节）

商品的价值（也称为价值财富），是由生产商品的劳动创造的。例如，付出 100 元购买木板及其辅助材料，通过劳动做成了桌子，就可以售价 100 多元，比如 150 元或 200 元。为什么呢？因为做桌子的劳动创造或形成了价值。

物质财富（由种种商品体构成）是由劳动和生产资料相结合而生产的。例如，作为物质财富的桌子，如果只有劳动而没有与木板及其辅助材料等生产资料相结合，是生产不出桌子的。在这里，马克思强调，"劳动并不是它所生产的使用价值即物质财富的唯一源泉。正像威廉·配第所说，劳动是财富之父，土地是财富之母"。

在这里，可以澄清一个问题。有一种观点认为，马克思只肯定劳动创造商品价值，而否定生产资料的作用，并认为生产资料也创造商品价值。这种观点是一种误解，是由于既不懂商品价值的性质，又混淆了商品价值的创造与物质财富生产的不同条件而造成的。

10. 研究商品价值的创造和物质财富的生产，具有重要的实践意义，启发我们分析各个生产要素参与收入分配问题

商品的生产既创造价值财富，又生产物质财富，表现为创造商品的价值和生产具有使用价值的商品体。这是投入生产商品过程的人力、财力、物力等生产要素发挥作用的结果。由此就出现了各个生产要素参与收入分配的关系，即凭人力劳动、凭财力、凭物力都获得收入。

这种收入分配关系在资本主义制度下形成了工资、利润、地租等收入形式。在这里，工资以雇佣劳动为前提，利润以资本家占有资本为前提，地租以土地所有权为前提。雇佣工人出卖劳动力得到工资，雇佣工人创造的剩余价值，分割为由资本家凭占有资本而获取的利润和由土地所有者凭土地所有权而获取的地租。《资本论》深入分析这种情况，揭示了资本主义制度的剥削关系。

在我国现阶段，为了调动一切积极因素，确认投入社会主义现代化建设的生产要素参与收入分配，并明确规定："国家依法保护法人和居民的一切合法收入和财产，鼓励城乡居民储蓄和投资，允许属于个人的资本等生产要素参与收益分配。"(《中共中央关于建立社会主义市场经济体制若干问题的决定》单行本第20页)

11. 形成商品价值的劳动以简单劳动为计量单位，复杂劳动等于多倍的简单劳动（见《资本论》第1卷第1章第2节和第5章第2节）

生产商品的不同工种有简单劳动和复杂劳动之分。人们往往拿打柴的劳动和制造钟表的劳动为例，把前者看做简单劳动，把后者看做复杂劳动。《资本论》论述了简单劳动和复杂劳动及其相互关系。

所谓简单劳动，是指不经过专业训练、没有专长的劳动者可以从事的劳动。所谓复杂劳动，是指只有经过专业培训、具有专长的劳动者才能从事的劳动。从事复杂劳动的"这种劳动力比普通劳动力需要较高的教育费用，它的生产要花费较多的劳动时间，因此它具有较高的价值"，"它也就表现为高级的劳动，也就在同样长的时间内物化为较多的价值"。

简单劳动和复杂劳动的相互关系。由于在同样长的劳动时间里,复杂劳动比简单劳动会凝结为更多的商品价值,所以复杂劳动是多倍的简单劳动,少量的复杂劳动等于多量的简单劳动。这种计量在市场上表现为少量的复杂劳动的产品,可以换取多量的简单劳动的产品。对此,人们是习以为常的。

这里要澄清一个问题。有人认为,马克思的劳动价值论是指体力劳动创造商品的价值。这是由于不懂得形成商品价值的劳动的计量单位的含义以及简单劳动和复杂劳动的关系所造成的误解。

12. 简单劳动和复杂劳动及其相互关系的原理,指导我们分析国内外的工资差异

(1) 从国内看,由于在同样长的劳动时间内,复杂劳动比简单劳动会创造更多的商品价值,所以,从事复杂劳动者的工资应该高于从事简单劳动者的工资,从而激发人们力争受教育提高本领,消除"读书无用论"。

(2) 发达国家之所以比发展中国家的工资水平高,是因为其生产技术比较先进,从事复杂劳动者的劳动生产率高和创造的商品价值多。

13. 在商品生产条件下必然出现商品拜物教(见《资本论》第1卷第1章第4节)

(1) 商品拜物教是指人们对商品的崇拜。由于商品是为交换而生产的,只有商品交换出去才能保证生产者的生活。因此,商品生产者认为商品决定自己的命运。这就形成了商品拜物教。马克思拿宗教信仰做比喻,把商品生产者对商品的崇拜称为商品拜物教。

(2) 商品拜物教与商品生产分不开。只要商品生产存在,就必然出现商品拜物教。因为在商品生产条件下,人与人之间相联系的社会关系采取了商品之间的物与物之间的关系,并且由物的关系支配人的关系。这就必然出现商品拜物教。

二、货币理论的要点及其实践意义

1. 货币在商品价值形式的发展中产生（见《资本论》第 1 卷第 1 章第 3 节）

商品价值形式是指商品价值的表现形式。它随着产品交换和商品生产的发展而发展，由简单价值形式发展到扩大价值形式，又发展到一般价值形式，最后发展到货币形式，就产生了货币。

（1）简单价值形式。当人类社会的生产成果有了剩余时，两种不同的剩余产品相交换，就形成了单纯的只在这两种不同剩余产品之间表现价值的简单价值形式。

（2）扩大价值形式。随着产品交换的发展和为交换而生产的商品生产的产生，参与交换的商品日益增多。一种商品可以与其他多种产品相交换，这就形成了某一商品的价值可以由多种商品来表现的扩大价值形式。

（3）一般价值形式。随着商品生产的发展，商品交换日益频繁，在市场上容易交换出去的商品，被人们看做交换的手段，于是这种商品成为商品价值的一般代表，形成一般价值形式。

（4）货币形式。在商品的生产和交换的发展过程中，当贵金属金和银商品固定地充当了商品价值的一般代表时，就形成货币形式。这就出现或产生了货币。

货币的谜长期未能从价值形式上揭开。马克思在《资本论》第一版序言中指出："两千多年来人类智慧对这种形式进行探讨的努力，并未得到什么结果。"《资本论》在研究商品价值形式的发展中揭示了货币的谜。

2. 货币作为商品交换过程的产物，体现了"问题和解决问题的手段同时产生"（见《资本论》第 1 卷第 2 章）

马克思在分析货币是在商品交换过程中产生时，提出了一个科学论断，即"问题和解决问题的手段同时产生"。

在货币产生以前，随着商品生产和交换的发展，不同商品之间的交换发生了困难，甲要求用自己的商品交换乙的商品，而乙却要求用自己的商品交换丙的商品，如此产生了难以实现交换的"问题"，但是，"解决问题的手段同时产生"。在市场上人们把容易交换转手的某种商品作为交换手段，先把自己的商品换成这种商品，然后再用这种商品换取自己需要的商品。在商品交换过程中，当金和银商品固定充当了交换手段时，就形成货币。

马克思的"问题和解决问题的手段同时产生"的科学论断，指导我们在现实工作中，不仅要正视或承认矛盾问题，而且还要分析产生矛盾问题的原因，从中寻找解决问题的手段。这是工作能力强的一种表现。

3. 货币的产生或起源表明了货币的含义（见《资本论》第1卷第1章第3节）

（1）货币是商品价值的表现形式。
（2）货币是充当一般等价物的独特商品。

货币的含义表明，货币本身并不神秘。但是，在现实经济生活中却出现了货币拜物教。

4. 货币拜物教的谜就是商品拜物教的谜（见《资本论》第1卷第2章末尾）

货币拜物教是指人们对货币的崇拜。由于货币作为一般等价物可以换取任何商品，因而人们把货币看做是万能的，并加以膜拜。

货币拜物教来自商品拜物教。由于商品之间相交换的物的关系支配起人的关系，从而形成的商品拜物教，随着货币的产生就表现为货币拜物教。

研究货币拜物教，指导我们在现实生活中深入分析拜金主义。拜金主义实质上就是迷惑于金钱的货币拜物教的表现，认为货币万能，因而不择手段地追求货币，行贿受贿、贪污腐败，危害社会。这就提醒社会，必须健全立法，严格执法，才能保障市场规则和社会秩序。

5. 货币行使五种职能（见《资本论》第1卷第3章）

一是价值尺度。货币可以衡量和表现商品价值量的大小或多少。这在现实生活中表现为货币对商品标价。

二是流通手段。也称购买手段。货币可以用来购买任何商品，从而形成以货币为媒介的商品流通。

三是货币贮藏。也称贮藏手段。货币可以贮藏起来备用。这在现实生活中表现为银行存款。

四是支付手段。货币可以用来偿还债务。

五是世界货币。货币可以越出国界，在世界行使职能。

货币的职能告诉我们，必须正视货币的地位和作用。在现实生活中，货币是方便生产、生活的不可替代的一种手段，要充分发挥货币的职能作用。在当今世界，各个国家都在商品货币关系中生存和发展，都离不开货币。货币在国内国际事务中是一个关键因素。

6. 货币把商品价值表现出来形成商品价格（见《资本论》第1卷第3章第1节）

商品价格是商品价值的货币表现。它是由商品价值决定的。一辆汽车为什么比一辆自行车的价格高，就是因为汽车的价值量大。

商品价格要划分标准。就是说，作为商品价格的货币本身要划分出等份，叫做货币标准或称价格标准。这在我国现实生活中就表现为人民币的元、角、分。

7. 商品的价格可能与商品的价值量不一致（见《资本论》第1卷第3章第1节）

马克思是这样说的："价格和价值量之间的量的不一致的可能性，或者价格偏离价值量的可能性，已经包含在价格形式本身中。"就是说，商品的价格是波动的。这由供求关系的变化引起。当一种商品供不应求时，消费者争相购买，其价格会高于其价值；当一种商品供过于求时，经营者竞相推销商品，其价格会低于其价值。

商品价格的波动表明，繁荣的市场既衡量商品生产的成本，又制约商品的价格。在市场上，商品的成本越低，廉价商品的竞争力越强。商品价格能否完全实现为货币，要受供求关系变化的制约。

8. 商品价格形式，"能够包藏一个质的矛盾"（见《资本论》第1卷第3章第1节）

商品价格是商品价值的货币表现。这就是商品价格的质（即性质）。但是，在商品生产条件下，不是商品的东西也可以有价格。这就与价格的性质相矛盾了。马克思举例说："有些东西本身并不是商品，例如良心、名誉等等，但是也可以被它们的占有者出卖，并通过它们的价格，取得商品形式。因此，没有价值的东西在形式上可以具有价格。"

在这里，启发我们深入分析现实生活中的权钱交易的腐败现象。这是在价格形式下发生的，要靠严厉的一视同仁的党纪国法去治理。

9. 货币推动商品流通使商品实现为货币，"是商品的惊险的跳跃"（见《资本论》第1卷第3章第2节）

以货币为媒介的商品交换成为商品流通。在流通中，商品实现为货币有风险，因而"是商品的惊险的跳跃"。马克思生动而精彩地阐述了这个过程，强调"这个跳跃如果不成功，摔坏的不是商品，但一定是商品占有者"。风险何在？

一方面，从商品的使用价值上看：（1）每种有用的商品，众多厂家生产，大量商品难以完全卖出。（2）即使生产一种新产品，也未必能够如愿地立即打开销路。（3）某种商品今天可以售出，到明天可能被一种类似的商品代替。（4）社会需要是有限度的，每种商品都不能保证卖出。

另一方面，从商品的价值上看：（1）商品可能不会按原价出卖。因为同行的生产技术改进了，成本降低，使商品降价了。（2）即使每种商品的各个生产者都采用了新技术，从而都降低了成本，也不能保证商品按原价卖出。因为每种商品的总量不一定与社会的需要量相一致。不论哪一种商品，其总量只要超过社会的需要量，就不能完全按原价实现为货币。

"商品的惊险的跳跃"表明，商品的生产经营始终要以社会需要为依据,以市场竞争为手段,以改进生产技术为条件,既要了解市场的现状,又要预测市场的动向。

10."贮藏货币的欲望按其本性是没有止境的"(见《资本论》第1卷第3章第3节)

这是因为货币具有二重性的矛盾。一方面货币具有质的无限性。就是说,从货币的性质看,它可以购买任何商品而不受限制。另一方面货币具有量的有限性。就是说,从货币的数量看,货币少不能购买更多更贵的商品。这两方面的矛盾即质的无限性与量的有限性的矛盾,推动人们无止境地贮藏货币。

11. 货币流通有其规律(见《资本论》第1卷第3章第3节)

一个国家在一定期间,所需要的货币流通量得以决定的规律,叫货币流通规律。马克思是这样阐述的:"考察一定时期内的流通货币的总额。假定流通手段和支付手段的流通速度是已知的,这个总额就等于待实现的商品价格总额加上到期的支付总额,减去彼此抵消的支付,最后减去同一货币交替地时而作为流通手段、时而作为支付手段执行职能的流通次数。"

对于马克思的阐述,可以归结为如下公式:

一定时期流通中所需要的货币量 =(待实现的商品价格总额+到期的支付总额-彼此抵消的支付)÷同一货币的流通次数。

上述"待实现的商品价格总额",是指投入市场的商品价格总额减去赊销部分之后的数额。这里特别需要说明的是,在上面马克思的阐述中,先说明的"待实现的商品价格总额加上到期的支付总额,减去彼此抵消的支付",都是数额,而接着说明的是"最后减去同一货币"的"流通次数"。怎样理解这里的数额减次数?这是读《资本论》原文时遇到的一个难点。下面试做解读。

数额减次数,这要依据其特定的内容来解释。假定:(1)"待实现的商品价格总额"为100。(2)"到期的支付总额"为20。(3)"彼此抵消的支付"为40。(4)同一货币的"流通次数"为5

次。这里的特定内容是计算出货币流通 1 次所推动的数额。这个数额也就是这一定时期所需要的货币量。现以 x 代表货币流通 1 次所推动的数额（这也就是所需要的货币量），按照假定的数字，可做如下计算：

$x = [(1)100 + (2)20 - (3)40] \div (4)5 = 16$。这 16，就是货币流通 1 次所推动的商品流通额。这里的计算可推出如下等式：$5x = 100 + 20 - 40 = 80$。这表明，货币流通 5 次能够实现 80 的商品流通。这里的计算又可推出如下等式：

$80 - 5x = 0$。或者 $80 = 5x$。这表明，市场上商品流通的价格总额，与"最后减去同一货币"的"流通次数"共推动的数额相等。从而证明，这一定时期所需要的货币量为 16 是正确的。

12. 马克思在《资本论》中分析币制改革的一种正确观点时，提到了一位中国人（见《资本论》第 1 卷第 1 篇的脚注 83）

马克思是这样提出的："清朝户部右侍郎王茂荫向天子（咸丰）上了一个奏折，主张暗将官票宝钞改为可兑现的钞票。在 1854 年 4 月的大臣审议报告中，他受到严厉申斥。他是否因此受到笞刑，不得而知。审议报告最后说：'臣等详阅所奏……所论专利商而不便于国。'"

马克思在《资本论》中提到一位中国人，并且赞同其货币观点，这使中国人引以为自豪。经郭沫若、吴晗等专家考证：王茂荫（1798～1865 年），安徽省歙县人。他在清朝任户部右侍郎期间，看到政府大量发行不能兑现的官票宝钞，造成物价飞涨的局面，焦虑不安，苦思补救对策。为了制止通货膨胀，控制官票宝钞的发行和使之保持社会信用，他提出了政府发行的官票宝钞都应该随时兑取现银或现金的主张。这个主张体现了当时以金属币为本位的货币流通规律，实施这个主张能够兼顾国家、商人和一般百姓的利益。然而当局不但不采纳这一正确主张，反而对之大加指责。马克思赞同王茂荫的货币观点，是同情王茂荫的。

三、价值规律及其推动力和实践意义

《资本论》各卷都贯穿着对价值规律的论述和运用。这里集中阐述几个要点。

1. 价值规律有两重含义（见《资本论》第1卷第1章和第3卷第37章）

价值规律的第一重含义：就每个商品来说，生产商品的社会必要劳动时间，决定商品价值量及其等价交换的必然性，叫价值规律。每个商品的生产都要耗费劳动。在市场上有一只看不见的手检验劳动耗费，使劳动耗费少的生产者得利，使劳动耗费多的生产者发生亏损。这就是价值规律的表现。

价值规律的第二重含义：就一种商品来说，生产一种商品总量的社会必要劳动时间总量，决定该种商品总量的价值量及其实现为货币的必然性，叫价值规律。多方面的社会需求，要求各个行业成比例地生产各种商品。哪一种商品总量超过了社会需求，表明其过多地耗费了劳动，必然造成全行业的商品积压和亏损；哪一种商品的总量与社会需求相一致，表明其劳动耗费没有超过必要的范围，因而必然使全行业的商品畅销而盈利。这是价值规律制约各行业生产的表现。

价值规律的两重含义表明，在商品货币关系中，价值规律既在微观经济方面发挥作用，又在宏观经济方面发挥作用。这就要求当今经济生活中的宏观调控必须以价值规律支配的市场为基础。

2. 价值规律的贯彻以经济效益为中心，形成物质利益动力（见《资本论》第3卷第10章）

在价值规律支配下，就企业来说，谁节省资源，减少劳动耗费，谁就得利；就个人来说，谁积极肯干，工作效率高，谁就收入多。物质利益动力推进企业及其员工充分发挥主动性、积极性、创造性。

当今世界发达的国家和地区，之所以能够发达起来，其员工之所以分秒必争、工作效率高，都是与物质利益动力分不开的。

3. 价值规律的贯彻以市场竞争为条件，形成市场竞争压力（见《资本论》第1卷第12章第4节）

在价值规律支配下，企业在市场竞争中求生存求发展。个人竞争上岗、竞争中进取。市场竞争的优胜劣汰，对企业、对个人都是无情的。不论企业或个人，谁满足现状、不求进取，谁就可能被淘汰。这就是促进企业以及个人不断上进的市场竞争压力。

当今世界发达的国家和地区，之所以能够发达起来，其企业和员工之所以在创新中上进，都是与市场竞争压力分不开的。

4. 价值规律，得以贯彻的形式是商品的价格围绕价值上下波动，贯彻的过程表现为"规则只能作为没有规则性的盲目起作用的平均数规律来为自己开辟道路"（见《资本论》第1卷第1章第1节）

商品价值决定商品价格。供求关系的变化影响价格波动。比如一辆自行车由其价值决定的价格为300元。当市场上自行车供不应求时，在购买者竞相购买的情况下，自行车的价格会向上波动；反之，当市场上自行车供过于求时，在售卖者竞相推销的情况下，自行车的价格会向下波动。但是，自行车的价格不论怎样波动，也不会持久地远离自行车的价值。因为在价值规律支配下，商品的价格最终是由商品的价值决定的。

价值规律得以贯彻的过程就是价格上下波动的过程。本来商品的价值决定商品的价格，这是价值规律的规则。但是，供求关系的变化却影响价格离开价值上下波动，因而"规则只能作为没有规则性的盲目起作用"。可是，从整个过程看，商品价格的上下波动会互相抵消，因而价值规律表现为"平均数规律来为自己开辟道路"。

在这里，启发我们深刻认识各个规律的贯彻过程。凡规律都体现必然和趋势。虽然在规律的贯彻过程中要受其他因素的影响，因而会出现背离规律的现象，但是，这不能扭转规律的趋势。比如一年四季的规律，春季到来，趋向变暖。虽然一股寒流会使气候变冷，但逆转不了春季日益变暖的趋势。再如人类社会发展规律，人类社会在生产力发展的推动下，必然由低级阶段向较高阶段发展。在发展过程中，虽然受其他因素的影响，会使发展过程出现曲折现象，但这扭转不了人类社会必然向更高阶段发展的趋势。

不论是自然规律，还是社会规律，其必然的趋势就是规律的规则。虽然规律的贯彻受其他因素影响或干扰，出现"规则只能作为没有规则性的盲目起作用"。但是，规律要冲破影响或干扰，作为"平均数规律来为自己开辟道路"。

5. 价值规律是一只看不见的手（见《资本论》第1卷第1章第4节）

凡规律都是对事物运动的抽象，是看不见摸不着的客观存在。价值规律也不例外，因而是一只看不见的手。

价值规律支配着商品价值的决定，成为一只手。但这只手看不见，因为商品价值的决定不在表面而在现象的背后。这就是马克思所说的："价值量由劳动时间决定是一个隐藏在商品相对价值的表面运动后面的秘密。"商品价值由货币相对地表现出来，叫做商品相对价值，成为商品价格。商品价格的"表面运动后面"，隐藏着商品价值的决定。这是看不见的"秘密"。

这里启发我们深刻认识到，经济运行总有规律在支配。当今世界，以社会化大生产为基础的现代市场经济的运行，既有价值规律在支配，又有宏观调控在支配。

6. 价值规律有三方面的作用（《资本论》各卷都有论述。这里加以概括）

第一，调节作用。价值规律的调节作用，表现为市场优化配置社会资源。在价值规律支配下，市场上某行业的商品，畅销而收益大时，引起社会资源即人力、财力、物力向该行业转移；而另一行业的商品积压而亏损时，其原来投入的人力、财力、物力就会向效益高的行业转移。社会资源由效益低或亏损的行业，转移到收益大或效益高的行业，体现了社会资源的优化配置，反映价值规律的调节作用。

第二，促进作用。价值规律的促进作用，表现为物质利益动力和市场竞争压力的推动作用。价值规律的核心是制约劳动耗费而实现经济效益。在价值规律支配下，各个商品生产经营者，一方面为追求效益，势必努力加强经营管理，力争减少劳动耗费而降低成本，分秒必争而提高效率；另一方面为实现效益，势必千方百计地增强竞争能力，从而积极改进生产技术而提高商品的技术含量，重用人才而不断推进技术革新，为占领市场创造条件。

第三，分化作用。价值规律的分化作用，表现为排除平均主义，拉开收入差距。价值规律以物质利益为动力，激发商品生产经营者凭投入和效率实现收益。投入多而效率高者，收益大；投入少而效率低者，收益小。在当今现代市场经济运行中，价值规律和宏观调控共同发挥作用，既排除平均主义而保持合理的收入差距，又调节收入分配而防止收入差距过大。

四、资本和剩余价值生产理论的要点及其实践意义

1. 资本是追求和实现价值增殖的价值（见《资本论》第 1 卷第 4 章）

资本采取货币形式，称为价值。货币投入生产经营，发生了价值增殖，即获得了利润或实现了盈利，此货币就转化为资本。

2. 资本具有一般性（见《资本论》第 1 卷第 4 章）

资本的一般性，是指不同社会制度下的资本所具有的共同点或共性。比如资本主义以前的资本、资本主义制度下的资本、社会主义制度下的资本，都依存于商品货币关系而追求盈利。

资本一般性的表现：（1）凡资本其起点是商品流通。（2）凡资本其最初表现形式是货币。（3）凡资本就要追求价值增殖。

3. 资本具有特殊性（见《资本论》第 3 卷第 48 章）

资本的特殊性，是指不同社会制度下的资本各自所具有的特性或

个性。比如各自反映不同的社会生产关系。

马克思在谈到资本的特殊性时指出:"资本不是物,而是一定的、社会的、属于一定历史社会形态的生产关系,后者体现在一个物上,并赋予这个物以独特的社会性质。"

4. 掌握资本的一般性和特殊性,具有重要的实践意义,用来拓宽研究资本

资本具有一般性和特殊性表明,对待资本,既不能用特殊性否定一般性,也不能用一般性代替特殊性。

资本主义制度下存在资本,但资本不是资本主义制度独有的。资本主义以前也存在资本。在社会主义制度下,在商品货币关系中追求价值增殖或盈利的投资,也是资本。资本存在于不同社会制度下的一般性不能否定。

不同社会制度下的资本,各自具有特殊性。这是不能由资本一般性代替的。《资本论》强调资本的特殊性,揭露了资本主义制度下的资本剥削关系。

5. 资本的运动是没有限度的(见《资本论》第 1 卷第 4 章第 1 节)

凡资本都要在运动中追求利润,并且追求利润最大化,不然就不叫资本。资本只有在生产经营中不息地运动,才有可能不断地获得利润。因此,资本的生产经营者作为资本的人格化,必然分秒必争地紧抓机遇和应对挑战,千方百计地推动资本运动。投资作为资本来经营,其基本要求就是操作资本无限度地运动。

6. 货币所有者在什么条件下变为资本家(见《资本论》第 1 卷第 9 章)

《资本论》在假定条件下阐述了货币所有者,必须具有一定的货币额和雇工人数,才能变为资本家的情况。假定一个雇佣工人一天劳动 12 小时。其中维持普通工人生活的必要劳动时间 8 小时,剩余劳动时间 4 小时。

第一，货币所有者如果雇工1人，他就必须投入用于支付1人工资和购买12小时劳动所需生产资料的货币额。这时，货币所有者一天只能占有1个工人提供的4小时剩余劳动时间创造的剩余价值。

第二，货币所有者如果雇工2人，他就必须投入比雇工1人成倍的货币额。这时，货币所有者"才能靠每天占有的剩余价值来过工人那样的生活，即满足他的必要的需要"（每天1个工人提供4小时剩余劳动时间，2个工人共提供8小时剩余劳动时间。这正是维持普通工人生活的8小时必要劳动时间）。

第三，货币所有者如果雇工8人，他就必须把投入的货币额增加到雇工1人时的8倍。这时，货币所有者每天可以占有8个工人提供的32小时剩余劳动时间所创造的剩余价值（每个工人每天提供4小时剩余劳动时间，8个工人可提供32小时）。

货币所有者对占有的这32小时剩余劳动时间创造的剩余价值，可做如下支配：（1）拿出一半即16小时创造的剩余价值，用于生活消费。这可以使他的生活"比一个普通工人好一倍"（维持普通工人的生活费用需要必要劳动时间8小时）。（2）另外的一半转化为资本。但是，如果这时货币所有者仍和他的工人一样，"直接参加生产过程"，那么"他就不过成了介于资本家和工人之间的中间人物，成了'小业主'"。

第四，货币所有者，只有既投入更多的货币额，又不直接参加生产过程，而代表"资本执行职能的全部时间，都用来占有从而控制他人的劳动，用来出售这种劳动的产品"时，才真正变为资本家。

7. 资本的总公式以价值增殖为内容（见《资本论》第1卷第4章第1节）

资本的总公式是：G（货币）—W（商品）—G′（更多的货币）。它的内容是投入的货币因增殖而带来更多的货币。生产企业的资本和商业资本的运动都如此。而生息资本虽然不经营商品，但也是由货币带来更多的货币。"因此，G—W—G′事实上是直接在流通领域内表现出来的资本的总公式"。

8. 资本总公式的矛盾由劳动力商品来说明（见《资本论》第1卷第4章第2节）

从资本总公式 G—W—G′ 本身可以看出，商品的买（G—W）和卖（W—G′）发生了价值增殖，是与商品等价交换相矛盾的。马克思是这样阐述的："货币羽化为资本的流通形式，是与前面阐明的所有关于商品、价值、货币和流通本身的性质的规律相矛盾的。"就是说，货币在商品的买卖中发生价值增殖而转化为资本，即"货币羽化为资本的流通形式"，是与商品等价交换的性质的规律相矛盾的。

马克思进一步指出："货币转化为资本，必须根据商品交换的内在规律来加以说明，因此等价物的交换应该是起点。我们那位还只是资本家幼虫的货币所有者，必须按商品的价值购买商品，按商品的价值出卖商品，但他在过程终了时取出的价值必须大于他投入的价值。他变为蝴蝶，必须在流通领域中，又必须不在流通领域中。这就是问题的条件。"

谁能说明既等价交换又发生价值增殖？就在这里说吧！马克思引用了《伊索寓言》中的一个故事——一个吹牛说大话的人，自吹是跳远冠军，曾在罗陀斯岛跳得最远。旁听疑问者说："这里是罗陀斯，就在这里跳跃吧！"

对于资本总公式的矛盾，针对既等价交换又发生价值增殖的难题，马克思通过研究劳动力商品，彻底阐述清楚。由于 G—W 购买了劳动力商品，劳动力在劳动中创造了剩余价值，从而包含剩余价值的商品出售，就会实现价值增殖，即 W—G′。

9. 剩余价值是剩余劳动生产的剩余产品的价值（见《资本论》第1卷第7章）

这是剩余价值的一般含义或一般性。马克思阐述了以下观点：

（1）"把价值看做是劳动时间的凝结，只是物化的劳动，这对于认识价值本身具有决定性的意义。同样，把剩余价值看做是剩余劳动时间的凝结，只是对象化的剩余劳动，这对于认识剩余价值也具有决定性的意义"。

（2）"剩余价值又由工作日的剩余部分决定"。

（3）"我们把代表剩余价值的那部分产品"，"称为剩余产品"。

10. 剩余价值的特殊性反映剩余价值与一定社会制度相结合的特性（见《资本论》第1卷第7、8章）

《资本论》对资本主义制度下的剩余价值的特殊性，强调了以下观点：

（1）"剩余价值以从无生有的全部魅力引诱着资本家"。

（2）在资本主义制度下，"剩余价值率是劳动力受资本剥削的程度或工人受资本家剥削的程度的准确表现"。

（3）"剩余价值的生产是资本主义生产的决定的目的"。

（4）"资本主义生产——实质上就是剩余价值生产，就是剩余劳动的吮吸"。

11. 剩余价值生产有两种基本方法（见《资本论》第1卷第5至16章）

这两种基本方法：一是绝对剩余价值生产；二是相对剩余价值生产。马克思说："我把通过延长工作日而生产的剩余价值，叫做绝对剩余价值；相反，我把通过缩短必要劳动时间、相应地改变工作日的两个组成部分的量的比例而生产的剩余价值，叫做相对剩余价值。"（见《资本论》第1卷第10章）

资本主义初期，在生产力水平不高、生产技术改进缓慢的情况下，主要靠延长工人的劳动时间和增加劳动强度，进行绝对剩余价值生产；随着生产技术的进步和应用，在劳动生产率不断提高的情况下，主要靠缩短工人的必要劳动时间、相对延长剩余劳动时间，进行相对剩余价值生产。

在整个社会的劳动生产率提高和货币价值不变的条件下，降低了工人必需的生活资料的价值，相应地降低了工人的工资，就会在工人劳动时间不变的情况下，缩短必要劳动时间、相对延长剩余劳动时间，实现相对剩余价值生产。资本主义提高劳动生产率，经历了简单协作、工场手工业、机器大工业的发展过程。

12. 掌握资本和剩余价值的一般性和特殊性，研究当代资本经营的商品生产过程（见《资本论》第 1 卷第 9 章）

当代商品生产过程的一般性，表现为劳动过程和价值增殖过程的统一。一方面在劳动过程中，资本生产经营要在具体劳动上装备先进的生产技术，生产质量好、技术含量高、物美而竞争力强的商品；另一方面在价值增殖过程中，资本生产经营要节省劳动耗费、降低成本、生产价廉的商品，从而以物美价廉的商品占领市场，力争实现利润最大化。

马克思在《资本论》中着重论述了资本主义商品生产过程的特殊性。一方面，资本主义商品生产的劳动过程，"就它是资本家消费劳动力的过程来说，显示出两个特殊现象"：一是"工人在资本家的监督下劳动，他的劳动属于资本家"。二是"产品是资本家的所有物，而不是直接生产者工人的所有物"。另一方面，资本主义商品生产的价值增殖过程，实质上是资本家阶级无偿占有工人阶级的剩余劳动或其剩余产品或其剩余价值的过程。

五、资本积累理论的要点及其实践意义

1. 资本积累的一般含义（见《资本论》第 1 卷第 22 章第 1 节）

对于资本积累的一般含义，《资本论》做了这样的概括："把剩余价值当做资本使用，或者说，把剩余价值再转化为资本，叫做资本积累。"

2. 资本积累的一般性和特殊性（见《资本论》第 1 卷第 22 章第 1 节、第 24 章）

资本积累的一般性表现为，凡是资本生产经营所获得的剩余价值，只要当做资本使用，就形成资本积累。对于资本积累的特殊性，《资本论》着重分析了资本主义生产方式占统治地位之前的资本原始积累和资本主义生产方式占统治地位之后的资本主义积累。

3. 资本主义原始积累的实质是创造资本关系（见《资本论》第1卷第24章第1、6节）

对于资本主义原始积累，《资本论》做了这样的概括："所谓原始积累只不过是生产者和生产资料分离的历史过程。这个过程所以表现为'原始的'，因为它形成了资本及与之相适应的生产方式的前史。"

资本主义原始积累，"一方面表现为生产者从农奴地位和行会束缚下解放出来，另一方面，新被解放的人只有在他们被剥夺了一切生产资料和旧封建制度给予他们的一切生存保障之后，才能成为他们自身的出卖者。而他们的这种剥夺的历史是用血和火的文字载入人类编年史的"。

资本主义原始积累创造资本关系。"在一极使社会的生产资料和生活资料转化为资本，在另一极使人民群众转化为雇佣工人，转化为自由的'劳动贫民'"。这种资本关系是通过残酷的剥夺农民和惩治被剥夺者的血腥立法而建立起来的。

资本主义的资本原始积累表明，"资本来到世间，从头到脚，每个毛孔都滴着血和肮脏的东西"。

4. 资本主义原始积累的方法、暴力和历史作用（见《资本论》第1卷第24章第1、6节）

《资本论》阐明了以下观点：

（1）"在原始积累的历史中，对正在形成的资本家阶级起过推动作用的一切变革，都是历史上划时代的事情"。

（2）"原始积累的不同因素，多少是按时间顺序特别分配在西班牙、葡萄牙、荷兰、法国和英国。在英国，这些因素在17世纪系统地综合为殖民制度、国债制度、现代税收制度和保护关税制度。这些方法的一部分是以最残酷的暴力为基础，例如殖民制度就是这样。但所有这些方法都利用国家权力，也就是利用集中的、有组织的社会暴力，来大力促进从封建生产方式向资本主义生产方式的转变过程，缩短过渡时间"。

在这里，马克思提出了一个重要论断："暴力是每一个孕育着新社会的旧社会的助产婆。暴力本身就是一种经济力。"

5. 资本主义积累显示了资本的历史作用（见《资本论》第 1 卷第 22 章第 3 节）

对于资本家为了追求更多利润而不断把获取的剩余价值变为资本而积累的情况，马克思阐述了资本的历史价值。"资本家只有作为人格化的资本，他才有历史的价值"，"作为价值增殖的狂热追求者，他肆无忌惮地迫使人类去为生产而生产，从而去发展社会生产力，去创造生产的物质条件；而只有这样的条件，才能为一个更高级的、以每一个人的全面而自由的发展为基本原则的社会形式建立现实基础。只有作为资本的人格化，资本家才受到尊敬"。

6. 资本主义积累形成资本积聚并发生资本集中（见《资本论》第 1 卷第 23 章第 2 节）

资本积累是剩余价值资本化。资本积累加入原投资而增大资本量，成为资本积聚。资本的积累和积聚，伴随发生资本集中，即社会上分散的资本合并或联合在一起。

《资本论》阐述了由资本积累到资本集中的情况。"随着资本主义生产和积累的发展，竞争和信用——集中的两个最强有力的杠杆，也以同样的程度发展起来"。通过竞争，较大的资本战胜较小的资本，促进资本集中；通过信用，成立股份公司，促进资本集中。

马克思强调资本集中的重要的实践意义："假如必须等待积累使某单个资本增长到能够修建铁路的程度，那么恐怕到今天世界上还没有铁路。但是，集中通过股份公司转瞬之间就把这件事完成了。"

7. 资本主义积累提高资本有机构成，形成相对过剩人口（见《资本论》第 1 卷第 23 章）

马克思对资本有机构成做了这样的阐述："资本的构成要从双重的意义上来理解。从价值方面来看，资本的构成是由资本分为不变资本和可变资本的比率"来决定的；从生产过程中发挥作用的物质方面来看，资本的构成"是由所使用的生产资料量和为使用这些生产资料而必需的劳动量之间的比率来决定的"。"我把前一种构成叫作资本的价值构成,把后一种构成叫作资本的技术构成。二者之间有密切的相互关系。为了表达这种关系,我把由资本技术构成决定并且反映技术构成变化的资本价值构成,叫作资本的有机构成",简称资本构成。随着资本积累的增长,生产技术改进,劳动生产率提高,致使生产过程中劳动的量比它所推动的生产资料的量相对减少。资本的技术构成的这一变化反映在资本的价值构成上,资本价值的不变组成部分靠减少它的可变组成部分而增加,从而资本有机构成提高。"因此,工人人口本身在生产出资本积累的同时,也以日益扩大的规模生产出使他们自身成为相对过剩人口的手段"。

相对过剩人口主要有三种形式:一是流动的形式。时而就业,时而失业。二是潜在的形式。就业没有保障。三是停滞的形式。就业极不规则。此外,还有相对过剩人口的最底层的待救济的赤贫者。

8. 资本主义积累的历史趋势——人类社会向更高阶段迈进(见《资本论》第1卷第24章第7节)

资本主义的非劳动者的私有制代替劳动者私有制,有其历史必然性。随着社会生产力发展而发展的劳动者私有制,"它发展到一定的程度,就产生出消灭它自身的物质手段。从这时起,社会内部感到受它束缚的力量和激情就活动起来","从而多数人的小财产转化为少数人的大财产,广大人民群众被剥夺土地、生活资料、劳动工具,——人民群众遭受到这种可怕的残酷的剥夺,形成资本的前史"。

在资本主义积累的不断增长中,"资本的垄断成了与这种垄断一起并在这种垄断之下繁盛起来的生产方式的桎梏"。"资本主义私有制,是对个人的、以自己劳动为基础的私有制的第一个否定。但资本主义生产由于自然过程的必然性,造成了对自身的否定。这是否定的否定"。人类社会随着社会生产力的发展而发展,必然向更高阶段迈进。

9. 资本主义被历史否定之后，要在"生产资料的共同占有的基础上，重新建立个人所有制"（见《资本论》第1卷第24章第7节）

在社会生产力发展的推动下，资本主义必然被历史否定。"这种否定不是重新建立私有制，而是在资本主义时代的成就的基础上，也就是说，在协作和对土地及靠劳动本身生产的生产资料的共同占有的基础上，重新建立个人所有制"。

这里强调"不是重新建立私有制"，而是要在"生产资料的共同占有的基础上，重新建立个人所有制"。如何理解？恩格斯在其论著《反杜林论》中做了说明："靠剥夺剥夺者而建立起来的状态，被称为以土地和靠劳动本身生产的生产资料的社会所有制为基础的个人所有制的恢复。对任何一个懂得德语的人来说，这也就是说，社会所有制涉及到土地和其他生产资料，个人所有制涉及产品，那就是涉及消费品。"（《马克思恩格斯选集》第2版第3卷第473页）

在《资本论》中可以看到，资本主义私有制否定劳动者私有制，被剥夺的个体劳动者既丧失了生产资料，又丧失了生活资料，成为以出卖劳动力而维持生存的雇佣工人。在未来社会，则在生产资料的社会所有制基础上，在生活资料或消费品方面"重新建立个人所有制，从而使丧失的生活资料或消费品回归"。

10. 资本积累理论具有重要的实践意义

资本积累在存在商品货币关系的社会中普遍存在。为了增大自有资本的投入量，商品生产经营者必然从收益中拿出一部分来进行积累。

扩大再生产依靠积累。不论资本主义，还是社会主义，都要依靠资本积累扩大生产规模。在我国社会主义现代化建设进程中，一要不断增进积累。这是扩大再生产的源泉。二要使资本积累实现资本积聚，并促进资本集中，从而推进科学技术的进步与应用。

《资本论》第二卷选读的理论内容及其实践意义

这里要掌握的重点：一是资本循环理论；二是资本周转理论；三是社会总资本再生产理论。

一、资本循环理论的要点及其实践意义

1. 资本循环是资本在生产经营中的往返运动（见《资本论》第2卷第1章第1至3节）

以货币资本为例。在生产企业里，货币资本从购买生产要素（生产资料和劳动力）开始，然后经过车间生产出产品，最后把产品销售出去，又回到货币形式上，实现循环。在这里，货币资本经历购买阶段、生产阶段、售卖阶段，完成循环。"因此，货币资本循环的公式是：$G—W \cdots P \cdots W'—G'$。在这个公式中，虚线表示流通过程的中断，$W'$ 和 G' 表示由剩余价值增大了的 W 和 G"。

2. 资本在全过程的总循环中，依次采取货币资本形式、生产资本形式、商品资本形式（见《资本论》第 2 卷第 1 章第 4 节）

产业（即生产企业）的投资，首先采取货币资本形式，进入购买阶段，购到生产资料和劳动力。然后进入生产阶段，资本转化为生产资本形式，生产出包含剩余价值的产品。最后进入售卖阶段，资本转化为商品资本形式。商品售卖之后，资本又回到货币资本形式。资本的总循环包括货币资本的循环、生产资本的循环、商品资本的循环，是流通和生产的统一。

其中"货币资本的循环，是产业资本循环的最片面从而最明显和最典型的表现形式"。这是因为货币资本的循环不能全面反映产业资本循环的全过程，因而"最片面"；但它直接反映出投资的价值增殖，因而"最明显"；同时，它反映出产业资本追求价值增殖的目的，因而"最典型"。

3. 资本循环正常进行的条件是并存性和继起性（见《资本论》第 2 卷第 1 章第 4 节）

所谓并存性，是指生产企业的投资同时分配在三个阶段、三种形式上，即购买阶段的货币资本形式、生产阶段的生产资本形式、售卖阶段的商品资本形式，从而使企业的采购科经常有货币资本用来购买生产要素；企业的车间经常有生产资本保证生产产品；企业的推销科经常有商品资本保证有可售卖的商品。资本循环本身"要求资本在各个循环阶段中在一定的时间内固定下来。在每一个阶段中，产业资本都被束缚在一定形式上：货币资本，生产资本，商品资本"。

所谓继起性，是指货币资本不断购买生产要素，来推动生产资本不断生产出产品，从而推动商品资本不断售卖产品。"资本的循环，只有不停顿地从一个阶段转入另一个阶段，才能正常进行"。

并存性为继起性提供资本循环的前提，继起性为并存性提供资本循环的保证。

4. 在资本循环的生产阶段，可以分析到社会结构的不同经济时期（见《资本论》第 2 卷第 1 章第 2 节）

马克思指出："不论生产的社会的形式如何，劳动者和生产资料始终是生产的要素。但是，二者在彼此分离的情况下只在可能性上是生产要素。凡要进行生产，它们就必须结合起来。实行这种结合的特殊方式和方法，使社会结构区分为各个不同的经济时期。"

人类社会在劳动者和生产资料结合在人类自身时，成为原始社会经济；在奴隶劳动者和奴隶主占有的生产资料结合时，成为奴隶社会经济；在农奴劳动者和封建主占有的生产资料结合时，成为封建社会经济；在雇佣工人和资本家占有的生产资料结合时，成为资本主义社会经济；在我国并存的以公有制为主体的多种所有制与劳动者相结合时，成为我国社会主义社会经济。

5. 资本循环理论指导现代生产企业投资的有效运作

第一，资本循环理论指导生产企业按规律办事。资本循环过程的规律性，要求生产企业面向市场、依据市场，既搞好货币资本的循环，又搞好生产资本的循环，还搞好商品资本的循环，从而使企业的整个投资在正常的循环中实现效益。

第二，资本循环理论指导生产企业抓经营机制。购、产、销的衔接和互动形成生产企业的经营机制。购买阶段为资本循环提供前提；生产阶段为资本循环奠定基础；售卖阶段为资本循环实现效益创造条件。要把购、产、销形成互相作用的制约关系，保证资本循环正常进行。

二、资本周转理论的要点及其实践意义

1. 资本周转反映资本周期性的运动（见《资本论》第 2 卷第 7 章）

《资本论》对资本周转做了这样的概括："资本的循环，不是当做孤立的过程，而是当做周期性的过程时，叫做资本的周转。"生产

企业的投资经过一定期间的反复循环，带着盈利又回到投资者手中的运动，形成资本周转。

2. 资本周转速度受生产资本构成和周转时间的影响（见《资本论》第2卷第7、8、13、14章）

企业资本周转速度：企业一年的经营额÷企业投资额。

（1）生产资本的构成影响资本周转速度。企业的投资在生产阶段的生产资本由固定资本和流动资本构成。其固定资本比流动资本的比重越大，则周转越慢。重工业就是这样。反之，流动资本比固定资本的比重越大，则周转越快。轻工业就是这样。

（2）周转时间影响资本周转速度。企业的周转时间即生产时间和流通时间越长，则周转越慢。反之，周转时间越短，则周转越快。

3. 预付资本的总周转是固定资本和流动资本的平均周转（见《资本论》第2卷第9章）

生产企业的投资，在生产阶段存在的生产资本，分为固定资本和流动资本。固定资本的实物形式如机器、厂房等，在生产过程中逐渐耗费，要经过若干年才更新补偿，因而周转慢。流动资本的实物形式如原材料等，在生产过程中随时耗费而随时补偿，因而周转快。

企业一年中预付资本总周转次数 =（固定资本周转额 + 流动资本周转额）÷预付资本。

4. 资本周转速度影响企业盈利和投资量（见《资本论》第2卷第15章）

资本周转快，表明一年中周转的次数多，因而多次带来盈利。反之，资本周转慢，表明一年中周转的次数少，因而带来的盈利也少。

两个生产企业，其经营额一样，但其周转速度不同。周转速度快的企业，能够以较少的投资量完成其经营额。而周转速度慢的企业，则要有较大的投资量，才能完成其经营额。

5. 资本周转理论的实践意义在于指导生产企业从投资的周期性出发加强管理

资本周转理论表明,生产企业的经营由投资到回报具有周期性。因此,在经营管理中,对于投资的环境和条件要充分利用,并不断加以改善;同时,对于购、产、销要形成互动的经营机制。既优化生产资本的结构,又缩短周转时间,从而加速资本周转,实现利润最大化。

三、社会总资本再生产理论的要点及其实践意义

1. 社会总资本再生产反映全社会生产的连续进行(见《资本论》第 2 卷第 18 章第 1 节)

社会总资本也称社会资本,是指全社会的单个资本的总和。"社会资本的运动,是社会资本的各个独立部分的运动的总和"。

社会总资本再生产反映全社会生产的连续不断的进行。"各个单个资本的循环是互相交错的,是互为前提、互为条件的,而且正是在这种交错中形成社会总资本的运动"。

2. 社会总资本再生产过程,包括消费和生产要素的补偿(见《资本论》第 2 卷第 18 章第 1 节)

社会总资本再生产过程,要使社会总产品,一方面用于生产消费和个人消费;另一方面用于补偿生产资料,从而才能再生产。"这个总过程,既包含生产消费(直接的生产过程)和作为其中介的形式转化(从物质方面考察,就是交换);也包含个人消费和作为其中介的形式转化或交换"。

3. 在单个资本的周转和社会总资本再生产过程中,货币均发挥着重要作用(见《资本论》第 2 卷第 18 章第 2 节)

一是第一推动力作用。货币资本是投资的起点,从而推动购、

产、销连续进行，实现再生产。

二是为再生产持续进行提供必要条件。在再生产过程中，有些环节需补充货币，防止再生产中断。

4. 研究社会总资本再生产，首要的是明确两个前提条件（见《资本论》第 2 卷第 28 章第 2 节）

社会总资本再生产反映整个社会生产连续不断的进行。社会生产的各行各业及其交换关系非常复杂，如何理出头绪是个难题。马克思从两方面解决了这个难题。

一方面把复杂的社会生产的各行各业划分为两大部类：一是生产资料的生产部类（用符号 I 表示）；二是消费资料的生产部类（用符号 II 表示）。

另一方面为分析各行业之间的交换关系，把社会总产品的价值分成三部分：不变资本价值 + 可变资本价值 + 剩余价值，依次分别用符号 $c + v + m$ 表示。

5. 社会总资本再生产依据规模的不同，分为简单再生产和扩大再生产，此外还可能出现有缺陷的再生产（见《资本论》第 2 卷第 20 章第 1 节）

简单再生产是指"没有任何积累"，从而保持原规模的再生产。

扩大再生产是指进行积累而增大投资，从而扩大了规模的再生产。

简单再生产是扩大再生产的基础，"它是积累的一个现实因素"。如果不顾及简单再生产这个基础和现实因素，背离客观条件而主观盲目地所谓大干快上来扩大生产规模，那么不但实现不了扩大再生产，而且还会冲击原规模的简单再生产。从而如马克思所说的："造成的结果，是出现一个不完备的——有缺陷的——再生产。"在这里提示我们，要记取我国 1958 年"大跃进"的教训。

6. 运用两个研究社会总资本再生产的理论前提即社会生产划分为两大部类和价值分成三部分，揭示社会总资本简单再生产的规律（见《资本论》第 2 卷第 20 章）

马克思列出了以下实例：

Ⅰ. 4000c + 1000v + 1000m = 6000（生产资料）

Ⅱ. 2000c + 500V + 500m = 3000（消费资料）

这个实例表明，全社会一年生产的总产品有第一部类的价值 6000 的生产资料和第二部类的价值 3000 的消费资料。在没有积累而进行原规模的再生产的情况下，通过以下交换实现社会总资本的简单再生产。

一是第一部类的 4000c，即价值 4000 的生产资料，在本部类内部进行交换，解决本部类次年所需要的生产资料。

二是第二部类的 500v + 500m，即价值 1000 的消费资料，在本部类内部进行交换，解决本部类次年所需要的消费资料。

三是第一部类的 1000c + 1000m，即价值 2000 的生产资料，与第二部类的 2000c，即价值 2000 的消费资料相交换，解决第一部类所需要的消费资料和第二部类所需要的生产资料。

通过上述三方面的交换，原规模的简单再生产就可以进行。其规律是：第一部类的 v + m = 第二部类的 c。这里表明了社会总资本简单再生产的实现条件。

7. 运用两个研究社会总资本再生产的理论前提即社会生产划分为两大部类和价值分成三部分，揭示社会总资本扩大再生产的规律（见《资本论》第 2 卷第 21 章）

马克思列举了以下实例：

Ⅰ. 4000c + 1000v + 1000m = 6000（生产资料）

Ⅱ. 1500c + 750v + 750m = 3000（消费资料）

在这个实例中，(1) 第一部类的总 4000c 和第二部类的 750v + 750m，各自在本部类内部交换。(2) 第一部类的 1000v + 1000m 与第二部类的 1500c 相交换，则第一部类的 1000v + 1000m 大于第二部类的 1500c。这表明有了剩余的生产资料，从而为扩大再生产提供了基本条件。下面按这个实例的数字具体分析社会总资本实现扩大再生产的过程。

（1）明确投资的构成。实例中的第一部类的投资构成是：4000c+1000v，即 c：v = 4：1。第二部类的投资构成是：1500c：750v，即 c：v = 2：1。

（2）为了扩大再生产，假定实例中的第一部类的1000m的一半即500用于积累。这新投入的500，按 c：v = 4：1 的比例，追加到第一部类，就转化为 400c + 100v。这样，第一部类就形成如下情况：(4000c +400c) + (1000v +100v) +500m（原来1000m，用于积累500以后，还有500m用于个人消费）。这时，第一部类有（1000v + 100v) +500m 共 1600，要求与第二部类交换。

（3）第二部类相应积累。原来第二部类所需要的生产资料为1500c。现在为扩大再生产，第一部类要为第二部类提供1600的生产资料。这就要求第二部类相应积累。

第二部类的积累要与第一部类的积累相协调，首先从其 m 中提取 100 作为追加的 c，然后按照 c：v = 2：1 的比例，再从 m 中提取 50 作为追加的 v。这样，第二部类积累后，其原来的1500c 加上追加的100c，共 1600，与第一部类相交换，彼此都实现扩大再生产。

上述可以看出，第一部类和第二部类协调积累，是社会总资本扩大再生产的规律。

8. 扩大再生产的实现有两条途径（见《资本论》第 2 卷第 8 章第 2 节）

实现扩大再生产的两条途径：一条是外延扩大再生产；另一条是内涵扩大再生产。马克思是这样阐述的："如果生产场所扩大了，就是在外延上扩大；如果生产资料效率提高了，就是在内涵上扩大。"

所谓外延扩大再生产，是指单纯依靠增加人力、财力、物力而扩大生产规模所实现的扩大再生产。这属于粗放型。在历史过程中，生产技术比较落后的情况下，一般进行外延扩大再生产。在当代，如果在生产技术不变的情况下，只凭增加投资而扩大再生产，那么这也属于外延扩大再生产。

所谓内涵扩大再生产，是指依靠科学技术的进步与应用，提高生产效率，实现的扩大再生产。这属于集约型。这是当代普遍追求的扩大再生产的途径。在我国，转变经济增长方式，就再生产来说，就是追求内涵扩大再生产。

在理论上区分外延扩大再生产和内涵扩大再生产具有重要的实践意义，它可以指导我们自觉地主动地通过采用先进技术和提高生产效率，来实现内涵扩大再生产。但是，在实践中，外延扩大再生产和内涵扩大再生产往往是结合在一起的。外延上扩大，也有技术改进；内涵上扩大，也有场所或厂房扩大。

9. 社会总资本再生产理论的实践意义，在于为当代研究一个国家的国民经济协调发展提供了理论依据

一个国家的国民经济协调发展问题提升到理论上来，就是两大部类即生产资料的生产和消费资料的生产相互协调积累、共同扩大再生产的问题。

由社会生产的两大部类的关系，可以具体到农业、轻工业、重工业的关系。第一部类即生产资料的生产，侧重于重工业；第二部类即消费资料的生产，侧重于轻工业和农业。

由社会生产的两大部类的关系以及农、轻、重的关系，可以具体到三次产业的关系。在当代，产业划分为三次产业，通过协调三次产业的关系来协调国民经济。三次产业是按如下划分的。

第一次产业，也称一次产业或一产，是指直接作用于自然界而生产初级产品的产业。它包括农业的种植业、畜牧业、林业和狩猎业等。

第二次产业，也称二次产业或二产，是指把初级产品加工成为满足人类生产、生活进一步需要的物质资料的产业。它包括采矿业、制造业、建筑业、煤气、电力、供水等。

第三次产业，也称三次产业或三产，是指为满足人类在第一次产业、第二次产业以外的进一步需要而提供产品和服务的产业。它包括商业、金融及保险业、运输业、服务业以及其他公益事业等。

《资本论》第三卷选读的理论内容及其实践意义

这里要掌握的重点:一是平均利润和生产价格理论;二是资源节约理论;三是循环经济理论;四是信用制度和股份公司理论;五是地租理论。

一、平均利润和生产价格理论的要点及其实践意义

1. 平均利润和生产价格是以由本质到现象的三个转化为前提(见《资本论》第3卷第1、2、3章)

(1) 所费资本转化为成本价格。商品生产要耗费资本。资本家把这种所费资本称为成本。这种成本由货币来表现就称为成本价格。

(2) 剩余价值转化为利润。本来,剩余价值是由雇佣工人的剩余劳动创造的。但在现实经济生活中,资本家却把剩余价值看做是由整个投资带来的利润。这样,剩余价值就转化为利润。马克思是这样阐述的:"剩余价值,作为全部预付资本的这样一种观念上的产物,取得了利润这个转化形式。"

(3) 剩余价值率转化为利润率。马克思的阐述:"用可变资本来

计算的剩余价值的比率，叫剩余价值率；用总资本来计算的剩余价值的比率，叫利润率。""剩余价值和剩余价值率相对地说是看不见的东西，是要进行研究的本质的东西，而利润率，从而剩余价值作为利润的形式，却会在现象的表面上显示出来。"

下面可以看到，在上述三个转化的前提下，出现了平均利润和生产价格。

2. 利润率转化为平均利润率、利润转化为平均利润、商品价值转化为生产价格（见《资本论》第3卷第9、10章）

（1）通过竞争，利润率转化为平均利润率，从而利润转化为平均利润。原来，不同生产部门有高低不同的利润率。通过竞争，利润率低的生产部门的投资向利润率高的生产部门转移。这就会导致两种情况：一是利润率低的生产部门由于投资日益减少，生产规模逐渐缩小，当其产品供不应求时，因其产品价格上升，会提高利润率。二是利润率高的生产部门，由于投资日益增多，生产规模逐渐扩大，当其产品供过于求时，因其产品价格下降，会降低利润率。这两种情况必然导致利润率平均化为平均利润率。在平均利润率的前提下，等量的投资不论投入哪个生产部门，都可获得大体相等的平均利润。

马克思是这样阐述的："不同生产部门中占统治地位的利润率，本来是极不相同的。这些不同的利润率，通过竞争而平均化为一般利润率，而一般利润率就是所有这些不同利润率的平均数。按照这个一般利润率归于一定量资本（不管它的有机构成如何）的利润，就是平均利润。"平均利润率或称一般利润率和平均利润，都不是人们计算出来的，而是在竞争过程中形成的一种趋势。

马克思在分析到平均利润率和平均利润在资本主义制度下的特殊性时指出："我们在这里得到了一个像数学一样精确的证明：为什么资本家在他们的竞争中表现出彼此都是假兄弟，但面对整个工人阶级却结成真正的共济会团体。"

（2）在平均利润率和平均利润的前提下，商品价值转化为生产价格。商品价值 = 不变资本价值 + 可变资本价值 + 剩余价值。生产价格 = 成本价格 + 平均利润。在这里，成本价格是由所费资本即不变资本价值和可变资本价值转化来的。

3. 平均利润率从而平均利润的形成，表明资本是一种社会权力（见《资本论》第 3 卷第 10 章）

在平均利润率和平均利润的前提下，等量的资本不论投入哪个经济部门，都同样获得平均利润，"最低限度要按照那个会提供平均利润的价格，即生产价格来出售商品。在这个形式上，资本就意识到自己是一种社会权力，每个资本家都按照他在社会总资本中占有的份额而分享这种权力"。

4. 各经济部门的投资都依据平均利润率获得平均利润，从而经济部门之间协调并存（见《资本论》第 3 卷第 16 至 22 章）

（1）商业资本获得相当于平均利润的商业利润。产业资本要在获得平均利润的前提下，以低于零售价的批发价把商品卖给商业资本家。商业资本家以高于批发价的零售价卖给消费者，从中获得的批发价与零售价的差额相当于平均利润。

（2）借贷资本在其运动中形成的银行资本，从借贷业务中获得相当于平均利润的银行利润。

5. 平均利润形成以后，依然存在超额利润（见《资本论》第 3 卷第 10 章）

《资本论》特别提到，平均利润的存在并不排除"每个特殊的生产部门中在最好的条件下生产的人所获得的超额利润"。因为率先独自采取更先进技术的生产经营者，劳动生产率高于一般水平，商品成本降低，但仍按市场的生产价格出售其商品，就会获得超过平均利润的超额利润。

这里体现的激励机制具有重要的实践意义。这种激励机制表明，平均利润不是对利润搞平均主义，还有超额利润激发生产经营者不满足于平均利润，而主动积极地去率先采用更先进的技术，力争获取超额利润。这是调动生产经营者积极性，促进科学技术进步与应用，从而发展社会生产力的一种激励机制。

6. 平均利润和生产价格理论的实践意义

平均利润和生产价格的形成，反映经济部门之间的协调关系和市场配置社会资源的机制。当今世界各国，在商品货币关系中，如何协调社会分工中的各个经济部门之间的关系，固然要发挥宏观调控和市场调节的作用。但这是以市场为基础贯穿着平均利润和生产价格理论的指导的。

二、资源节约理论的要点及其实践意义

1. 不变资本使用上的节约是增大利润的途径（见《资本论》第3卷第5章第1节）

《资本论》阐述："不变资本的固定部分即工厂建筑物、机器等等的规模，不管用来工作16小时，还是12小时，都会仍旧不变。"因此，延长了工作日，节约了不变资本，就会提高利润率。

2. 生产条件的节约是大规模生产的特征（见《资本论》第3卷第5章第1节）

（1）生产条件"是作为社会劳动的条件，社会结合的劳动的条件，因而作为劳动的社会条件执行职能"。

（2）生产条件"在生产过程中由总体工人共同消费"。

（3）"在一个有一台或两台中央发动机的大工厂内，发动机的费用"，"不会和发动机的可能的作用范围，按相同的比例增加"。

（4）"生产资料的集中可以节省各种建筑物"以及"燃料、照明等等的支出"。

3. "生产条件节约的另一大类"是"所谓的生产废料再转化为同一个产业部门或另一个产业部门的新的生产要素"（见《资本论》第3卷第5章第1节）

这是"由于大规模社会劳动所产生的废料数量很大，这些废料本身才重新成为贸易的对象，从而成为新的生产要素"。

这种废料"会按照它可以重新出售的程度降低原料的费用"。

4. 机器的不断改良为资源节约创造条件（见《资本论》第 3 卷第 5 章第 1 节）

机器的材料和制造的改良使机器便宜而节约资源。

5. 产业之间在劳动生产力提高方面相互作用，节约资源（见《资本论》第 3 卷第 5 章第 1 节）

产业之间相互促进，并与自然科学及其应用的进步联系在一起，就会节约资源。铁、煤、机器等生产部门的技术进步使生产力的提高表现为纺织工业、农业等部门的生产资料的价值减少，从而费用降低。

6. 大规模协作节约资源，提高利润率（见《资本论》第 3 卷第 5 章第 1 节）

"工人的集中和大规模协作"，在不变资本本身使用上的费用，比小规模生产相对地说要少，从而提高利润率。

7. 资本主义生产方式，在追求利润的驱动下，竭力节约生产资料（见《资本论》第 3 卷第 5 章第 1 节）

为了追求利润最大化，资本家千方百计地节约生产资料，"要做到一点也不损失，一点也不浪费，要做到生产资料只按生产本身的要求的方式来消耗"。"这部分地取决于工人的训练和教育，部分地取决于资本家强加给工人的纪律"。

8. 投入生产经营的资本有追求利润和节约资源的功能（见《资本论》第 3 卷第 5 章第 1 节）

马克思指出："资本有一种趋势，要在直接使用活劳动时，把它缩减为必要劳动，并且要利用劳动的各种社会生产力来不断缩减生产产品所必要的劳动，因而要尽量节约直接使用的活劳动，同样，它还有一种趋势，要在最经济的条件下使用这种已经缩减到必要程度的劳动,也就是说,要把所使用的不变资本的价值减少到它的尽可能最低的程度。"

资本是追求价值增殖即利润的。实现利润最大化在于提高利润率。利润率的提高在于节约活劳动即可变资本和不变资本,从而显示资本追求利润最大化的功能。

9. **改进动力生产、动力传送和建筑物,节约资源（见《资本论》第 3 卷第 5 章第 3 节）**

（1）采取加快蒸汽机速度的办法,得到更多的动力。
（2）机器改良,增加生产,减少支出。
（3）建造适于安装新机器的工厂。

10. **资本主义的不变资本使用上的节约有其历史特殊性（见《资本论》第 3 卷第 5 章第 2 节）**

在资本主义发展的历史进程中,对不变资本使用上的节约,曾以牺牲工人为代价。《资本论》揭露了当时的情况。

（1）靠牺牲工人节约劳动条件。"1860 年前后,在英国煤矿中平均每周有 15 人死亡"。在工厂里"缺乏保障工人安全、舒适和健康的一切措施"。
（2）"把浪费工人的生命和健康,压低工人的生存条件本身,看做不变资本使用上的节约,从而看做提高利润率的手段"。

11. **资源节约理论具有重要的实践意义**

（1）资源节约理论为当代建设资源节约型社会提供了理论基础。资源节约理论表明,社会生产既要消耗资源又要为节约资源提供条件。这就指导我们,立足于社会生产的可持续发展,充分利用和积极创造节约资源的条件,不断节约资源。同时,发挥物质利益动力作用,为实现利润最大化而节约资源。

（2）资源节约理论指明了资源节约的途径。一是大规模生产能够节约资源。二是科学技术的进步与应用能够节约资源。三是在生产资料使用上能够节约资源。四是在资本的生产经营中,按照资本的性质和要求操作，能够发挥资本节约资源的作用。

三、循环经济理论的要点及其实践意义

在《资本论》第 3 卷第 5 章第 1 至 5 节中，论述循环经济，阐明了以下要点。

1. 生产和消费的排泄物的利用，体现循环经济

循环经济反映经济活动的往返。例如，从生产和消费出发，对其排泄物加以利用，再变成产品，又用于生产和消费，从而又回到出发点。"通过这个过程，这种所谓的排泄物就再回到生产从而消费（生产消费或个人消费）的循环中"。

2. 生产排泄物可以再次利用

"生产排泄物，是指工业和农业的废料"。例如制造机器时废弃的铁屑等，又可"作为原料进入铁的生产"。

3. "消费排泄物对农业来说最为重要"

"消费排泄物则部分地指人的自然的新陈代谢所产生的排泄物，部分地指消费品消费以后残留下来的东西"。例如人的粪便和破衣碎布等，可以为农业所利用。

4. "原料的日益昂贵，自然成为废物利用的刺激"

原料越昂贵，越激发人们利用废物重作原料。

5. 废物利用的循环经济以大规模的生产和科学技术的进步为条件

一方面有可利用的大量的排泄物；另一方面科学技术的进步，发现了废物的有用性质。例如大规模的毛纺织业，收集废毛和破烂毛织物，利用科学方法进行再加工，为消费者提供低廉价格的普通质量的毛织品。

6. 化学工业对废物利用最显著

"化学工业提供了废物利用的最显著的例子"。它运用新的方法，利用本工业和其他工业的废料，提炼染料和药品。

7. 循环经济有两方面的节约

循环经济在以下两方面节约：一方面对废物再利用而节约；另一方面使废物减少而节约。"后一种节约把生产排泄物减少到最低限度和把一切进入生产中去的原料和辅助材料的直接利用提到最高限度"。

8. 废料的减少取决于有关条件

这有以下条件：一是机器构成的零件加工得越精确，抛光越好，机油、肥皂等物就越节省；二是机器和工具的质量越高，所用原料变废料越少；三是原料的质量越高，出废料越少。

9. 循环经济理论具有重要的实践意义

（1）循环经济理论，阐明了循环中发展的经济含义，明确了废物再利用的原则，揭示了"资源—产品—再生资源"的循环流程，为当代发展循环经济指明了方向。

（2）循环经济理论，指导我们树立新的资源观。一要推进废物资源化。二要循环使用资源。三要提高资源利用率。

（3）循环经济理论，指导我们积极创新，完善激励机制，不断推动科学技术的进步与应用，为废弃物的再利用创造可靠的条件。

四、信用制度和股份公司理论的要点及其实践意义

1. 信用是借贷关系的基础（见《资本论》第 3 卷第 21 章）

信用，在经济学上是指以守信为条件的经济关系。这种守信关系的制度化，成为信用制度。在以信用为基础的借贷关系中，同一货币额对贷出者和借入者双方，都作为资本执行职能，从而利润发

生分割。其中归借入者的部分叫企业主收入，归贷出者的部分叫利息。

2. 通过信用形成的借贷关系，在企业中引出了管理的一般性和特殊性问题（见《资本论》第3卷第23章）

上面谈到，由于资本的借贷关系，使企业利润分割为企业主收入和利息。这就引出了一个问题，即企业资本家获得的企业主收入是否为管理"劳动的监督工资"？

马克思的回答是："凡是直接生产过程具有社会结合的形态，而不是表现为独立生产者的孤立劳动的地方，都必然产生监督和指挥的劳动。不过它具有二重性。"

一方面，就管理的一般性来说，"凡是有许多个人进行协作的劳动，过程的联系和统一都必然要表现在一个指挥的意志上，表现在各种与局部劳动无关而与工场全部活动有关的职能上，好像一个乐队要有一个指挥一样。这是一种生产劳动，是每一种结合的生产方式中必须进行的劳动"。

另一方面，就管理的特殊性来说，"凡是建立在作为直接生产者的劳动和生产资料所有者之间的对立的生产方式中，都必然会产生这种监督劳动"。

马克思进一步指出：（1）资本家的监督劳动，"不过是作为资本家的劳动者，即作为对他人劳动的剥削者的劳动者"。（2）资本家的监督劳动所得到的收入，"恰好等于他所占有的他人劳动的量"，其多少"取决于对这种劳动的剥削程度"。（3）工人自己组织的"合作工厂提供了一个实例，证明资本家作为生产上的执行职能的人员已经成为多余的了，就像资本家自己发展到最成熟时，认为大地主是多余的一样"。

3. 信用制度的自然基础是商业信用（见《资本论》第3卷第25章）

信用制度是在商业信用的基础上发展起来的。商业信用即商业交易的赊购赊销，为信用制度提供了客观条件，故称"自然基础"。

"随着商业和只是着眼于流通而进行生产的资本主义生产方式的发展,信用制度的这个自然基础也在扩大、普遍化、发展"。在信用制度下,"商品不是为取得货币而卖,而是为取得定期支付的凭证而卖"。

4. 信用制度与货币经营业联系在一起,形成银行信用(见《资本论》第3卷第25章)

"银行业务是,银行家把借贷货币资本大量集中在自己手中","作为所有贷出者的代表"。"银行一方面代表货币资本的集中,贷出者的集中,另一方面代表借入者的集中。银行的利润一般地说在于:它们借入时的利息率低于贷出时的利息率"。

5. 信用在资本主义生产中发挥了重要作用(见《资本论》第3卷第27章)

第一,信用制度为利润率的平均化提供了条件。通过货币资本的借贷,推动了资本自由流动,从而促进利润率平均化。

第二,信用制度减少了流通费用。通过信用,节省货币,并使金属货币为纸币所代替,加快了再生产过程,减少了流通费用。

第三,信用制度推动了资本集中和股份公司成立,使生产规模扩大。

第四,信用制度形成的股份制度,使资本家取得了对社会资本的支配权。

6. 由信用制度促进成立的股份公司显示出优势(见《资本论》第3卷第27章)

第一,"生产规模惊人地扩大了,个别资本不可能建立的企业出现了"。

第二,"在这里直接取得了社会资本(即那些直接联合起来的个人的资本)的形式,而与私人资本相对立,并且它的企业也表现为社会企业,而与私人企业相对立。这是作为私人财产的资本在资本主义生产方式本身范围内的扬弃"。

第三，资本所有权"同现实再生产过程中的职能完全分离"。"职能已经同资本所有权相分离，因而劳动也已经完全同生产资料的所有权和剩余劳动的所有权相分离。资本主义生产极度发展的这个结果，是资本再转化为生产者的财产所必需的过渡点"。

第四，股份制度为资本家提供了对他人的资本和劳动的支配权。"信用为单个资本家或被当做资本家的人，提供在一定界限内绝对支配他人的资本，他人的财产，从而他人的劳动的权利"。

7. 股份公司是"通向一种新的生产形式的单纯过渡点"（见《资本论》第3卷第27章）

股份公司的成立，"这是资本主义生产方式在资本主义生产方式本身范围内的扬弃，因而是一个自行扬弃的矛盾，这个矛盾明显地表现为通向一种新的生产形式的单纯过渡点"。

所谓扬弃，是指对旧事物，吸取其积极因素，抛弃其消极因素，使之进一步发展。资本主义生产方式在自身范围内发展股份公司，在为一种新的生产形式创造条件。因而这是资本主义生产方式的自行扬弃，也是资本主义生产方式通向新的生产形式的"单纯过渡点"。

8. 马克思赞扬工人自己组织的合作工厂（见《资本论》第3卷第27章）

第一，"工人自己的合作工厂，是在旧形式内对旧形式打开的第一个缺口"。

第二，在工人合作工厂里，"资本和劳动之间的对立在这种工厂内已经被扬弃"。

第三，"这种工厂表明，在物质生产力和与之相适应的社会形式的一定的发展阶段上，一种新的生产方式怎样会自然而然地从一种生产方式中发展并形成起来"。

第四，工人合作工厂依存于工厂制度和信用制度。"没有从资本主义生产方式中产生的工厂制度"和"没有从资本主义生产方式中产生的信用制度，合作工厂就不可能发展起来"。

第五,"资本主义的股份企业,也和合作工厂一样,应当被看做是由资本主义生产方式转化为联合的生产方式的过渡形式"。

9. 在资本主义制度下,信用制度固有二重性质(见《资本论》第3卷第27章)

"一方面,把资本主义生产的动力——用剥削他人劳动的办法来发财致富——发展成为最纯粹最巨大的赌博欺诈制度,并且使剥削社会财富的少数人的人数越来越减少;另一方面,造成转到一种新生产方式的过渡形式。正是这种二重性质,使信用的主要宣传者,从约翰·罗到伊萨克·贝列拉,都具有这样一种有趣的混合性质:既是骗子又是预言家"。

10. 以生息资本为前提、以信用制度为条件,形成虚拟资本(见《资本论》第3卷第29章)

虚拟资本,是指以有价证券形式存在并能够给持有者带来一定收入的资本。它的形成,以生息资本为前提、以信用制度为条件。

生息资本是以贷放给他人而获取利息的资本。它在资本主义以前称为高利贷资本,在资本主义制度下称为借贷资本或银行资本。生息资本的借贷以信用制度做保证。

马克思对虚拟资本做了这样的阐述:"人们把虚拟资本的形成叫做资本化。人们把每一个有规则的会反复取得的收入按平均利息率来计算,把它算作是按这个利息率贷出的一个资本会提供的收益,这样就把这个收入资本化了。"

马克思举例说明:"例如,在年收入=100镑,利息率=5%时,100镑就是2000镑的年利息,这2000镑现在就被看成是每年取得100镑的法定所有权证书的资本价值。对这个所有权证书的买者来说,这100镑年收入实际代表他所投资本的5%的利息。"这个证书即有价证券,可以自由买卖。

虚拟资本有多种形式。公债券、股票等都是虚拟资本的存在形式。虚拟资本的种种形式及其交易繁荣了以货币资本、有价证券等为交易内容的金融市场。

11. 信用制度和股份公司理论具有重要的实践意义

（1）《资本论》对信用制度的论述，指导我们在社会主义经济建设中，发挥信用制度的作用。

第一，完善信用制度，发展银行信用，为资本流动转移和优化配置社会资源创造必要条件。

第二，完善信用制度，发展商业信用，推进商品营销，加快企业资本的循环和周转。

第三，完善信用制度，发展国家信用，通过发行公债或国库券，协调国民经济发展。

第四，完善信用制度，发展消费信用，为提高居民物质文化生活水平服务。

（2）《资本论》对股份公司的论述，指导我们在社会主义经济建设中发展股份制。

第一，股份制是现代企业制度的一种资本组织形式，通过它实现所有权和经营权的分离，提高企业及其资本的运作效率。

第二，股份制提供多种公司形式，可依据企业自身的条件选择建立公开发行股票的股份有限公司，或者建立不公开发行股票的有限责任公司，或者建立国有独资公司等。

第三，健全公司法人治理结构，规范股东会、董事会、监事会和经理层的职能和组织管理体系，并协调与党委会、职代会、工会的关系。

第四，按照股份制的要求，建立健全规章制度。

五、地租理论的要点及其实践意义

1. 地租是凭土地所有权获取的收入（见《资本论》第 3 卷第 37 章）

在土地所有权的前提下，形成体现农业生产关系的地租。所谓土地所有权是指一些人对一定量土地的占有、垄断的权利。

2. 资本主义地租体现经营农业的产业资本家、土地所有者、农业雇佣工人的关系（见《资本论》第 3 卷第 37 章）

在资本主义农业中，经营农业的产业资本家，从土地所有者那里租来土地，雇农业工人劳动耕作，由农业工人创造的剩余价值转化为利润和地租。马克思指出："在这里我们看到了构成现代社会骨架的三个并存的而又互相对立的阶级——雇佣工人、产业资本家、土地所有者。"

3. 资本主义的农业经营及其地租，在历史上反映出资本主义生产方式的巨大成果和巨大功绩（见《资本论》第 3 卷第 37 章）

下面看马克思的阐述：

（1）巨大成果。"资本主义生产方式的巨大成果之一是，它一方面使农业由社会最不发达部分的单凭经验的和刻板沿袭下来的经营方法，在私有制条件下一般能够做到的范围内，转化为农艺学的自觉的科学的应用；它一方面使土地所有权从统治和从属的关系下完全解脱出来"。

（2）巨大功绩。"一方面使农业合理化，从而才使农业有可能按社会化的方式经营，另一方面，把土地所有权变成荒谬的东西，——这是资本主义生产方式的巨大功绩"。因为土地所有者不仅凭土地所有权不劳而获取地租，而且还阻碍土地的改良和技术装备（其成果在租地契约期满后将成为提高地租的借口）。因此，对于土地所有权，"在产业资本家自己及其理论代言人同土地所有权进行斗争的热潮中，曾被斥责为无用的和荒谬的赘瘤"。

4. 地租的资本化形成土地价格（见《资本论》第 3 卷第 37 和 46 章）

土地不是劳动的产品，没有由劳动形成价值，因而也就没有由价值决定的价格。但是，地租的资本化形成了土地价格。

马克思举例做了说明：比如租用一块土地，地租为 200 英镑。如果把这 200 英镑地租资本化，即把这 200 英镑看做是由贷放出去的资本带来的利息,假定利息率为 5%,那么,200 英镑÷5%＝4000 英镑。这 4000 英镑就称为这块土地的价格。

土地价格的变动规律是:(1)土地价格与地租成正比。一块土地的地租量越大,则这块土地的价格越高。(2)土地价格与利息率成反比。利息率上升,则土地价格下降。

5. 地租有不同社会性质和不同类型之分(见《资本论》第 3 卷第 38、39、46、47 章)

(1)不同社会制度下有不同社会性质的地租。如封建主义地租、资本主义地租、社会主义地租等。

(2)租地用途不同有不同类型的地租。如耕地地租、建筑地段地租、矿山地租、渔场地租、森林地租等。

(3)按租用地的条件规定的地租,有级差地租。

(4)不论租用地的条件,只要租地就必须支付的地租,有绝对地租。

6. 级差地租是由超额利润转化来的(见《资本论》第 3 卷第 38 章)

所谓级差地租,是指与土地优劣不同的等级相联系所支付的地租。土地有优劣之分,租用优等地支付地租多,租用劣等地支付地租少,这就形成级差地租。

假定租地经营的工厂,多数厂家用蒸汽机做动力,个别工厂由自然瀑布推动:后者利用自然力成本低,但其产品依然按市场的生产价格出售,这就获得了超额利润。

"利用瀑布而产生的超额利润,不是产生于资本,而是产生于资本对一种能够被人垄断并且已经被人垄断的自然力的利用。在这种情况下,超额利润就转化为地租,也就是说,它落入了瀑布的所有者手中"。

"在这里,超额利润来源于资本本身(包括它所推动的劳动)","自然力不是超额利润的源泉,而只是超额利润的一种自然基础,因为它是特别高的劳动生产力的自然基础"。

7. 级差地租有两种形式（见《资本论》第 3 卷第 39、40 章）

一是级差地租第一形式，或称级差地租Ⅰ。租用的土地肥力强、位置距市场近、交通方便，则支付的地租就多。这就形成级差地租Ⅰ。例如在城市的繁华地段租用一个地方经营商品，或者在城市郊区租用一块耕地，肯定要支付较高的地租。为什么呢？因为租用的地段条件好、收益大。这就是级差地租Ⅰ的问题。

二是级差地租第二形式，或称级差地租Ⅱ。如果租用一块耕地连续投资，能够不断提高生产效率和增加收益，那么就要支付较多的地租。这就是级差地租Ⅱ。

8. 级差地租反映一个虚假的社会价值（见《资本论》第 3 卷第 39 章）

由于土地的优等地和中等地都有限，它们的农产品不能满足社会需要，在农产品供不应求的情况下，农产品价格上涨，从而劣等地可以耕种，其产品的价值决定市场的农产品价格。这时，优等地和中等地的产品，虽然耗费的劳动少而成本低，但要按照劣等地的产品价值出售，从而收益大，支付级差地租多，这就形成了一个虚假的社会价值，即优等地和中等地的产品，出售时的价值高于其实际的价值，出现了"虚假"。

这虚假的社会价值，对购买农产品的消费者来说，过多支付了货币，是"负数的东西"。但对于通过虚假的社会价值而获得级差地租的土地所有者来说，确实得到了收入，因而"负数的东西"，"却成了正数"。这就是马克思所阐述的：虚假的社会价值，"被当做消费者来看的社会在土地产品上过多支付的东西，社会劳动时间实现在农业生产上时形成的负数的东西，现在对社会上的一部分人即土地所有者来说却成了正数"。

9. 绝对地租体现土地所有权的绝对垄断（见《资本论》第 3 卷第 45 章）

所谓绝对地租，是指在存在土地所有权的条件下，无论租种何等土地，都绝对必须支付的地租。由于土地所有权的垄断，如果不支付地租，宁可把垄断的土地闲置起来，也不许耕种。这表明"土地所有权本身已经产生地租"。

10. 在农业资本构成低于社会平均资本构成的情况下，绝对地租是农业剩余价值的一部分（见《资本论》第 3 卷第 45 章）

由于农业资本构成低，即可变资本的比重大而雇工人数多，所以农业资本能够推动和支配较多的剩余劳动，从而生产更多的剩余价值。同时，在农业中，由于土地有限和土地所有权垄断，限制了资本自由转移，阻碍了农业利润率平均化，致使农产品按其价值出售，这比按生产价格出售多出了余额，从而得以支付绝对地租。

这里表明，"在任何情况下，这个来自于价值超过生产价格的余额的绝对地租，都只是农业剩余价值的一部分，都只是这个剩余价值到地租的转化，都只是土地所有者对这个剩余价值的攫取"。

11. 在农业资本构成等于或高于社会平均资本构成的情况下，绝对地租"只能来自产品的垄断价格"（见《资本论》第 3 卷第 45 章）

如果农业资本构成等于或高于社会平均资本构成，那么"它的不变部分比它的可变部分相对地增大"，"就不会推动更多的劳动，因此也就不会实现更多的剩余劳动"。在这种情况下，绝对地租"只能来自产品的垄断价格"。

12. 地租与垄断价格之间存在因果关系（见《资本论》第 3 卷第 46 章）

"究竟是因为产品或土地本身有一个与地租无关的垄断价格，所以地租才由垄断价格产生，还是因为有地租存在，所以产品才按垄断价格出售"？

第一，垄断价格造成地租。例如一个葡萄园，其独特的葡萄能够制造独特的葡萄酒，这就会有一个垄断价格，从而实现一个相当大的超额利润。由于葡萄园的所有者具有所有权，这超额利润就转化为地租。第二，地租造成垄断价格。如果在土地所有权支配下，对不支付地租者就不允许耕种其土地，那么租用土地者就会因要支付地租而把土地产品以高于其价值的垄断价格出售。这样，"地租就造成垄断价格"。

13. 租用建筑地段、矿山等而支付的地租，同租用耕地而支付的地租，既有相同之处，又有不同的特点（见《资本论》第 3 卷第 46 章）

第一，"真正的矿山地租的决定方法，和农业地租是完全一样的"。
第二，建筑地段的地租有提高的趋势。这是其显著特点。人口的增加，工业建筑物、铁路、货栈、工厂建筑物、船坞等用地，"都必然会提高建筑地段的地租"。

14. 资本主义地租起源于封建货币地租（见《资本论》第 3 卷第 47 章第 4 节）

封建地租经历了三种基本形式：一是劳动地租或称劳役地租。地主对租地劳动者的无酬劳动直接占有。二是产品地租或称实物地租。地主占有租地劳动者的产品。三是货币地租。租地劳动者用货币支付地租。资本主义地租就是在封建货币地租的进一步发展中产生的。

"货币地租在其进一步的发展中"，"导致资本主义租地农场主所支付的地租"。"一旦资本主义租地农场主出现在土地所有者和实际从事劳动的农民之间"，就出现了农业资本家雇农业工人经营农业、与土地所有者确立租地契约关系的情况，于是形成了资本主义地租。

15. 分成制是由封建地租到资本主义地租的过渡形式（见《资本论》第 3 卷第 47 章第 5 节）

所谓分成制，是指租地人和土地所有者共同经营农业、共同分配产品。租地人既提供劳动（自己的劳动或雇工的劳动），又提供一部分资本。土地所有者既提供土地，也提供一部分资本。生产的产品，双方按一定比例分成。

分成制之所以成为由封建地租到资本主义地租的过渡形式，是因为分成制有了出资经营农业的资本主义因素。一方面租地人既使用别人的劳动又出资，因而"作为他自己的资本家，要求产品的一部分"。另一方面土地所有者"不只是根据他对土地的所有权"，而且也出资"作为资本贷出者，要求得到自己的一份"。

16. 小块土地所有制排斥社会劳动生产力发展（见《资本论》第3卷第47章第5节）

小块土地所有制是个体自耕农对小块土地和自己劳动的产品拥有所有权的一种所有制形式。它"是个人独立性发展的基础。它是农业本身发展的一个必要的过渡点"。

"小块土地所有制按其性质来说排斥社会劳动生产力的发展、劳动的社会形式、资本的社会积聚、大规模的畜牧和对科学的累进的应用"。

这种小块土地所有制使自耕农必须投入一笔资本购买土地，从而减少用于耕种的资本；同时，小块土地所有制追求小规模，使"生产资料无止境地分散，生产者本身无止境地互相分离。人力发生巨大的浪费"。

17. 地租理论具有重要的实践意义

第一，地租理论指导我们正视或承认社会主义地租的存在。地租理论告诉我们，只要土地所有权存在，就决定了地租存在。土地所有权就是获取地租的权利。在我国虽然废除了土地私有制，但土地所有权依然存在。城市土地属于国家所有，农村和城市郊区的土地，除由法律规定属于国家所有的部分以外，都属于农民集体所有。如此的土地所有权，决定了土地有偿使用的社会主义地租的存在。

第二，运用地租理论，实行地租所体现的土地有偿使用，促进土地资源使用的合理化。在我国农村，通过土地承包及其有偿转包，有利于推进多种形式的联合，促进土地相对集中和适度规模经营，提高土地的使用效益，加快农业发展。在我国城市，通过土地有偿使用，提高城市土地的利用率。

第三，运用地租理论在发展对外经济技术合作中提高土地利用率。随着我国改革开放的发展，外商独资在我国开办企业以及我国与外商合资、合作开办企业日益增多，其占用的土地不断扩大。要通过有偿使用土地而征收地租，促进合理使用土地，提高土地利用率。

第一卷 资本的生产过程

第一篇　商品和货币

第二篇　货币转化为资本

第三篇　绝对剩余价值的生产

第四篇　相对剩余价值的生产

第五篇　绝对剩余价值和相对剩余价值的生产

第六篇　工　资

第七篇　资本的积累过程

第一版序言

我把这部著作的第一卷交给读者。这部著作是我1859年发表的《政治经济学批判》的续篇。初篇和续篇相隔很久，是由于多年的疾病一再中断了我的工作。

万事开头难，每门科学都是如此。所以本书第1章，特别是分析商品的部分，是最难理解的。其中对价值实体和价值量的分析，我已经尽可能地做到通俗易懂。以货币形式为完成形态的价值形式，是极无内容和极其简单的。然而，两千多年来人类智慧对这种形式进行探讨的努力，并未得到什么结果，而对更有内容和更复杂的形式的分析，却至少已接近于成功。为什么会这样呢？因为已经发育的身体比身体的细胞容易研究些。并且，分析经济形式，既不能用显微镜，也不能用化学试剂。二者都必须用抽象力来代替。而对资产阶级社会说来，劳动产品的商品形式，或者商品的价值形式，就是经济的细胞形式。在浅薄的人看来，分析这种形式好像是斤斤于一些琐事。这的确是琐事，但这是显微解剖学所要做的那种琐事。

因此，除了价值形式那一部分外，不能说这本书难懂。当然，我指的是那些想学到一些新东西因而愿意自己思考的读者。

物理学家是在自然过程表现得最确实、最少受干扰的地方观察自然过程的，或者，如有可能，是在保证过程以其纯粹形态进行的条件下从事实验的。我要在本书研究的，是资本主义生产方式以及和它相适应的生产关系和交换关系。到现在为止，这种生产方式的典型地点是英国。因此，我在理论阐述上主要用英国作为例证。但是，如果德国读者看到英国工农业工人所处的境况而伪善地耸耸肩膀，或者以德国的情况远不是那样坏而乐观地自我安慰，那我就要大声地对他说：这说的正是阁下的事情。

问题本身并不在于资本主义生产的自然规律所引起的社会对抗的发展程度的高低。问题在于这些规律本身，在于这些以铁的必然性发生作用并且正在实现的趋势。工业较发达的国家向工业较不发达的国家所显示的，只是后者未来的景象。

撇开这点不说。在资本主义生产已经在我们那里完全确立的地方，例如在真正的工厂里，由于没有起抗衡作用的工厂法，情况比英国要坏得多。在其他一切方面，我们也同西欧大陆所有其他国家一样，不仅苦于资本主义生产的发展，而且苦于资本主义生产的不发展。除了现代的灾难而外，压迫着我们的还有许多遗留下来的灾难，这些灾难的产生，是由于古老的、陈旧的生产方式以及伴随着它们的过时的社会关系和政治关系还在苟延残喘。不仅活人使我们受苦，而且死人也使我们受苦。死人抓住活人！

德国和西欧大陆其他国家的社会统计，与英国相比是很贫乏的。然而它还是把帷幕稍稍揭开，使我们刚刚能够窥见幕内美杜莎的头。如果我国各邦政府和议会像英国那样，定期指派委员会去调查经济状况，如果这些委员会像英国那样，有全权去揭发真相，如果为此能够找到像英国工厂视察员、编写《公共卫生》报告的英国医生、调查女工童工受剥削的情况以及居住和营养条件等等的英国调查委员那样内行、公正、坚决的人们，那么，我国的情况就会使我们大吃一惊。柏修斯需要一顶隐身帽来追捕妖怪。我们却用隐身帽紧紧遮住眼睛和耳朵，以便有可能否认妖怪的存在。

我在本卷中还用了很大的篇幅来叙述英国工厂立法的历史、内容和结果。一个国家应该而且可以向其他国家学习。一个社会即使探索到了本身运动的自然规律——本书的最终目的就是揭示现代社会的经济运动规律——它还是既不能跳过也不能用法令取消自然的发展阶段。但是它能缩短和减轻分娩的痛苦。

为了避免可能产生的误解,要说明一下。我决不用玫瑰色描绘资本家和地主的面貌。不过这里涉及的人,只是经济范畴的人格化,是一定的阶级关系和利益的承担者。我的观点是把经济的社会形态的发展理解为一种自然史的过程。不管个人在主观上怎样超脱各种关系,他在社会意义上总是这些关系的产物。同其他任何观点比起来,我的观点是更不能要个人对这些关系负责。

在政治经济学领域内,自由的科学研究遇到的敌人,不只是它在一切其他领域内遇到的敌人。政治经济学所研究的材料的特殊性质,把人们心中最激烈、最卑鄙、最恶劣的感情,把代表私人利益的复仇女神召唤到战场上来反对自由的科学研究。

任何的科学批评的意见我都是欢迎的。而对于我从来就不让步的所谓舆论的偏见,我仍然遵守伟大的佛罗伦萨人的格言:

走你的路,让人们去说吧!

卡尔·马克思
1867 年 7 月 25 日于伦敦

第二版跋

《资本论》在德国工人阶级广大范围内迅速得到理解,是对我的劳动的最好的报酬。

1872年春,彼得堡出版了《资本论》的优秀的俄译本。初版3 000册现在几乎已售卖一空。1871年,基辅大学政治经济学教授尼·季别尔先生在他的《李嘉图的价值和资本理论》一书中就已经证明,我的价值、货币和资本的理论就其要点来说是斯密—李嘉图学说的必然的发展。使西欧读者在阅读他的这本出色的著作时感到惊异的,是纯理论观点的始终一贯。

彼得堡的《欧洲通报》在一篇专谈《资本论》的方法的文章(1872年5月号第427~436页)中,认为我的研究方法是严格的实在论的,而叙述方法不幸是德国辩证法的。

我回答这位作者先生的最好的办法,是从他自己的批评中摘出几段话来,这几段话也会使某些不懂俄文原文的读者感兴趣。

这位作者先生从我的《政治经济学批判》序言(1859年柏林版第4~7页,在那里我说明了我的方法的唯物主义基础)中摘引一段话后,说:

"在马克思看来,只有一件事情是重要的,那就是发现他所研究的那些现象的规律。而且他认为重要的,不仅是在这些现象具有完成形式和处于一定时期内可见到的联系中的时候支配着它们的那个规律。在他看来，除此而外，最重要的是这些现象变化的规律，这些现象发展的规律，即它们由一种形式过渡到另一种形式，由一种联系秩序过渡到另一种联系秩序的规律。他一发现了这个规律，就详细地来考察这个规律在社会生活中表现出来的各种后果……所以马克思竭力去做的只是一件事：通过准确的科学研究来证明社会关系的一定秩序的必然性，同时尽可能完善地指出那些作为他的出发点和根据的事实。为了这个目的，只要证明现有秩序的必然性，同时证明这种秩序不可避免地要过渡到另一种秩序的必然性就完全够了，而不管人们相信或不相信，意识到或没有意识到这种过渡。马克思把社会运动看做是受一定规律支配的自然史过程，这些规律不仅不以人的意志、意识和意图为转移，反而决定人的意志、意识和意图……既然意识要素在文化史上只起着这种从属作用，那么不言而喻，以文化本身为对象的批判，比任何事情更不能以意识的某种形式或某种结果为依据。这就是说，作为这种批判的出发点的不能是观念，而只能是外部的现象。批判将不是把事实和观念比较对照，而是把一种事实同另一种事实比较对照。对这种批判唯一重要的是，对两种事实进行尽量准确的研究，使之真正形成相互不同的发展阶段，但尤其重要的是，对各种秩序的序列、对这些发展阶段所表现出来的顺序和联系进行同样准确的研究……但是有人会说，经济生活的一般规律，不管是应用于现在或过去，都是一样的。，马克思否认的正是这一点。在他看来，这样的抽象规律是不存在的……根据他的意见，恰恰相反，每个历史时期都有它自己的规律……一旦生活经过了一定的发展时期，由一定阶段进入另一阶段时，它就开始受另外的规律支配。总之，经济生活呈现出的现象，和生物学的其他领域的发展史颇相类似……旧经济学家不懂得经济规律的性质，他们把经济规律同物理学定律和化学定律相比拟……对现象所作的更深刻的分析证明，各种社会有机体像动植物有机体一样，彼此根本不同……由于这些有机体的整个结构不同，它们的各个器官有差别，以及器官借以发生作用的条件不一样等等，同一个现象就受完全不同的规律支配。例如，马克思否认人口规律在任何时候、任何地方都是一样的。相反地，他断言每个发展阶段都有它自己的人口规律……生产力的发展水平不同，生产关系和支配生产关系的规律也就不同。马克思给自己提出的目的是，从这个观点出发去研究和说明资本主义经济制度，这样，他只不过是极其科学地表述了任何对经济生活进行准确的研究必须具有的目的……这种研究的科学价值在于阐明支配着一定社会有机体的产生、生存、发展和死亡以及为另一更高的有机体所代替的特殊规律。马克思的这本书确实具有这种价值。"

这位作者先生把他称为我的实际方法的东西描述得这样恰当，并且在谈到我个人对这种方法的运用时又抱着这样的好感，那他所描述的不正是辩证方法吗？

当然，在形式上，叙述方法必须与研究方法不同。研究必须充分地占有材料，分析它的各种发展形式，探寻这些形式的内在联系。只有这项工作完成以后，现实的运动才能适当地叙述出来。这点一旦做到，材料的生命一旦在观念上反映出来，呈现在我们面前的就好像是一个先验的结构了。

我的辩证方法，从根本上来说，不仅和黑格尔的辩证方法不同，而且和它截然相反。在黑格尔看来，思维过程，即甚至被他在观念这一名称下转化为独立主体的思维过程，是现实事物的创造主，而现实事物只是思维过程的外部表现。我的看法则相反，观念的东西不外是移入人的头脑并在人的头脑中改造过的物质的东西而已。

辩证法，在其神秘形式上，成了德国的时髦东西，因为它似乎使现存事物显得光彩。辩证法，在其合理形态上，引起资产阶级及其空论主义的代言人的恼怒和恐怖，因为辩证法在对现存事物的肯定的理解中同时包含对现存事物的否定的理解，即对现存事物的必然灭亡的理解；辩证法对每一种既成的形式都是从不断的运动中，因而也是从它的暂时性方面去理解；辩证法不崇拜任何东西，按其本质来说，它是批判的和革命的。

卡尔·马克思
1873年1月24日于伦敦

法文版序言和跋

我所使用的分析方法至今还没有人在经济问题上运用过，这就使前几章读起来相当困难。法国人总是急于追求结论，渴望知道一般原则同他们直接关心的问题的联系，因此我很担心，他们会因为一开始就不能继续读下去而气馁。

这是一种不利，对此我没有别的办法，只有事先向追求真理的读者指出这一点，并提醒他们。在科学上没有平坦的大道，只有不畏劳苦沿着陡峭山路攀登的人，才有希望达到光辉的顶点。

亲爱的公民，请接受我对您的忠诚。

卡尔·马克思
1872年3月18日于伦敦

第三版序言

马克思不幸已不能亲自进行这个第三版的付印准备工作。这位大思想家——现在，连反对他的人也拜服他的伟大了——已于1883年3月14日逝世。

我失去了一个相交40年的最好的、最亲密的朋友，我应感谢他的地方是无法用言语表达的。现在，不论出版这个第三版的任务，还是出版以手稿形式遗留下来的第二卷的任务，都落在我的身上了。在这里，我应该告诉读者，我是怎样履行前一项任务的。

说到文体，马克思亲自彻底校订了许多章节，并且多次作过口头指示，这就给了我一个标准去取舍英文术语和英文语气。马克思一定还会修改那些增补的地方，并且用他自己精练的德语代替流畅的法语；而我只要把它们移译过来，尽量和原文协调一致，也就满足了。

最后，我说几句关于马克思的不大为人们了解的引证方法。在单纯叙述和描写事实的地方，引文（例如引用英国蓝皮书）自然是作为简单的例证。而在引证其他经济学家的理论观点的地方，情况就不同了。这种引证只是为了确定：一种在发展过程中产生的经济思想，是什么地方、什么时候、什么人第一次明确地提出的。这里考虑的只是，所提到的经济学见解在科学史上具有意义，能够多少恰当地从理论上表现当时的经济状况。至于这种见解从作者的观点来看是否还有绝对的或相对的意义，或者完全成为历史上的东西，那是毫无关系的。因此，这些引证只是从经济科学的历史中摘引下来作为正文的注解，从时间和首倡者两方面来确定经济理论中各个比较重要的成就。这种工作在这样一种科学上是很必要的，这种科学的历史著作家们一直只是以怀有偏见、不学无术、追名逐利而著称。现在我们也会明白，和第二版序言中所说的情况一样，为什么马克思只是在极例外的场合才引证德国经济学家的言论。

弗里德里希·恩格斯
1883 年 11 月 7 日于伦敦

英文版序言

有一个困难是我们无法为读者解除的。这就是：某些术语的应用，不仅同它们在日常生活中的含义不同，而且和它们在普通政治经济学中的含义也不同。但这是不可避免的。一门科学提出的每一种新见解都包含这门科学的术语的革命。化学是最好的例证，它的全部术语大约每20年就彻底变换一次，几乎很难找到一种有机化合物不是先后拥有一系列不同的名称的。政治经济学通常满足于照搬工商业生活上的术语并运用这些术语，完全看不到这样做会使自己局限于这些术语所表达的观念的狭小范围。例如，古典政治经济学虽然完全知道，利润和地租都不过是工人必须向自己雇主提供的产品中无酬部分（雇主是这部分产品的第一个占有者，但不是它的最后的唯一的所有者）的一部分，但即使这样，它也从来没有超出通常关于利润和地租的概念，从来没有把产品中这个无酬部分（马克思称它为剩余产品），就其总和即当做一个整体来研究过，因此，也从来没有对它的起源和性质，对制约着它的价值的以后分配的那些规律有一个清楚的理解。同样，一切产业，除了农业和手工业以外，都一概被包括在制造业（manufacture）这个术语中，这样，经济史上两个重大的、本质不同的时期即以手工分工为基础的真正工场手工业时期和以使用机器为基础的现代工业时期的区别,就被抹杀了。不言而喻,把现代资本主义生产只看做是人类经济史上一个暂时阶段的理论所使用的术语,以及把这种生产形式看做是永恒的、最终的阶段的那些作者所惯用的术语,必然是不同的。

《资本论》在大陆上常常被称为"工人阶级的圣经"。任何一个熟悉工人运动的人都不会否认:本书所作的结论日益成为伟大的工人阶级运动的基本原则,不仅在德国和瑞士是这样,而且在法国、荷兰和比利时,在美国,甚至在意大利和西班牙也是这样;各地的工人阶级都越来越把这些结论看成是对自己的状况和自己的期望所作的最真切的表述。

弗里德里希·恩格斯
1886 年 11 月 5 日

第一篇 商品和货币

第1章 商　　品
第2章 交换过程
第3章 货币或商品流通

第1章

商　　品

1. 商品的两个因素：使用价值和价值（价值实体、价值量）

资本主义生产方式占统治地位的社会的财富，表现为"庞大的商品堆积"，单个的商品表现为这种财富的元素形式。因此，我们的研究就从分析商品开始。

商品首先是一个外界的对象，一个靠自己的属性来满足人的某种需要的物。这种需要的性质如何，例如是由胃产生还是由幻想产生，是与问题无关的。这里的问题也不在于物怎样来满足人的需要，是作为生活资料即消费品来直接满足，还是作为生产资料来间接满足。

每一种有用物，如铁、纸等等，都可以从质和量两个角度来考察。每一种这样的物都是许多属性的总和，因此可以在不同的方面有用。发现这些不同的方面，从而发现物的多种使用方式，是历史的事情。为有用物的量找到社会尺度，也是这样。商品尺度之所以不同，部分是由于被计量的物的性质不同，部分是由于约定俗成。

物的有用性使物成为使用价值。但这种有用性不是悬在空中的。它决定于商品体的属性，离开了商品体就不存在。因此，商品体本身，例如铁、小麦、金刚石等等，就是使用价值或财物。商品体的这种性质，同人取得它的使用属性所耗费的劳动的多少没有关系。在考察使用价值时，总是以它们的量的规定性为前提，如一打表、一码布、一吨铁等等。商品的使用价值为商品学这门学科提供材料。使用价值只是在使用或消费中得到实现。不论财富的社会的形式如何，使用价值总是构成财富的物质的内容。在我们所要考察的社会形式中，使用价值同时又是交换价值的物质承担者。

交换价值首先表现为一种使用价值同另一种使用价值相交换的量的关系或比例，这个比例随着时间和地点的不同而不断改变。

某种一定量的商品，例如一夸脱小麦，同 x 量鞋油或 y 量绸缎或 z 量金等等交换，总之，按各种极不相同的比例同别的商品交换。因此，小麦有许多种交换价值，而不是只有一种。既然 x 量鞋油、y 量绸缎、z 量金等等都是一夸脱小麦的交换价值，那么，x 量鞋油、y 量绸缎、z 量金等等就必定是能够互相代替的或同样大的交换价值。由此可见，第一，同一种商品的各种有效的交换价值表示一个等同的东西。第二，交换价值只能是可以与它相区别的某种内容的表现方式，"表现形式"。

我们再拿两种商品例如小麦和铁来说。不管二者的交换比例怎样，总是可以用一个等式来表示：一定量的小麦等于若干量的铁，如 1 夸脱小麦 = a 英担铁。这个等式说明什么呢？它说明在两种不同的物里面，即在 1 夸脱小麦和 a 英担铁里面，有一种等量的共同的东西。

这种共同东西不可能是商品的几何的、物理的、化学的或其他的天然属性。商品的物体属性只是就它们使商品有用，从而使商品成为使用价值来说，才加以考虑。另一方面，商品交换关系的明显特点，正在于抽去商品的使用价值。在商品交换关系中，只要比例适当，一种使用价值就和其他任何一种使用价值完全相等。

如果把商品体的使用价值撇开，商品体就只剩下一个属性，即劳动产品这个属性。可是劳动产品在我们手里也已经起了变化。如果我们把劳动产品的使用价值抽去，那么也就是把那些使劳动产品成为使用价值的物体的组成部分和形式抽去。它们不再是桌子、房屋、纱或别的什么有用物。它们的一切可以感觉到的属性都消失了。它们也不再是木匠劳动、瓦匠劳动、纺纱劳动或其他某种一定的生产劳动的产品了。随着劳动产品的有用性质的消失，体现在劳动产品中的各种劳动的有用性质也消失了，因而这些劳动的各种具体形式也消失了。各种劳动不再有什么差别，全都化为相同的人类劳动，即抽象人类劳动。

　　现在我们来考察劳动产品剩下来的东西。它们剩下的只是同一的幽灵般的对象性，只是无差别的人类劳动的单纯凝结，即不管以哪种形式进行的人类劳动力耗费的单纯凝结。这些物现在只是表示，在它们的生产上耗费了人类劳动力，积累了人类劳动。这些物，作为它们共有的这个社会实体的结晶，就是价值——商品价值。

　　我们已经看到，在商品的交换关系本身中，商品的交换价值表现为同它们的使用价值完全无关的东西。如果真正把劳动产品的使用价值抽去，就得到刚才已经规定的它们的价值。因此，在商品的交换关系或交换价值中表现出来的共同东西，也就是商品的价值。研究的进程会使我们再次把交换价值当做价值的必然的表现方式或表现形式来考察，但现在，我们应该首先不管价值，只是因为有抽象人类劳动对象化或物化在里面。那么，它的价值量是怎样计量的呢？是用它所包含的"形成价值的实体"即劳动的量来计量。劳动本身的量是用劳动的持续时间来计量，而劳动时间又是用一定的时间单位如小时、日等作尺度。

　　可能会有人这样认为，既然商品的价值由生产商品所耗费的劳动量来决定，那么一个人越懒，越不熟练，他的商品就越有价值，因为他制造商品需要花费的时间越多。但是，形成价值实体的劳动是相同的人类劳动，是同一的人类劳动力的耗费。体现在商品世界全部价值中的社会的全部劳动力，在这里是当做一个同一的人类劳动力，虽然它是由无数单个劳动力构成的。每一个这种单个劳动力，同另一个劳动力一样，都是同一的人类劳动力，只要它具有社会平均劳动力的性质，起着这种社会平均劳动力的作用，从而在商品的生产上只使用平均必要劳动时间或社会必要劳动时间。社会必要劳动时间是在现有的社会正常的生产条件下，在社会平均的劳动熟练程度和劳动强度下制造某种使用价值所需要的劳动时间。

可见，只是社会必要劳动量或生产使用价值的社会必要劳动时间，决定该使用价值的价值量。在这里，单个商品是当做该种商品的平均样品。因此，含有等量劳动或能在同样劳动时间内生产出来的商品，具有同样的价值量。一种商品的价值同其他任何一种商品的价值的比例，就是生产前者的必要劳动时间同生产后者的必要劳动时间的比例。"作为价值，一切商品都只是一定量的凝固的劳动时间"。

因此，如果生产商品所需要的劳动时间不变，商品的价值量也就不变。但是，生产商品所需要的劳动时间随着劳动生产力的每一变动而变动。劳动生产力是由多种情况决定的，其中包括：工人的平均熟练程度，科学的发展水平和它在工艺上应用的程度，生产过程的社会结合，生产资料的规模和效能，以及自然条件。例如，同一劳动量在丰收年表现为8蒲式耳小麦，在歉收年只表现为4蒲式耳。同一劳动量用在富矿比用在贫矿能提供更多的金属等等。金刚石在地壳中是很稀少的，因而发现金刚石平均要花很多劳动时间。因此，很小一块金刚石就代表很多劳动。总之，劳动生产力越高，生产一种物品所需要的劳动时间就越少，凝结在该物品中的劳动量就越小，该物品的价值就越小。相反地，劳动生产力越低，生产一种物品的必要劳动时间就越多，该物品的价值就越大。可见，商品的价值量与实现在商品中的劳动的量成正比地变动，与这一劳动的生产力成反比地变动。

一个物可以是使用价值而不是价值。在这个物不是以劳动为中介而对人有用的情况下就是这样。例如，空气、处女地、天然草地、野生林等等。一个物可以有用，而且是人类劳动产品，但不是商品。谁用自己的产品来满足自己的需要，他生产的虽然是使用价值，但不是商品。要生产商品，他不仅要生产使用价值，而且要为别人生产使用价值，即生产社会的使用价值。〔而且不只是简单地为别人。中世纪农民为封建主生产作为代役租的粮食，为神父生产作为什一税的粮食。但不管是作为代役租的粮食，还是作为什一税的粮食，都并不因为是为别人生产的，就成为商品。要成为商品，产品必须通过交换，转到把它当做使用价值使用的人的手里。]① 最后，没有一个物可以是价值而不是使用物品。如果物没有用，那么其中包含的劳动也就没有用，不能算作劳动，因此不形成价值。

2. 体现在商品中的劳动的二重性

起初我们看到，商品是一种二重的东西，即使用价值和交换价值。后来表明，劳动就它表现为价值而论，也不再具有它作为使用价值的创造者所具有的那些特征。商品中包含的劳动的这种二重性，是首先由我批判地证明的。这一点是理解政治经济学的枢纽，因此，在这里要较详细地加以说明。

我们就拿两种商品如 1 件上衣和 10 码麻布来说。假定前者的价值比后者的价值大一倍。所以，如果 10 码麻布 = W，那么 1 件上衣 = 2W。

上衣是满足一种特殊需要的使用价值。要生产上衣，就需要进行特定种类的生产活动。这种生产活动是由它的目的、操作方式、对象、手段和结果决定的。由自己产品的使用价值或者由自己产品是使用价值来表示自己的有用性的劳动，我们简称为有用劳动。从这个观点来看，劳动总是联系到它的有用效果来考察的。

上衣和麻布是不同质的使用价值，同样，决定它们存在的劳动即缝和织，也是不同质的。如果这些物不是不同质的使用价值，从而不是不同质的有用劳动的产品，它们就根本不能作为商品来互相对立。上衣不会与上衣交换，一种使用价值不会与同种的使用价值交换。

各种使用价值或商品体的总和，表现了同样多种的、按照属、种、科、亚种、变种分类的有用劳动的总和，即表现了社会分工。这种分工是商品生产存在的条件，虽然不能反过来说商品生产是社会分工存在的条件。在古代印度公社中就有社会分工，但产品并不成为商品。或者拿一个较近的例子来说，每个工厂内都有系统的分工，但是

---

① 第4版注：我插进了括号里的这段话，因为省去这段话常常会引起误解，好像不是由生产者本人消费的产品，马克思都认为是商品。——弗·恩格斯

这种分工不是由工人交换他们个人的产品引起的。只有独立的互不依赖的私人劳动的产品，才作为商品互相对立。

可见，每个商品的使用价值都包含着一定的有目的的生产活动或有用劳动。各种使用价值如果不包含不同质的有用劳动，就不能作为商品互相对立。在产品普遍采取商品形式的社会里，也就是在商品生产者的社会里，作为独立生产者的私事而各自独立进行的各种有用劳动的这种质的区别，发展成一个多支的体系，发展成社会分工。

对上衣来说，无论是裁缝自己穿还是他的顾客穿，都是一样的。在这两种场合，它都是起使用价值的作用。同样，上衣和生产上衣的劳动之间的关系本身，也并不因为裁缝劳动成为专门职业，成为社会分工的一个独立的部分就有所改变。在有穿衣需要的地方，在有人当裁缝以前，人已经缝了几千年的衣服。但是，上衣、麻布以及任何一种不是天然存在的物质财富要素，总是必须通过某种专门的、使特殊的自然物质适合于特殊的人类需要的、有目的的生产活动创造出来。因此，劳动作为使用价值的创造者，作为有用劳动，是不以一切社会形式为转移的人类生存条件，是人和自然之间的物质变换即人类生活得以实现的永恒的自然必然性。

上衣、麻布等等使用价值，简言之，种种商品体，是自然物质和劳动这两种要素的结合。如果把上衣、麻布等等包含的各种不同的有用劳动的总和除外，总还剩有一种不借人力而天然存在的物质基质。人在生产中只能像自然本身那样发挥作用，就是说，只能改变物质的形式。不仅如此，他在这种改变形态的劳动本身中还要经常依靠自然力的帮助。因此，劳动并不是它所生产的使用价值即物质财富的唯一源泉。正像威廉·配第所说，劳动是财富之父，土地是财富之母。

现在，我们放下作为使用物品的商品，来考察商品价值。

我们曾假定，上衣的价值比麻布大一倍。但这只是量的差别，我们先不去管它。我们要记住的是，假如1件上衣的价值比10码麻布的价值大一倍，那么，20码麻布就与1件上衣具有同样的价值量。作为价值，上衣和麻布是有相同实体的物，是同种劳动的客观表现。但缝和织是不同质的劳动。然而在有些社会状态下，同一个人时而缝时而织，因此，这两种不同的劳动方式只是同一个人的劳动的变化，还不是不同的人的专门固定职能，正如我们的裁缝今天缝上衣和明天缝裤子只是同一的个人劳动的变化一样。其次，一看就知道，在我们资本主义社会里，随着劳动需求方向的改变，总有一定部分的人类劳动时而采取缝的形式，时而采取织的形式。劳动形式发生这种变换时不可能没有摩擦，但这种变换是必定要发生的。如果把生产活动的特定性质撇开，从而把劳动的有用性质撇开，劳动就只剩下一点：它是人类劳动力的耗费。尽管缝和织是不同质的生产活动，但二者都是人的脑、肌肉、神经、手等等的生产耗费，从这个意义上说，二者都是人类劳动。这只是耗费人类劳动力的两种不同的形式。当然，人类劳动力本身必须已有或多或少的发展，才能以这种或那种形式耗费。但是，商品价值体现的是人类劳动本身，是一般人类劳动的耗费。正如在资产阶级社会里，将军或银行家扮演着重要的角色，而人本身则扮演极卑微的角色一样，人类劳动在这里也是这样。它是每个没有任何专长的普通人的有机体平均具有的简单劳动力的耗费。**简单平均劳动**本身虽然在不同的国家和不同的文化时代具有不同的性质，但在一定的社会里是一定的。比较复杂的劳动只是**自乘的**或不如说**多倍的**简单劳动，因此，少量的复杂劳动等于多量的简单劳动。经验证明，这种简化是经常进行的。一个商品可能是最复杂的劳动的产品，但是它的**价值**使它与简单劳动的产品相等，因而本身只表示一定量的简单劳动。各种劳动化为当做它们的计量单位的简单劳动的不同比例，是在生产者背后由社会过程决定的，因而在他们看来，似乎是由习惯确定的。为了简便起见，我们以后把各种劳动力直接当做简单劳动力，这样就省去了简化的麻烦。

因此，正如在作为价值的上衣和麻布中，它们的使用价值的差别被抽去一样，在表现为这些价值的劳动中，劳动的有用形式即缝和织的区别也被抽去了。作为使用价值的上衣和麻布是有一定目的的生产活动同布和纱的结合，而作为价值的上衣和麻布不过是同种劳动的凝结，同样，这些价值所包含的劳动之所以算作劳动，并不是因为它们同布和纱发生了生产上的关系，而只是因为它们是人类劳动力的耗费。正是由于缝和织具有不同的质，它们才是形成作为使用价值的上衣和麻布的要素；而只是由于它们的特殊的质被抽去，由于它们具有相同的质，即人类劳动的质，它们才是上衣价值和麻布价值的实体。

可是，上衣和麻布不仅是价值一般，而且是一定量的价值。我们曾假定，1件上衣的价值比10码麻布的价值大一倍。它们价值量的这种差别是从哪里来的呢？这是由于麻布包含的劳动只有上衣的一半，因而生产后者所要耗费劳动力的时间必须比生产前者多一倍。

因此，就使用价值说，有意义的只是商品中包含的劳动的质，就价值量说，有意义的只是商品中包含的劳动的量，不过这种劳动已经化为没有进一步的质的人类劳动。在前一种情况下，是怎样劳动，什么劳动的问题；在后一种情况下，是劳动多少，劳动时间多长的问题。既然商品的价值量只是表示商品中包含的劳动量，那么，在一定的比例上，各种商品应该总是等量的价值。

更多的使用价值本身就是更多的物质财富，两件上衣比一件上衣多。两件上衣可以两个人穿，一件上衣只能一个人穿，依此类推。然而随着物质财富的量的增长，它的价值量可能同时下降。这种对立的运动来源于劳动的二重性。生产力当然始终是有用的、具体的劳动的生产力，它事实上只决定有目的的生产活动在一定时间内的效率。因此，有用劳动成为较富或较贫的产品源泉与有用劳动的生产力的提高或降低成正比。相反地，生产力的变化本身丝毫也不会影响表现为价值的劳动。既然生产力属于劳动的具体有用形式，它自然不再能同抽去了具体有用形式的劳动有关。因此，不管生产力发生了什么变化，同一劳动在同样的时间内提供的价值量总是相同的。但它在同样的时间内提供的使用价值量是不同的：生产力提高时就多些，生产力降低时就少些。因此，那种能提高劳动成效从而增加劳动所提供的使用价值量的生产力变化，如果会缩减生产这个使用价值量所必需的劳动时间的总和，就会减少这个增大了的总量的价值量。反之亦然。

一切劳动，一方面是人类劳动力在生理学意义上的耗费；就相同的或抽象的人类劳动这个属性来说，它形成商品价值。一切劳动，另一方面是人类劳动力在特殊的有一定目的的形式上的耗费；就具体的有用的劳动这个属性来说，它生产使用价值。

3. 价值形式或交换价值

商品是以铁、麻布、小麦等等使用价值或商品体的形式出现的。这是它们的日常的自然形式。但它们所以是商品,只因为它们是二重物,既是使用物品又是价值承担者。因此,它们表现为商品或具有商品的形式,只是由于它们具有二重的形式,即自然形式和价值形式。

谁都知道——即使他别的什么都不知道——商品具有同它们使用价值的五光十色的自然形式成鲜明对照的、共同的价值形式,即货币形式。但是在这里,我们要做资产阶级经济学从来没有打算做的事情:指明这种货币形式的起源,就是说,探讨商品价值关系中包含的价值表现,怎样从最简单的最不显眼的样子一直发展到炫目的货币形式。这样,货币的谜就会随着消失。

显然,最简单的价值关系就是一个商品同另一个不同种的商品(不管是哪一种商品都一样)的价值关系。因此,两个商品的价值关系为一个商品提供了最简单的价值表现。

A. 简单的、个别的或偶然的价值形式

x 量商品 A = y 量商品 B,或 x 量商品 A 值 y 量商品 B。
(20 码麻布 = 1 件上衣或 20 码麻布值 1 件上衣)

(1) 价值表现的两极:相对价值形式和等价形式

一切价值形式的秘密都隐藏在这个简单的价值形式中。因此,分析这个形式确实困难。

两个不同种的商品 A 和 B,如我们例子中的麻布和上衣,在这里显然起着两种不同的作用。麻布通过上衣表现自己的价值,上衣则成为这种价值表现的材料。前一个商品起主动作用,后一个商品起被动作用。前一个商品的价值表现为相对价值,或者说,处于相对价值形式。后一个商品起等价物的作用,或者说,处于等价形式。

相对价值形式和等价形式是同一价值表现的互相依赖、互为条

件、不可分离的两个要素，同时又是同一价值表现的互相排斥、互相对立的两端即两极；这两种形式总是分配在通过价值表现互相发生关系的不同的商品上。例如我不能用麻布来表现麻布的价值。20码麻布=20码麻布，这不是价值表现。相反，这个等式只是说，20码麻布无非是20码麻布，是一定量的使用物品麻布。因此，麻布的价值只能相对地表现出来，即通过另一个商品表现出来。因此，麻布的相对价值形式要求有另一个与麻布相对立的商品处于等价形式。另一方面，这另一个充当等价物的商品不能同时处于相对价值形式。它不表现自己的价值。它只是为另一个商品的价值表现提供材料。

一个商品究竟是处于相对价值形式，还是处于与之对立的等价形式，完全取决于它当时在价值表现中所处的地位，就是说，取决于它是价值被表现的商品，还是表现价值的商品。

（2）相对价值形式

（a）相对价值形式的内容

要发现一个商品的简单价值表现怎样隐藏在两个商品的价值关系中，首先必须完全撇开这个价值关系的量的方面来考察这个关系。人们通常的做法正好相反，他们在价值关系中只看到两种商品的一定量彼此相等的比例。他们忽略了，不同物的量只有化为同一单位后，才能在量上互相比较。不同物的量只有作为同一单位的表现，才是同名称的，因而是可通约的。

不论20码麻布=1件上衣，或=20件上衣，或=x件上衣，也就是说，不论一定量的麻布值多少件上衣，每一个这样的比例总是包含这样的意思：麻布和上衣作为价值量是同一单位的表现，是同一性质的物。麻布=上衣是这一等式的基础。

可见，通过价值关系，商品B的自然形式成了商品A的价值形式，或者说，商品B的物体成了反映商品A的价值的镜子。商品A同作为价值体、作为人类劳动的化身的商品B发生关系，就使B的使用价值成为表现A自己的价值的材料。在商品B的使用价值上这样表现出来的商品A的价值，具有相对价值形式。

（b）相对价值形式的量的规定性

凡是价值要被表现的商品，都是一定量的使用物品，如 15 舍费耳小麦、100 磅咖啡等等。这一定量的商品包含着一定量的人类劳动。因而，价值形式不只是要表现价值一般，而且要表现一定量的价值，即价值量。因此，在商品 A 和商品 B 如麻布和上衣的价值关系中，上衣这种商品不仅作为价值体一般被看做在质上同麻布相等，而且是作为一定量的价值体或等价物如 1 件上衣被看做同一定量的麻布如 20 码麻布相等。

"20 码麻布 = 1 件上衣，或 20 码麻布值 1 件上衣"这一等式的前提是：1 件上衣和 20 码麻布正好包含同样多的价值实体。就是说，这两个商品量耗费了同样多的劳动或等量的劳动时间。但是生产 20 码麻布或 1 件上衣的必要劳动时间，是随着织或缝的生产力的每一次变化而变化的。现在我们要较详细地研究一下这种变化对价值量的相对表现的影响。

Ⅰ．麻布的价值起了变化，上衣的价值不变。

Ⅱ．麻布的价值不变，上衣的价值起了变化。

Ⅲ．生产麻布和上衣的必要劳动量可以按照同一方向和同一比例同时发生变化。

Ⅳ．生产麻布和上衣的各自的必要劳动时间，从而它们的价值，可以按照同一方向但以不同的程度同时发生变化，或者按照相反的方向发生变化，等等。这种种可能的组合对一种商品的相对价值的影响，根据Ⅰ、Ⅱ、Ⅲ类的情况就可以推知。

可见，价值量的实际变化不能明确地，也不能完全地反映在价值量的相对表现即相对价值量上。即使商品的价值不变，它的相对价值也可能发生变化。即使商品的价值发生变化，它的相对价值也可能不变，最后，商品的价值量和这个价值量的相对表现同时发生的变化，完全不需要一致。

（3）等价形式

我们说过，当商品 A（麻布）通过不同种商品 B（上衣）的使用值表现自己的价值时,它就使商品B取得一种独特的价值形式,等价形式。商品麻布显示出它自身的价值存在,是通过上衣没有取与自己的物体形式不同的价值形式而与它相等。这样,麻布表现出自身的价值存在,实际上是通过上衣能与它直接交换。因此,一个商品的等价形式就是它能与另一个商品直接交换的形式。

在考察等价形式时看见的第一个特点,就是使用价值成为它的对立面即价值的表现形式。

等价形式的第二个特点,就是具体劳动成为它的对立面即抽象人类劳动的表现形式。

既然这种具体劳动,即缝,只是当做无差别的人类劳动的表现,它就具有与别种劳动即麻布中包含的劳动等同的形式,因而,尽管它同其他一切生产商品的劳动一样是私人劳动,但终究是直接社会形式上的劳动。正因为这样,它才表现在一种能与别种商品直接交换的产品上。可见,等价形式的第三个特点,就是私人劳动成为它的对立面的形式,成为直接社会形式的劳动。

如果我们回顾一下一位伟大的研究家,等价形式的后两个特点就会更容易了解。这位研究家最早分析了许多思维形式、社会形式和自然形式,也最早分析了价值形式。他就是亚里士多德。

首先,亚里士多德清楚地指出,商品的货币形式不过是简单价值形式——一种商品的价值通过任何另一种商品来表现——的进一步发展的形态,因为他说:

"5张床=1间屋"

"无异于":

"5张床=若干货币"。

其次,他看到:包含着这个价值表现的价值关系,要求屋必须在质上与床等同,这两种感觉上不同的物,如果没有这种本质上的等同性,就不能作为可通约的量而互相发生关系。他说:"没有等同性,就不能交换,没有可通约性,就不能等同。"但是他到此就停下来了,没有对价值形式作进一步分析。"实际上,这样不同种的物是不能通约的",就是说,它们不可能在质上等同。这种等同只能是某种和物的真实性质相异的东西,因而只能是"应付实际需要的手段"。

可见，亚里士多德自己告诉了我们，是什么东西阻碍他作进一步的分析，这就是缺乏价值概念。这种等同的东西，也就是屋在床的价值表现中对床来说所代表的共同的实体是什么呢？亚里士多德说，这种东西"实际上是不可能存在的"。为什么呢？只要屋代表床和屋二者中真正等同的东西，对床来说屋就代表一种等同的东西。这就是人类劳动。

但是，亚里士多德没有能从价值形式本身看出，在商品价值形式中，一切劳动都表现为等同的人类劳动，因而是同等意义的劳动，这是因为希腊社会是建立在奴隶劳动的基础上的，因而是以人们之间以及他们的劳动力之间的不平等为自然基础的。价值表现的秘密，即一切劳动由于而且只是由于都是一般人类劳动而具有的等同性和同等意义，只有在人类平等概念已经成为国民的牢固的成见的时候，才能揭示出来。而这只有在这样的社会里才有可能，在那里，商品形式成为劳动产品的一般形式，从而人们彼此作为商品占有者的关系成为占统治地位的社会关系。亚里士多德在商品的价值表现中发现了等同关系，正是在这里闪耀出他的天才的光辉。只是他所处的社会的历史限制，使他不能发现这种等同关系"实际上"是什么。

(4) 简单价值形式的总体

一个商品的简单价值形式包含在它与一个不同种商品的价值关系或交换关系中。商品 A 的价值，通过商品 B 能与商品 A 直接交换而在质上得到表现，通过一定量的商品 B 能与既定量的商品 A 交换而在量上得到表现。换句话说，一个商品的价值是通过它表现为"交换价值"而得到独立的表现的。在本章的开头，我们曾经依照通常的说法，说商品是使用价值和交换价值，严格说来，这是不对的。商品是使用价值或使用物品和"价值"。一个商品，只要它的价值取得一个特别的、不同于它的自然形式的表现形式，即交换价值形式，它就表现为这样的二重物。孤立地考察，它决没有这种形式，而只有同第二个不同种的商品发生价值关系或交换关系时，它才具有这种形式。只要我们知道了这一点，上述说法就没有害处，而只有简便的好处。

更仔细地考察一下商品 A 同商品 B 的价值关系中所包含的商品 A 的价值表现，就会知道，在这一关系中商品 A 的自然形式只是充当使用价值的形态，而商品 B 的自然形式只是充当价值形式或价值形态。这样，潜藏在商品中的使用价值和价值的内部对立，就通过外部对立，即通过两个商品的关系表现出来了，在这个关系中，价值要被表现的商品只是直接当做使用价值，而另一个表现价值的商品只是直接当做交换价值。所以，一个商品的简单的价值形式，就是该商品中所包含的使用价值和价值的对立的简单表现形式。

在一切社会状态下，劳动产品都是使用物品，但只是历史上一定的发展时代，也就是使生产一个使用物所耗费的劳动表现为该物的"对象的"属性即它的价值的时代，才使劳动产品转化为商品。由此可见，商品的简单价值形式同时又是劳动产品的简单商品形式，因此，商品形式的发展也是同价值形式的发展一致的。

一看就知道，简单价值形式是不充分的，是一种胚胎形式，它只有通过一系列的形态变化，才成熟为价格形式。

商品 A 的价值表现在某个商品 B 上，只是使商品 A 的价值同它自己的使用价值区别开来，因此也只是使商品 A 同某一种与它自身不同的个别商品发生交换关系，而不是表现商品 A 同其他一切商品的质的等同和量的比例。与一个商品的简单相对价值形式相适应的，是另一个商品的个别等价形式。所以，在麻布的相对价值表现中，上衣只是对麻布这一种个别商品来说，具有等价形式或能直接交换的形式。

然而，个别的价值形式会自行过渡到更完全的形式。通过个别的价值形式，商品 A 的价值固然只是表现在一个别种商品上，但是这后一个商品不论是哪一种，是上衣、铁或小麦等等，都完全一样。随着同一商品和这种或那种不同的商品发生价值关系，也就产生它的种种不同的简单价值表现。它可能有的价值表现的数目，只授予它不同的商品种类的数目的限制。这样，商品的个别的价值表现就转化为一个可以不断延长的、不同的简单价值表现的系列。

B. 总和的或扩大的价值形式

z 量商品 A = u 量商品 B，或 = v 量商品 C，或 = w 量商品 D，
或 = x 量商品 E，或 = 其他

(20 码麻布 = 1 件上衣，或 = 10 磅茶叶，或 = 40 磅咖啡，或 = 1 夸脱小麦，或 = 2 盎司金，或 = 1/2 吨铁，或 = 其他)

(1) 扩大的相对价值形式

现在，一个商品例如麻布的价值表现在商品世界的其他无数的元素上。每一个其他的商品体都成为反映麻布价值的镜子。这样，这个价值本身才真正表现为无差别的人类劳动的凝结。因为形成这个价值的劳动现在十分清楚地表现为这样一种劳动，其他任何一种人类劳动都与之等同，而不管其他任何一种劳动具有什么样的自然形式，即不管它是对象化在上衣、小麦、铁或金等等之中。因此，现在麻布通过自己的价值形式，不再是只同另一种个别商品发生社会关系，而是同整个商品世界发生社会关系。作为商品，它是这个世界的一个公民。同时，商品价值表现的无限的系列表明，商品价值是同它借以表现的使用价值的特殊形式没有关系的。

(2) 特殊等价形式

每一种商品，上衣、茶叶、小麦、铁等等，都在麻布的价值表现充当等价物，因而充当价值体。每一种这样的商品的一定的自然形式，现在都成为一个特殊等价形式，与其他许多特殊等价形式并列。同样，种种不同的商品体中所包含的多种多样的一定的、具体的、有用的劳动，现在只是一般人类劳动的同样多种的特殊的实现形式或表现形式。

(3) 总和的或扩大的价值形式的缺点

第一，商品的相对价值表现是未完成的，因为它的表现系列永无止境。每当新出现一种商品，从而提供一种新的价值表现的材料时，

由一个个的价值等式连接成的锁链就会延长。第二，这条锁链形成一幅由互不关联的而且种类不同的价值表现拼成的五光十色的镶嵌画。最后，像必然会发生的情形一样，如果每一个商品的相对价值都表现在这个扩大的形式中，那么，每一个商品的相对价值形式都是一个不同于任何别的商品的相对价值形式的无穷无尽的价值表现系列。扩大的相对价值形式的缺点反映在与它相适应的等价形式中。因为每一种商品的自然形式在这里都是一个特殊等价形式，与无数别的特殊等价形式并列，所以只存在着有局限性的等价形式，其中每一个都排斥另一个。同样，每个特殊的商品等价物中包含的一定的、具体的、有用的劳动，都只是人类劳动的特殊的因而是不充分的表现形式。诚然，人类劳动在这些特殊表现形式的总和中，获得自己的完全的或者总和的表现形式。但是它还没有获得统一的表现形式。

事实上，如果一个人用他的麻布同其他许多商品交换，从而把麻布的价值表现在一系列其他的商品上，那么，其他许多商品占有者也就必然要用他们的商品同麻布交换，从而把他们的各种不同的商品的价值表现在同一个第三种商品麻布上。因此，把 20 码麻布 = 1 件上衣，或 =10 磅茶叶，或 = 其他等等这个系列倒转过来，也就是说，把事实上已经包含在这个系列中的相反关系表示出来，我们就得到：

C. 一般价值形式

$$\left.\begin{array}{r}1\text{ 件上衣 }=\\ 10\text{ 磅茶叶 }=\\ 40\text{ 磅咖啡 }=\\ 1\text{ 夸脱小麦 }=\\ 2\text{ 盎司金 }=\\ \frac{1}{2}\text{ 吨铁 }=\\ x\text{ 量商品 A }=\\ \text{等等}\end{array}\right\} 20\text{ 码麻布}$$

（1） 价值形式的性质变化了

现在，商品价值的表现：1. 是简单的，因为都是表现在唯一的商品上；2. 是统一的，因为都是表现在同一的商品上。它们的价值形式是简单的和共同的，因而是一般的。

新获得的形式使商品世界的价值表现在从商品世界中分离出来的同一种商品上，例如表现在麻布上，因而使一切商品的价值都通过它们与麻布等同而表现出来。每个商品的价值作为与麻布等同的东西，现在不仅与它自身的使用价值相区别，而且与一切使用价值相区别，正因为这样才表现为它和一切商品共有的东西。因此，只有这种形式才真正使商品作为价值互相发生关系，或者使它们互相表现为交换价值。

商品世界的一般的相对价值形式，使被排挤出商品世界的等价物商品即麻布，获得了一般等价物的性质。麻布自身的自然形式是这个世界的共同的价值形态，因此，麻布能够与其他一切商品直接交换。它的物体形式是当做一切人类劳动的可以看得见的化身，一般的社会的蛹化。同时，织，这种生产麻布的私人劳动，也就处于一般社会形式，处于与其他一切劳动等同的形式。构成一般价值形式的无数等式，使实现在麻布中的劳动，依次等于包含在其他商品中的每一种劳动，从而使织成为一般人类劳动的一般表现形式。这样，对象化在商品价值中的劳动，不仅消极地表现为被抽去了实在劳动的一切具体形式和有用属性的劳动。它自身的积极的性质也清楚地表现出来了。这就是把一切实在劳动化为它们共有的人类劳动的性质，化为人类劳动力的耗费。

把劳动产品表现为只是无差别人类劳动的凝结物的一般价值形式，通过自身的结构表明，它是商品世界的社会表现。因此，它清楚地告诉我们，在这个世界中，劳动的一般的人类的性质形成劳动的独特的社会的性质。

（2）相对价值形式和等价形式的发展关系

等价形式的发展程度是同相对价值形式的发展程度相适应的。但是必须指出，等价形式的发展只是相对价值形式发展的表现和结果。

一个商品的简单的或个别的相对价值形式使另一个商品成为个别的等价物。扩大的相对价值形式，即一个商品的价值在其他一切商品上的表现，赋予其他一切商品以种种不同的特殊等价物的形式。最后，一种特殊的商品获得一般等价形式，因为其他一切商品使它成为它们统一的、一般的价值形式的材料。

价值形式本身发展到什么程度，它的两极即相对价值形式和等价形式之间的对立，也就发展到什么程度。

（3）从一般价值形式到货币形式的过渡

一般等价形式是价值本身的一种形式。因此，它可以属于任何一种商品。另一方面，一个商品处于一般等价形式（第三种形式），是因为而且只是因为它被其他一切商品当做等价物排挤出来。这种排挤的结果最终只剩下一种独特的商品，从这个时候起，商品世界的统一的相对价值形式才获得客观的固定性和一般的社会效力。

等价形式同这种独特商品的自然形式社会地结合在一起，这种独特商品成了货币商品，或者执行货币的职能。在商品世界起一般等价物的作用就成了它特有的社会职能，从而成了它的社会独占权。在第二种形式中充当麻布的各种特殊等价物，而在第三种形式中把自己的相对价值共同用麻布来表现的各个商品中间，有一个特定的商品在历史过程中夺得了这个特权地位，这就是金。因此，我们在第三种形式中用商品金代替商品麻布，就得到：

D. 货币形式

$$
\left.\begin{array}{r}
20\text{ 码麻布} = \\
1\text{ 件上衣} = \\
10\text{ 磅茶叶} = \\
40\text{ 磅咖啡} = \\
1\text{ 夸脱小麦} = \\
\frac{1}{2}\text{ 吨 铁} = \\
x\text{ 量商品 A} =
\end{array}\right\} 2\text{ 盎司金}
$$

在第一种形式过渡到第二种形式、第二种形式过渡到第三种形式的时候，都发生了本质的变化。而第四种形式与第三种形式的唯一区别，只是金现在代替麻布取得了一般等价形式。金在第四种形式中同麻布在第三种形式中一样，都是一般等价物。唯一的进步在于：能直接地一般地交换的形式，即一般等价形式，现在由于社会的习惯最终地同商品金的独特的自然形式结合在一起了。

金能够作为货币与其他商品相对立，只是因为它早就作为商品与它们相对立。与其他一切商品一样，它过去就起等价物的作用：或者是在个别的交换行为中起个别等价物的作用，或者是与其他商品等价物并列起特殊等价物的作用。渐渐地，它就在或大或小的范围内起一般等价物的作用。一旦它在商品世界的价值表现中独占了这个地位，它就成为货币商品。只是从它已经成为货币商品的时候起，第四种形式才同第三种形式区别开来，或者说，一般价值形式才转化为货币形式。

一个商品（如麻布）在已经执行货币商品职能的商品（如金）上的简单的相对的价值表现，就是价格形式。因此，麻布的"价格形式"是：

20 码麻布 = 2 盎司金，

如果 2 盎司金的铸币名称是 2 镑，那就是：

20 码麻布 = 2 镑。

理解货币形式的困难，无非是理解一般等价形式，从而理解一般价值形式即第三种形式的困难。第三种形式倒转过来，就化为第二种形式，即扩大的价值形式，而第二种形式的构成要素是第一种形式：20 码麻布 = 1 件上衣，或者 x 量商品 A = y 量商品 B。因此，简单的商品形式是货币形式的胚胎。

4. 商品的拜物教性质及其秘密

最初一看，商品好像是一种简单而平凡的东西。对商品的分析表明，它却是一种很古怪的东西，充满形而上学的微妙和神学的怪诞。就商品是使用价值来说，不论从它靠自己的属性来满足人的需要这个角度来考察，或者从它作为人类劳动的产品才具有这些属性这个角度来考察，它都没有什么神秘的地方。很明显，人通过自己的活动按照对自己有用的方式来改变自然物质的形态。例如，用木头做桌子，木头的形状就改变了。可是桌子还是木头，还是一个普通的可以感觉的物。但是桌子一旦作为商品出现，就转化为一个可感觉而又超感觉的物。

可见，商品的神秘性质不是来源于商品的使用价值。这种神秘性质也不是来源于价值规定的内容。因为，第一，不管有用劳动或生产活动怎样不同，它们都是人体的机能，而每一种这样的机能不管内容和形式如何，实质上都是人的脑、神经、肌肉、感官等等的耗费。这是一个生理学上的真理。第二，说到作为决定价值量的基础的东西，即这种耗费的持续时间或劳动量，那么，劳动的量可以十分明显地同劳动的质区别开来。在一切社会状态下，人们对生产生活资料所耗费的劳动时间必然是关心的，虽然在不同的发展阶段上关心的程度不同。最后，一旦人们以某种方式彼此为对方劳动，他们的劳动也就取得社会的形式。

可是，劳动产品一旦采取商品形式就具有的谜一般的性质究竟是从哪里来的呢？显然是从这种形式本身来的。人类劳动的等同性，取得了劳动产品的等同的价值对象性这种物的形式；用劳动的持续时间来计量的人类劳动力的耗费，取得了劳动产品的价值量的形式；最后，生产者的劳动的那些社会规定借以实现的生产者关系，取得了劳动产品的社会关系的形式。

可见，商品形式的奥秘不过在于：商品形式在人们面前把人们本身劳动的社会性质反映成劳动产品本身的物的性质，反映成这些物的天然的社会属性，从而把生产者同总劳动的社会关系反映成存在于生产者之外的物与物之间的社会关系。由于这种转换，劳动产品成了商品，成了可感觉而又超感觉的物或社会的物。正如一物在视神经中留下的光的印象，不是表现为视神经本身的主观兴奋，而是表现为眼睛外面的物的客观形式。但是在视觉活动中，光确实从一物射到另一物，即从外界对象射入眼睛。这是物理的物之间的一种物理关系。相反，商品形式和它借以得到表现的劳动产品的价值关系，是同劳动产品的物理性质以及由此产生的物的关系完全无关的。这只是人们自己的一定的社会关系，但它在人们面前采取了物与物的关系的虚幻形式。因此，要找一个比喻，我们就得逃到宗教世界的幻境中去。在那里，人脑的产物表现为富有生命的、彼此发生关系并同人发生关系的独立存在的东西。在商品世界里，人手的产物也是这样。我把这叫作拜物教。劳动产品一旦作为商品来生产，就带上拜物教性质，因此拜物教是同商品生产分不开的。

商品世界的这种拜物教性质，像以上分析已经表明的，是来源于生产商品的劳动所特有的社会性质。

使用物品成为商品，只是因为它们是彼此独立进行的私人劳动的产品。这种私人劳动的总和形成社会总劳动。因为生产者只有通过交换他们的劳动产品才发生社会接触，所以，他们的私人劳动的独特的社会性质也只有在这种交换中才表现出来。换句话说，私人劳动在事实上证实为社会总劳动的一部分，只是由于交换使劳动产品之间从而使生产者之间发生了关系。因此，在生产者面前，他们的私人劳动的社会关系就表现为现在这个样子，就是说，不是表现为人们在自己劳动中的直接的社会关系，而是表现为人们之间的物的关系和物之间的社会关系。

劳动产品只是在它们的交换中，才取得一种社会等同的价值对象性，这种对象性是与它们的感觉上各不相同的使用对象性相分离的。

劳动产品分裂为有用物和价值物,实际上只是发生在交换已经十分广泛和十分重要的时候,那时有用物是为了交换而生产的,因而物的价值性质还在物本身的生产中就被注意到了。从那时起,生产者的私人劳动真正取得了二重的社会性质。一方面,生产者的私人劳动必须作为一定的有用劳动来满足一定的社会需要,从而证明它们是总劳动的一部分,是自然形成的社会分工体系的一部分。另一方面,只有在每一种特殊的有用的私人劳动可以同任何另一种有用的私人劳动相交换从而相等时,生产者的私人劳动才能满足生产者本人的多种需要。完全不同的劳动所以能够相等,只是因为它们的实际差别已被抽去,它们已被化成它们作为人类劳动力的耗费、作为抽象的人类劳动所具有的共同性质。私人生产者的头脑把他们的私人劳动的这种二重的社会性质,只是反映在从实际交易、产品交换中表现出来的那些形式中,也就是把他们的私人劳动的社会有用性,反映在劳动产品必须有用,而且是对别人有用的形式中;把不同种劳动的相等这种社会性质,反映在这些在物质上不同的物即劳动产品具有共同的价值性质的形式中。

可见,人们使他们的劳动产品彼此当做价值发生关系,不是因为在他们看来这些物只是同种的人类劳动的物质外壳。恰恰相反,他们在交换中使他们的各种产品作为价值彼此相等,也就使他们的各种劳动作为人类劳动而彼此相等。他们没有意识到这一点,但是他们这样做了。因此,价值没有在额上写明它是什么。不仅如此,价值还把每个劳动产品转化为社会的象形文字。后来,人们竭力要猜出这种象形文字的涵义,要了解他们自己的社会产品的秘密,因为把使用物品规定为价值,正像语言一样,是人们的社会产物。后来科学发现,劳动产品作为价值,只是生产它们时所耗费的人类劳动的物表现,这一发现在人类发展史上是划时代的,但它决没有消除劳动的社会性质的物的外观。彼此独立的私人劳动的独特的社会性质在于它们作为人类劳动而彼此相等,并且采取劳动产品的价值性质的形式——商品生产这种特殊生产形式才具有的这种特点,对受商品生产关系束缚的人们来说,无论在上述发现以前或以后,都是永远不变的,正像空气形态在科学上把空气分解为各种元素之后,仍然作为一种物理的物态继续存在一样。

产品交换者实际关心的问题，首先是他用自己的产品能换取多少别人的产品，就是说，产品按什么样的比例交换。当这些比例由于习惯而逐渐达到一定的稳固性时，它们就好像是由劳动产品的本性产生的。例如，1吨铁和2盎司金的价值相等，就像1磅金和1磅铁虽然有不同的物理属性和化学属性，但是重量相等一样。实际上，劳动产品的价值性质，只是通过劳动产品表现为价值量才确定下来。价值量不以交换者的意志、设想和活动为转移而不断地变动着。在交换者看来，他们本身的社会运动具有物的运动形式。不是他们控制这一运动，而是他们受这一运动控制。要有充分发达的商品生产，才能从经验本身得出科学的认识，理解到彼此独立进行的、但作为自然形成的社会分工部分而互相全面依赖的私人劳动，不断地被化为它们的社会的比例尺度，这是因为在私人劳动产品的偶然的不断变动的交换比例中，生产这些产品的社会必要劳动时间作为起调节作用的自然规律强制地为自己开辟道路，就像房屋倒在人的头上时重力定律强制地为自己开辟道路一样。因此，价值量由劳动时间决定是一个隐藏在商品相对价值的表面运动后面的秘密。这个秘密的发现，消除了劳动产品的价值量纯粹是偶然决定的这种假象，但是绝没有消除价值量的决定所采取的物的形式。

对人类生活形式的思索，从而对这些形式的科学分析，总是采取同实际发展相反的道路。这种思索是从事后开始的，就是说，是从发展过程的完成的结果开始的。给劳动产品打上商品烙印而成为商品流通前提的那些形式，在人们试图了解它们的内容而不是了解它们的历史性质（这些形式在人们看来已经是不变的了）以前，就已经取得了社会生活的自然形式的固定性。因此，只有商品价格的分析才导致价值量的决定，只有商品共同的货币表现才导致商品的价值性质的确定。但是，正是商品世界的这个完成的形式——货币形式，用物的形式掩盖了私人劳动的社会性质以及私人劳动者的社会关系，而不是把它们揭示出来。如果我说，上衣、皮靴等等把麻布当做抽象的人类劳动的一般化身而同它发生关系，这种说法的荒谬是一目了然的。但是当上衣、皮靴等等的生产者使这些商品同作为一般等价物的麻布

（或者金银，这丝毫不改变问题的性质）发生关系时，他们的私人劳动同社会总劳动的关系正是通过这种荒谬形式呈现在他们面前。

这种种形式恰好形成资产阶级经济学的各种范畴。对于这个历史上一定的社会生产方式即商品生产的生产关系来说，这些范畴是有社会效力的因而是客观的思维形式。因此，一旦我们逃到其他的生产形式中去，商品世界的全部神秘性，在商品生产的基础上笼罩着劳动产品的一切魔法妖术，就立刻消失了。

既然政治经济学喜欢鲁滨逊的故事，那么就先来看看孤岛上的鲁滨逊吧。不管他生来怎样简朴，他终究要满足各种需要，因而要从事各种有用劳动，如做工具、制家具、养羊驼、捕鱼、打猎等等。关于祈祷一类的事情我们在这里就不谈了，因为我们的鲁滨逊从中得到快乐，他把这类活动当做休息。尽管他的生产职能是不同的，但是他知道，这只是同一个鲁滨逊的不同的活动形式，因而只是人类劳动的不同方式。需要本身迫使他精确地分配自己执行各种职能的时间。在他的全部活动中，这种或那种职能所占比重的大小，取决于他为取得预期效果所要克服的困难的大小。经验告诉他这些，而我们这位从破船上抢救出表、账簿、墨水和笔的鲁滨逊，马上就作为一个地道的英国人开始记起账来。他的账本记载着他所有的各种使用物品，生产这些物品所必需的各种活动，最后还记载着他制造这种种一定量的产品平均耗费的劳动时间。鲁滨逊和构成他自己创造的财富的物之间的全部关系在这里是如此简单明了，甚至连麦·维尔特先生用不着费什么脑筋也能了解。但是，价值的一切本质上的规定都包含在这里了。

现在，让我们离开鲁滨逊的明朗的孤岛，转到欧洲昏暗的中世纪去吧。在这里，我们看到的，不再是一个独立的人了，人都是互相依赖的：农奴和领主，陪臣和诸侯，俗人和牧师。物质生产的社会关系以及建立在这种生产的基础上的生活领域，都是以人身依附为特征的。但是正因为人身依附关系构成该社会的基础，劳动和产品也就用不着采取与它们的实际存在不同的虚幻形式。它们作为劳役和实物贡赋而进入社会机构之中。在这里，劳动的自然形式，劳动的特殊性是劳动的直接社会形式，而不是像在商品生产基础上那样，劳动的一般性是劳动的直接社会形式。徭役劳动同生产商品的劳动一样，是用时间来计量的,但是每一个农奴都知道,他为主人服役而耗费的,是他个人的一定量的劳动力。缴纳给牧师的什一税,是比牧师的祝福更加清楚的。所以,无论我们怎样判断中世纪人们在相互关系中所扮演的角色,人们在劳动中的社会关系始终表现为他们本身之间的个人的关系,而没有披上物之间即劳动产品之间的社会关系的外衣。

要考察共同的劳动即直接社会化的劳动,我们没有必要回溯到一切文明民族的历史初期都有过的这种劳动的原始的形式。这里有个更近的例子,就是农民家庭为了自身的需要而生产粮食、牲畜、纱、麻布、衣服等等的那种农村家长制生产。对于这个家庭来说,这种种不同的物都是它的家庭劳动的不同产品,但它们不是互相作为商品发生关系。生产这些产品的种种不同的劳动,如耕、牧、纺、织、缝等等,在其自然形式上就是社会职能,因为这是这样一个家庭的职能,这个家庭就像商品生产一样,有它本身的自然形成的分工。家庭内的分工和家庭各个成员的劳动时间,是由性别年龄上的差异以及随季节而改变的劳动的自然条件来调节的。但是,用时间来计量的个人劳动力的耗费,在这里本来就表现为劳动本身的社会规定,因为个人劳动力本来就只是作为家庭共同劳动力的器官而发挥作用的。

最后,让我们换一个方面,设想有一个自由人联合体,他们用公共的生产资料进行劳动,并且自觉地把他们许多个人劳动力当做一个社会劳动力来使用。在那里,鲁滨逊的劳动的一切规定又重演了,不过不是在个人身上,而是在社会范围内重演。鲁滨逊的一切产品只是他个人的产品,因而直接是他的使用物品。这个联合体的总产品是一个社会产品。这个产品的一部分重新用作生产资料。这一部分依旧是社会的。而另一部分则作为生活资料由联合体成员消费。因此,这一部分要在他们之间进行分配。这种分配的方式会随着社会生产有机体本身的特殊方式和随着生产者的相应的历史发展程度而改变。仅仅为了同商品生产进行对比,我们假定,每个生产者在生活资料中得到的份额是由他的劳动时间决定的。这样,劳动时间就会起双重作用。劳动时间的社会的有计划的分配,调节着各种劳动职能同各种需要的适当的比例。另一方面,劳动时间又是计量生产者在共同劳动中个人所占份额的尺度,因而也是计量生产者在共同产品的个人可消费部分中所占份额的尺度。在那里，人们同他们的劳动和劳动产品的社会关系，无论在生产上还是在分配上，都是简单明了的。

在商品生产者的社会里，一般的社会生产关系是这样的：生产者把他们的产品当做商品，从而当做价值来对待，而且通过这种物的形式，把他们的私人劳动当做等同的人类劳动来互相发生关系。对于这种社会来说，崇拜抽象人的基督教，特别是资产阶级发展阶段的基督教，如新教、自然神教等等，是最适当的宗教形式。在古亚细亚的、古代的等等生产方式下，产品转化为商品，从而人作为商品生产者而存在的现象，处于从属地位，但是共同体越是走向没落阶段，这种现象就越是重要。真正的商业民族只存在于古代世界的空隙中，就像伊壁鸠鲁的神祇存在于世界的空隙中，或者犹太人只存在于波兰社会的缝隙中一样。这些古老的社会生产有机体比资产阶级的社会生产有机体简单明了得多，但它们或者以个人尚未成熟、尚未脱掉同其他人的自然血缘联系的脐带为基础，或者以直接的统治和服从的关系为基础。它们存在的条件是：劳动生产力处于低级发展阶段，与此相应，人们在物质生活生产过程内部的关系，即他们彼此之间以及他们同自然之间的关系是很狭隘的。这种实际的狭隘性，观念地反映在古代的自然宗教和民间宗教中。只有当实际日常生活的关系，在人们面前表现为人与人之间和人与自然之间极明白而合理的关系的时候，现实世界的宗教反映才会消失。只有当社会生活过程即物质生产过程的形态，作为自由联合的人的产物，处于人的有意识有计划的控制之下的时候，它才会把自己的神秘的纱幕揭掉。但是，这需要有一定的社会物质基础或一系列物质生存条件，而这些条件本身又是长期的、痛苦的发展史的自然产物。

商品世界具有的拜物教性质或劳动的社会规定所具有的物的外观，使一部分经济学家迷惑到什么程度，也可以从关于自然在交换价值的形成中的作用所进行的枯燥无味的争论中得到证明。既然交换价值是表示消耗在物上的劳动的一定社会方式，它就像例如汇率一样并不包含自然物质。

因为商品形式是资产阶级生产的最一般的和最不发达的形式（因此它早就出现了，虽然不像今天这样是占统治地位的从而是典型的方式),所以,它的拜物教性质显得还比较容易看穿。但是在比较具体的形式中,连这种简单性的外观也消失了。货币主义的幻觉是从哪里来的呢?是由于货币主义没有看出:金银作为货币代表一种社会生产关系,不过这种关系采取了一种具有奇特的社会属性的自然物的形式。而蔑视货币主义的现代经济学,当它考察资本时,它的拜物教不是也很明显吗?认为地租是由土地而不是由社会产生的重农主义幻觉,又破灭了多久呢?

为了不致涉及以后的问题,这里仅仅再举一个关于商品形式本身的例子。假如商品能说话,它们会说:我们的使用价值也许使人们感兴趣。作为物,我们没有使用价值。作为物,我们具有的是我们的价值。我们自己作为商品物进行的交易就证明了这一点。我们彼此只是作为交换价值发生关系。

第 2 章
交 换 过 程

商品不能自己到市场去，不能自己去交换。因此，我们必须找寻它的监护人，商品占有者。商品是物，所以不能反抗人。如果它不乐意，人可以使用强力，换句话说，把它拿走。为了使这些物作为商品彼此发生关系，商品监护人必须作为有自己的意志体现在这些物中的人彼此发生关系，因此，一方只有符合另一方的意志，就是说每一方只有通过双方共同一致的意志行为，才能让渡自己的商品，占有别人的商品。可见，他们必须彼此承认对方是私有者。这种具有契约形式的（不管这种契约是不是用法律固定下来的）法的关系，是一种反映着经济关系的意志关系。这种法的关系或意志关系的内容是由这种经济关系本身决定的。在这里，人们彼此只是作为商品的代表即商品占有者而存在。在研究进程中我们会看到，人们扮演的经济角色不过是经济关系的人格化，人们是作为这种关系的承担者而彼此对立着的。

商品占有者与商品不同的地方，主要在于：对商品来说，每个别的商品体只是它本身的价值的表现形式。商品是天生的平等派，它随时准备不仅用自己的灵魂而且用自己的肉体去换取任何别的商品，哪怕这个商品生得比马立托奈斯还丑。商品所缺乏的这种感知商品体的具体属性的能力，由商品占有者用他自己的五种和五种以上的感官补足了。商品占有者的商品对他没有直接的使用价值。否则，他就不会把它拿到市场上去。他的商品对别人有使用价值。对他来说，他的商品直接有的只是这样的使用价值：它是交换价值的承担者，从而是交换手段。所以，他愿意让渡他的商品来换取其使用价值为他所需要的商品。一切商品对它们的占有者是非使用价值，对它们的非占有者是使用价值。因此，商品必须全面转手。这种转手就形成商品交换，而商品交换使商品彼此作为价值发生关系并作为价值来实现。可见，商品在能够作为使用价值实现以前，必须先作为价值来实现。

另一方面，商品在能够作为价值实现以前，必须证明自己是使用价值，因为耗费在商品上的人类劳动，只有耗费在对别人有用的形式上，才能算数。但是，这种劳动对别人是否有用，它的产品是否能够满足别人的需要，只有在商品交换中才能得到证明。

每一个商品占有者都只想让渡自己的商品，来换取另一个具有能够满足他本人需要的使用价值的商品。就这一点说，交换对于他只是个人的过程。另一方面，他想把他的商品作为价值来实现，也就是通过他所中意的任何另一个具有同等价值的商品来实现，而不问他自己的商品对于这另一个商品的占有者是不是有使用价值。就这一点说，交换对于他是一般社会的过程。但是，同一过程不可能同时对于一切商品占有者只是个人的过程，同时又只是一般社会的过程。

我们仔细看一下就会发现，对每一个商品占有者来说，每个别的商品都是他的商品的特殊等价物，因而他的商品是其他一切商品的一般等价物。但因为一切商品占有者都这样做，所以没有一个商品是一般等价物，因而商品也就不具有使它们作为价值彼此等同、作为价值量互相比较的一般的相对价值形式。因此，它们并不是作为商品，而只是作为产品或使用价值彼此对立着。

我们的商品占有者在他们的困难处境中是像浮士德那样想的：起初是行动。因此他们还没有想就已经做起来了。商品本性的规律通过商品占有者的天然本能表现出来。他们只有使他们的商品同任何另一个作为一般等价物的商品相对立，才能使他们的商品作为价值，从而作为商品彼此发生关系。商品分析已经表明了这一点。但是，只有社会的行动才能使一个特定的商品成为一般等价物。因此，其他一切商品的社会的行动使一个特定的商品分离出来，通过这个商品来全面表现它们的价值。于是这个商品的自然形式就成为社会公认的等价形式。由于这种社会过程，充当一般等价物就成为被分离出来的商品的独特的社会职能。这个商品就成为货币。

货币结晶是交换过程的必然产物，在交换过程中，各种不同的劳动产品事实上彼此等同，从而事实上转化为商品。交换的扩大和加深的历史过程，使商品本性中潜伏着的使用价值和价值的对立发展起来。为了交易，需要这一对立在外部表现出来，这就要求商品价值有一个独立的形式，这个需要一直存在，直到由于商品分为商品和货币这种二重化而最终取得这个形式为止。可见，随着劳动产品转化为商品，商品就在同一程度上转化为货币。

直接的产品交换一方面具有简单价值表现形式，另一方面还不具有这种形式。这种形式就是 x 量商品 A = y 量商品 B。直接的产品交换形式是 x 量使用物品 A = y 量使用物品 B。在这里，A 物和 B 物在交换之前不是商品，它们通过交换才成为商品。使用物品可能成为交换价值的第一步，就是它作为非使用价值而存在，作为超过它的占有者的直接需要的使用价值量而存在。物本身存在于人之外，因而是可以让渡的。为使这种让渡成为相互的让渡，人们只需默默地彼此当做那些可以让渡的物的私有者，从而彼此当做独立的人相对立就行了。然而这种彼此当做外人看待的关系在原始共同体的成员之间并不存在，不管这种共同体的形式是家长制家庭，古代印度公社，还是印加国，等等。商品交换是在共同体的尽头，在它们与别的共同体或其成员接触的地方开始的。但是物一旦对外成为商品，由于反作用，它们在共同体内部生活中也成为商品。它们交换的量的比例起初完全是偶然的。它们能够交换，是由于它们的占有者彼此愿意把它们让渡出去的意志行为。同时，对别人的使用物品的需要渐渐固定下来。交换的不断重复使交换成为有规则的社会过程。因此，随着时间的推移，至少有一部分劳动产品必定是有意为了交换而生产的。从那时起，一方面，物满足直接需要的效用和物用于交换的效用的分离固定下来了。它们的使用价值同它们的交换价值分离开来。另一方面，它们互相交换的量的比例是由它们的生产本身决定的。习惯把它们作为价值量固定下来。

在直接的产品交换中，每个商品对于它的占有者直接就是交换手段，对于它的非占有者直接就是等价物，不过它要对于后者是使用价值。因此，交换物还没有取得同它本身的使用价值或交换者的个人需要相独立的价值形式。随着进入交换过程的商品数量和种类的增多，这种形式就越来越成为必要的了。问题和解决问题的手段同时产生。如果不同商品占有者的不同商品在它们的交易中不和同一个第三种商品相交换并作为价值和它相比较，商品占有者拿自己的物品同其他种种物品相交换、相比较的交易就绝不会发生。这第三个商品由于成为其他不同商品的等价物，就直接取得一般的或社会的等价形式，虽然是在狭小的范围内。这种一般等价形式同引起这个形式的瞬息间的社会接触一起产生和消失。这种形式交替地、暂时地由这个或那个商品承担。但是，随着商品交换的发展，这种形式就只是固定在某些特殊种类的商品上，或者说结晶为货币形式。

随着商品交换日益突破地方的限制，从而商品价值日益发展成为一般人类劳动的化身，货币形式也就日益转到那些天然适于执行一般等价物这种社会职能的商品身上，即转到贵金属身上。

"金银天然不是货币，但货币天然是金银"，这句话已为金银的自然属性适于担任货币的职能而得到证明。但至此我们只知道货币的一种职能：它是商品价值的表现形式，或者是商品价值量借以取得社会表现的材料。一种物质只有分成的每一份都是均质的，才能成为价值的适当的表现形式，或抽象的因而等同的人类劳动的化身。另一方面，因为价值量的差别纯粹是量的差别，所以货币商品必须只能有纯粹量的差别，就是说，必须能够随意分割，又能够随意把它的各部分合并起来。金和银就天然具有这种属性。

货币商品的使用价值二重化了。它作为商品具有特殊的使用价值，如金可以镶牙，可以用作奢侈品的原料等等，此外，它又取得一种由它的独特的社会职能产生的形式上的使用价值。

因为其他一切商品只是货币的特殊等价物，而货币是它们的一般等价物，所以它们是作为特殊商品来同作为一般商品的货币发生关系。

还在 17 世纪最后几十年，人们已经知道货币是商品，这在货币分析上是跨出很大一步的开端，但终究只是开端而已。困难不在于了解货币是商品，而在于了解商品怎样、为什么、通过什么成为货币。

我们已经看到，在 x 量商品 A = y 量商品 B 这个最简单的价值表现中，就已经存在一种假象，似乎表现另一物的价值量的物不通过这种关系就具有自己的等价形式，似乎这种形式是天然的社会属性。我们已经探讨了这种假象是怎样确立起来的。当一般等价形式同一种特殊商品的自然形式结合在一起，即结晶为货币形式的时候，这种假象就完全形成了。一种商品成为货币，似乎不是因为其他商品都通过它来表现自己的价值，相反，似乎因为这种商品是货币，其他商品才都通过它来表现自己的价值。中介运动在它本身的结果中消失了，而且没有留下任何痕迹。商品没有出什么力就发现一个在它们之外、与它们并存的商品体是它们自身的现成的价值形态。这些物，即金和银，一从地底下出来，就是一切人类劳动的直接化身。货币的魔术就是由此而来的。人们在自己的社会生产过程中的单纯原子般的关系，从而，人们自己的生产关系的不受他们控制和不以他们有意识的个人活动为转移的物的形式，首先就是通过他们的劳动产品普遍采取商品形式这一点而表现出来。因此，货币拜物教的谜就是商品拜物教的谜，只不过变得明显了，耀眼了。

第 3 章

货币或商品流通

1. 价值尺度

为了简单起见，我在本书各处都假定金是货币商品。

金的第一个职能是为商品世界提供表现价值的材料，或者说，是把商品价值表现为同名的量，使它们在质的方面相同，在量的方面可以比较。这样，金执行一般的价值尺度的职能，并且首先只是由于这个职能，金这个独特的等价商品才成为货币。

商品并不是由于有了货币才可以通约。恰恰相反。因为一切商品作为价值都是对象化的人类劳动，从而本身可以通约，所以它们能共同用一个独特的商品来计量自己的价值，这样，这个独特的商品就转化为它们共同的价值尺度或货币。货币作为价值尺度，是商品内在的价值尺度即劳动时间的必然表现形式。

商品在金上的价值表现——x 量商品 A = y 量货币商品——是商品的货币形式或它的价格。现在，要用社会公认的形式表现铁的价值，只要有 1 吨铁 = 2 盎司金这样一个等式就够了。这个等式不需要再同其他商品的价值等式排成一个行列，因为金这个等价商品已经具有货币的性质。因此，现在商品的一般相对价值形式又具有商品最初的即简单的或个别的相对价值形式的样子。另一方面，扩大的相对价值表现，或相对价值表现的无限的系列，成为货币商品所特有的相对价值形式。而这个系列现在已经在商品价格中社会地提供了。把一份行情表上的价目倒过来读，就可以看出货币的价值量表现在各式各样的商品上。然而货币并没有价格。货币要参加其他商品的这个统一的相对价值形式，就必须把自己当做自己的等价物。

商品的价格或货币形式，同商品的价值形式本身一样，是一种与商品的可以捉摸的实在的物体形式不同的，因而只是观念的或想象的形式。铁、麻布、小麦等等的价值虽然看不见，但是存在于这些物的本身中；它们的价值通过它们同金相等，同金发生一种可以说只是在它们头脑中作祟的关系而表现出来。因此，商品监护人为了向外界表明商品的价格，必须把自己的舌头塞进它们的脑袋里，或者给它们挂上一张纸条。因为商品在金上的价值表现是观念的，所以要表现商品的价值，也可以仅仅用想象的或观念的金。每一个商品监护人都知道：当他给予商品价值以价格形式或想象的金的形式时，他远没有把自己的商品转化为金，而为了用金估量数百万的商品价值，他不需要丝毫实在的金。因此，货币在执行价值尺度的职能时，只是想象的或观念的货币。

凡是价格已经确定的商品都表现为这样的形式：a 量商品 $A=x$ 量金；b 量商品 $B=z$ 量金；c 量商品 $C=y$ 量金，等等，在这里，a、b、c 代表商品 A、B、C 的一定量，x、z、y 代表金的一定量。这样，商品价值就转化为大小不同的想象的金量，就是说，尽管商品五花八门，商品价值都转化为同名的量，即金量。这些价值作为这样的不同的金量互相比较，互相计量，这样在技术上就有必要把某一固定的金量作为商品价值的计量单位。这个计量单位本身通过进一步分成等分而发展成为标准。金、银、铜在变成货币以前，在它们的金属重量中就有这种标准，例如，以磅为计量单位，磅一方面分成盎司等等，另一方面又合成英担等等。因此，在一切金属的流通中，原有的重量标准的名称，也是最初的货币标准或价格标准的名称。

作为价值尺度和作为价格标准，货币执行着两种完全不同的职能。作为人类劳动的社会化身，它是价值尺度；作为规定的金属重量，它是价格标准。作为价值尺度，它用来使形形色色的商品的价值转化为价格，转化为想象的金量；作为价格标准，它计量这些金量。价值尺度是用来计量作为价值的商品，相反，价格标准是用一个金量计量各种不同的金量，而不是用一个金量的重量计量另一个金量的价值。要使金充当价格标准，必须把一定重量的金固定为计量单位。在这里，正如在其他一切同名量的尺度规定中一样，尺度比例的固定性有决定性的意义。因此，同一个金量越是不变地充当计量单位，价格标准就越是能更好地执行自己的职能。金能够充当价值尺度，只是因为它本身是劳动产品，因而是潜在可变的价值。

首先很明显，金的价值变动丝毫不会妨碍金执行价格标准的职能。不论金的价值怎样变动，不同的金量之间的价值比例总是不变。哪怕金的价值跌落1 000%，12盎司金的价值仍然是1盎司金的12倍，在价格上问题只在于不同金量彼此之间的比例。另一方面，因为1盎司金决不会随着它的价值涨落而改变它的重量，所以它也不会因而改变它的等分的重量，这样，不论金的价值怎样变动，金作为固定的价格标准总是起同样的作用。

金的价值变动也不会妨碍金执行价值尺度的职能。这种变动会同时影响一切商品，因此，在其他条件相同的情况下，它们相互间的相对价值不会改变，尽管这些价值这时都是在比过去高或低的金价格中表现出来。

商品价格只有在货币价值不变、商品价值提高时，或在商品价值不变、货币价值降低时，才会普遍提高。反之，商品价格只有在货币价值不变、商品价值降低时，或在商品价值不变、货币价值提高时，才会普遍降低。由此决不能得出结论说，货币价值提高，商品价格必定相应降低，货币价值降低，商品价格必定相应提高。这只适用于价值不变的商品。例如，某些商品的价值和货币的价值同时按同一比例提高，这些商品的价格就不会改变。如果这些商品的价值比货币价值增加得慢些或者增加得快些，那么，这些商品的价格的降低或提高，就由这些商品的价值变动和货币的价值变动之间的差额来决定。依此类推。

商品的价值量表现出一种必然的、商品形成过程内在的同社会劳动时间的关系。随着价值量转化为价格，这种必然的关系就表现为商品同在它之外存在的货币商品的交换比例。这种交换比例既可以表现商品的价值量，也可以表现比它大或小的量，在一定条件下，商品就是按这种较大或较小的量来让渡的。可见，价格和价值量之间的量的不一致的可能性，或者价格偏离价值量的可能性，已经包含在价格形式本身中。但这并不是这种形式的缺点，相反地，却使这种形式成为这样一种生产方式的适当形式，在这种生产方式下，规则只能作为没有规则性的盲目起作用的平均数规律来为自己开辟道路。

价格形式不仅可能引起价值量和价格之间即价值量和它自身的货币表现之间的量的不一致，而且能够包藏一个质的矛盾，以致货币虽然只是商品的价值形式，但价格可以完全不是价值的表现。有些东西本身并不是商品，例如良心、名誉等等，但是也可以被它们的占有者出卖以换取金钱，并通过它们的价格，取得商品形式。因此，没有价值的东西在形式上可以具有价格。在这里，价格表现是虚幻的，就像数学中的某些数量一样。另一方面，虚幻的价格形式——如未开垦的土地的价格，这种土地没有价值，因为没有人类劳动对象化在里面——又能掩盖实在的价值关系或由此派生的关系。

价格形式包含着商品为取得货币而让渡的可能性和这种让渡的必要性。另一方面，金所以充当观念的价值尺度，只是因为它在交换过程中已作为货币商品流通。因此，在观念的价值尺度中隐藏着坚硬的货币。

2. 流通手段

（a）商品的形态变化

商品交换过程是在两个互相对立、互为补充的形态变化中完成的：从商品转化为货币，又从货币转化为商品。商品形态变化的两个因素同时就是商品占有者的两种行为，一种是卖，把商品换成货币，一种是买，把货币换成商品，这两种行为的统一就是：为买而卖。

因此，商品的交换过程是在下列的形式变换中完成的：

商品—货币—商品
W—G—W

从物质内容来说,这个运动是W—W,是商品换商品,是社会劳动的物质变换,这种物质变换的结果一经达到,过程本身也就结束。

W—G。商品的第一形态变化或卖。商品价值从商品体跳到金体上,像我在别处说过的,是商品的惊险的跳跃。这个跳跃如果不成功,摔坏的不是商品,但一定是商品占有者。社会分工使商品占有者的劳动成为单方面的,又使他的需要成为多方面的。正因为这样,他的产品对他来说仅仅是交换价值。这个产品只有在货币上,才取得一般的社会公认的等价形式,而货币又在别人的口袋里。为了把货币吸引出来,商品首先应当对于货币占有者是使用价值,就是说,用在商品上的劳动应当是以社会有用的形式耗费的,或者说,应当证明自己是社会分工的一部分。但分工是自然形成的生产有机体,它的纤维在商品生产者的背后交织在一起,而且继续交织下去。商品可能是一种新的劳动方式的产品,它声称要去满足一种新产生的需要,或者想靠它自己去唤起一种需要。一种特殊的劳动操作,昨天还是同一个商品生产者许多职能中的一种职能,今天就可能脱离这种联系,独立起来,从而把它的局部产品当做独立商品送到市场上去。这个分离过程的条件可能已经成熟,或者可能尚未成熟。某种产品今天满足一种社会需要,明天就可能全部地或部分地被一种类似的产品排挤掉。即使某种劳动,例如我们这位织麻布者的劳动,是社会分工的特许的一部分,这也决不能恰好使他的20码麻布的使用价值得到了保证。社会对麻布的需要,像对其他各种东西的需要一样,是有限度的,如果他的竞争者已经满足了这种需要,我们这位朋友的产品就成为多余的、过剩的,因而是无用的了。接受赠马,不看岁口,但是我们这位织麻布者绝不是到市场去送礼的。我们就假定他的产品的使用价值得到了证明,因而商品会把货币吸引出来。但现在要问:它能吸引多少货币呢?当然,答案已经由商品的价格即商品价值量的指数预示了。我们把商品占有者可能发生的纯粹主观的计算错误撇开,因为这种错误在市场上马上可以得到客观的纠正。假定他耗费在他的产品上的只是平均社会必要劳动时间。因此,商品的价格只是对象化在商品中的社会劳动量的货币名称。但是，织麻布业的以往可靠的生产条件，没有经过我们这位织麻布者的许可而在他的背后发生了变化。同样多的劳动时间，昨天还确实是生产一码麻布的社会必要劳动时间，今天就不是了。货币占有者会非常热心地用我们这位朋友的各个竞争者定出的价格来说明这一点。我们这位朋友真是不幸，世上竟有很多织麻布者。最后，假定市场上的每一块麻布都只包含社会必要劳动时间。即使这样，这些麻布的总数所包含的已耗费的劳动时间仍然可能过多。如果市场的胃口不能以每码2先令的正常价格吞下麻布的总量，这就证明，在全部社会劳动时间中，以织麻布的形式耗费的时间太多了。其结果就像每一个织布者花在他个人的产品上的时间都超过了社会必要劳动时间一样。这正像俗话所说："一起捉住，一起绞死。"① 在市场上，全部麻布只是当做一个商品，每一块麻布只是当做这个商品的相应部分。事实上，每一码的价值也只是同种人类劳动的同一的社会规定的量的化身。

我们看到，商品爱货币，但是"真爱情的道路绝不是平坦的"。把自己的"分散的肢体"表现为分工体系的社会生产有机体，它的量的构成，也像它的质的构成一样，是自发地偶然地形成的。所以我们的商品占有者发现：分工使他们成为独立的私人生产者，同时又使社会生产过程以及他们在这个过程中的关系不受他们自己支配；人与人的互相独立为物与物的全面依赖的体系所补充。

分工使劳动产品转化为商品，因而使它转化为货币成为必然的事情。同时，分工使这种转化能否成功成为偶然的事情。但是在这里应当纯粹地考察现象，因此假定这种现象是正常进行的。其实，只要这种现象发生，就是说，只要商品不是卖不出去，就总会发生商品的形式变换，尽管在这种形式变换中，实体——价值量——可能在不正常的场合亏损或增加。

G—W。商品的第二形态变化，或最终的形态变化：买。因为货币是其他一切商品的转换形态，或者说，是它们普遍让渡的产物，所以它是绝对可以让渡的商品。货币把一切价格倒过来读，从而把自己

---

① 德国谚语，意思是有祸同当。——编者注

反映在一切商品体上,即为货币本身变成商品而献身的材料上。同时,价格,即商品向货币送去的秋波,表明货币的转化能力的限度,即表明货币本身的量。因为商品在变成货币后就消失了,所以,从货币上就看不出它究竟怎样落到货币占有者的手中,究竟是由什么东西转化来的。货币没有臭味,无论它从哪里来。一方面,它代表已经卖掉的商品,另一方面,它代表可以买到的商品。

G—W,即买,同时就是卖,即 W—G;因此,一个商品的后一形态变化,同时就是另一商品的前一形态变化。

一个商品的总形态变化,在其最简单的形式上,包含四个极和三个登场人物。最先,与商品对立着的是作为它的价值形态的货币,而后者在彼岸,在别人的口袋里,具有物的坚硬的现实性。因此,与商品占有者对立着的是货币占有者。商品一旦转化为货币,货币就成为商品的转瞬即逝的等价形式,这个等价形式的使用价值或内容在此岸,在其他的商品体中存在着。作为商品第一个转化的终点的货币,同时是第二个转化的起点。可见,在第一幕是卖者,在第二幕就成了买者,这里又有第三个商品占有者作为卖者同他对立着。

商品形态变化的两个相反的运动阶段组成一个循环:商品形式,商品形式的抛弃,商品形式的复归。当然,在这里,商品本身具有对立的规定。对它的占有者来说,它在起点是非使用价值,在终点是使用价值。同样,货币先表现为商品转化成的固定的价值结晶,然后又作为商品的单纯等价形式而消失。

有一种最愚蠢不过的教条:商品流通必然造成买和卖的平衡,因为每一次卖同时就是买,反过来也是一样。如果这是指实际完成的卖的次数等于买的次数,那是毫无意义的同义反复。但这种教条是要证明,卖者会把自己的买者带到市场上来。作为两极对立的两个人即商品占有者和货币占有者的相互关系,卖和买是同一个行为。但作为同一个人的活动,卖和买是两极对立的两个行为。因此,卖和买的同一性包含着这样的意思:如果商品被投入流通的炼金炉,没有炼出货币,没有被商品占有者卖掉,也就是没有被货币占有者买去,商品就会变成无用的东西。这种同一性还包含这样的意思:如果这个过程成功,它就会形成商品的一个休止点,形成商品生命中的一个时期,而这个时期可长可短。既然商品的第一形态变化是卖又是买，这个局部过程同时就是一个独立的过程。买者有商品，卖者有货币，也就是有一种不管早一些或晚一些再进入市场都保持着能够流通的形式的商品。没有人买，也就没有人能卖。但谁也不会因为自己已经卖，就得马上买。流通所以能够打破产品交换的时间、空间和个人的限制，正是因为它把这里存在的换出自己的劳动产品和换进别人的劳动产品这二者之间的直接的同一性，分裂成卖和买这二者之间的对立。说互相对立的独立过程形成内部的统一，那也就是说，它们的内部统一是运动于外部的对立中。当内部不独立（因为互相补充）的过程的外部独立化达到一定程度时，统一就要强制地通过危机显示出来。商品内在的使用价值和价值的对立，私人劳动同时必须表现为直接社会劳动的对立，特殊的具体的劳动同时只是当做抽象的一般的劳动的对立，物的人格化和人格的物化的对立——这种内在的矛盾在商品形态变化的对立中取得发展了的运动形式。因此，这些形式包含着危机的可能性，但仅仅是可能性。这种可能性要发展为现实，必须有整整一系列的关系，从简单商品流通的观点来看，这些关系还根本不存在。

作为商品流通的中介，货币取得了流通手段的职能。

(b) 货币的流通

货币流通表示同一个过程的不断的、单调的重复。商品总是在卖者方面，货币总是作为购买手段在买者方面。货币作为购买手段执行职能，是在它实现商品的价格的时候。而货币在实现商品的价格的时候，把商品从卖者手里转到买者手里，同时自己也从买者手里离开，到了卖者手里，以便再去同另一个商品重复同样的过程。货币运动的单方面形式来源于商品运动的两方面形式，这一点是被掩盖着的。商品流通的性质本身造成了相反的外观。商品的第一形态变化表现出来的不仅是货币的运动，而且是商品本身的运动；而商品的第二形态变化表现出来的只是货币的运动。商品在流通的前半段同货币换了位置。同时，它的使用形态便离开流通，进入消费。它的位置由它的价值形态或货币化妆所占据。商品不再是包在它自己的天然外皮中，而是包在金外皮中来通过流通的后半段。因此，运动的连续性完全落在货币方面；这个运动对商品来说包含两个对立的过程。但作为货币本身的运动却总是包含同一个过程，就是货币同一个又一个的商品交换位置。因此，商品流通的结果，即一个商品被另一个商品所代替，似乎不是由商品本身的形式变换引起的，而是由货币作为流通手段的职能引起的，似乎正是作为流通手段的货币使本身不能运动的商品流通起来，使商品从把它们当做非使用价值的人手里转到把它们当做使用价值的人手里，并且总是朝着同货币本身运动相反的方向运动。货币不断使商品离开流通领域，同时不断去占据商品在流通中的位置，从而不断离开自己的起点。因此，虽然货币运动只是商品流通的表现，但看起来商品流通反而只是货币运动的结果。

每一个商品在流通中走第一步，即进行第一次形式变换，就退出流通，而总有新的商品进入流通。相反，货币作为流通手段却不断地留在流通领域，不断地在那里流动。于是产生了一个问题，究竟有多少货币不断地被流通领域吸收。

假设商品量已定，流通货币量就随着商品价格的波动而增减。流通货币量之所以增减，是因为商品的价格总额随着商品价格的变动而增减。为此，完全不需要所有商品的价格同时上涨或跌落。只要若干主要商品的价格在一种情况下上涨，或在另一种情况下跌落，就足以提高或降低全部流通商品的待实现的价格总额，从而使进入流通的货币增加或减少。无论商品价格的变动是反映实际的价值变动，或只是反映市场价格的波动，流通手段量所受的影响都是相同的。

假定有若干互不相干的、同时发生的因而在空间上并行的卖，或者说局部形态变化，例如有1夸脱小麦、20码麻布、1本圣经、4加仑烧酒同时出售。如果每种商品的价格都是2镑，待实现的价格总额就是8镑，那么进入流通的货币量必须是8镑。相反，如果这4种商品是我们上面所说过的形态变化系列的各个环节，即1夸脱小麦—2镑—20码麻布—2镑—1本圣经—2镑—4加仑烧酒—2镑，那么，有2镑就可以使所有这些商品依次流通，因为它依次实现它们的价格，从而实现8镑的价格总额，最后停留在酿酒者手中。这2镑完成了4次流通。同一些货币的这种反复的位置变换，既表示商品发生双重的形式变换，表示商品通过两个对立的流通阶段的运动，也表示各种商品的形态变化交错在一起。这个过程经过的各个互相对立、互为补充的阶段，不可能在空间上并行，只能在时间上相继发生。因此，时间就成为计量这个过程久暂的尺度，或者说，同一些货币在一定时间内的流通次数可以用来计量货币流通的速度。例如，假定上述4种商品的流通过程持续1天。这样，待实现的价格总额为8镑，同一些货币1天的流通次数是4次，流通的货币量是2镑，或者就一定时间的流通过程来说是：$\frac{商品价格总额}{同名货币的流通次数}$＝执行流通手段职能的货币量。这个规律是普遍适用的。在一定的时间内，一个国家的流通过程包括两方面：一方面是许多分散的、同时发生的和空间上并行的卖（或买）或局部形态变化，其中同一些货币只变换位置一次或只流通一次；另一方面是许多部分互相平行，部分互相交错的具有多少不等的环节的形态变化系列，其中同一些货币流通的次数多少不等。但是，从流通中的全部同名货币的总流通次数中可以得出每个货币的平均流通次数或货币流通的平均速度。例如，在每天流通过程开始时进入流通的货币量，当然由同时地和空间上并行地流通着的商品的价格总额来决定。但在过程之内，可以说每一货币都对另一货币承担责任。如果一个货币加快流通速度，另一个货币就会放慢流通速度，甚至完全退出流通领域，因为流通领域只能吸收这样一个金量，这个金量乘以它的单个元素的平均流通次数，等于待实现的价格总额。因此，货币的流通次数增加，流通的货币量就会减少。货币的流通次数减少，货币量就会增加。因为在平均流通速度一定时，能够执行流通手段职能的货币量也是一定的，所以，例如只要把一定量1镑的钞票投入流通，就可以从流通中取回等量的索维林——这是一切银行都很熟悉的手法。

既然货币流通只是表现商品流通过程，即商品通过互相对立的形态变化而实现的循环，那么货币流通的速度也就表现商品形式变换的速度，表现形态变化系列的不断交错，表现物质变换的迅速，表现商品迅速退出流通领域并同样迅速地为新商品所代替。因此，货币流通的迅速表现互相对立、互为补充的阶段——由使用形态转化为价值形态，再由价值形态转化为使用形态——的流水般的统一，即卖和买两个过程的流水般的统一。相反，货币流通的缓慢则表现这两个过程分离成互相对立的独立阶段，表现形式变换的停滞，从而表现物质变换的停滞。至于这种停滞由什么产生，从流通本身当然看不出来。流通只是表示出这种现象本身。一般人在货币流通迟缓时看到货币在流通领域各点上出没的次数减少，就很容易用流通手段量不足来解释这种现象。

可见，在每一段时期内执行流通手段职能的货币的总量，一方面取决于流通的商品世界的价格总额，另一方面取决于这个商品世界的互相对立的流通过程流动的快慢，这种流动决定着同一些货币能够实现价格总额的多大部分。但是，商品的价格总额又决定于每种商品的数量和价格。这三个因素，即价格的变动、流通的商品量、货币的流通速度，可能按不同的方向和不同的比例变动，因此，待实现的价格总额以及受价格总额制约的流通手段量，也可能有多种多样的组合。在这里，我们只举出商品价格史上最重要的几种组合。

在商品价格不变时，由于流通商品量增加，或者货币流通速度减低，或者这两种情况同时发生，流通手段量就会增加。反之，由于商品量减少，或者货币流通速度增加，流通手段量就会减少。

在商品价格普遍提高时，如果流通商品量的减少同商品价格的上涨保持相同的比例，或流通的商品量不变，而货币流通速度的增加同价格的上涨一样迅速，流通手段量就会不变。如果商品量的减少或货币流通速度的增加比价格的上涨更迅速，流通手段量就会减少。

在商品价格普遍下降时，如果商品量的增加同商品价格的跌落保持相同的比例，或货币流通速度的减低同价格的跌落保持相同的比例，流通手段量就会依然不变。如果商品量的增加或货币流通速度的减低比商品价格的跌落更迅速，流通手段量就会增加。

各种因素的变动可以互相抵消，所以尽管这些因素不断变动，待实现的商品价格总额，从而流通的货币量可以依然不变。因此，特别是考察一个较长的时期，我们就会发现：在每一国家中流通的货币量的平均水平比我们根据表面现象所预料的要稳定得多；除了周期地由生产危机和商业危机引起的，以及偶尔由货币价值本身的变动引起的强烈震动时期以外，流通的货币量偏离这一平均水平的程度，比我们根据表面现象所预料的要小得多。

流通手段量决定于流通商品的价格总额和货币流通的平均速度这

一规律，还可以表述如下：已知商品价值总额和商品形态变化的平均速度，流通货币量或货币材料量决定于货币本身的价值。有一种错觉，认为情况恰恰相反，即商品价格决定于流通手段量，而流通手段量又决定于一个国家现有的货币材料量，这种错觉在它的最初的代表者那里是建立在下面这个荒谬的假设上的：在进入流通过程时，商品没有价格，货币也没有价值，然后在这个过程内，商品堆的一个可除部分同金属堆的一个可除部分相交换。

（c）铸币。价值符号

从货币作为流通手段的职能中产生出货币的铸币形式。在商品的价格或货币名称中想象地表现出来的金重量，必须在流通中作为同名的金块或铸币同商品相对立。正像确立价格标准一样，铸造硬币也是国家的事。金银作为铸币穿着不同的国家制服，但它们在世界市场上又脱掉这些制服。这就表明，商品流通的国内领域或民族领域，同它们的普遍的世界市场领域是分开的。

因此，金币和金块本来只有形状上的差别，金始终能从一种形式转化为另一种形式。它离开造币厂的道路，同时就是通向熔炉的道路。这是因为金币在流通中受到磨损，有的磨损得多，有的磨损得少。金的名称和金的实体，名义含量和实际含量，开始了它们的分离过程。同名的金币具有了不同的价值，因为重量不同了。作为流通手段的金同作为价格标准的金偏离了，因此，金在实现商品的价格时不再是该商品的真正等价物。中世纪和直到18世纪为止的近代的铸币史就是一部这样混乱的历史。流通过程的自然倾向是要把铸币的金存在转化为金假象，或把铸币转化为它的法定金属含量的象征。这种倾向甚至为现代的法律所承认，这些法律规定，金币磨损到一定程度，便不能通用，失去通货资格。

既然货币流通本身使铸币的实际含量同名义含量分离，使铸币的金属存在同它的职能存在分离，那么在货币流通中就隐藏着一种可能性：可以用其他材料做的记号或用象征来代替金属货币执行铸币的职能。铸造重量极小的金币或银币在技术上有困难，而且起初是较贱的金属而不是较贵的金属（是银不是金，是铜不是银）充当价值尺度，因而在它们被较贵的金属赶下宝座之前曾一直作为货币流通，这些事实历史地说明了银记号和铜记号可以扮演金币替身的角色。这些记号在铸币流通最快因而磨损最快的商品流通领域中，即在极小额的买卖不断重复进行的领域中代替了金。为了不让金的这些侍从篡夺金本身的位置，法律规定一个极小的比例，只有在这个比例内，它们代替金来支付才能强人接受。不同种铸币流通的各种特殊领域当然是互相交错的。辅币在支付最小金币的尾数时与金同时出现；金不断地进入零售流通，但是又因与辅币兑换而从那里不断地被抛出来。

　　银记号或铜记号的金属含量是由法律任意规定的。它们在流通中比金币磨损得还要快。因此，它们的铸币职能实际上与它们的重量完全无关，就是说，与价值完全无关。金的铸币存在同它的价值实体完全分离了。因此，相对地说没有价值的东西，例如纸票，就能代替金来执行铸币的职能。在金属货币记号上，这种纯粹的象征性质还在一定程度上隐藏着。但在纸币上，这种性质就暴露无遗了。我们看到，困难的只是第一步。

　　这里讲的只是强制流通的国家纸币。这种纸币是直接从金属流通中产生出来的。而信用货币产生的条件，我们从简单商品流通的观点来看还是根本不知道的。但不妨顺便提一下，正如本来意义的纸币是从货币作为流通手段的职能中产生出来一样，信用货币的自然根源是货币作为支付手段的职能。①

　　国家把印有1镑、5镑等等货币名称的纸票从外部投入流通过程。只要这些纸票确实是代替同名的金额来流通，它们的运动就只反映货币流通本身的规律。纸币流通的特殊规律只能从纸币是金的代表这种关系中产生。这一规律简单说来就是：纸币的发行限于它象征性地代表的金（或银）的实际流通的数量。诚然，流通领域所能吸收的

---

① 清朝户部右侍郎王茂荫向天子（咸丰）上了一个奏折，主张暗将官票宝钞改为可兑现的钞票。在1854年4月的大臣审议报告中，他受到严厉申斥。他是否因此受到笞刑，不得而知。审议报告最后说："臣等详阅所奏……所论专利商而不便于国。"（《帝俄驻北京公使馆关于中国的著述》，卡·阿贝尔博士和弗·阿·梅克伦堡译自俄文，1858年柏林版第1卷第47页及以下几页）

金量经常变动，时常高于或低于一定的平均水平。但是，一个国家的流通手段量决不会降到一定的由经验确定的最低限量以下。这个最低限量不断变动它的组成部分，就是说，不断由另外的金块组成，这种情况当然丝毫不会影响这个量的大小和它在流通领域内的不断流动。因此，这个最低限量可以由纸做的象征来代替。但是，如果今天一切流通渠道中的纸币已达到这些渠道所能吸收货币的饱和程度，那么明天这些渠道就会因商品流通的波动而发生泛滥。一切限度都消失了。不过，如果纸币超过了自己的限度，即超过了能够流通的同名的金币量，那么，撇开有信用扫地的危险不说，它在商品世界仍然只是代表由商品世界的内在规律所决定的那个金量，即它所能代表的那个金量。例如，如果一定的纸票量按其名称代表 2 盎司金，而实际是代替 1 盎司金，那么事实上 1 镑比如说就是 $\frac{1}{4}$ 盎司金的货币名称，而不是原来 $\frac{1}{8}$ 盎司金的货币名称了。其结果无异于金在它作为价格尺度的职能上发生了变化。同一价值，原来用 1 镑的价格来表现，现在要用 2 镑的价格来表现了。

纸币是金的符号或货币符号。纸币同商品价值的关系只不过是：商品价值观念地表现在一个金量上，这个金量则由纸象征性地可感觉地体现出来。纸币只有代表金量（金量同其他一切商品量一样，也是价值量），才是价值符号。

最后要问，为什么金可以用它本身的没有任何价值的符号来代替呢？而我们已经知道，只有当金执行铸币或流通手段的职能而被孤立起来或独立出来时，金才可以被代替。当然，这种职能的独立化不是发生在个别金币上的，虽然磨损了的金币的继续流通已表明这种职能已经独立出来。金块只要实际处在流通中，它就是单纯的铸币或流通手段。对于个别金币不适用的情况，对于能由纸币代替的最低限度的金量却是适用的。这个金量经常处在流通领域中，不断地执行流通手段的职能，从而只是作为这种职能的承担者而存在。因此，它的运动只表示商品形态变化 W—G—W 的两个互相对立过程的不断互相转化。在这种形态变化中，商品的价值形态与商品对立，只是为了马上又消失。在这里，商品的交换价值的独立表现只是转瞬即逝的要素。

它马上又会被别的商品代替。因此，在货币不断转手的过程中，单有货币的象征存在就够了。货币的职能存在可以说吞掉了它的物质存在。货币作为商品价格的转瞬即逝的客观反映，只是当做它自己的符号来执行职能，因此也能够由符号来代替。但是，货币符号本身需要得到客观的社会公认，而纸做的象征是靠强制流通得到这种公认的。国家的这种强制行动，只有在一国范围内或国内的流通领域内才有效，也只有在这个领域内，货币才完全执行它的流通手段或铸币的职能，因而才能在纸币形式上取得一种同它的金属实体在外部相脱离的并纯粹是职能的存在形式。

3. 货　　币

作为价值尺度并因而以自身或通过代表作为流通手段来执行职能的商品，是货币。因此，金（或银）是货币。金作为货币执行职能，一方面是在这样的场合：它必须以其金体（或银体）出现，因而作为货币商品出现，就是说，它不像在充当价值尺度时那样纯粹是观念的，也不像在充当流通手段时那样可以用别的东西来代表；另一方面是在这样的场合：它的职能——不论由它亲自执行，还是由它的代表执行——使它固定成为唯一的价值形态，成为交换价值的唯一适当的存在，而与其他一切仅仅作为使用价值的商品相对立。

（a）货币贮藏

两种对立的商品形态变化的不断循环，或卖与买的不息转换，表现在不停的货币流通上，或表现在货币作为流通的永动机的职能上。只要商品的形态变化系列一中断，卖之后没有继之以买，货币就会停止流动，或者如布阿吉尔贝尔所说，由动的东西转化为不动的东西，由铸币转化为货币。

随着商品流通本身的最初发展，把第一形态变化的产物，商品的转化形态或它的金蛹保留在自己手中的必要性和欲望也发展起来了。出售商品不是为了购买商品，而是为了用货币形式来代替商品形式。这一形式变换从物质变换的单纯中介变成了目的本身。商品的转换形态受到阻碍,不能再作为商品的绝对可以让渡的形态或作为只是转瞬即逝的货币形式而起作用。于是货币硬化为贮藏货币,商品出售者成为货币贮藏者。

在商品流通的初期,只是使用价值的多余部分转化为货币。这样,金和银自然就成为这种多余部分或财富的社会表现。在有些民族中,与传统的自给自足的生产方式相适应,需要范围是固定封闭的,在这些民族中,这种素朴的货币贮藏形式就永恒化了。在亚洲人那里,特别是在印度人那里,情况就是这样。

因为从货币身上看不出它是由什么东西转化成的,所以,一切东西,不论是不是商品,都可以转化成货币。一切东西都可以买卖。流通成了巨大的社会蒸馏器,一切东西抛到里面去,再出来时都成为货币的结晶。连圣徒的遗骨也不能抗拒这种炼金术,更不用说那些人间交易范围之外的不那么粗陋的圣物了。正如商品的一切质的差别在货币上消灭了一样,货币作为激进的平均主义者把一切差别都消灭了。① 但货币本身是商品,是可以成为任何人的私产的外界物。这样,社会权力就成为私人的私有权力。因此,古代社会咒骂货币是自己的经济秩序和道德秩序的瓦解者。② 还在幼年时期就抓着普路托的

---

① "金子!黄黄的,发光的,宝贵的金子!
只这一点点儿,就可以使黑的变成白的,丑的变成美的,
错的变成对的,卑贱变成尊贵,老人变成少年,懦夫变成勇士。
吓!你们这些天神们啊,为什么要给我这东西呢?
嘿,这东西会把你们的祭司和仆人从你们的身旁拉走;
把健汉头颅底下的枕垫抽去;
这黄色的奴隶可以使异教联盟,同宗分裂;
它可以使受诅咒的人得福,使害着灰白色的癞病的人为众人所敬爱;
它可以使窃贼得到高爵显位,和元老们分庭抗礼;
它可以使鸡皮黄脸的寡妇重做新娘……
来,该死的土块,你这人尽可夫的娼妇……"(莎士比亚《雅典的泰门》)
② "人间再没有像金钱这样坏的东西,
这东西可以使城邦毁灭,使人们被赶出家乡,
把善良的人教坏,使他们走上邪路,做些可耻的事,
甚至叫人为非作歹,干出种种罪行。"
(索福克勒斯《安提戈涅》)

头发把他从地心里拖出来的现代社会,则颂扬金的圣杯是自己最根本的生活原则的光辉体现。

贮藏货币的欲望按其本性是没有止境的。货币在质的方面,或按其形式来说,是无限的,也就是说,是物质财富的一般代表,因为它能直接转化成任何商品。但是在量的方面,每一个现实的货币额又是有限的,因而只是作用有限的购买手段。货币的这种量的有限性和质的无限性之间的矛盾,迫使货币贮藏者不断地从事息息法斯式的积累劳动。

要把金作为货币,从而作为贮藏货币的要素保存起来,就必须阻止它流通,不让它作为购买手段化为消费品。因此,货币贮藏者为了金偶像而牺牲自己的肉体享受。他虔诚地信奉禁欲的福音书。另一方面,他能够从流通中以货币形式取出的,只是他以商品形式投入流通的。他生产得越多,他能卖的也就越多。因此,勤劳、节俭、吝啬就成了他的主要美德。多卖少买就是他的全部政治经济学。

除直接的贮藏形式以外,还有一种美的贮藏形式,即占有金银制的商品。它是与资产阶级社会的财富一同增长的。

货币贮藏在金属流通的经济中执行着种种不同的职能。它的第一个职能是从金银铸币的流通条件中产生的。我们已经知道,随着商品流通在范围、价格和速度方面的经常变动,流通的货币量也不断增减。因此,这个量必须能伸缩。有时货币必须当做铸币被吸收,有时铸币必须当做货币被排斥。为了使实际流通的货币量总是同流通领域的饱和程度相适应,一个国家的现有的金银量必须大于执行铸币职能的金银量。这个条件是靠货币的贮藏形式来实现的。货币贮藏的蓄水池,对于流通中的货币来说,既是排水渠,又是引水渠,因此,流通中的货币永远不会溢出它的流通的渠道。

(b) 支付手段

在上面我们所考察的商品流通的直接形式中,同一价值量总是双重地存在着,在一极上是商品,在另一极上是货币。所以,商品占有者只是作为现存的互相等价的物的代表来接触。但是,随着商品流通的发展,使商品的让渡同商品价格的实现在时间上分离开来的关系也发展起来。这里我们只举出其中一些最简单的关系也就够了。一种商品需要的生产时间较长，另一种商品需要的生产时间较短。不同的商品的生产与不同的季节有关。一个商品的产地就是它的市场所在地，另一个商品要旅行到远方的市场去。因此，一个商品占有者可以在另一个商品占有者作为买者出现之前，作为卖者出现。当同样一些交易总是在同一些人中间反复进行时，商品的出售条件就按照商品的生产条件来调节。另一方面，某些种类的商品例如房屋的使用权是出卖一定期限的。买者只是在期满时才真正取得了商品的使用价值。因而他先购买商品，后对商品支付。一个商品占有者出售他现有的商品，而另一个商品占有者却只是作为货币的代表或作为未来货币的代表来购买这种商品。卖者成为债权人，买者成为债务人。由于商品的形态变化或商品的价值形式的发展在这里起了变化，货币也就取得了另一种职能。货币成了支付手段。

债权人或债务人的角色在这里是从简单商品流通中产生的。简单商品流通形式的改变，在卖者和买者身上打上了这两个新烙印。最初，同卖者和买者的角色一样，这也是暂时的和由同一些流通当事人交替扮演的角色。但是，现在这种对立一开始就不是那样愉快，并且能够更牢固地结晶起来。而这两种角色还可以不依赖商品流通而出现。

现在我们回到商品流通领域来。等价物——商品和货币——不再同时出现在卖的过程的两极上。现在，第一，货币在决定所卖商品的价格上执行价值尺度的职能。由契约规定的所卖商品的价格，计量买者的债务，即买者到期必须支付的货币额。第二，货币执行观念的购买手段的职能。虽然货币只是存在于买者支付货币的承诺中，但它使商品的转手实现了。只是当支付日期到来时，支付手段才真正进入流通，就是说，从买者手里转到卖者手里。流通手段转化为贮藏货币，是因为流通过程在第一阶段中断，或商品的转化形态退出了流通。支付手段进入流通，但这是在商品已经退出流通之后。货币不再是过程的中介。它作为交换价值的绝对存在，或作为一般商品，独立地结束这一过程。卖者把商品转化为货币，是为了通过货币来满足某种需要，货币贮藏者把商品转化为货币，是为了以货币形式保存商品，欠债的买者把商品转化为货币，则是为了能够支付。如果他不支付，他的财产就会被强制拍卖。因此，现在由于流通过程本身的关系所产生的一种社会必要性，商品的价值形态即货币就成了卖的目的本身。

买者在把商品转化为货币之前，已经把货币再转化为商品，或者说，他先完成商品的第二形态变化，后完成商品的第一形态变化。卖者的商品在流通，但它只是靠私法的索债权实现它的价格。它在转化为货币之前，已经转化为使用价值。它的第一形态变化只是以后才完成的。

现在我们来考察一定时期内的流通货币的总额。假定流通手段和支付手段的流通速度是已知的，这个总额就等于待实现的商品价格总额加上到期的支付总额，减去彼此抵消的支付，最后减去同一货币交替地时而作为流通手段、时而作为支付手段执行职能的流通次数。例如，一个农民卖谷物得到2镑，在这里，这2镑起着流通手段的作用。他在支付日把这2镑用来支付织布者先前交给他的麻布。这时，这2镑执行支付手段的职能。接着织布者又拿现金去买圣经，于是这2镑又重新执行流通手段的职能，如此等等。因此，即使价格、货币流通速度和支付的节省程度是既定的，一定时期内例如一天内流通的货币量和流通的商品量也不再相符。货币在流通，而它所代表的是早已退出流通的商品。商品在流通，而它的货币等价物只有在将来才出现。另一方面，每天订立的支付和同一天到期的支付完全不是可通约的量。

信用货币是直接从货币作为支付手段的职能中产生的。由出售商品得到的债券本身又因债权的转移而流通。另一方面，随着信用事业的扩大，货币作为支付手段的职能也在扩大。作为支付手段的货币取得了它特有的各种存在形式，并以这些形式占据了大规模交易的领域，而金银铸币则主要被挤到小额贸易的领域中去。

在商品生产达到一定水平和规模时，货币作为支付手段的职能就越出商品流通领域。货币变成契约上的一般商品。地租、赋税等等由实物交纳转化为货币支付。

由于充当支付手段的货币的发展，就必须积累货币，以便到期偿还债务。随着资产阶级社会的发展，作为独立的致富形式的货币贮藏消失了,而作为支付手段准备金的形式的货币贮藏却增长了。

(c) 世界货币

货币一越出国内流通领域,便失去了在这一领域内获得的价格标准、铸币、辅币和价值符号等地方形式,又恢复原来的贵金属块的形式。在世界贸易中,商品普遍地展开自己的价值。因此,在这里,商品独立的价值形态,也作为世界货币与商品相对立。只有在世界市场上,货币才充分地作为这样一种商品执行职能,这种商品的自然形式同时就是抽象人类劳动的直接的社会实现形式。货币的存在方式与货币的概念相适合了。

在国内流通领域内,只能有一种商品充当价值尺度,从而充当货币。在世界市场上,占统治地位的是双重价值尺度,即金和银。

世界货币作为一般支付手段、一般购买手段和一般财富的绝对社会化身执行职能。它的最主要的职能,是作为支付手段平衡国际贸易差额。由此产生重商主义体系的口号——贸易差额!金银充当国际购买手段,主要是在各国间通常的物质变换的平衡突然遭到破坏的时候。最后,它们充当财富的绝对社会化身是在这样的场合:不是要买或是要支付,而是要把财富从一个国家转移到另一个国家,同时,商品市场的行情或者要达到的目的本身,不容许这种转移以商品形式实现。

第二篇 货币转化为资本

第4章 货币转化为资本

第4章

货币转化为资本

1. 资本的总公式

商品流通是资本的起点。商品生产和发达的商品流通，即贸易，是资本产生的历史前提。世界贸易和世界市场在 16 世纪揭开了资本的现代生活史。

如果撇开商品流通的物质内容，撇开各种使用价值的交换，只考察这一过程所造成的经济形式，我们就会发现，货币是这一过程的最后产物。商品流通的这个最后产物是资本的最初的表现形式。

资本在历史上起初到处是以货币形式，作为货币财产，作为商人资本和高利贷资本，与地产相对立。然而，为了认识货币是资本的最初的表现形式，不必回顾资本产生的历史。这个历史每天都在我们眼前重演。现存每一个新资本最初仍然是作为货币出现在舞台上，也就是出现在市场上——商品市场、劳动市场或货币市场上，经过一定的过程，这个货币就转化为资本。

作为资本的货币的流通本身就是目的，因为只是在这个不断更新的运动中才有价值的增殖。因此，资本的运动是没有限度的。

作为这一运动的有意识的承担者，货币占有者变成了资本家。他这个人，或不如说他的钱袋，是货币的出发点和复归点。这种流通的客观内容——价值增殖——是他的主观目的；只有在越来越多地占有抽象财富成为他的活动的唯一动机时，他才作为资本家或作为人格化的、有意志和意识的资本执行职能。因此，决不能把使用价值看做资本家的直接目的。他的目的也不是取得一次利润，而只是谋取利润的无休止的运动。这种绝对的致富欲，这种价值追逐狂，是资本家和货币贮藏者所共有的，不过货币贮藏者是发狂的资本家，资本家是理智的货币贮藏者。货币贮藏者通过竭力把货币从流通中拯救出来所谋求的无休止的价值增殖，为更加精明的资本家通过不断地把货币重新投入流通而实现了。

为卖而买，或者说得完整些，为了贵卖而买，即G—W—G′，似乎只是一种资本即商人资本所特有的形式。但产业资本也是这样一种货币，它转化为商品，然后通过商品的出售再转化为更多的货币。在买和卖的间歇，即在流通领域以外发生的行为，丝毫不会改变这种运动形式。最后，在生息资本的场合，G—W—G′的流通简化地表现为没有中介的结果，表现为一种简练的形式，G—G′，表现为等于更多货币的货币，比本身价值更大的价值。

因此，G—W—G′事实上是直接在流通领域内表现出来的资本的总公式。

2. 总公式的矛盾

货币羽化为资本的流通形式，是和前面阐明的所有关于商品、价值、货币和流通本身的性质的规律相矛盾的。

在任何情形下，在商品市场上，只是商品占有者与商品占有者相对立，他们彼此行使的权力只是他们商品的权力。商品的物质区别是交换的物质动机，它使商品占有者互相依赖，因为他们双方都没有他们自己需要的物品，而有别人需要的物品。除商品使用价值的这种物质区别以外，商品之间就只有一种区别，即商品的自然形式和它的转化形式之间的区别，商品和货币之间的区别。因此，商品占有者之间的区别，只不过是卖者即商品占有者和买者即货币占有者之间的区别。

假定卖者享有某种无法说明的特权，可以高于商品价值出卖商品，把价值100的商品卖110，即在名义上加价10%。这样，卖者就得到剩余价值10。但是，他当了卖者以后，又成为买者。现在第三个商品占有者作为卖者和他相遇，并且也享有把商品贵卖10%的特权。我们那位商品占有者作为卖者赚得了10，但是作为买者要失去10。实际上，整个事情的结果是，全体商品占有者都高于商品价值10%互相出卖商品，这与他们把商品按其价值出售完全一样。商品的这种名义上的普遍加价，其结果就像例如用银代替金来计量商品价值一样。商品的货币名称即价格上涨了，但商品间的价值比例仍然不变。

我们再反过来，假定买者享有某种特权，可以低于商品价值购买商品。在这里，不用说，买者还要成为卖者。他在成为买者以前，就曾经是卖者。他在作为买者赚得10%以前，就已经作为卖者失去了10%。结果一切照旧。

因此，剩余价值的形成，从而货币的转化为资本，既不能用卖者高于商品价值出卖商品来说明，也不能用买者低于商品价值购买商品来说明。

可见，无论怎样颠来倒去，结果都是一样。如果是等价物交换，不产生剩余价值；如果是非等价物交换，也不产生剩余价值。流通或商品交换不创造价值。

因此，资本不能从流通中产生，又不能不从流通中产生。它必须既在流通中又不在流通中产生。

这样，就得到一个双重的结果。

货币转化为资本，必须根据商品交换的内在规律来加以说明，因此等价物的交换应该是起点。我们那位还只是资本家幼虫的货币占有者，必须按商品的价值购买商品，按商品的价值出卖商品，但他在过程终了时取出的价值必须大于他投入的价值。他变为蝴蝶，必须在流通领域中，又必须不在流通领域中。这就是问题的条件。这里是罗陀斯，就在这里跳跃吧！

3. 劳动力的买和卖

要转化为资本的货币的价值变化，不可能发生在这个货币本身上，因为货币作为购买手段和支付手段，只是实现它所购买或所支付的商品的价格，而它如果停滞在自己原来的形式上，它就凝固为价值量不变的化石了。同样，在流通的第二个行为即商品的再度出卖上，也不可能发生这种变化，因为这一行为只是使商品从自然形式再转化为货币形式。因此，这种变化必定发生在第一个行为 G—W 中所购买的商品上，但不是发生在这种商品的价值上，因为互相交换的是等价物，商品是按它的价值支付的。因此，这种变化只能从这种商品的使用价值本身，即从这种商品的消费中产生。要从商品的消费中取得价值，我们的货币占有者就必须幸运地在流通领域内即在市场上发现这样一种商品，它的使用价值本身具有成为价值源泉的独特属性，因此，它的实际消费本身就是劳动的对象化，从而是价值的创造。货币占有者在市场上找到了这样一种独特的商品，这就是劳动能力或劳动力。

我们把劳动力或劳动能力，理解为一个人的身体即活的人体中存在的、每当他生产某种使用价值时就运用的体力和智力的总和。

但是，要使货币占有者在市场上找到作为商品的劳动力，就必须具备各种条件。商品交换本身除了包含由它自己的性质所产生的从属关系以外，不包含任何其他从属关系。在这种前提下，劳动力只有而且只是因为被它自己的占有者即有劳动力的人当做商品出售或出卖，才能作为商品出现在市场上。劳动力占有者要把劳动力当做商品出卖，他就必须能够支配它，从而必须是自己的劳动能力、自己人身的自由所有者。劳动力占有者和货币占有者在市场上相遇，彼此作为身份平等的商品占有者发生关系，所不同的只是一个是买者，一个是卖者，因此双方是在法律上平等的人。这种关系要保持下去，劳动力所有者就必须始终把劳动力只出卖一定时间，因为他要是把劳动力一下子全部卖光，他就出卖了自己，就从自由人转化为奴隶，从商品占有者转化为商品。他作为人，必须总是把自己的劳动力当做自己的财产，从而当做自己的商品。而要做到这一点，他必须始终让买者只是在一定期限内暂时支配他的劳动力，消费他的劳动力，就是说，他在让渡自己的劳动力时不放弃自己对它的所有权。

货币占有者要在市场上找到作为商品的劳动力，第二个基本条件就是：劳动力占有者没有可能出卖有自己的劳动对象化在其中的商品，而不得不把只存在于他的活的身体中的劳动力本身当做商品出卖。

一个人要出卖与他的劳动力不同的商品，他自然必须占有生产资料，如原料、劳动工具等等。没有皮革，他就不能做皮靴。此外，他还需要有生活资料。任何人，即使是未来音乐的创作家，都不能靠未来的产品过活，也不能靠尚未生产好的使用价值过活。人从出现在地球舞台上的第一天起，每天都要消费，不管在他开始生产以前和在生产期间都是一样。如果产品是作为商品生产的，在它生产出来以后就必须卖掉，而且只有在卖掉以后，它才能满足生产者的需要。除生产时间外，还要加上出售所需要的时间。

可见，货币占有者要把货币转化为资本，就必须在商品市场上找到自由的工人。这里所说的自由，具有双重意义：一方面，工人是自由人，能够把自己的劳动力当做自己的商品来支配，另一方面，他没有别的商品可以出卖，自由得一无所有，没有任何实现自己的劳动力所必需的东西。

为什么这个自由工人在流通领域中同货币占有者相遇，对这个问题货币占有者不感兴趣。他把劳动市场看做是商品市场的一个特殊部门。我们目前对这个问题也不感兴趣。货币占有者是在实践上把握着这个事实，我们则是在理论上把握着这个事实。但是有一点是清楚的。自然界不是一方面造成货币占有者或商品占有者，而另一方面造成只是自己劳动力的占有者。这种关系既不是自然史上的关系，也不是一切历史时期所共有的社会关系。它本身显然是已往历史发展的结果，是许多次经济变革的产物，是一系列陈旧的社会生产形态灭亡的产物。

我们前面所考察的经济范畴，也都带有自己的历史痕迹。产品成为商品，需要有一定的历史条件。要成为商品，产品就不应作为生产者自己直接的生存资料来生产。如果我们进一步研究，在什么样的状态下，全部产品或至少大部分产品采取商品的形式，我们就会发现，这种情况只有在一种十分特殊的生产方式即资本主义生产方式的基础上才会发生。但是这种研究不属于商品分析的范围。即使绝大多数产品直接用来满足生产者自己的需要，没有转化为商品，从而社会生产过程按其广度和深度来说还远没有为交换价值所控制，商品生产和商品流通也能够产生。产品要表现为商品，需要社会内部的分工发展到这样的程度：在直接的物物交换中开始的使用价值和交换价值的分离已经完成。但是，这样的发展阶段是历史上完全不同的经济的社会形态所共有的。

如果考察一下货币，我们就会看到，货币是以商品交换发展到一定高度为前提的。货币的各种特殊形式，即单纯的商品等价物，或流通手段，或支付手段、贮藏货币和世界货币，按其中这种或那种职能的不同作用范围和相对占优势的情况，表示社会生产过程的极不相同的阶段。但是根据经验，不很发达的商品流通就足以促使所有这些形式的形成。资本则不然。有了商品流通和货币流通，绝不是就具备了资本存在的历史条件。只有当生产资料和生活资料的占有者在市场上找到出卖自己劳动力的自由工人的时候，资本才产生；而单是这一历史条件就包含着一部世界史。因此，资本一出现，就标志着社会生产过程的一个新时代。①

现在应该进一步考察这个独特商品——劳动力。同一切其他商品一样，劳动力也具有价值。这个价值是怎样决定的呢？

同任何其他商品的价值一样，劳动力的价值也是由生产从而再生产这种独特物品所必要的劳动时间决定的。就劳动力代表价值来说，它本身只代表在它身上对象化的一定量的社会平均劳动。劳动力只是作为活的个人的能力而存在。因此，劳动力的生产要以活的个人的存在为前提。假设个人已经存在，劳动力的生产就是这个个人本身的再

---

① 因此，资本主义时代的特点是，对工人本身来说，劳动力是归他所有的一种商品的形式，因而他的劳动具有雇佣劳动的形式，另一方面，正是从这时起，劳动产品的商品形式才普遍化。

生产或维持。活的个人要维持自己,需要有一定量的生活资料。因此,生产劳动力所必要的劳动时间,可以归结为生产这些生活资料所必要的劳动时间,或者说,劳动力的价值,就是维持劳动力占有者所必要的生活资料的价值。但是,劳动力只有表现出来才能实现,只有在劳动中才能发挥出来。而劳动力的发挥即劳动,耗费人的一定量的肌肉、神经、脑等等,这些消耗必须重新得到补偿。支出增多,收入也得增多。劳动力所有者今天进行了劳动,他必须明天也能够在同样的精力和健康条件下重复同样的过程。因此,生活资料的总和应当足以使劳动者个人能够在正常生活状况下维持自己。由于一个国家的气候和其他自然特点不同,食物、衣服、取暖、居住等等自然需要本身也就不同。另一方面,所谓必不可少的需要的范围,和满足这些需要的方式一样,本身是历史的产物,因此多半取决于一个国家的文化水平,其中主要取决于自由工人阶级是在什么条件下形成的,从而它有哪些习惯和生活要求。因此,和其他商品不同,劳动力的价值规定包含着一个历史的和道德的要素。但是,在一定的国家,在一定的时期,必要生活资料的平均范围是一定的。

劳动力所有者是会死的。因此,要使他不断出现在市场上(这是货币不断转化为资本的前提),劳动力的卖者就必须"像任何活的个体一样,依靠繁殖使自己永远延续下去"。因损耗和死亡而退出市场的劳动力,至少要不断由同样数目的新劳动力来补充。因此,生产劳动力所必要的生活资料的总和,包括工人的补充者即工人子女的生活资料,只有这样,这种独特的商品占有者的种族才能在商品市场上永远延续下去。

为改变一般人的本性,使它获得一定劳动部门的技能和技巧,成为发达的和专门的劳动力,就要有一定的教育或训练,而这又得花费或多或少的商品等价物。劳动力的教育费用随着劳动力性质的复杂程度而不同。因此,这种教育费用——对于普通劳动力来说是微乎其微的——包括在生产劳动力所耗费的价值总和中。

劳动力的价值可以归结为一定量生活资料的价值。因此,它也随着这些生活资料的价值即生产这些生活资料所需要的劳动时间量的改变而改变。

现在我们知道了，货币占有者付给劳动力这种独特商品的占有者的价值是怎样决定的。货币占有者在交换中得到的使用价值，在劳动力的实际使用即消费过程中才表现出来。这个过程所必需的一切物品，如原料等等，是由货币占有者在商品市场上买来并且按十足的价格支付的。劳动力的消费过程，同时就是商品和剩余价值的生产过程。劳动力的消费，像任何其他商品的消费一样，是在市场以外，或者说在流通领域以外进行的。因此，让我们同货币占有者和劳动力占有者一道，离开这个嘈杂的、表面的、有目共睹的领域，跟随他们两人进入门上挂着"非公莫入"牌子的隐蔽的生产场所吧！在那里，不仅可以看到资本是怎样进行生产的，而且还可以看到资本本身是怎样被生产出来的。赚钱的秘密最后一定会暴露出来。

劳动力的买和卖是在流通领域或商品交换领域的界限以内进行的，这个领域确实是天赋人权的真正伊甸园。那里占统治地位的只是自由、平等、所有权和边沁。自由！因为商品例如劳动力的买者和卖者，只取决于自己的自由意志。他们是作为自由的、在法律上平等的人缔结契约的。契约是他们的意志借以得到共同的法律表现的最后结果。平等！因为他们彼此只是作为商品占有者发生关系，用等价物交换等价物。所有权！因为每一个人都只支配自己的东西。边沁！因为双方都只顾自己。使他们连在一起并发生关系的唯一力量，是他们的利己心，是他们的特殊利益，是他们的私人利益。正因为人人只顾自己，谁也不管别人，所以大家都是在事物的前定和谐下，或者说，在全能的神的保佑下，完成着互惠互利、共同有益、全体有利的事业。

一离开这个简单流通领域或商品交换领域——庸俗的自由贸易论者用来判断资本和雇佣劳动的社会的那些观点、概念和标准就是从这个领域得出的——就会看到，我们的剧中人的面貌已经起了某些变化。原来的货币占有者作为资本家，昂首前行；劳动力占有者作为他的工人，尾随于后。一个笑容满面，雄心勃勃；一个战战兢兢，畏缩不前，像在市场上出卖了自己的皮一样，只有一个前途——让人家来鞣。

第三篇
绝对剩余价值的生产

第5章　劳动过程和价值增殖过程
第6章　不变资本和可变资本
第7章　剩余价值率
第8章　工作日
第9章　剩余价值率和剩余价值量

第 5 章
劳动过程和价值增殖过程

1. 劳动过程

劳动力的使用就是劳动本身。劳动力的买者消费劳动力,就是叫劳动力的卖者劳动。劳动力的卖者也就由此在现实上成为发挥作用的劳动力,成为工人,而在此以前,他只不过在可能性上是工人。为了把自己的劳动表现在商品中,他必须首先把它表现在使用价值中,表现在能满足某种需要的物中。因此,资本家要工人制造的是某种特殊的使用价值,是一定的物品。虽然使用价值或财物的生产是为了资本家,并且是在资本家的监督下进行的,但是这并不改变这种生产的一般性质。所以,劳动过程首先要撇开每一种特定的社会的形式来加以考察。

劳动首先是人和自然之间的过程,是人以自身的活动来中介、调整和控制人和自然之间的物质变换的过程。人自身作为一种自然力与自然物质相对立。为了在对自身生活有用的形式上占有自然物质,人就使他身上的自然力——臂和腿、头和手运动起来。当他通过这种运动作用于他身外的自然并改变自然时,也就同时改变他自身的自然。他使自身的自然中蕴藏着的潜力发挥出来,并且使这种力的活动受他自己控制。在这里，我们不谈最初的动物式的本能的劳动形式。现在，工人是作为他自己的劳动力的卖者出现在商品市场上。对于这种状态来说，人类劳动尚未摆脱最初的本能形式的状态已经是太古时代的事了。我们要考察的是专属于人的那种形式的劳动。蜘蛛的活动与织工的活动相似，蜜蜂建筑蜂房的本领使人间的许多建筑师感到惭愧。但是，最蹩脚的建筑师从一开始就比最灵巧的蜜蜂高明的地方，是他在用蜂蜡建筑蜂房以前，已经在自己的头脑中把它建成了。劳动过程结束时得到的结果，在这个过程开始时就已经在劳动者的表象中存在着，即已经观念地存在着。他不仅使自然物发生形式变化，同时他还在自然物中实现自己的目的，这个目的是他所知道的，是作为规律决定着他的活动的方式和方法的，他必须使他的意志服从这个目的。但是这种服从不是孤立的行为。除了从事劳动的那些器官紧张之外，在整个劳动时间内还需要有作为注意力表现出来的有目的的意志，而且，劳动的内容及其方式和方法越是不能吸引劳动者，劳动者越是不能把劳动当做他自己体力和智力的活动来享受，就越需要这种意志。

劳动过程的简单要素是：有目的的活动或劳动本身，劳动对象和劳动资料。

土地（在经济学上也包括水）最初以食物，现成的生活资料供给人类，它未经人的协助，就作为人类劳动的一般对象而存在。所有那些通过劳动只是同土地脱离直接联系的东西，都是天然存在的劳动对象。例如从鱼的生活要素即水中分离出来的即捕获的鱼，在原始森林中砍伐的树木，从地下矿藏中开采的矿石。相反，已经被以前的劳动可以说滤过的劳动对象，我们称为原料。例如，已经开采出来正在洗的矿石。一切原料都是劳动对象，但并非任何劳动对象都是原料。劳动对象只有在它已经通过劳动而发生变化的情况下，才是原料。

劳动资料是劳动者置于自己和劳动对象之间、用来把自己的活动传导到劳动对象上去的物或物的综合体。劳动者利用物的机械的、物理的和化学的属性，以便把这些物当做发挥力量的手段，依照自己的目的作用于其他的物。劳动者直接掌握的东西，不是劳动对象，而是劳动资料（这里不谈采集果实之类的现成的生活资料，在这种场合，劳动者身体的器官是唯一的劳动资料）。这样，自然物本身就成为他的活动的器官,他把这种器官加到他身体的器官上,不顾圣经的训诫,延长了他的自然的肢体。土地是他的原始的食物仓,也是他的原始的劳动资料库。例如,他用来投、磨、压、切等等的石块就是土地供给的。土地本身是劳动资料,但是它在农业上要起劳动资料的作用,还要以一系列其他的劳动资料和劳动力的较高的发展为前提。一般说来,劳动过程只要稍有一点发展,就已经需要经过加工的劳动资料。在太古人的洞穴中,我们发现了石制工具和石制武器。在人类历史的初期,除了经过加工的石块、木头、骨头和贝壳外,被驯服的,也就是被劳动改变的、被饲养的动物,也曾作为劳动资料起着主要的作用。劳动资料的使用和创造,虽然就其萌芽状态来说已为某几种动物所固有,但是这毕竟是人类劳动过程独有的特征,所以富兰克林给人下的定义是"a toolmaking animal",制造工具的动物。动物遗骸的结构对于认识已经绝种的动物的机体有重要的意义,劳动资料的遗骸对于判断已经消亡的经济的社会形态也有同样重要的意义。各种经济时代的区别,不在于生产什么,而在于怎样生产,用什么劳动资料生产。劳动资料不仅是人类劳动力发展的测量器,而且是劳动借以进行的社会关系的指示器。在劳动资料本身中,机械性的劳动资料(其总和可称为生产的骨骼系统和肌肉系统)远比只是充当劳动对象的容器的劳动资料(如管、桶、篮、罐等,其总和一般可称为生产的脉管系统)更能显示一个社会生产时代的具有决定意义的特征。后者只是在化学工业中才起着重要的作用。

广义地说,除了那些把劳动的作用传达到劳动对象,因而以这种或那种方式充当活动的传导体的物以外,劳动过程的进行所需要的一切物质条件也都算作劳动过程的资料。它们不直接加入劳动过程,但是没有它们,劳动过程就不能进行,或者只能不完全地进行。土地本身又是这类一般的劳动资料,因为它给劳动者提供立足之地,给他的劳动过程提供活动场所。这类劳动资料中有的已经经过劳动的改造,例如厂房、运河、道路等等。

可见,在劳动过程中,人的活动借助劳动资料使劳动对象发生预定的变化。过程消失在产品中。它的产品是使用价值,是经过形式变化而适合人的需要的自然物质。劳动与劳动对象结合在一起。劳动对象化了，而对象被加工了。在劳动者方面曾以动的形式表现出来的东西，现在在产品方面作为静的属性，以存在的形式表现出来。劳动者纺纱，产品就是纺成品。

如果整个过程从其结果的角度，从产品的角度加以考察，那么劳动资料和劳动对象二者表现为生产资料，劳动本身则表现为生产劳动。

当一个使用价值作为产品退出劳动过程的时候，另一些使用价值，以前的劳动过程的产品，则作为生产资料进入劳动过程。同一个使用价值，既是这种劳动的产品，又是那种劳动的生产资料。所以，产品不仅是劳动过程的结果，同时还是劳动过程的条件。

在采掘工业中，劳动对象是天然存在的，例如采矿业、狩猎业、捕鱼业等等中的情况就是这样（在农业中，只是在最初开垦处女地时才是这样）；除采掘工业以外，一切产业部门所处理的对象都是原料，即已被劳动滤过的劳动对象，本身已经是劳动产品。例如，农业中的种子就是这样。动物和植物通常被看做自然的产物，实际上它们不仅可能是上年度劳动的产品，而且它们现在的形式也是经过许多世代、在人的控制下、通过人的劳动不断发生变化的产物。尤其是说到劳动资料，那么就是最肤浅的眼光也会发现，它们的绝大多数都有过去劳动的痕迹。

原料可以构成产品的主要实体，也可以只是作为辅助材料参加产品的形成。辅助材料或者被劳动资料消费，例如煤被蒸汽机消费，机油被轮子消费，干草被挽马消费；或者加在原料上，使原料发生物质变化，例如氯加在未经漂白的麻布上，煤加在铁上，染料加在羊毛上；或者帮助劳动本身的进行，例如用于劳动场所的照明和取暖的材料。在真正的化学工业中，主要材料和辅助材料之间的区别就消失了，因为在所用的原料中没有一种会作为产品的实体重新出现。

因为每种物都具有多种属性，从而有各种不同的用途，所以同一产品能够成为很不相同的劳动过程的原料。例如，谷物是磨面者、制淀粉者、酿酒者和畜牧业者等等的原料。作为种子，它又是自身生产的原料。同样，煤作为产品退出采矿工业，又作为生产资料进入采矿工业。

在同一劳动过程中，同一产品可以既充当劳动资料，又充当原料。例如，在牲畜饲养业中，牲畜既是被加工的原料，又是制造肥料的手段。

一种已经完成而可供消费的产品，能重新成为另一种产品的原料，例如葡萄能成为葡萄酒的原料。或者，劳动使自己的产品具有只能再作原料用的形式。这样的原料叫作半成品，也许叫作中间成品更合适些，例如棉花、线、纱等等。这种最初的原料虽然本身已经是产品，但还需要通过一系列不同的过程，在这些过程中，它不断改变形态，不断重新作为原料起作用，直到最后的劳动过程把它当做完成的生活资料或完成的劳动资料排出来。

可见，一个使用价值究竟表现为原料、劳动资料还是产品，完全取决于它在劳动过程中所起的特定的作用，取决于它在劳动过程中所处的地位，随着地位的改变，它的规定也就改变。

因此，产品作为生产资料进入新的劳动过程，也就丧失产品的性质。它们只是作为活劳动的物质因素起作用。在纺纱者看来，纱锭只是纺纱用的手段，亚麻只是纺纱的对象。当然，没有纺纱材料和纱锭是不能纺纱的。因此，在纺纱开始时，必须先有这两种产品。但是，亚麻和纱锭是过去劳动的产品这件事，对这个过程本身来说是没有关系的，正如面包是农民、磨面者、面包师等等过去劳动的产品这件事，对营养作用来说是没有关系的一样。相反，如果生产资料在劳动过程中显示出它是过去劳动的产品这种性质，那是由于它有缺点。不能切东西的刀，经常断头的纱等等，使人强烈地想起制刀匠 A 和纺纱人 E。如果产品很好，它的使用属性由过去劳动创造这一点就看不出来了。

机器不在劳动过程中服务就没有用。不仅如此，它还会受到自然的物质变换的破坏力的影响。铁会生锈，木会腐朽。纱不用来织或编，会成为废棉。活劳动必须抓住这些东西，使它们由死复生，使它们从仅仅是可能的使用价值转化为现实的和起作用的使用价值。它们被劳动的火焰笼罩着，被劳动当做自己的躯体加以同化，被赋予活力以在劳动过程中执行与它们的概念和使命相适合的职能，它们虽然被消费掉，然而是有目的地作为形成新使用价值、新产品的要素被消费掉，而这些新使用价值、新产品或者可以作为生活资料进入个人消费领域，或者可以作为生产资料进入新的劳动过程。

因此，如果说，现有的产品不仅是劳动过程的结果，而且是劳动过程的存在条件，那么另一方面，它们被投入劳动过程，从而与活劳动相接触，则是使这些过去劳动的产品当做使用价值来保存和实现的唯一手段。

劳动消费它自己的物质要素，即劳动对象和劳动资料，把它们吞食掉，因而是消费过程。这种生产消费与个人消费的区别在于：后者把产品当做活的个人的生活资料来消费，而前者把产品当做劳动即活的个人发挥作用的劳动力的生活资料来消费。因此，个人消费的产物是消费者本身，生产消费的结果是与消费者不同的产品。

只要劳动资料和劳动对象本身已经是产品，劳动就是为创造产品而消耗产品，或者说，是把产品当做产品的生产资料来使用。但是，正如劳动过程最初只是发生在人和未经人的协助就已存在的土地之间一样，现在在劳动过程中也仍然有这样的生产资料，它们是天然存在的，不是自然物质和人类劳动的结合。

劳动过程，就我们在上面把它描述为它的简单的、抽象的要素来说，是制造使用价值的有目的的活动，是为了人类的需要而对自然物的占有，是人和自然之间的物质变换的一般条件，是人类生活的永恒的自然条件，因此，它不以人类生活的任何形式为转移，倒不如说，它为人类生活的一切社会形式所共有。因此，我们不必来叙述一个劳动者与其他劳动者的关系。一边是人及其劳动，另一边是自然及其物质，这就够了。根据小麦的味道，我们尝不出它是谁种的，同样，根据劳动过程，我们看不出它是在什么条件下进行的：是在奴隶监工的残酷的鞭子下，还是在资本家的严酷的目光下；是在辛辛纳图斯耕种自己的几亩土地的情况下，还是在野蛮人用石头击杀野兽的情况下。

我们再回头来谈我们那位未来的资本家吧。我们离开他时，他已经在商品市场上购买了劳动过程所需要的一切因素：物的因素和人的因素，即生产资料和劳动力。他用内行的狡黠的眼光物色到了适合于他的特殊行业（如纺纱、制靴等等）的生产资料和劳动力。于是，我们的资本家就着手消费他购买的商品，劳动力；就是说，让劳动力的承担者，工人，通过自己的劳动来消费生产资料。当然，劳动过程的一般性质并不因为工人是为资本家劳动而不是为自己劳动就发生变化。

劳动过程，就它是资本家消费劳动力的过程来说，显示出两个特殊现象。

工人在资本家的监督下劳动，他的劳动属于资本家。资本家进行监视，使劳动正常进行，使生产资料用得合乎目的，即原料不浪费，劳动工具受到爱惜，也就是使劳动工具的损坏只限于在劳动中它被使用时损耗的必要程度。

其次，产品是资本家的所有物，而不是直接生产者工人的所有物。资本家例如支付劳动力一天的价值。于是，在这一天内，劳动力就像出租一天的任何其他商品（例如一匹马）一样，归资本家使用。商品由它的买者使用；劳动力的占有者提供他的劳动，实际上只是提供他已卖出的使用价值。从他进入资本家的工场时起，他的劳动力的使用价值，即劳动力的使用，劳动，就属于资本家了。资本家购买了劳动力，就把劳动本身当做活的酵母，并入同样属于他的各种形成产品的死的要素。从资本家的观点看来，劳动过程只是消费他所购买的劳动力商品，而他只有把生产资料加到劳动力上才能消费劳动力。劳动过程是资本家购买的各种物之间的过程，是归他所有的各种物之间的过程。因此，这个过程的产品归他所有，正像他的酒窖内处于发酵过程的产品归他所有一样。

2. 价值增殖过程

产品——资本家的所有物——是一种使用价值，如棉纱、皮靴等等。虽然例如皮靴在某种意义上构成社会进步的基础，而我们的资本家也是一位坚决的进步派，但是他不是为了皮靴本身而制造皮靴。在商品生产中，使用价值绝不是本身受人喜爱的东西。在这里，所以要生产使用价值，是因为而且只是因为使用价值是交换价值的物质基质，是交换价值的承担者。我们的资本家所关心的是下述两点。第一，他要生产具有交换价值的使用价值，要生产用来出售的物品，商品。第二，他要使生产出来的商品的价值，大于生产该商品所需要的各种商品即生产资料和劳动力——为了购买它们，他已在商品市场上预付了宝贵的货币——的价值总和。他不仅要生产使用价值，而且要生产商品，不仅要生产使用价值，而且要生产价值，不仅要生产价值，而且要生产剩余价值。

因为这里谈的是商品生产，所以事实上直到现在我们显然只考察了过程的一个方面。正如商品本身是使用价值和价值的统一一样，商品生产过程必定是劳动过程和价值形成过程的统一。

现在我们就把生产过程作为价值形成过程来考察。

我们知道，每个商品的价值都是由物化在该商品的使用价值中的劳动的量决定的，是由生产该商品的社会必要劳动时间决定的。这一点也适用于作为劳动过程的结果而归我们的资本家所有的产品。

如果我们现在把价值形成过程和价值增殖过程比较一下，就会知道，价值增殖过程不外是超过一定点而延长了的价值形成过程。如果价值形成过程只持续到这样一点，即资本所支付的劳动力价值恰好为新的等价物所补偿，那就是单纯的价值形成过程。如果价值形成过程超过这一点而持续下去，那就成为价值增殖过程。

其次，如果我们把价值形成过程和劳动过程比较一下，就会知道，劳动过程的实质在于生产使用价值的有用劳动。在这里，劳动只是从质的方面来考察，从它的特殊的方式和方法，从目的和内容方面来考察。在价值形成过程中，同一劳动过程只是表现出它的量的方面。所涉及的只是劳动操作所需要的时间，或者说，只是劳动力被有用地消耗的时间长度。在这里，进入劳动过程的商品，已经不再作为在劳动力有目的地发挥作用时执行一定职能的物质因素了。它们只是作为一定量的对象化劳动来计算。无论是包含在生产资料中的劳动，或者是由劳动力加进去的劳动，都只按时间尺度计算。它等于若干小时、若干日等等。

但是，劳动只是在生产使用价值所耗费的时间是社会必要时间的限度内才被计算。

我们看到，以前我们分析商品时所得出的创造使用价值的劳动和创造价值的同一个劳动之间的区别，现在表现为生产过程的不同方面的区别了。

作为劳动过程和价值形成过程的统一,生产过程是商品生产过程;作为劳动过程和价值增殖过程的统一,生产过程是资本主义生产过程,是商品生产的资本主义形式。

我们在前面指出过,对于价值的增殖过程来说,资本家占有的劳动是简单的、社会的平均劳动,还是较复杂的、比重较高的劳动,是毫无关系的。比社会的平均劳动较高级、较复杂的劳动,是这样一种劳动力的表现,这种劳动力比普通劳动力需要较高的教育费用,它的生产要花费较多的劳动时间,因此它具有较高的价值。既然这种劳动力的价值较高,它也就表现为较高级的劳动,也就在同样长的时间内对象化为较多的价值。但是,无论纺纱工人的劳动和珠宝细工的劳动在程度上有多大差别,珠宝细工用来补偿自己的劳动力价值的那一部分劳动,与他用来创造剩余价值的那一部分追加劳动在质上完全没有区别。在这两种场合,剩余价值都只是来源于劳动在量上的剩余,来源于同一个劳动过程——在一种场合是棉纱生产过程,在另一种场合是首饰生产过程——的持续时间的延长。

另一方面,在每一个价值形成过程中,较高级的劳动总是要化为社会的平均劳动,例如一日较高级的劳动化为 x 日简单的劳动。因此,假定资本使用的工人是从事简单的社会的平均劳动,我们就能省却多余的换算而使分析简化。

第 6 章

不变资本和可变资本

劳动过程的不同因素在产品价值的形成上起着不同的作用。

工人把一定量的劳动——撇开他的劳动所具有的特定的内容、目的和技术性质不说——加到劳动对象上,也就把新价值加到劳动对象上。另一方面我们发现,被消耗的生产资料的价值又成了产品价值的组成部分,例如,棉花和纱锭的价值包含在棉纱的价值中。可见,生产资料的价值由于转移到产品上而被保存下来。这种转移是在生产资料转化为产品时发生的,是在劳动过程中发生的。它是以劳动为中介的。然而它是怎样进行的呢?

工人并不是在同一时间内劳动两次:一次由自己的劳动把价值加到棉花上;另一次保存棉花的旧价值,或者说,把他所加工的棉花和使用的纱锭的价值转移到产品棉纱上。他只是由于加进新价值而保存了旧价值。但是,把新价值加到劳动对象上和把旧价值保存在产品中,是工人在同一时间内达到的两种完全不同的结果(虽然工人在同一时间内只劳动一次),因此很明显,这种结果的二重性只能用他的劳动本身的二重性来解释。在同一时间内,劳动就一种属性来说必然创造价值,就另一种属性来说必然保存或转移价值。

我们叙述了劳动过程的不同因素在产品价值的形成中所起的不同作用,事实上也就说明了资本的不同组成部分在资本本身的价值增殖过程中所执行的不同职能。产品的总价值超过产品的形成要素的价值总额而形成的余额,就是价值已经增殖的资本超过原预付资本价值而形成的余额。一方的生产资料,另一方的劳动力,不过是原有资本价值在抛弃货币形式而转化为劳动过程的因素时所采取的不同的存在形式。

可见,转变为生产资料即原料、辅助材料、劳动资料的那部分资本,在生产过程中并不改变自己的价值量。因此,我把它称为不变资本部分,或简称为不变资本。

相反,转变为劳动力的那部分资本,在生产过程中改变自己的价值。它再生产自身的等价物和一个超过这个等价物而形成的余额,剩余价值。这个剩余价值本身是可以变化的,是可大可小的。这部分资本从不变量不断转化为可变量。因此,我把它称为可变资本部分,或简称为可变资本。资本的这两个组成部分,从劳动过程的角度看,是作为客观因素和主观因素,作为生产资料和劳动力相区别的;从价值增殖过程的角度看,则是作为不变资本和可变资本相区别的。

第7章

剩余价值率

1. 劳动力的剥削程度

我们已经知道，工人在劳动过程的一段时间内，只是生产自己劳动力的价值，就是说，只是生产他的必要生活资料的价值……因此，我把进行这种再生产的工作日部分称为必要劳动时间，把在这部分时间内耗费的劳动称为必要劳动。这种劳动对工人来说所以必要，是因为它不以他的劳动的社会的形式为转移。这种劳动对资本和资本世界来说所以必要，是因为工人的经常存在是它们的基础。

劳动过程的第二段时间，工人超出必要劳动的界限做工的时间，虽然耗费工人的劳动，耗费劳动力，但并不为工人形成任何价值。这段时间形成剩余价值，剩余价值以从无生有的全部魅力引诱着资本家。我把工作日的这部分称为剩余劳动时间，把这段时间内耗费的劳动称为剩余劳动（surplus labour）。把价值看做只是劳动时间的凝结，只是对象化的劳动，这对于认识价值本身具有决定性的意义，同样，把剩余价值看做只是剩余劳动时间的凝结，只是对象化的剩余劳动，这对于认识剩余价值也具有决定性的意义。使各种经济的社会形态例如奴隶社会和雇佣劳动的社会区别开来的，只是从直接生产者身上，劳动者身上，榨取这种剩余劳动的形式。

因为可变资本的价值等于它所购买的劳动力的价值，因为这个劳动力的价值决定工作日的必要部分，而剩余价值又由工作日的剩余部分决定，所以从这里可以得出结论：剩余价值和可变资本之比等于剩余劳动和必要劳动之比，或者说，剩余价值率 $\frac{m}{v}=\frac{剩余劳动}{必要劳动}$。这两个比率把同一种关系表现在不同的形式上：一种是对象化劳动的形式，另一种是流动劳动的形式。

因此，剩余价值率是劳动力受资本剥削的程度或工人受资本家剥削的程度的准确表现。

2. 产品价值在产品相应部分上的表现

把产品——生产过程的结果——分成几个量。一个量只代表生产资料中包含的劳动，或不变资本部分。另一个量只代表生产过程中加进的必要劳动，或可变资本部分。最后一个量的产品只代表同一过程中加进的剩余劳动，或剩余价值。

3. 西尼耳的"最后一小时"

1836年的一个早晨，以经济学识和文体优美著称的纳索·威·西尼耳，这位在英国经济学家中在某种程度上相当于克劳伦的人，从牛津被召往曼彻斯特。他在牛津教授政治经济学，现在被召到这里来学习政治经济学。工厂主选中了他，要他充当斗士去反对新颁布的工厂法和比工厂法更激进的争取十小时工作日的鼓动。工厂主以惯常的实际经验上的敏感看出，这位教授先生"还需要好好地最后雕琢一番"。因此他们写信叫他到曼彻斯特来。而这位教授先生把他在曼彻斯特从工厂主那里学到的课业，加以润色，写成一本小册子：《关于工厂法对棉纺织业的影响的书信》（1837年伦敦版）。在这本小册子里，我们可以读到下面一段很有教益的话：

"按照现行法律，凡雇用不满18岁的人的工厂，每天的劳动

时间都不得超过 $11\frac{1}{2}$ 小时，就是说，一周的前 5 天每天劳动 12 小时，星期六劳动 9 小时。下面的分析说明，这种工厂的全部纯利润来源于最后一小时……劳动时间每天缩短 1 小时，纯利润就会消失，缩短 $1\frac{1}{2}$ 小时，总利润也会消失。"

但是这个致命的"最后一小时"是"十足的胡说"。失掉这最后一小时，你们并不会丧失"纯利润"。

4. 剩余产品

我们把代表剩余价值的那部分产品……称为剩余产品。决定剩余价值率的，不是剩余价值同资本总额的比率，而是剩余价值同资本的可变组成部分的比率，同样，决定剩余产品的水平的，也不是剩余产品同总产品的其余部分的比率，而是剩余产品同代表必要劳动的那部分产品的比率。剩余价值的生产是资本主义生产的决定的目的，同样，富的程度不是由产品的绝对量来计量，而是由剩余产品的相对量来计量。

第8章

工 作 日

1. 工作日的界限

　　工作日不是一个不变量,而是一个可变量。它的一部分固然是由不断再生产工人本身所必需的劳动时间决定的,但是它的总长度随着剩余劳动的长度或持续时间而变化。因此,工作日是可以确定的,但是它本身是不定的。

　　另一方面,工作日虽然不是固定的量,而是流动的量,但是它只能在一定的界限内变动。不过它的最低界限是无法确定的。可是工作日有一个最高界限。它不能延长到超出某个一定的界限。这个最高界限取决于两点。第一是劳动力的身体界限。一个人在24小时的自然日内只能支出一定量的生命力。正像一匹马天天干活,每天也只能干8小时。这种力每天必须有一部分时间休息、睡觉,人还必须有一部分时间满足身体的其他需要,如吃饭、盥洗、穿衣等等。除了这种纯粹身体的界限之外,工作日的延长还碰到道德界限。工人必须有时间满足精神需要和社会需要,这些需要的范围和数量由一般的文化状况决定。因此,工作日是在身体界限和社会界限之内变动的。但是这两个界限都有极大的弹性,有极大的变动余地。例如我们看到有8小时、10小时、12小时、14小时、16小时、18小时的工作日，也就是有各种各样长度的工作日。

资本家按照劳动力的日价值购买了劳动力。劳动力在一个工作日内的使用价值归资本家所有。因此，资本家有权要工人在一日之内为他做工。但什么是一个工作日呢？当然比一个自然的生活日短。短多少呢？关于这个极限，即工作日的必要界限，资本家有他自己的看法。作为资本家，他只是人格化的资本。他的灵魂就是资本的灵魂。而资本只有一种生活本能，这就是增殖自身，创造剩余价值，用自己的不变部分即生产资料吮吸尽可能多的剩余劳动。资本是死劳动，它像吸血鬼一样，只有吮吸活劳动才有生命，吮吸的活劳动越多，它的生命就越旺盛。工人劳动的时间就是资本家消费他所购买的劳动力的时间。如果工人利用他的可供支配的时间来为自己做事，那他就是偷窃了资本家。

我们看到，撇开弹性很大的界限不说，商品交换的性质本身没有给工作日规定任何界限，因而没有给剩余劳动规定任何界限。资本家要坚持他作为买者的权利，他尽量延长工作日，如果可能，就把一个工作日变成两个工作日。另一方面，这个已经卖出的商品的独特性质给它的买者规定了一个消费的界限，并且工人也要坚持他作为卖者的权利，他要求把工作日限制在一定的正常量内。于是这里出现了二律背反，权利同权利相对抗，而这两种权利都同样是商品交换规律所承认的。在平等的权利之间，力量就起决定作用。所以，在资本主义生产的历史上，工作日的正常化过程表现为规定工作日界限的斗争，这是全体资本家即资本家阶级和全体工人即工人阶级之间的斗争。

2. 对剩余劳动的贪欲。工厂主和领主

资本并没有发明剩余劳动。凡是社会上一部分人享有生产资料垄断权的地方，劳动者，无论是自由的或不自由的，都必须在维持自身生活所必需的劳动时间以外，追加超额的劳动时间来为生产资料的所有者生产生活资料，不论这些所有者是雅典的贵族，伊特鲁里亚的神权政治首领，罗马的市民，诺曼的男爵，美国的奴隶主，瓦拉几亚的

领主,现代的地主,还是资本家。但是很明显,如果在一个经济的社会形态中占优势的不是产品的交换价值,而是产品的使用价值,剩余劳动就受到或大或小的需求范围的限制,而生产本身的性质就不会造成对剩余劳动的无限制的需求。

3. 在剥削上不受法律限制的英国工业部门

面包掺假的情况,令人难以置信,在伦敦尤为厉害。这种现象最先是由下院"食物掺假"调查委员会(1855~1856年)和哈索尔医生《揭穿了的掺假行为》一书揭发出来的。揭发的结果是1860年8月6日颁布了"防止饮食品掺假"法,这是一项无效的法律,因为它对每个企图靠买卖假货"赚正当钱"的自由贸易论者当然是极端宽容的。委员会本身也相当坦率地承认,自由贸易实质上是假货贸易,或者用英国人的俏皮说法,是"诡辩品"贸易。

不管怎样,委员会把公众的目光引向了他们"每日的面包",从而引向了面包业。与此同时,伦敦面包工人在群众大会上和在向议会的请愿中,发出了反对过度劳动等等的呼声。这种呼声如此急迫,以致当局把我们上面屡次提到的1863年委员会的委员休·西·特里门希尔先生,任命为皇家调查专员。他的报告和列举的证词激动了公众,不过不是激动了公众的心,而是激动了公众的胃。熟读圣经的英国人虽然清楚地知道,一个人除非由于上帝的恩赐而成为资本家、大地主或领干薪者,否则必须汗流满面来换取面包,但是他不知道,他每天吃的面包中含有一定量的人汗,并且混杂着脓血、蜘蛛网、死蟑螂和发霉的德国酵母,更不用提明矾、砂粒以及其他可口的矿物质了。因此,不管"贸易自由"多么神圣,这个一向"自由"的面包业终于受到国家视察员的监督(1863年议会会议快结束时),同时,这次会议通过的法令还禁止18岁以下的面包工人在晚上9点至第二天早晨5点这段时间内做工。这项最后的条款充分说明了这个带有古代遗风的工业部门中过度劳动的情形。

至于这些"卖低价面包的老板",连资产阶级观点也承认:"工人的无酬劳动是他们进行竞争的基础"。而"卖全价面包的老板"则向调查委员会揭发说，他的"卖低价面包"的竞争者盗窃别人的劳动，并在面包中掺假。

"他们所以走运，全靠欺骗公众，压榨工人，要工人劳动18小时，而只给12小时的工资。"

面包掺假和卖低价面包的面包业主阶层的形成这两种现象，在英国是从18世纪初发展起来的，那时，这一行业的行会性质刚刚消失，而资本家以面粉厂厂主或面粉代理商的面目，出现在名义上的面包房老板的背后。这就为资本主义的生产，为无限度地延长工作日和为夜间劳动奠定了基础，虽然夜间劳动甚至在伦敦也只是在1824年才真正站稳脚跟。

根据以上所述，我们就可以了解，为什么委员会的报告把面包工人列为短命的工人；这些工人即使幸运地逃脱了工人阶级的各个部分通常都难免的夭折，也很少活到42岁。可是，等着去面包业做工的人总是非常之多。就伦敦来说，这种"劳动力"的来源是苏格兰、英格兰西部农业区以及德国。

1858～1860年，爱尔兰的面包工人自己筹款组织了多次群众大会，为反对做夜工和星期日劳动进行鼓动。公众怀着爱尔兰人的热情表示站在工人一边，例如在都柏林1860年的五月大会上就是这样。

4. 日工和夜工。换班制度

从价值增殖过程来看，不变资本即生产资料的存在，只是为了吮吸劳动，并且随着吮吸每一滴劳动吮吸一定比例的剩余劳动。如果它们不这样做，而只是闲置在那里，就给资本家造成消极的损失，因为生产资料闲置起来就成了无用的预付资本；一旦恢复中断的生产必须追加开支，这种损失就成为积极的损失。把工作日延长到自然日的界限以外，延长到夜间，只是一种缓和的办法，只能大致满足一下吸血鬼吮吸劳动鲜血的欲望。因此，在一昼夜24小时内都占有劳动，是资本主义生产的内在要求。但是日夜不停地榨取同一劳动力，从身体上说是不可能的，因此，为克服身体上的障碍，就要求白天被吸尽的劳动力和夜里被吸尽的劳动力换班工作。换班有各种办法，例如可以使一部分员工这个星期做日班，下个星期做夜班，等等。大家知道，这种换班制的经营方法，在英国棉纺织业等部门方兴未艾的青春时期是很盛行的，今天，在莫斯科省的纺纱厂中也很流行。这种24小时连续不停的生产过程，作为一种制度，直到今天还存在于大不列颠的许多依然"自由"的工业部门中，其中如英格兰、威尔士和苏格兰的炼铁厂、锻冶厂、压延厂以及其他金属工厂。

5. 争取正常工作日的斗争。14 世纪中叶至 17 世纪末叶关于延长工作日的强制性法律

"什么是一个工作日呢？"资本支付劳动力的日价值，可以在多长的时间内消费劳动力呢？在劳动力本身的再生产所需要的劳动时间以外，可以把工作日再延长到什么程度呢？我们知道，资本对这些问题的回答是：工作日就是一昼夜24小时减去几小时休息时间。没有这种休息时间，劳动力就根本不能重新工作。首先，不言而喻，工人终生不外就是劳动力，因此他的全部可供支配的时间，按照自然和法律都是劳动时间，也就是说，应当用于资本的自行增殖。至于个人受教育的时间，发展智力的时间，履行社会职能的时间，进行社交活动的时间，自由运用体力和智力的时间，以至于星期日的休息时间（即使是在信守安息日的国家里）——这全都是废话！但是，资本由于无限度地盲目追逐剩余劳动，像狼一般地贪求剩余劳动，不仅突破了工作日的道德极限，而且突破了工作日的纯粹身体的极限。它侵占人体的成长、发育和维持健康所需要的时间。它掠夺工人呼吸新鲜空气和接触阳光所需要的时间。它克扣吃饭时间，尽量把吃饭时间并入生产过程本身，因此对待工人就像对待单纯的生产资料那样，给他饭吃，就如同给锅炉加煤、给机器上油一样。资本把积蓄、更新和恢复生命力所需要的正常睡眠，变成了恢复精疲力竭的有机体所必不可少的几小时麻木状态。在这里，不是劳动力维持正常状态决定工作日的界限，相反地，是劳动力每天尽可能达到最大量的耗费（不论这是多么强制和多么痛苦）决定工人休息时间的界限。资本是不管劳动

力的寿命长短的。它唯一关心的是在一个工作日内最大限度地使用劳动力。它靠缩短劳动力的寿命来达到这一目的，正像贪得无厌的农场主靠掠夺土地肥力来提高收获量一样。

可见，资本主义生产——实质上就是剩余价值的生产，就是剩余劳动的吮吸——通过延长工作日，不仅使人的劳动力由于被夺去了道德上和身体上正常的发展和活动的条件而处于萎缩状态，而且使劳动力本身未老先衰和过早死亡。它靠缩短工人的寿命，在一定期限内延长工人的生产时间。

正常工作日的规定，是几个世纪以来资本家和工人之间斗争的结果。但在这个斗争的历史中，出现了两种对立的倾向。例如，我们对照一下英国现行的工厂立法和从14世纪起一直到18世纪中叶的劳工法。现代的工厂法强制地缩短工作日，而那些劳工法力图强制地延长工作日。资本在它的萌芽时期，由于刚刚出世，不能单纯依靠经济关系的力量，还要依靠国家政权的帮助才能确保自己吮吸足够数量的剩余劳动的权利，它在那时提出的要求，同它在成年时期不得不忍痛做出的让步比较起来，诚然是很有限的。只是过了几个世纪以后，"自由"工人由于资本主义生产方式的发展，才自愿地，也就是说，才在社会条件的逼迫下，按照自己的日常生活资料的价格出卖自己一生的全部劳动时间，出卖自己的劳动能力本身，为了一碗红豆汤出卖自己的长子继承权。因此，从14世纪中叶至17世纪末，资本借助国家政权的力量力图迫使成年工人接受的工作日的延长程度，同19世纪下半叶国家在某些地方为了限制儿童血液变成资本而对劳动时间规定的界限大体相一致，这是很自然的了。

6. 争取正常工作日的斗争。对劳动时间的强制的法律限制。1833～1864年英国的工厂立法

资本经历了几个世纪，才使工作日延长到正常的最大极限，然后越过这个极限，延长到十二小时自然日的界限。

现代工业中的正常工作日，只是从1833年颁布了有关棉、毛、麻、丝工厂的工厂法起才出现的。1833～1864年的英国工厂立法史，

比任何东西都更能说明资本精神的特征!

1833年的法令规定,工厂的普通工作日应从早晨5点半开始,到晚上8点半结束。在这15小时的界限内,在白天的任何时间使用少年(从13~18岁)做工都是合法的,但是有一个条件:除某些特别规定的情况外,同一个少年一天之内做工不得超过12小时。

7. 争取正常工作日的斗争。英国工厂立法对其他国家的影响

某些生产部门中规定工作日的历史以及另一些生产部门中还在继续争取这种规定的斗争,清楚地证明:孤立的工人,"自由"出卖劳动力的工人,在资本主义生产的一定成熟阶段上,是无抵抗地屈服的。因此,正常工作日的确立是资本家阶级和工人阶级之间长期的多少隐蔽的内战的产物。斗争是在现代工业范围内开始的,所以它最先发生在现代工业的发源地英国。

必须承认,我们的工人在走出生产过程时同他进入生产过程时是不一样的。在市场上,他作为"劳动力"这种商品的占有者与其他商品的占有者相对立,即作为商品占有者与商品占有者相对立。他把自己的劳动力卖给资本家时所缔结的契约,可以说像白纸黑字一样表明了他可以自由支配自己。在成交以后却发现:他不是"自由的当事人",他自由出卖自己劳动力的时间,是他被迫出卖劳动力的时间;实际上,他"只要还有一块肉、一根筋、一滴血可供榨取",吸血鬼就决不罢休。为了"抵御"折磨他们的毒蛇,工人必须把他们的头聚在一起,作为一个阶级来强行争得一项国家法律,一个强有力的社会屏障,使自己不致再通过自愿与资本缔结的契约而把自己和后代卖出去送死和受奴役。从法律上限制工作日的朴素的大宪章,代替了"不可剥夺的人权"这种冠冕堂皇的条目,这个大宪章"终于明确地规定了,工人出卖的时间何时结束,属于工人自己的时间何时开始"。多么大的变化啊!

第 9 章
剩余价值率和剩余价值量

在这一章里,也同前面一样,假定劳动力的价值,从而再生产或维持劳动力所必要的工作日部分,是一个已知的不变的量。

在这个前提下,知道剩余价值率,同时也就知道一个工人在一定的时间内为资本家提供的剩余价值量。

由此就得出如下第一个规律:所生产的剩余价值量,等于预付的可变资本量乘以剩余价值率,或者说,是由同一个资本家同时剥削的劳动力的数目与单个劳动力受剥削的程度之间的复比决定的。

因此,在一定量剩余价值的生产上,一种因素的减少可以由另一种因素的增加来补偿。如果可变资本减少,同时剩余价值率却按同一比例提高,那么所生产的剩余价值量仍然不变。

但是,靠提高剩余价值率或延长工作日来补偿工人人数或可变资本量的减少,是有不能超越的界限的……平均工作日(它天然总是小于 24 小时)的绝对界限,就是可变资本的减少可以由剩余价值率的提高来补偿的绝对界限,或者说,就是受剥削的工人人数的减少可以由劳动力受剥削的程度的提高来补偿的绝对界限。这个非常明白的第二个规律,对于解释资本要尽量减少自己所雇用的工人人数即减少转化为劳动力的可变资本部分的趋势(以后将谈到这种趋势)所产生的许多现象,是十分重要的,而这种趋势是同资本要生产尽可能多的剩余价值量的另一种趋势相矛盾的。反过来说，如果所使用的劳动力数量增加了，或可变资本量增加了，但是它的增加和剩余价值率的降低不成比例，那么所生产的剩余价值量就会减少。

第三个规律是从所生产的剩余价值量取决于剩余价值率和预付的可变资本量这两个因素而得出来的。如果剩余价值率或劳动力受剥削的程度已定，劳动力价值或必要劳动时间量已定，那么不言而喻，可变资本越大，所生产的价值量和剩余价值量也就越大。如果工作日的界限及其必要组成部分的界限已定，那么，一个资本家所生产的价值量和剩余价值量，显然就只取决于他所推动的劳动量。但根据以上假设，他所推动的劳动量取决于他所剥削的劳动力的数量，或他所剥削的工人人数，而工人的人数又是由他所预付的可变资本量决定的。因此，在剩余价值率和劳动力价值已定的情况下，所生产的剩余价值量同预付的可变资本量成正比。

从以上对剩余价值生产的考察中可以看出，不是任何一个货币额或价值额都可以转化为资本。相反地，这种转化的前提是单个货币占有者或商品占有者手中有一定的最低限额的货币或交换价值。可变资本的最低限额，就是为取得剩余价值全年逐日使用的一个劳动力的成本价格。如果这个工人自己占有生产资料，并且满足于工人的生活，那么只要有再生产他的生活资料的必要劳动时间，比如说每天 8 小时，对他来说就够了。因而他也只需要够 8 个劳动小时用的生产资料。但是，资本家还要工人除这 8 小时外再进行比如说 4 小时剩余劳动，这样，他就需要一个追加的货币额，来购置追加的生产资料。按照我们的假设，他必须使用两个工人，才能靠每天占有的剩余价值来过工人那样的生活，即满足他的必要的需要。在这种情况下，他的生产的目的就只是维持生活，不是增加财富；而在资本主义生产下，增加财富是前提。为了使他的生活只比一个普通工人好一倍，并且把所生产的剩余价值的一半再转化为资本，他就必须把预付资本的最低限额和工人人数都增加为原来的 8 倍。诚然，他自己也可以和他的工人一样，直接参加生产过程，但这时他就不过成了介于资本家和工人之间的中间人物，成了"小业主"。资本主义生产发展到一定高度，就要求资本家能够把他作为资本家即人格化的资本执行职能的全部时间，都用来占有从而控制他人的劳动，用来出售这种劳动的产品。中世纪的行会力图用强制的办法防止手工业师傅转化为资本家，限定一个师傅可以雇用的劳动者的人数不得超过一个极小的最高限额。货币或商品的占有者，只有当他在生产上预付的最低限额大大超过了中世纪的最高限额时，才真正变为资本家。在这里，也像在自然科学上一样，证明了黑格尔在他的《逻辑学》中所发现的下列规律的正确性，即单纯的量的变化到一定点时就转变为质的区别。

单个的货币占有者或商品占有者要蛹化为资本家而必须握有的最低限度价值额，在资本主义生产的不同发展阶段上是不同的，而在一定的发展阶段上，在不同的生产部门内，也由于它们的特殊的技术条件而各不相同。还在资本主义生产初期，某些生产部门所需要的最低限额的资本就不是在单个人手中所能找到的。这种情况一方面引起国家对私人的补助，如柯尔培尔时代的法国和直到目前的德意志若干邦就是这样。另一方面，促使对某些工商业部门的经营享有合法垄断权的公司的形成，这种公司就是现代股份公司的前驱。

我们不详细谈资本家和雇佣工人的关系在生产过程的进行中的变化，也不谈资本本身的更进一步的规定。这里只着重指出少数要点。

在生产过程中，资本发展成为对劳动，即对发挥作用的劳动力或工人本身的指挥权。人格化的资本即资本家，监督工人有规则地并以应有的强度工作。

其次，资本发展成为一种强制关系，迫使工人阶级超出自身生活需要的狭隘范围而从事更多的劳动。作为他人辛勤劳动的制造者，作为剩余劳动的榨取者和劳动力的剥削者，资本在精力、贪婪和效率方面，远远超过了以往一切以直接强制劳动为基础的生产制度。

资本起初是在历史上既有的技术条件下使劳动服从自己的。因此，它并没有直接改变生产方式。所以我们上面所考察的、单靠延长工作日这种形式的剩余价值的生产，看来是与生产方式本身的任何变化无关的。它在旧式面包业中和在现代棉纺业中同样有效。

第四篇 相对剩余价值的生产

第10章　相对剩余价值的概念

第11章　协　作

第12章　分工和工场手工业

第13章　机器和大工业

第 10 章
相对剩余价值的概念

我把通过延长工作日而生产的剩余价值,叫作绝对剩余价值;相反,我把通过缩短必要劳动时间、相应地改变工作日的两个组成部分的量的比例而生产的剩余价值,叫作相对剩余价值。

要使劳动力的价值降低,生产力的提高必须扩展到这样一些产业部门,这些部门的产品决定劳动力的价值,就是说,它们或者属于日常生活资料的范围,或者能够代替这些生活资料。但是,商品的价值不仅取决于使商品取得最终形式的那种劳动的量,而且还取决于该商品的生产资料所包含的劳动量。例如,皮靴的价值不仅取决于鞋匠的劳动,而且还取决于皮革、蜡、线等等的价值。因此,那些为生产必要生活资料提供不变资本物质要素(劳动资料和劳动材料)的产业部门中生产力的提高,以及它们的商品相应的便宜,也会降低劳动力的价值。相反,那些既不提供必要生活资料,也不为制造必要生活资料提供生产资料的生产部门中生产力的提高,不会影响劳动力的价值。

变得便宜的商品当然只是相应地,即只是按照该商品在劳动力的再生产中所占的比例,降低劳动力的价值。例如,衬衫是一种必要生活资料,但只是许多种必要生活资料中的一种。这种商品变得便宜只会减少工人购买衬衫的支出。但是必要生活资料的总和是由各种商

第 10 章 相对剩余价值的概念

品,各个特殊产业部门的产品构成的,每一种这样的商品的价值总是劳动力价值的一个相应部分。劳动力价值随着它的再生产所必要的劳动时间的缩短而降低,这种必要劳动时间的全部缩短等于所有这些特殊生产部门中这种劳动时间缩短的总和。在这里我们把这个总结果看成好像是每个个别场合的直接结果和直接目的。当一个资本家提高劳动生产率来使例如衬衫便宜的时候,他绝不是必然抱有相应地降低劳动力的价值,从而减少必要劳动时间的目的;但是,只要他最终促成这个结果,他也就促成一般剩余价值率的提高。必须把资本的一般的、必然的趋势同这种趋势的表现形式区别开来。

这里不考察资本主义生产的内在规律怎样表现为资本的外部运动,怎样作为竞争的强制规律发生作用,从而怎样成为单个资本家意识中的动机。然而有一点一开始就很清楚:只有了解了资本的内在本性,才能对竞争进行科学的分析,正像只有认识了天体的实际的但又直接感觉不到的运动的人,才能了解天体的表面上的运动一样。但是,为了理解相对剩余价值的生产,只根据已经得出的结果,要作如下的说明。

如果一个劳动小时用金量来表示是 6 便士或 $\frac{1}{2}$ 先令,一个 12 小时工作日就会生产出 6 先令的价值。假定在一定的劳动生产力的条件下,在这 12 个劳动小时内制造 12 件商品;每件商品用掉的生产资料、原料等的价值是 6 便士。在这种情况下,每件商品花费 1 先令,即 6 便士是生产资料的价值,6 便士是加工时新加进的价值。现在假定有一个资本家使劳动生产力提高一倍,在一个 12 小时工作日中不是生产 12 件这种商品,而是生产 24 件。在生产资料的价值不变的情况下,每件商品的价值就会降低到 9 便士,即 6 便士是生产资料的价值,3 便士是最后的劳动新加进的价值。生产力虽然提高一倍,一个工作日仍然同从前一样只创造 6 先令新价值,不过这 6 先令新价值现在分散在增加了一倍的产品上。因此分摊在每件产品上的不是这个总价值的 $\frac{1}{12}$,而只是 $\frac{1}{24}$,不是 6 便士,而是 3 便士,也就是说,在生产资料转化为产品时,就每件产品来说,现在加到生产资料上的,不像从前那样是整整一个劳动小时,而是半个劳动小时。现在,这个商品的个别价值低于它的社会价值,就是说,这个商品所花费的劳动时间,少于在社会平均条件下生产的大宗同类商品所花费的劳动时间。每件商品平均花费 1 先令,或者说,代表 2 小时社会劳动;在生产方式发生变化以后,它只花费 9 便士,或者说,只包含 $1\frac{1}{2}$ 个劳动小时。但是商品的现实价值不是它的个别价值,而是它的社会价值,就是说,它的现实价值不是用生产者在个别场合生产它所实际花费的劳动时间来计量,而是用生产它所必需的社会劳动时间来计量。因此,如果采用新方法的资本家按 1 先令这个社会价值出售自己的商品,那么他的商品就是超出它的个别价值 3 便士出售,这样,他就实现了 3 便士的超额剩余价值。但是另一方面,对他来说,一个 12 小时工作日现在表现为 24 件商品,而不是过去的 12 件商品。因此,要卖掉一个工作日的产品,他就需要有加倍的销路或大一倍的市场。在其他条件相同的情况下,他的商品只有降低价格,才能获得较大的市场。因此,资本家要高于商品的个别价值但又低于它的社会价值来出售商品,例如一件商品卖 10 便士。这样,他从每件商品上仍然赚得 1 便士的超额剩余价值。对于资本家来说,剩余价值总会这样提高,不管他的商品是不是属于必要生活资料的范围,是不是参加劳动力的一般价值的决定。因此,即使撇开后面这种情况,每个资本家都抱有提高劳动生产率来使商品便宜的动机。

然而,甚至在这种场合,剩余价值生产的增加也是靠必要劳动时间的缩短和剩余劳动的相应延长。

商品的价值与劳动生产力成反比。劳动力的价值也是这样,因为它是由商品价值决定的。相反,相对剩余价值与劳动生产力成正比。它随着生产力提高而提高,随着生产力降低而降低。在货币价值不变的情况下,一个 12 小时社会平均工作日总是生产 6 先令的价值产品,而不管这个价值额以怎样的比例分割为劳动力价值的等价物和剩余价值。但是,如果由于生产力的提高,每天的生活资料的价值,从而劳动力的日价值,从 5 先令下降到 3 先令,那么剩余价值就从 1 先令增加到 3 先令。为了再生产劳动力的价值,从前需要 10 个劳动小时,现在只需要 6 个劳动小时。有 4 个劳动小时空了出来,可以并入剩余劳动的范围。因此，提高劳动生产率来使商品便宜，并通过商品便宜来使工人本身便宜，是资本的内在的冲动和经常的趋势。

可见，在资本主义生产条件下，通过发展劳动生产力来节约劳动，目的绝不是为了缩短工作日。它的目的只是为了缩短生产一定量商品所必要的劳动时间。

第 11 章

协　　作

　　我们已经看到，资本主义生产实际上是在同一个资本家同时雇用人数较多的工人，因而劳动过程扩大了自己的规模并提供了较大量的产品的时候才开始的。人数较多的工人在同一时间、同一空间（或者说同一劳动场所），为了生产同种商品，在同一资本家的指挥下工作，这在历史上和概念上都是资本主义生产的起点。就生产方式本身来说，例如，初期的工场手工业，除了同一资本家同时雇用的工人人数较多而外，和行会手工业几乎没有什么区别。行会师傅的作坊只是扩大了而已。

　　因此，起初只是量上的区别。我们已经看到，一定的资本所生产的剩余价值量，等于一个工人所提供的剩余价值乘以同时雇用的工人人数。工人人数本身丝毫不会改变剩余价值率或劳动力的剥削程度，而且，就商品价值的生产来说，劳动过程的任何质的变化，看来是没有关系的。这是由价值的性质得出来的。

　　即使劳动方式不变，同时使用人数较多的工人，也会在劳动过程的物质条件上引起革命。容纳许多人做工的厂房、储藏原料等的仓库、供许多人同时使用或交替使用的容器、工具、器具等，总之，一部分生产资料，现在是在劳动过程中共同消费的。一方面，商品的交换价值，从而生产资料的交换价值，丝毫不会因为它们的使用价值得到某种更有效的利用而有所增加。另一方面，共同使用的生产资料的规模会增大。20个织布工人用20台织机劳动的房间，必然比一个独立织布者带两个帮工做工的房间大得多。但是，建造一座容纳20个人的作坊比建造10座各容纳两个人的作坊所耗费的劳动要少，因此大量积聚的并且共同使用的生产资料的价值，一般地说，不会和这些生产资料的规模及其效果成比例地增加。共同使用的生产资料转移到单个产品上去的价值组成部分所以较小，部分是因为这些生产资料转移的总价值要同时分配在较大量的产品上，部分是因为这些生产资料加入生产过程的价值同分散的生产资料相比，绝对地说虽然较大，但从它们作用范围来看，相对地说却较小。因此，不变资本的价值组成部分降低了，而随着这部分价值的量的减少，商品的总价值也降低了。其结果和商品的生产资料的生产变得便宜时所产生的结果一样。生产资料使用方面的这种节约，只是由于许多人在劳动过程中共同消费它们。即使许多人只是在空间上集合在一起，并不协同劳动，这种生产资料也不同于单干的独立劳动者或小业主的分散的并且相对地说花费大的生产资料，而取得了社会劳动的条件或劳动的社会条件这种性质。一部分劳动资料甚至在劳动过程本身取得这种社会性质以前，就已经取得这种社会性质。

生产资料的节约一般要从两方面去考察。一方面，它使商品便宜，从而使劳动力的价值下降。另一方面，它改变剩余价值同全部预付资本，也就是同资本的不变组成部分和可变组成部分的价值总额之间的比例。

许多人在同一生产过程中，或在不同的但互相联系的生产过程中，有计划地一起协同劳动，这种劳动形式叫作协作。

一个骑兵连的进攻力量或一个步兵团的抵抗力量，与每个骑兵分散展开的进攻力量的总和或每个步兵分散展开的抵抗力量的总和有本质的差别，同样，单个劳动者的力量的机械总和，与许多人手同时共同完成同一不可分割的操作（例如举起重物、转绞车、清除道路上的障碍物等）所发挥的社会力量有本质的差别。在这里，结合劳动的效果要么是单个人劳动根本不可能达到的，要么只能在长得多的时间内，或者只能在很小的规模上达到。这里的问题不仅是通过协作提高了个人生产力，而且是创造了一种生产力，这种生产力本身必然是集体力。

且不说由于许多力量融合为一个总的力量而产生的新力量。在大多数生产劳动中，单是社会接触就会引起竞争心和特有的精力振奋，从而提高每个人的个人工作效率。因此，12个人在一个144小时的共同工作日中提供的总产品，比12个单干的劳动者每人劳动12小时或者一个劳动者连续劳动12天所提供的总产品要多得多。这是因为人即使不像亚里士多德所说的那样，天生是政治动物，无论如何也天生是社会动物。

尽管许多人同时协同完成同一或同种工作，但是每个人的个人劳动，作为总劳动的一部分，仍可以代表劳动过程本身的不同阶段。由于协作，劳动对象可以更快地通过这些阶段。例如，瓦匠站成一排，把砖从脚手架的下面传到上面，虽然每个人都做同一件事情，但是这些单个操作构成一个总操作的连续部分，成为每块砖在劳动过程中必须通过的各个特殊阶段。因此，总体劳动者例如用24只手传砖，比单个劳动者每人都用两只手搬着砖上下脚手架要快。劳动对象在比较短的时间内通过同样的空间。另一方面，例如，如果一座建筑物同时从各个方面动工兴建，尽管协作的人做的是同一或同种工作，那也会发生劳动的结合。144小时的结合工作日可以在空间上从多方面对劳动对象进行加工，因为结合劳动者或总体劳动者前前后后都有眼睛和手，在一定程度上是全能的。这样，144小时结合工作日完成总产品，比只能比较单方面地对劳动对象进行加工的、多少是单干的劳动者的12个十二小时工作日要快。产品的不同的空间部分同时成长。

我们所以着重指出，许多互相补充的劳动者做同一或同种工作，是因为这种最简单的共同劳动的形式即使在最发达的协作形态中也起着重大作用。如果劳动过程是复杂的，只要有大量的人共同劳动，就可以把不同的操作分给不同的人，因而可以同时进行这些操作，这样，就可以缩短制造总产品所必要的劳动时间。

和同样数量的单干的个人工作日的总和比较起来，结合工作日可以生产更多的使用价值，因而可以减少生产一定效用所必要的劳动时间。不论在一定的情况下结合工作日怎样达到生产力的这种提高：是由于提高劳动的机械力，是由于扩大这种力量在空间上的作用范围，是由于与生产规模相比相对地在空间上缩小生产场所，是由于在紧急时期短时间内动用大量劳动，是由于激发个人的竞争心和振奋他们的精力，是由于使许多人的同种作业具有连续性和多面性，是由于同时进行不同的操作，是由于共同使用生产资料而达到节约，是由于使个人劳动具有社会平均劳动的性质，在所有这些情形下，结合工作日的特殊生产力都是社会的劳动生产力或社会劳动的生产力。这种生产力是由协作本身产生的。劳动者在有计划地同别人共同工作中，摆脱了他的个人局限，并发挥出他的种属能力。

一切规模较大的直接社会劳动或共同劳动，都或多或少地需要指挥，以协调个人的活动，并执行生产总体的运动——不同于这一总体的独立器官的运动——所产生的各种一般职能。一个单独的提琴手是自己指挥自己，一个乐队就需要一个乐队指挥。一旦从属于资本的劳动成为协作劳动，这种管理、监督和调节的职能就成为资本的职能。这种管理的职能作为资本的特殊职能取得了特殊的性质。

首先，资本主义生产过程的动机和决定目的，是资本尽可能多地自行增殖，也就是尽可能多地生产剩余价值，因而也就是资本家尽可能多地剥削劳动力。随着同时雇用的工人人数的增加，他们的反抗也加剧了，因此资本为压制这种反抗所施加的压力也必然增加。资本家的管理不仅是一种由社会劳动过程的性质产生并属于社会劳动过程的特殊职能，它同时也是剥削一种社会劳动过程的职能，因而也是由剥削者和他所剥削的原料之间不可避免的对抗决定的。同样，随着作为他人的财产而同雇佣工人相对立的生产资料的规模的增大，对这些生产资料的合理使用进行监督的必要性也增加了。其次，雇佣工人的协作只是资本同时使用他们的结果。他们的职能上的联系和他们作为生产总体所形成的统一，存在于他们之外，存在于把他们集合和联结在一起的资本中。因此，他们的劳动的联系，在观念上作为资本家的计划，在实践中作为资本家的权威，作为他人意志——他们的活动必须服从这个意志的目的——的权力，而和他们相对立。

因此，如果说资本主义的管理就其内容来说是二重的——因为它所管理的生产过程本身具有二重性：一方面是制造产品的社会劳动过程，另一方面是资本的价值增殖过程——那么，资本主义的管理就其形式来说是专制的。随着大规模协作的发展，这种专制也发展了自己特有的形式。正如起初当资本家的资本一达到开始真正的资本主义生产所需要的最低限额时，他便摆脱体力劳动一样，现在他把直接和经常监督单个工人和工人小组的职能交给了特种的雇佣工人。正如军队需要军官和军士一样，在同一资本指挥下共同工作的大量工人也需要工业上的军官（经理）和军士（监工），在劳动过程中以资本的名义进行指挥。监督工作固定为他们的专职。政治经济学家在拿独立的农民或独立的手工业者的生产方式同以奴隶制为基础的种植园经济作比较时，把这种监督工作算作非生产费用。相反地，他在考察资本主义生产方式时，却把从共同的劳动过程的性质产生的管理职能，同从这一过程的资本主义的从而对抗的性质产生的管理职能混为一谈。资本家所以是资本家，并不是因为他是工业的管理者，相反，他所以成为工业的司令官，因为他是资本家。工业上的最高权力成了资本的属性，正像在封建时代，战争中和法庭裁判中的最高权力是地产的属性一样。

在人类文化初期，在狩猎民族中，或者例如在印度公社的农业中，我们所看到的那种在劳动过程中占统治地位的协作，一方面以生产条件的公有制为基础，另一方面，正像单个蜜蜂离不开蜂房一样，以个人尚未脱离氏族或公社的脐带这一事实为基础。这两点使得这种协作不同于资本主义协作。在古代世界、中世纪和现代的殖民地偶尔采用的大规模协作，以直接的统治关系和奴役关系为基础，大多数以奴隶制为基础。相反，资本主义的协作形式一开始就以出卖自己的劳动力给资本的自由雇佣工人为前提。不过，历史地说，资本主义的协作形式是同农民经济和独立的手工业生产（不管是否具有行会形式）相对立而发展起来的。对农民经济和独立的手工业生产来说，资本主义协作不是表现为协作的一个特殊的历史形式，而协作本身倒是表现为资本主义生产过程所固有的并表示其特征的历史形式。

正如协作发挥的劳动的社会生产力表现为资本的生产力一样，协作本身表现为同单个的独立劳动者或小业主的生产过程相对立的资本主义生产过程的特有形式。这是实际的劳动过程由于隶属于资本而经受的第一个变化。这种变化是自然发生的。这一变化的前提，即在同一个劳动过程中同时雇用人数较多的雇佣工人，构成资本主义生产的起点。这个起点是和资本本身的存在结合在一起的。因此，一方面，资本主义生产方式表现为劳动过程转化为社会过程的历史必然性，另一方面，劳动过程的这种社会形式表现为资本通过提高劳动过程的生产力来更有利地剥削劳动过程的一种方法。

上面所考察的简单形态的协作，是同规模较大的生产结合在一起的，但是并不构成资本主义生产方式的一个特殊发展时代的固定的具有特征的形式。它至多不过在仍然保持手工业性质的初期工场手工业中，在那种和工场手工业时期相适应的、仅仅由于同时使用的工人的数量和所积聚的生产资料的规模才和农民经济有本质区别的大农业中，近似地表现出来。简单协作在那些大规模运用资本而分工或机器还不起重大作用的生产部门，始终是占统治的形式。

虽然协作的简单形态本身表现为同它的更发展的形式并存的特殊形式，协作仍然是资本主义生产方式的基本形式。

第 12 章

分工和工场手工业

1. 工场手工业的二重起源

以分工为基础的协作,在工场手工业上取得了自己的典型形态。这种协作,作为资本主义生产过程的具有特征的形式,在真正的工场手工业时期占据统治地位。这个时期大约从 16 世纪中叶到 18 世纪最后三十多年。

工场手工业的产生方式,它由手工业形成的方式是二重的。一方面,它以不同种的独立手工业的结合为出发点,这些手工业非独立化和片面化到了这种程度,以致它们在同一个商品的生产过程中成为只是互相补充的局部操作。另一方面,工场手工业以同种手工业者的协作为出发点,它把这种个人手工业分成各种不同的特殊操作,使之孤立和独立化到这种程度,以致每一种操作成为一个特殊工人的专门职能。因此,一方面工场手工业在生产过程中引进了分工,或者进一步发展了分工,另一方面它又把过去分开的手工业结合在一起。但是不管它的特殊的出发点如何,它的最终形态总是一样的:一个以人为器官的生产机构。

2. 局部工人及其工具

如果我们进行更仔细的考察，那么首先就可以清楚地看到，终生从事同一种简单操作的工人，把自己的整个身体转化为这种操作的自动的片面的器官，因而他花费在这一操作上的时间，比顺序地进行整个系列的操作的手工业者要少。但是，构成工场手工业机构的结合总体工人，完全是由这些片面的局部工人组成的。因此，与独立的手工业比较，在较短时间内能生产出较多的东西，或者说，劳动生产力提高了。在局部劳动独立化为一个人的专门职能之后，局部劳动的方法也就完善起来。经常重复做同一种有限的动作，并把注意力集中在这种有限的动作上，就能够从经验中学会消耗最少的力量达到预期的效果。又因为总是有好几代工人同时在一起生活，在同一些手工工场内共同劳动，所以，这样获得的技术上的诀窍就能巩固、积累并迅速地传下去。

劳动生产率不仅取决于劳动者的技艺，而且也取决于他的工具的完善程度。同类的工具，例如切削工具、钻具、凿具和锤具等，用于不同的劳动过程，而同一种工具在同一劳动过程中又用于不同的操作。但是，一旦劳动过程的不同操作彼此分离，并且每一种局部操作在局部工人手中获得最合适的因而是专门的形式，过去用于不同目的的工具就必然要发生变化。工具形式变化的方向，是根据从工具原来形式带来的特殊困难中得出的经验决定的。劳动工具的分化和劳动工具的专门化，是工场手工业的特征，前者使同类的工具获得了适合于每种特殊用途的特殊的固定形式，后者使每种这样的特殊的工具只有在专门的局部工人的手中才能充分发挥作用。单在伯明翰就生产出约300种不同的锤，不但每一种锤只适用于一个特殊的生产过程，而且往往好多种锤只用于同一过程的不同操作。工场手工业时期通过劳动工具适合于局部工人的专门的特殊职能，使劳动工具简化、改进和多样化。这样，工场手工业时期也就同时创造了机器的物质条件之一，因为机器就是由许多简单工具结合而成的。

局部工人及其工具构成工场手工业的简单要素。现在我们来考察工场手工业的全貌。

3. 工场手工业的两种基本形式——混成的工场手工业和有机的工场手工业

　　工场手工业的组织有两种基本形式。这两种形式虽然有时交错在一起，但仍然是两个本质上不同的类别，而且特别在工场手工业后来转化为使用机器的大工业时，起着完全不同的作用。这种二重性起源于制品本身的性质。制品或者是由各个独立的局部产品纯粹机械地装配而成，或者是依次经过一系列互相关联的过程和操作而取得完成的形态。

　　例如，机车是由5 000多个独立部件组成的。但是它不能算作第一类真正工场手工业的例子，因为它是大工业的产物。钟表才是最好的例子。

　　第二类工场手工业，是工场手工业的完成形式，它生产的制品要经过相互联系的发展阶段，要顺序地经过一系列的阶段过程，例如，制针手工工场的针条要经过72个甚至92个专门的局部工人之手。

　　由于这种工场手工业把原来分散的手工业结合在一起，它就缩短了制品的各个特殊生产阶段之间的空间距离。制品从一个阶段转移到另一阶段所需要的时间减少了，同样，用在这种转移上的劳动也减少了。这样，同手工业相比，劳动生产力提高了，这种提高是由工场手工业的一般协作性质产生的。另一方面，工场手工业特有的分工原则，使不同的生产阶段孤立起来，这些阶段作为同数的手工业性质的局部劳动而互相独立。既然各个孤立的职能之间要建立和保持联系，制品就得不断地由一个人之手转到另一个人之手，由一个过程转到另一个过程。从大工业的角度来看，这种情形表现为一种具有特征的、破费的、工场手工业原则所固有的局限性。

　　工场手工业时期所特有的机器始终是由许多局部工人结合成的总体工人本身。一种商品的生产者顺序地完成的、在其全部劳动过程中交织在一起的各种操作，向商品生产者提出各种不同的要求。在一种操作中，他必须使出较大的体力；在另一种操作中，他必须比较灵巧；在第三种操作中，他必须更加集中注意力，等等；而同一个人不可能在相同的程度上具备这些素质。在各种操作分离、独立和孤立之后，工人就按照他们的特长分开、分类和分组。如果说工人的天赋特性是分工赖以生长的基础，那么工场手工业一经建立，就会使生来只适宜于从事片面的特殊职能的劳动力发展起来。现在总体工人具备了技艺程度相同的一切生产素质，同时能最经济地使用它们，因为他使自己的所有器官个体化而成为特殊的工人或工人小组，各自担任一种专门的职能。局部工人作为总体工人的一个肢体，他的片面性甚至缺陷就成了他的优点。从事片面职能的习惯，使他转化为本能地准确地起作用的器官，而总机构的联系迫使他以机器部件的规则性发生作用。

因为总体工人的各种职能有的比较简单，有的比较复杂，有的比较低级，有的比较高级，所以他的器官，即各个劳动力，需要极不相同的教育程度，从而具有极不相同的价值。因此，工场手工业发展了一种劳动力的等级制度，与此相适应的是一种工资的等级制度。一方面，单个工人适应于一种片面的职能，终生从事这种职能；另一方面，各种劳动操作，也要适应这种由先天的和后天的技能构成的等级制度。然而，每一个生产过程都需要有一些任何人都能胜任的简单操作。现在，这一类操作也断绝了同内容较充实的活动要素的流动的联系，硬化为专门职能。

因此，工场手工业在它掌握的每种手工业中，造成了一类所谓的非熟练工人，这些工人是手工业生产极端排斥的。如果说工场手工业靠牺牲完整的劳动能力使非常片面的专长发展成技艺，那么它又使没有任何发展开始成为专长。与等级制度的阶梯相并列，工人简单地分为熟练工人和非熟练工人。对后者说来完全不需要学习费用，而对前者说来，由于职能的简化，学习费用比手工业者要低。在这两种场合，劳动力的价值都降低了。但也有例外，当劳动过程的分解产生了一些在手工业生产中根本没有过的，或者不是在同样大的范围内有过的新的综合的职能时，就是如此。由学习费用的消失或减少所引起的劳动力的相对贬值，直接包含着资本的更大的增殖，因为凡是缩短劳动力再生产所必要的时间的事情，都会扩大剩余劳动的领域。

4. 工场手工业内部的分工和社会内部的分工

我们首先考察了工场手工业的起源,接着考察了它的简单要素——局部工人及其工具,最后考察了它的总机构。现在我们简单地叙述一下工场手工业分工和构成一切商品生产的一般基础的社会分工之间的关系。

单就劳动本身来说,可以把社会生产分为农业、工业等大类,叫作一般的分工;把这些生产大类分为种和亚种,叫作特殊的分工;把工场内部的分工,叫作个别的分工。

社会内部的分工以及个人被相应地限制在特殊职业范围内的现象,同工场手工业内部的分工一样,是从相反的两个起点发展起来的。在家庭内部,随后在氏族内部,由于性别和年龄的差别,也就是在纯生理的基础上产生了一种自然的分工。随着共同体的扩大,人口的增长,特别是各氏族间的冲突,一个氏族之征服另一个氏族,这种分工的材料也扩大了。另一方面,我在前面已经谈到,产品交换是在不同的家庭、氏族、共同体互相接触的地方产生的,因为在文化的初期,以独立资格互相接触的不是个人,而是家庭、氏族等等。不同的共同体在各自的自然环境中,找到不同的生产资料和不同的生活资料。因此,它们的生产方式、生活方式和产品,也就各不相同。这种自然的差别,在共同体互相接触时引起了产品的互相交换,从而使这些产品逐渐转化为商品。交换没有造成生产领域之间的差别,而是使不同的生产领域发生关系,从而使它们转化为社会总生产的多少互相依赖的部门。在这里,社会分工是由原来不同而又互不依赖的生产领域之间的交换产生的。而在那里,在以生理分工为起点的地方,直接互相联系的整体的各个特殊器官互相分开和分离——这个分离过程的主要推动力是同其他共同体交换商品——并且独立起来,以致不同的劳动的联系是以产品作为商品的交换为中介的。在一种场合,原来独立的东西丧失了独立,在另一种场合,原来非独立的东西获得了独立。

一切发达的、以商品交换为中介的分工的基础,都是城乡的分离。可以说，社会的全部经济史，都概括为这种对立的运动。但是关于这种对立，我们不在这里多谈。

一定量同时使用的工人，是工场手工业内部分工的物质前提，同样，人口数量和人口密度是社会内部分工的物质前提，在这里，人口密度代替了工人在同一个工场内的密集。但是人口密度是一种相对的东西。人口较少但交通工具发达的国家，比人口较多但交通工具不发达的国家有更加密集的人口；从这个意义上说，例如，美国北部各州的人口比印度的人口更加稠密。

因为商品生产和商品流通是资本主义生产方式的一般前提，所以工场手工业的分工要求社会内部的分工已经达到一定的发展程度。相反地，工场手工业分工又会发生反作用，发展并增加社会分工。随着劳动工具的分化，生产这些工具的行业也日益分化。一旦工场手工业的生产扩展到这样一种行业，即到目前为止作为主要行业或辅助行业和其他行业联系在一起，并由同一生产者经营的行业，分离和互相独立的现象就会立即发生。一旦工场手工业的生产扩展到某种商品的一个特殊的生产阶段，该商品的各个生产阶段就转化为各种独立的行业。前面已经指出，在制品是一个由局部产品纯粹机械地装配成的整体的地方，局部劳动又可以独立化为特殊的手工业。为了使工场手工业内部的分工更完善，同一个生产部门，根据其原料的不同，根据同一种原料可能具有的不同形式，而分成不同的有时是崭新的工场手工业。

在资本主义生产方式的社会中，社会分工的无政府状态和工场手工业分工的专制是互相制约的，相反地，在职业的分离自然地发展起来、随后固定下来、最后由法律加以巩固的早期社会形式中，一方面，呈现出一幅有计划和有权威地组织社会劳动的图画，另一方面，工场内部的分工还完全受到排斥，或者只是在很狭小的范围内，或者只是间或和偶然地得到发展。整个社会内的分工，不论是否以商品交换为中介，是各种经济的社会形态所共有的，而工场手工业分工却完全是资本主义生产方式的独特创造。

5. 工场手工业的资本主义性质

人数较多的工人受同一资本指挥,既是一般协作的自然起点,也是工场手工业的自然起点。反过来,工场手工业的分工又使所使用的工人人数的增加成为技术上的必要。现在,单个资本家所必须使用的最低限额的工人人数,要由现有的分工来规定。另一方面,要得到进一步分工的利益,就必须进一步增加工人人数,而且只能按倍数来增加。但是随着资本的可变组成部分的增加,资本的不变组成部分也必须增加,建筑物、炉子等共同生产条件的规模要扩大,原料尤其要增加,而且要比工人人数快得多地增加。由于分工,劳动生产力提高了,一定劳动量在一定时间内消耗的原料数量也就按比例增大。因此,单个资本家手中的资本最低限额越来越增大,或者说,社会的生活资料和生产资料越来越多地转化为资本,这是由工场手工业的技术性质产生的一个规律。

在工场手工业中,也和在简单协作中一样,执行职能的劳动体是资本的一种存在形式。由许多单个的局部工人组成的社会生产机构是属于资本家的。因此,由各种劳动的结合所产生的生产力也就表现为资本的生产力。真正的工场手工业不仅使以前独立的工人服从资本的指挥和纪律,而且还在工人自己中间造成了等级的划分。简单协作大体上没有改变个人的劳动方式,而工场手工业却使它彻底地发生了革命,从根本上侵袭了个人的劳动力。

政治经济学作为一门独立的科学,是在工场手工业时期才产生的,它只是从工场手工业分工的观点把社会分工一般看成是用同量劳动生产更多商品,从而使商品便宜和加速资本积累的手段。

第 13 章

机器和大工业

1. 机器的发展

生产方式的变革，在工场手工业中以劳动力为起点，在大工业中以劳动资料为起点。因此，首先应该研究，劳动资料如何从工具转化为机器，或者说，机器和手工业工具有什么区别。这里只能谈谈显著的一般的特征，因为社会史上的各个时代，正如地球史上的各个时代一样，是不能划出抽象的严格的界限的。

所有发达的机器都由三个本质上不同的部分组成：发动机，传动机构，工具机或工作机。发动机是整个机构的动力。它或者产生自己的动力，如蒸汽机、热力机、电磁机等；或者接受外部某种现成的自然力的推动，如水车受落差水推动，风磨受风推动等。传动机构由飞轮、转轴、齿轮、蜗轮、杆、绳索、皮带、联结装置以及各种各样的附件组成。它调节运动，在必要时改变运动的形式（例如把垂直运动变为圆形运动），把运动分配并传送到工具机上。机构的这两个部分的作用，仅仅是把运动传给工具机，由此工具机才抓住劳动对象，并按照一定的目的来改变它。机器的这一部分——工具机，是 18 世纪工业革命的起点。在今天，每当手工业或工场手工业生产过渡到机器生产时，工具机也还是起点。

作为工业革命起点的机器，是用这样一个机构代替只使用一个工具的工人，这个机构用许多同样的或同种的工具一起作业，由一个单一的动力来推动，而不管这个动力具有什么形式。在这里我们就有了机器，但它还只是机器生产的简单要素。

只是在工具由人的有机体的工具转化为一个机械装置即工具机的工具以后，发动机才取得了一种独立的、完全摆脱人力限制的形式。于是，我们以上所考察的单个的工具机，就降为机器生产的一个简单要素了。现在，一台发动机可以同时推动许多工作机。随着同时被推动的工作机数量的增加，发动机也在增大，传动机构也跟着扩展成为一个庞大的装置。

一个工业部门生产方式的变革，会引起其他部门生产方式的变革。这首先涉及因社会分工而孤立起来以致各自生产一种独立的商品，但又作为一个总过程的各阶段而紧密联系在一起的那些工业部门。因此，有了机器纺纱，就必须有机器织布，而这二者又使漂白业、印花业和染色业必须进行力学和化学革命。同样，另一方面，棉纺业的革命又引起分离棉花纤维和棉籽的轧棉机的发明，由于这一发明，棉花生产才有可能按目前所需要的巨大规模进行。

劳动资料取得机器这种物质存在方式，要求以自然力来代替人力，以自觉应用自然科学来代替从经验中得出的成规。在工场手工业中，社会劳动过程的组织纯粹是主观的，是局部工人的结合；在机器体系中，大工业具有完全客观的生产有机体，这个有机体作为现成的物质生产条件出现在工人面前。在简单协作中，甚至在因分工而专业化的协作中，社会化的工人排挤单个的工人还多少是偶然的现象。而机器，除了下面要谈的少数例外，则只有通过直接社会化的或共同的劳动才发生作用。因此，劳动过程的协作性质，现在成了由劳动资料本身的性质所决定的技术上的必要了。

2. 机器的价值向产品的转移

如果说大工业把巨大的自然力和自然科学并入生产过程，必然大大提高劳动生产率，这一点是一目了然的，那么生产力的这种提高并不是靠增加另一方面的劳动消耗换来的，这一点却绝不是同样一目了然的。像不变资本的任何其他组成部分一样，机器不创造价值，但它把自身的价值转移到由它的服务所生产的产品上。

在考察协作和工场手工业时，我们知道，共同消费某些共同的生产条件（如建筑物等），比单个工人消费分散的生产条件要节约，因而能使产品便宜一些。在机器生产的场合，不仅一个工作机的许多工具共同消费一个工作机的躯体，而且许多工作机共同消费同一个发动机和一部分传动机构。

如果机器的价值和机器转给日产品的价值部分之间的差额已定，那么这个价值部分使产品变贵的程度，首先取决于产品的数量，就像是取决于产品的面积。

如果机器转给产品的价值的比率已定，那么这个价值部分的大小就取决于机器本身价值的大小。机器本身包含的劳动越少，它加到产品上的价值也就越小。它转移的价值越小，它的生产效率就越高，它的服务就越接近自然力的服务。而用机器生产机器，会使机器的价值相对机器的规模和作用而言降低下来。

比较分析一下手工业或工场手工业生产的商品的价格和机器生产的同种商品的价格，一般可以得出这样的结论：在机器产品中，由劳动资料转来的价值组成部分相对地说是增大了，但绝对地说是减少了。这就是说，它的绝对量是减少了，但它同产品（如一磅棉纱）的总价值相比较的量是增大了。

很明显，如果生产一台机器所费的劳动，与使用该机器所节省的劳动相等，那么这只不过是劳动的变换，就是说，生产一个商品所需要的劳动总量没有减少，或者说，劳动生产力没有提高。但是，机器所费的劳动和它所节省的劳动之间的差额，或机器生产率的高低，显然不是由机器本身的价值和它所代替的工具的价值之间的差额来决定的。只要机器所费的劳动，从而机器加到产品上的价值部分，小于工人用自己的工具加到劳动对象上的价值，这种差额就一直存在。因此，机器的生产率是由它代替人类劳动力的程度来衡量的。

如果只把机器看做使产品便宜的手段，那么使用机器的界限就在于：生产机器所费的劳动要少于使用机器所代替的劳动。可是对资本说来，这个界限表现得更为狭窄。因为资本支付的不是所使用的劳动，而是所使用的劳动力的价值，所以，对资本说来，只有在机器的价值和它所代替的劳动力的价值之间存在差额的情况下，机器才会被使用。

3. 机器生产对工人的直接影响

（a）资本对补充劳动力的占有。妇女劳动和儿童劳动

就机器使肌肉力成为多余的东西来说，机器成了一种使用没有肌肉力或身体发育不成熟而四肢比较灵活的工人的手段。因此，资本主义使用机器的第一个口号是妇女劳动和儿童劳动！这样一来，这种代替劳动和工人的有力手段，就立即转化为这样一种手段，它使工人家庭全体成员不分男女老少都受资本的直接统治，从而使雇佣工人人数增加。为资本家进行的强制劳动，不仅夺去了儿童游戏的时间，而且夺去了家庭本身惯常需要的、在家庭范围内从事的自由劳动的时间。

劳动力的价值不只是决定于维持成年工人个人所必需的劳动时间，而且决定于维持工人家庭所必需的劳动时间。机器把工人家庭的全体成员都抛到劳动市场上，就把男劳动力的价值分到他全家人身上了。因此，机器使男劳动力贬值了。购买例如有四个劳动力的一家人，也许比以前购买家长一个劳动力花费得多些，但现在在四个工作日代替了原来的一个工作日，劳动力的价格按照四个工作日的剩余劳动超过一个工作日的剩余劳动的比例而下降了。现在，一家人要维持生活，四口人不仅要给资本提供劳动，而且要给资本提供剩余劳动。因此，机器从一开始，在增加人身剥削材料，即扩大资本固有的剥削领域的同时，也提高了剥削程度。

（b）工作日的延长

如果说机器是提高劳动生产率，即缩短生产商品的必要劳动时间的最有力的手段，那么，它作为资本的承担者，首先在它直接占领的

工业中,成了把工作日延长到超过一切自然界限的最有力的手段。一方面,它创造了新条件,使资本能够任意发展自己这种一贯的倾向,另一方面,它创造了新动机,使资本增强了对他人劳动的贪欲。

机器的资本主义应用,一方面创造了无限度地延长工作日的新的强大动机,并且使劳动方式本身和社会劳动体的性质发生这样的变革,以致打破对这种趋势的抵抗,另一方面,部分地由于使资本过去无法染指的那些工人阶层受资本的支配,部分地由于使那些被机器排挤的工人游离出来,制造了过剩的劳动人口,这些人不得不听命于资本强加给他们的规律。由此产生了现代工业史上一种值得注意的现象,即机器消灭了工作日的一切道德界限和自然界限。由此产生了经济学上的悖论,即缩短劳动时间的最有力的手段,竟变为把工人及其家属的全部生活时间转化为受资本支配的增殖资本价值的劳动时间的最可靠的手段。

(c)劳动的强化

不言而喻,随着机器的进步和机器工人这一特殊类别工人的经验积累,劳动的速度,从而劳动的强度,自然也会增加。

缩短工作日,这种起初创造了使劳动凝缩的主观条件,也就是使工人有可能在一定时间内付出更多力量的办法,一旦由法律强制实行,资本家手中的机器就成为一种客观的和系统地利用的手段,用来在同一时间内榨取更多的劳动。这是通过两种方法达到的:一种是提高机器的速度,另一种是扩大同一个工人看管的机器数量,即扩大他的劳动范围。改进机器结构,一方面是对工人施加更大的压力所必需的,另一方面,这本身又是和劳动的强化伴随在一起的,因为工作日的限制,迫使资本家在生产费用上面精打细算。

4. 工　　厂

我们在本章的开头考察了工厂的躯体,即机器体系的构成。后来我们看到,机器怎样通过占有妇女劳动和儿童劳动增加资本剥削的人身材料,机器怎样通过无限度地延长工作日侵吞工人的全部生活时间，最后，机器的发展虽然使人们能在越来越短的时间内提供惊人的增长的产品，但又怎样作为系统的手段，用来在每一时刻内榨取更多的劳动或不断地加强对劳动力的剥削。现在我们转过来考察工厂的整体，而且考察的是它的最发达的形态。

在工场手工业和手工业中，是工人利用工具，在工厂中，是工人服侍机器。在前一种场合，劳动资料的运动从工人出发，在后一种场合，则是工人跟随劳动资料的运动。在工场手工业中，工人是一个活机构的肢体。在工厂中，死机构独立于工人而存在，工人被当做活的附属物并入死机构。

工人在技术上服从劳动资料的划一运动以及由各种年龄的男女个体组成的劳动体的特殊构成，创造了一种兵营式的纪律。这种纪律发展成为完整的工厂制度，并且使前面已经提到的监督劳动得到充分发展，同时使那种把工人划分为劳工和监工，划分为普通工业士兵和工业军士的现象得到充分发展。

资产阶级通常十分喜欢分权制，特别是喜欢代议制，但资本在工厂法典中却通过私人立法独断地确立了对工人的专制。这种法典只是对劳动过程实行社会调节，即对大规模协作和使用共同的劳动资料，特别是使用机器所必需的社会调节的一幅资本主义讽刺画。奴隶监督者的鞭子被监工的罚金簿代替了。自然，一切处罚都简化成罚款和扣工资。

5. 工人和机器之间的斗争

资本家和雇佣工人之间的斗争是同资本关系本身一起开始的。在整个工场手工业时期，这场斗争一直如火如荼地进行着。但只是在采用机器以后，工人才开始反对劳动资料本身，即反对资本的物质存在方式。工人奋起反对作为资本主义生产方式的物质基础的这种一定形式的生产资料。

劳动资料一作为机器出现，就立刻成了工人本身的竞争者。资本借助机器进行的自行增殖，同生存条件被机器破坏的工人的人数成正比。资本主义生产的整个体系，是建立在工人把自己的劳动力当做商品出卖的基础上的。分工使这种劳动力片面化，使它只具有操纵局部工具的特定技能。一旦工具由机器来操纵，劳动力的交换价值就随同它的使用价值一起消失。工人就像停止流通的纸币一样卖不出去。工人阶级的一部分就这样被机器转化为过剩的人口，也就是不再为资本的自行增殖所直接需要的人口，这些人一部分在旧的手工业和工场手工业生产反对机器生产的力量悬殊的斗争中毁灭，另一部分则涌向所有比较容易进去的工业部门，充斥劳动市场，从而使劳动力的价格降低到它的价值以下。

6. 关于被机器排挤的工人会得到补偿的理论

虽然机器在应用它的劳动部门必然排挤工人，但是它能引起其他劳动部门就业的增加。不过，这种作用同所谓的补偿理论毫无共同之处。因为任何一种机器产品，例如一码机织布总是比被它排挤的同种手工产品便宜，所以就产生一条绝对的规律：如果机器生产的物品的总量同它所代替的手工业或工场手工业生产的物品的总量相等，那么，所使用的劳动总量就要减少。生产劳动资料本身如机器、煤炭等等所需要的劳动量的增加，同使用机器而引起的劳动量的减少相比，必然较小。不然的话，机器产品就会同手工产品一样贵，或者更贵。但是事实上，人数减少了的工人所生产的机器制品总量不是不变，而是远远超过被排挤的手工业制品的总量。

7. 工人随机器生产的发展而被排斥和吸引。棉纺织业的危机

政治经济学上一切头脑健全的代表人物都承认，新采用机器，对那些首先成为机器竞争对象的旧有手工业和工场手工业中的工人产生灾难性的影响。

工厂制度的巨大的跳跃式的扩展能力和它对世界市场的依赖，必然造成热病似的生产，并随之造成市场商品充斥，而当市场收缩时，就出现瘫痪状态。工业的生命按照中常活跃、繁荣、生产过剩、危

机、停滞这几个时期的顺序而不断地转换。由于工业循环的这种周期变换，机器生产使工人在就业上并从而在生活状况上遭遇的没有保障和不稳定性，成为正常的现象。

工厂工人人数的增加以投入工厂的总资本在比例上更迅速得多的增加为条件。但是，这个过程只是在工业循环的退潮期和涨潮期内实现。它还经常被技术进步所打断，这种进步有时潜在地代替工人，有时实际地排挤工人。机器生产中这种质的变化，不断地把工人逐出工厂，或者把新的补充人员的队伍拒之门外，而工厂的单纯的量的扩大在把被逐出的工人吸收进来的同时，还把新的人员吸收进来。工人就这样不断被排斥又被吸引，被赶来赶去，而且被招募来的人的性别、年龄和熟练程度也不断变化。

8. 大工业所引起的工场手工业、手工业和家庭劳动的革命

（a）以手工业和分工为基础的协作的消灭

据亚当·斯密说，在他那时候，10个男人分工合作每天能制针48 000多枚。但是现在，一台机器在一个十一小时工作日中就能制针145 000枚。一个妇女或少女平均可以看管4台这样的机器，因此，她用机器每天可以生产针近60万枚，每星期就可以生产300多万枚。如果一台单个的工作机代替了协作或工场手工业，那么，工作机本身又可以成为手工业生产的基础。但是，手工业生产在机器基础上的再现只是向工厂生产的过渡，只要机械动力（蒸汽或水）代替人的肌肉来推动机器，工厂生产通常就会出现。

（b）工厂制度对于工场手工业和家庭劳动的反作用

随着工厂制度的发展和随之而来的农业的变革，不仅所有其他工业部门的生产规模扩大了，而且它们的性质也发生了变化。机器生产的原则是把生产过程分解为各个组成阶段，并且应用力学、化学等等，总之应用自然科学来解决由此产生的问题。这个原则到处都起着

决定性的作用。因此，机器时而挤进工场手工业的这个局部过程，时而又挤进那个局部过程。这样一来，从旧的分工中产生的工场手工业组织的坚固结晶就发生溶解，并给不断变化腾出位置。此外，总体工人即结合工人的构成也发生了根本的变革。同工场手工业时期相反，现在，只要可行，分工的计划总是把基点放在使用妇女劳动、各种年龄的儿童劳动和非熟练工人劳动上，总之，放在使用英国人所谓的"廉价劳动"上。这一情况不仅适用于使用机器或者不使用机器的一切大规模结合的生产，而且适用于在工人的私人住宅或者在小工场中进行生产的所谓家庭工业。这种所谓的现代家庭工业，与那种以独立的城市手工业、独立的农民经济，特别是以工人家庭的住宅为前提的旧式家庭工业，除了名称，毫无共同之处。现在它已经转化为工厂、手工工场或商店的外部分支机构。资本除了把工厂工人、手工工场工人和手工业工人大规模地集中在一起，并直接指挥他们，它还通过许多无形的线调动着另一支居住在大城市和散居在农村的家庭工人大军。

(c) 现代工场手工业

关于现代工场手工业（这里指除真正的工厂之外的一切大规模的工场）中劳动条件的资本主义的节约，可以在《公共卫生报告》第4号（1861年）和第6号（1863年）中找到大量的官方材料。报告中关于工场，特别是关于伦敦印刷业和裁缝业工场的描绘，超过了我们的小说家的最可怕的幻想。对工人健康状况的影响，是不言而喻的。枢密院主任医官兼《公共卫生报告》主编西蒙医生说：

"我在我的第4号报告（1861年）中曾指出，工人要坚持他们首要的健康权利，也就是说，要求雇主无论叫工人干什么活时，都要在责任所及的范围内，使劳动避免一切可以避免的有害健康的情况，这实际上是办不到的。我曾指出，当工人事实上没有能力自己实现这个健康权利的时候，他们也不可能从卫生警察官吏那里得到任何有效的帮助……现在，无数的男女工人的生命，只是由于他们的职业所造成的无止境的肉体折磨，便无谓地受到摧残而缩短了。"

(d) 现代家庭劳动

我现在来谈谈所谓家庭劳动。为了对这个在大工业的背景下建立起来的资本的剥削领域和它的骇人听闻的状况有个简略的了解，不妨考察一下例如英格兰某些偏僻乡村经营的那些表面上充满田园风味的制钉业。不过在这里，只要从花边业和草辫业中完全没有采用机器，或者同机器生产和工场手工业生产完全没有发生竞争的部门中举出几个例子就够了。

花边整理当做一种家庭劳动，或者是在所谓"老板娘家"进行的，或者是在妇女家里由她自己或同她的子女一道进行的。那些开设"老板娘家"的妇女本身也是贫穷的。工场就是她们的私宅的一部分。她们从工厂主或商店老板等人那里承揽订货，使用妇女、少女和幼童的劳动，其人数要看她们房间的大小和营业需要的变动情况而定。雇用的女工的人数有些工场是20至40人，有些工场是10至20人。儿童开始劳动的平均最低年龄是6岁，但有些儿童不满5岁就开始劳动了。劳动时间通常是从早晨8点到晚上8点，中间有1.5小时的吃饭时间，吃饭时间很不规则，而且往往是在臭气熏天的小工房里吃饭。生意好的时候，往往从早晨8点（有时是6点）干到夜里10、11或12点。

(e) 现代工场手工业和家庭劳动向大工业的过渡。这一革命由于工厂法在这两种生产方式中的实行而加速

过渡形式的错综复杂并不能掩盖向真正的工厂生产转化的趋势。助长这种趋势的，首先是缝纫机本身的性能，它的多种多样的用途促使以前分散的生产部门在同一个厂房里和在同一个资本的指挥下联合起来；其次是，初步的缝纫工作以及其他一些操作最适合在机器所在的地方进行；最后是，那些用自己的机器进行生产的手工业者和家庭工人不可避免地遭到剥夺。现在，这种命运已经部分地落在他们身上了。投在缝纫机上的资本量的不断增加，刺激了生产，并造成了市场停滞，这就发出了家庭工人出卖缝纫机的信号。缝纫机本身的生产过剩又迫使急于打开销路的缝纫机生产者按周出租缝纫机，这就造成了

把小的机器所有者置于死地的竞争局面。机器结构的不断变化和机器的日益便宜，使旧机器也不断地贬值，以致只有那些以极低的价格大批收买这种机器的大资本家，才能从使用这种机器中获利。最后，用蒸汽机代替人，在这里也像在一切类似的变革过程中一样，具有决定性的意义。蒸汽力的运用最初遇到了一些纯粹技术上的障碍，例如机器发生震动，控制机器速度有困难，轻型机器损坏很快等等，但经验很快就教会了人们克服这些障碍。如果说，一方面许多工作机在比较大的手工工场中的集中促进了蒸汽力的应用，那么另一方面，蒸汽同人的肌肉的竞争则加速了工人和工作机在大工厂的集中。

这种自发进行的工业革命，由于工厂法在所有使用妇女、少年和儿童的工业部门的推行而被人为地加速了。强制规定工作日的长度、休息时间、上下工时间，实行儿童的换班制度，禁止使用一切未满一定年龄的儿童等等，一方面要求采用更多的机器，并用蒸汽代替肌肉充当动力。另一方面，为了从空间上夺回在时间上失去的东西，就要扩充共同使用的生产资料如炉子、厂房等等，一句话，要使生产资料在更大程度上集中起来，并与此相适应，使工人在更大程度上集结起来。每一种受工厂法威胁的工场手工业所一再狂热鼓吹的主要反对论据，实际上不外是：必须支出更大量的资本，才能在旧有规模上继续进行生产。至于说工场手工业和家庭劳动之间的中间形式以及家庭劳动本身，那么，随着工作日和儿童劳动受到限制，它们也就日益失去立足之地。对廉价劳动力的无限制的剥削是它们竞争能力的唯一基础。

9. 工厂立法（卫生条款和教育条款）。它在英国的普遍实行

撇开卫生条款中使资本家容易规避的措辞不说，这些条款的内容也是非常贫乏的，实际上只是就粉刷墙壁和其他几项清洁措施、通风和危险机器的防护等做出一些规定。

尽管工厂法的教育条款整个说来是不足道的，但还是把初等教育宣布为劳动的强制性条件。这一条款的成就第一次证明了智育和体育

同体力劳动相结合的可能性,从而也证明了体力劳动同智育和体育相结合的可能性。工厂视察员很快从教师的证词中就发现:虽然工厂儿童上课的时间要比正规的日校学生少一半,但学到的东西一样多,而且往往更多。

正如我们在罗伯特·欧文那里可以详细看到的那样,从工厂制度中萌发出了未来教育的幼芽,未来教育对所有已满一定年龄的儿童来说,就是生产劳动同智育和体育相结合,它不仅是提高社会生产的一种方法,而且是造就全面发展的人的唯一方法。

大工业的原则是,首先不管人的手怎样,把每一个生产过程本身分解成各个构成要素,从而创立了工艺学这门完全现代的科学。社会生产过程的五光十色的、似无联系的和已经固定化的形态,分解成为自然科学的自觉按计划的和为取得预期有用效果而系统分类的应用。工艺学也揭示了为数不多的重大的基本运动形式,尽管所使用的工具多种多样,人体的一切生产活动必然在这些形式中进行,正像机器虽然异常复杂,力学仍会看出它们不过是简单机械力的不断重复一样。现代工业从来不把某一生产过程的现存形式看成和当做最后的形式。因此,现代工业的技术基础是革命的,而所有以往的生产方式的技术基础本质上是保守的。现代工业通过机器、化学过程和其他方法,使工人的职能和劳动过程的社会结合不断地随着生产的技术基础发生变革。这样,它也同样不断地使社会内部的分工发生革命,不断地把大量资本和大批工人从一个生产部门投到另一个生产部门。因此,大工业的本性决定了劳动的变换、职能的更动和工人的全面流动性。另一方面,大工业在它的资本主义形式上再生产出旧的分工及其固定化的专业。我们已经看到,这个绝对的矛盾怎样破坏着工人生活的一切安宁、稳定和保障,使工人面临这样的威胁:在劳动资料被夺走的同时,生活资料也不断被夺走,在他的局部职能变成过剩的同时,他本身也变成过剩的东西;这个矛盾怎样通过工人阶级的不断牺牲、劳动力的无限度的浪费和社会无政府状态造成的灾难而放纵地表现出来。这是消极的方面。但是,如果说劳动的变换现在只是作为不可克服的自然规律并且带着自然规律在任何地方遇到障碍时都有的那种盲目破坏作用而为自己开辟道路,那么,大工业又通过它的灾难本身使下面这一点成为生死攸关的问题：承认劳动的变换，从而承认工人尽可能多方面的发展是社会生产的普遍规律，并且使各种关系适应于这个规律的正常实现。大工业还使下面这一点成为生死攸关的问题：用适应于不断变动的劳动需求而可以随意支配的人，来代替那些适应于资本的不断变动的剥削需要而处于后备状态的、可供支配的、大量的贫穷工人人口；用那种把不同社会职能当做互相交替的活动方式的全面发展的个人，来代替只是承担一种社会局部职能的局部个人。综合技术学校和农业学校是这种变革过程在大工业基础上自然发展起来的一个要素；职业学校是另一个要素，在这种学校里，工人的子女受到一些有关工艺学和各种生产工具的实际操作的教育。如果说工厂立法作为从资本那里争取来的最初的微小让步，只是把初等教育同工厂劳动结合起来，那么毫无疑问，工人阶级在不可避免地夺取政权之后，将使理论的和实践的工艺教育在工人学校中占据应有的位置。

10. 大工业和农业

在农业领域内，就消灭旧社会的堡垒——"农民"，并代之以雇佣工人来说，大工业起了最革命的作用。这样，农村中社会变革的需要和社会对立，就和城市相同了。最墨守成规和最不合理的经营，被科学在工艺上的自觉应用代替了。农业和工场手工业的原始的家庭纽带，也就是把二者的幼年未发展的形态联结在一起的那种纽带，被资本主义生产方式撕断了。但资本主义生产方式同时为一种新的更高级的综合，即农业和工业在它们对立发展的形态的基础上的联合，创造了物质前提。资本主义生产使它汇集在各大中心的城市人口越来越占优势，这样一来，它一方面聚集着社会的历史动力，另一方面又破坏着人和土地之间的物质变换，也就是使人以衣食形式消费掉的土地的组成部分不能回归土地，从而破坏土地持久肥力的永恒的自然条件。这样，它同时就破坏城市工人的身体健康和农村工人的精神生活。但是资本主义生产通过破坏这种物质变换的纯粹自发形成的状况，同时强制地把这种物质变换作为调节社会生产的规律，并在一种同人的充分发展相适合的形式上系统地建立起来。在农业中，像在工场手工业中一样,生产过程的资本主义转化同时表现为生产者的殉难史,劳动资料同时表现为奴役工人的手段、剥削工人的手段和使工人贫穷的手段,劳动过程的社会结合同时表现为对工人个人的活力、自由和独立的有组织的压制。农业工人在广大土地上的分散,同时破坏了他们的反抗力量,而城市工人的集中却增强了他们的反抗力量。在现代农业中,像在城市工业中一样,劳动生产力的提高和劳动量的增大是以劳动力本身的破坏和衰退为代价的。此外,资本主义农业的任何进步,都不仅是掠夺劳动者的技巧的进步,而且是掠夺土地的技巧的进步,在一定时期内提高土地肥力的任何进步,同时也是破坏土地肥力持久源泉的进步。一个国家,例如北美合众国,越是以大工业作为自己发展的基础,这个破坏过程就越迅速。因此,资本主义生产发展了社会生产过程的技术和结合,只是由于它同时破坏了一切财富的源泉——土地和工人。

第五篇 绝对剩余价值和相对剩余价值的生产

第14章　绝对剩余价值和相对剩余价值

第15章　劳动力价格和剩余价值的量的变化

第16章　剩余价值率的各种公式

第14章
绝对剩余价值和相对剩余价值

就劳动过程是纯粹个人的劳动过程来说，同一劳动者是把后来彼此分离开来的一切职能结合在一起的。当他为了自己的生活目的对自然物实行个人占有时，他是自己支配自己的。后来他成为被支配者。单个人如果不在自己的头脑的支配下使自己的肌肉活动起来，就不能对自然发生作用。正如在自然机体中头和手组成一体一样，劳动过程把脑力劳动和体力劳动结合在一起了。后来它们分离开来，直到处于敌对的对立状态。产品从个体生产者的直接产品转化为社会产品，转化为总体工人即结合劳动人员的共同产品。总体工人的各个成员较直接地或者较间接地作用于劳动对象。因此，随着劳动过程的协作性质本身的发展，生产劳动和它的承担者即生产工人的概念也就必然扩大。为了从事生产劳动，现在不一定要亲自动手；只要成为总体工人的一个器官，完成他所属的某一种职能就够了。上面从物质生产性质本身中得出的关于生产劳动的最初的定义，对于作为整体来看的总体工人始终是正确的。但是，对于总体工人的每一单个成员来说，它就不再适用了。

但是，另一方面，生产劳动的概念缩小了。资本主义生产不仅是商品的生产，它实质上是剩余价值的生产。工人不是为自己生产，而是为资本生产。因此，工人单是进行生产已经不够了。他必须生产剩余价值。只有为资本家生产剩余价值或者为资本的自行增殖服务的工人，才是生产工人。如果可以在物质生产领域以外举一个例子，那么，一个教员只有当他不仅训练孩子的头脑，而且还为校董的发财致富劳碌时，他才是生产工人。校董不把他的资本投入香肠工厂，而投入教育工厂，这并不使事情有任何改变。因此，生产工人的概念决不只包含活动和效果之间的关系，工人和劳动产品之间的关系，而且还包含一种特殊社会的、历史地产生的生产关系。这种生产关系把工人变成资本增殖的直接手段。所以，成为生产工人不是一种幸福，而是一种不幸。在阐述理论史的本书第四册将更详细地谈到，古典政治经济学一直把剩余价值的生产看做生产工人的决定性的特征。因此，古典政治经济学对生产工人所下的定义，随着它对剩余价值性质的看法的改变而改变。例如，重农学派认为，只有农业劳动才是生产劳动，因为只有农业劳动才提供剩余价值。在重农学派看来，剩余价值只存在于地租形式中。

把工作日延长，使之超出工人只生产自己劳动力价值的等价物的那个点，并由资本占有这部分剩余劳动，这就是绝对剩余价值的生产。绝对剩余价值的生产构成资本主义制度的一般基础，并且是相对剩余价值生产的起点。就相对剩余价值的生产来说，工作日一开始就分成必要劳动和剩余劳动这两个部分。为了延长剩余劳动，就要通过以较少的时间生产出工资的等价物的各种方法来缩短必要劳动。绝对剩余价值的生产只同工作日的长度有关；相对剩余价值的生产使劳动的技术过程和社会组织发生彻底的革命。

因此，相对剩余价值的生产以特殊的资本主义的生产方式为前提；这种生产方式连同它的方法、手段和条件本身，最初是在劳动在形式上从属于资本的基础上自发地产生和发展的。劳动对资本的这种形式上的从属，又让位于劳动对资本的实际上的从属。

对于绝对剩余价值的生产来说，只要劳动在形式上从属于资本就够了，例如，只要从前为自己劳动或者作为行会师傅的帮工的手工业者变成受资本家直接支配的雇佣工人就够了；另一方面却可以看到，生产相对剩余价值的方法同时也是生产绝对剩余价值的方法。无限度地延长工作日正是表现为大工业的特有的产物。特殊的资本主义的生产方式一旦掌握整整一个生产部门,它就不再是单纯生产相对剩余价值的手段,而一旦掌握所有决定性的生产部门,那就更是如此。这时它成了生产过程的普遍的、在社会上占统治地位的形式。现在它作为生产相对剩余价值的特殊方法,只在下面两种情况下还起作用:第一,以前只在形式上从属于资本的那些产业为它所占领,也就是说,它扩大作用范围;第二,已经受它支配的产业由于生产方法的改变不断发生革命。

从一定观点看来,绝对剩余价值和相对剩余价值之间的区别似乎完全是幻想的。相对剩余价值是绝对的,因为它以工作日超过工人本身生存所必要的劳动时间的绝对延长为前提。绝对剩余价值是相对的,因为它以劳动生产率发展到能够把必要劳动时间限制为工作日的一个部分为前提。但是,如果注意一下剩余价值的运动,这种表面上的同一性就消失了。在资本主义生产方式一旦确立并成为普遍的生产方式的情况下,只要涉及剩余价值率的提高,绝对剩余价值和相对剩余价值之间的差别就可以感觉到了。假定劳动力按其价值支付,那么,我们就会面临这样的抉择:如果劳动生产力和劳动的正常强度已定,剩余价值率就只有通过工作日的绝对延长才能提高;另一方面,如果工作日的界限已定,剩余价值率就只有通过工作日两个组成部分即必要劳动和剩余劳动的相对量的变化才能提高,而这种变化在工资不降低到劳动力价值以下的情况下,又以劳动生产率或劳动强度的变化为前提。

如果工人需要用他的全部时间来生产维持他自己和他的家庭所必要的生活资料,那么他就没有时间来无偿地为第三者劳动。没有一定程度的劳动生产率,工人就没有这种可供支配的时间,而没有这种剩余时间,就不可能有剩余劳动,从而不可能有资本家,而且也不可能有奴隶主,不可能有封建贵族,一句话,不可能有大占有者阶级。

因此,可以说剩余价值有一个自然基础,但这只是从最一般的意义来说,即没有绝对的自然障碍会妨碍一个人把维持自身生存所必要的劳动从自身解脱下来并转嫁给别人,比如,同样没有绝对的自然障碍会妨碍一个人去把别人的肉当做食物。决不应该像有时发生的情况那样,把各种神秘的观念同这种自然发生的劳动生产率联系起来。只有当人类通过劳动摆脱了最初的动物状态,从而他们的劳动本身已经在一定程度上社会化的时候,一个人的剩余劳动成为另一个人的生存条件的关系才会出现。在文化初期,已经取得的劳动生产力很低,但是需要也很低,需要是同满足需要的手段一同发展的,并且是依靠这些手段发展的。其次,在这个文化初期,社会上依靠他人劳动来生活的那部分人的数量,同直接生产者的数量相比,是微不足道的。随着社会劳动生产力的增进,这部分人也就绝对地和相对地增大起来。此外,资本关系就是在作为一个长期发展过程的产物的经济土壤之上产生的。作为资本关系的基础和起点的现有的劳动生产率,不是自然的恩惠,而是几十万年历史的恩惠。

撇开社会生产的形态的发展程度不说,劳动生产率是同自然条件相联系的。这些自然条件都可以归结为人本身的自然(如人种等等)和人的周围的自然。外界自然条件在经济上可以分为两大类:生活资料的自然富源,例如土壤的肥力、渔产丰富的水域等等;劳动资料的自然富源,如奔腾的瀑布、可以航行的河流、森林、金属、煤炭等等。在文化初期,第一类自然富源具有决定性的意义;在较高的发展阶段,第二类自然富源具有决定性的意义。

资本主义生产一旦成为前提,在其他条件不变和工作日保持一定长度的情况下,剩余劳动量随劳动的自然条件,特别是随土壤的肥力而变化。但决不能反过来说,最肥沃的土壤最适于资本主义生产方式的生长。资本主义生产方式以人对自然的支配为前提。过于富饶的自然"使人离不开自然的手,就像小孩子离不开引带一样"。它不能使人自身的发展成为一种自然必然性。资本的祖国不是草木繁茂的热带,而是温带。不是土壤的绝对肥力,而是它的差异性和它的自然产品的多样性,形成社会分工的自然基础,并且通过人所处的自然环境的变化,促使他们自己的需要、能力、劳动资料和劳动方式趋于多样化。社会地控制自然力,从而节约地利用自然力,用人力兴建大规模的工程占有或驯服自然力——这种必要性在产业史上起着最有决定性的作用。如埃及、伦巴第、荷兰等地的治水工程就是例子。或者如印度、波斯等地,在那里人们利用人工渠道进行灌溉,不仅使土地获得必不可少的水,而且使矿物质肥料同淤泥一起从山上流下来。兴修水利是阿拉伯人统治下的西班牙和西西里岛产业繁荣的秘密。

良好的自然条件始终只提供剩余劳动的可能性,从而只提供剩余价值或剩余产品的可能性,而决不能提供它的现实性。劳动的不同的自然条件使同一劳动量在不同的国家可以满足不同的需要量,因而在其他条件相似的情况下,使得必要劳动时间各不相同。这些自然条件只作为自然界限对剩余劳动发生影响,就是说,它们只确定开始为别人劳动的起点。产业越进步,这一自然界限就越退缩。在西欧社会中,工人只有靠剩余劳动才能买到为维持自己生存而劳动的许可,因此容易产生一种错觉,似乎提供剩余产品是人类劳动的一种天生的性质。

同历史地发展起来的社会劳动生产力一样,受自然制约的劳动生产力也表现为合并劳动的资本的生产力。

第 15 章
劳动力价格和剩余价值的量的变化

劳动力价值是由平均工人通常必要的生活资料的价值决定的。这些生活资料在形式上虽然可能有变化，但是在一定社会的一定时代，它们的量是一定的，所以可以看做是一个不变量。变化的是这个量的价值。还有两个因素决定劳动力的价值。一个是劳动力的发展费用，这种费用是随生产方式的变化而变化的；另一个是劳动力的自然差别：是男劳动力还是女劳动力，是成年劳动力还是未成年劳动力。这些不同劳动力的使用（这又是由生产方式决定的）在工人家庭的再生产费用上和在成年男工的价值上都造成很大的差别。但是在下面的研究中，是撇开这两个因素的。

我们假定：1. 商品是按照它的价值出售的；2. 劳动力的价格有时可能比它的价值高，但从不比它的价值低。

在这种假定下，我们看到，劳动力价格和剩余价值的相对量取决于三种情况：1. 工作日的长度，或劳动的外延量；2. 正常的劳动强度，或劳动的内涵量，即一定时间内耗费一定量的劳动；3. 最后，劳动生产力，即由于生产条件发展程度的不同，等量的劳动在同样时间内会提供较多或较少的产品量。显然，这三个因素可以有各种各样的组合：或者是其中一个因素不变，其他两个因素可变；或者两个因素不变，一个因素可变；最后，或者三个因素同时变化。这些因素同时变化时，又因为变化的大小和方向可以不同，组合也就更加多种多样了。下面只谈谈几种最主要的组合。

1. 工作日的长度和劳动强度不变（已定），劳动生产力可变

在这个假定下，劳动力的价值和剩余价值是由三个规律决定的：

第一，不论劳动生产率如何变化，从而不论产品量和单个商品的价格如何变化，一定长度的工作日总表现为相同的价值产品。

第二，劳动力的价值和剩余价值按照相反的方向变化。劳动生产力的变化，它的提高或降低，按照相反的方向影响劳动力的价值，按照相同的方向影响剩余价值。

第三，剩余价值的增加或减少始终是劳动力价值相应的减少或增加的结果，而绝不是这种减少或增加的原因。

2. 工作日和劳动生产力不变，劳动强度可变

劳动强度的提高是以在同一时间内劳动消耗的增加为前提的。因此，一个强度较大的工作日比一个时数相同但强度较小的工作日体现为更多的产品。诚然，在劳动生产力提高时，同一个工作日就提供较多的产品。但在后一种情况下，由于产品所费劳动比以前少，单个产品的价值就下降；而在前一种情况下，由于产品所费的劳动同以前一样，单个产品的价值保持不变。在这种情况下，产品的数量增加了，但它们的价格没有下降。随着产品数量的增加，它们的价格总额也就增大，但在生产力提高的情况下，同一价值总额不过表现在增大的产品总量上。可见，在劳动时数不变的情况下，强度较大的工作日就体现为较多的价值产品，因而，在货币的价值不变的情况下，也就体现为较多的货币。强度较大的工作日的价值产品随着它的强度同社会的正常强度的偏离程度而变化。因此，同一个工作日不再像以前那样表现为一个不变的价值产品，而是表现为一个可变的价值产品。

3. 劳动生产力和劳动强度不变，工作日可变

工作日可以向两个方向变化。它可以缩短或延长。

（1）在假定的条件下，即在劳动生产力和劳动强度不变时，工作日的缩短不会使劳动力价值，从而不会使必要劳动时间发生变化。它会缩小剩余劳动和剩余价值。随着剩余价值的绝对量的下降，它的相对量，即它同劳动力价值的不变量相比的量也就下降。资本家只有把劳动力价格压低到它的价值以下，才能避免损失。

（2）工作日的延长：假定必要劳动时间是6小时，或劳动力价值是3先令，剩余劳动也是6小时，剩余价值是3先令。那么，整个工作日就是12小时，并表现为6先令的价值产品。如果工作日延长2小时，劳动力价格不变，那么剩余价值的相对量就随同它的绝对量一同增加。

随着工作日的延长，劳动力的价格尽管名义上不变，甚至有所提高，还是可能降到它的价值以下。

4. 劳动的持续时间、劳动生产力和劳动强度同时变化

很明显，在这里可能有许多种组合。可能两个因素变化，一个因素不变，或者三个因素同时发生变化。它们可能在同一程度上或在不同程度上变化，可能向同一方向或向相反的方向变化，以致它们的变化可以部分地或全部地互相抵消。其实，根据Ⅰ、Ⅱ、Ⅲ节所做的解释来分析一切可能的情况并不困难。只要顺次地把其中一个因素视为可变，把其他因素视为不变，就会得到任何一种可能的组合的结果。

第 16 章

剩余价值率的各种公式

我们已经知道,剩余价值率是用下列公式来表示的:

$$\text{I.} \frac{\text{剩余价值}}{\text{可变资本}} \left(\frac{m}{v}\right) = \frac{\text{剩余价值}}{\text{劳动力价值}} = \frac{\text{剩余价值}}{\text{必要劳动}}。$$

前两个公式是价值的比率,第三个公式是生产这些价值所需要的时间的比率,它们表示同一个东西。这些互相替代的公式在概念上是严格的。因此,我们看到,在古典政治经济学中,这些公式诚然在实质上已经制定出来,但是还不是有意识地制定的。在那里我们看到的是下列派生的公式:

$$\text{II.} \frac{\text{剩余劳动}}{\text{工作日}} = \frac{\text{剩余价值}}{\text{产品价值}} = \frac{\text{剩余产品}}{\text{总产品}}。$$

这里,同一个比率交替地在劳动时间的形式上,在劳动时间借以体现的价值的形式上,在这些价值借以存在的产品的形式上表现出来。不言而喻,这里所说的产品价值只能理解为工作日的价值产品,产品价值的不变部分不包括在内。

我在前面已经顺便提到的第三个公式是:

$$\text{III.} \frac{\text{剩余价值}}{\text{劳动力价值}} = \frac{\text{剩余劳动}}{\text{必要劳动}} = \frac{\text{无酬劳动}}{\text{有酬劳动}}。$$

$\frac{无酬劳动}{有酬劳动}$这个公式会引起一种误解,好像资本家是向劳动而不是向劳动力支付报酬,但是这种误解经过前面的说明已经消除了。$\frac{无酬劳动}{有酬劳动}$这个公式只是$\frac{剩余劳动}{必要劳动}$这个公式的通俗的表述。

第六篇 工资

第17章　劳动力的价值或价格转化为工资
第18章　计时工资
第19章　计件工资
第20章　工资的国民差异

第17章
劳动力的价值或价格转化为工资

在资产阶级社会的表面上，工人的工资表现为劳动的价格，表现为对一定量劳动支付的一定量货币。在这里，人们说劳动的价值，并把它的货币表现叫作劳动的必要价格或自然价格。另一方面，人们说劳动的市场价格，也就是围绕着劳动的必要价格上下波动的价格。

但什么是商品的价值呢？这就是耗费在商品生产上的社会劳动的对象形式。我们又用什么来计量商品的价值量呢？用它所包含的劳动量来计量。那么，比如说，一个十二小时工作日的价值是由什么决定的呢？是由一个十二小时工作日中包含的12个劳动小时决定的；这是无谓的同义反复。

实际上，在商品市场上同货币占有者直接对立的不是劳动，而是工人。工人出卖的是他的劳动力。当工人的劳动实际上开始了的时候，它就不再属于工人了，因而也就不再能被工人出卖了。劳动是价值的实体和内在尺度，但是它本身没有价值。

总之，就"劳动的价值和价格"或"工资"这个表现形式不同于它所表现的本质关系，即劳动力的价值和价格而言，我们关于一切表现形式和隐藏在它们背后的基础所说的话，也是适用的。前者是直接地、自发地、作为流行的思维形式再现出来的，而后者只有科学才能揭示出来。

第 18 章

计 时 工 资

我们记得,劳动力总是按一定时期来出卖的。因此,直接表现劳动力的日价值、周价值等等的转化形式,就是"计时工资"的形式,也就是日工资等等。

工人靠日劳动、周劳动等等得到的货币额,形成他的名义的即按价值计算的工资额。

一般的规律就是:如果日劳动、周劳动等等的量已定,那么日工资或周工资就决定于劳动价格,而劳动价格本身或者是随着劳动力的价值而变化,或者是随着劳动力的价格与其价值的偏离而变化。反之,如果劳动价格已定,那么日工资或周工资就决定于日劳动或周劳动的量。

第 19 章

计 件 工 资

　　计件工资无非是计时工资的转化形式,正如计时工资是劳动力的价值或价格的转化形式一样。

　　现在我们比较详细地来考察一下计件工资的特点。

　　在这里,劳动的质量是由产品本身来控制的,产品必须具有平均的质量,计件价格才能得到完全的支付。从这方面说,计件工资是克扣工资和进行资本主义欺诈的最丰富的源泉。

　　实行了计件工资,很自然,工人的个人利益就会使他尽可能紧张地发挥自己的劳动力,而这使资本家容易提高劳动强度的正常程度。同样,延长工作日也是工人的个人利益之所在,因为这样可以提高他的日工资或周工资。这就会引起那种在研究计时工资时已经指出过的反作用,更不用说,即使在计件工资保持不变的情况下,工作日的延长本身就包含着劳动价格的下降。

　　在实行计时工资的情况下,除少数例外,通常是对同样的职能支付同样多的工资;在实行计件工资的情况下,虽然劳动时间的价格是由一定量的产品来计量的,但日工资或周工资却因工人的个人差别而变化,因为某一工人在一定时间内只提供最低限额的产品,另一工人提供平均数额的产品,第三个工人则提供超过平均数额的产品。因此,在这种情况下,各个工人的实际收入,会因其技能、体力、精力、耐力等等的不同而有很大的差别。

第20章
工资的国民差异

每一个国家都有一个中等的劳动强度,在这个强度以下的劳动,在生产一个商品时所耗费的时间要多于社会必要劳动时间,所以不能算作正常质量的劳动。在一个国家内,只有超过国民平均水平的强度,才会改变单纯按劳动的持续时间进行的价值计量。在以各个国家作为组成部分的世界市场上,情形就不同了。国家不同,劳动的中等强度也就不同;有的国家高些,有的国家低些。于是各国的平均数形成一个阶梯,它的计量单位是世界劳动的平均单位。因此,强度较大的国民劳动比强度较小的国民劳动,会在同一时间内生产出更多的价值,从而表现为更多的货币。

但是,价值规律在其国际范围的应用,还会由于下述情况而发生更大的变化:只要生产效率较高的国家没有因竞争而被迫把它们的商品的出售价格降低到和商品的价值相等的程度,生产效率较高的国民劳动在世界市场上也被算作强度较大的劳动。

一个国家的资本主义生产越发达,那里的国民劳动的强度和生产率,就越超过国际水平。因此,不同国家在同一劳动时间内所生产的同种商品的不同量,有不同的国际价值,从而表现为不同的价格,即表现为按各自的国际价值而不同的货币额。所以,货币的相对价值在资本主义生产方式较发达的国家里,比在资本主义生产方式不太发达的国家里要小。由此可以得出结论：名义工资，即表现为货币的劳动力的等价物，在前一种国家会比在后一种国家高；但这绝不是说，实际工资即供工人支配的生活资料也是这样。

但是即使撇开不同国家货币价值的这种相对的差异，也常常可以发现，日工资、周工资等等在前一种国家比在后一种国家高，而相对的劳动价格，即同剩余价值和同产品价值相比较的劳动价格，在后一种国家却比在前一种国家高。

第七篇 资本的积累过程

第21章 简单再生产
第22章 剩余价值转化为资本
第23章 资本主义积累的一般规律
第24章 所谓原始积累
第25章 现代殖民理论

我们在这里一方面假定，生产商品的资本家按照商品的价值出售商品，而不去进一步研究资本家如何回到商品市场：既不研究资本在流通领域里所采取的那些新形式，也不研究这些形式所包含的再生产的具体条件。另一方面，我们把资本主义的生产者当做全部剩余价值的所有者，或者，不妨把他当做所有参加分赃的人的代表。所以，我们首先抽象地来考察积累，也就是把积累只看做直接生产过程的一个要素。

第21章

简单再生产

不管生产过程的社会的形式怎样，生产过程必须是连续不断的，或者说，必须周而复始地经过同样一些阶段。一个社会不能停止消费，同样，它也不能停止生产。因此，每一个社会生产过程，从经常的联系和它不断更新来看，同时也就是再生产过程。

生产的条件同时也就是再生产的条件。任何一个社会，如果不是不断地把它的一部分产品再转化为生产资料或新生产的要素，就不能不断地生产，即再生产。在其他条件不变的情况下，社会在例如一年里所消费的生产资料，即劳动资料、原料和辅助材料，只有在实物形式上为数量相等的新物品所替换，社会才能在原有的规模上再生产或保持自己的财富，这些新物品要从年产品总量中分离出来，重新并入生产过程。因此，一定量的年产品是属于生产的。这部分本来供生产消费之用的产品，就采取的实物形式来说，大多数不适于个人消费。

生产具有资本主义的形式，再生产也就具有同样的形式。在资本主义生产方式下，劳动过程只表现为价值增殖过程的一种手段，同样，再生产也只表现为把预付价值作为资本即作为自行增殖的价值来再生产的一种手段。某个人之所以扮演资本家的经济角色，只是因为他的货币不断地执行资本的职能。比如说，如果100镑预付货币额在今年转化为资本，生产了20镑剩余价值，那么，在明年及以后各年它必须重复同样的活动。剩余价值作为资本价值的周期增加额或处在过程中的资本的周期果实,取得了来源于资本的收入的形式。

如果这种收入只是充当资本家的消费基金,或者说,它周期地获得,也周期地消费掉,那么,在其他条件不变的情况下,这就是简单再生产。虽然简单再生产只是生产过程在原来规模上的重复,但是这种单纯的重复或连续,赋予这个过程以某些新的特征,或者不如说,消除它仅仅作为孤立过程所具有的虚假特征。

生产过程是以购买一定时间的劳动力作为开端的,每当劳动的售卖期限届满,从而一定的生产期间(如一个星期、一个月等等)已经过去,这种开端就又更新。但是,工人只是在自己的劳动力发挥了作用,把它的价值和剩余价值实现在商品上以后,才得到报酬。因此,工人既生产了我们暂时只看做资本家的消费基金的剩余价值,也生产了付给他自己报酬的基金即可变资本,而后者是在它以工资形式流回到工人手里之前生产的,只有当他不断地再生产这种基金的时候,他才被雇用。

因此,可变资本不过是工人为维持和再生产自己所必需的生活资料基金或劳动基金的一种特殊的历史的表现形式;这种基金在一切社会生产制度下都始终必须由劳动者本身来生产和再生产。劳动基金所以不断以工人劳动的支付手段的形式流回到工人手里,只是因为工人自己的产品不断以资本的形式离开工人。但是劳动基金的这种表现形式丝毫没有改变这样一个事实:资本家把工人自己的对象化劳动预付给工人。

诚然,只有从生产过程的不断更新来考察资本主义生产过程,可变资本才会失去从资本家私人基金中预付的价值的性质。但是,这一过程总要从某地某时开始。因此,从我们上面所持的观点来看,下面的情况是可能的:资本家曾经一度依靠某种与无酬的他人劳动无关的原始积累而成为货币占有者,因而能够作为劳动力的购买者进入市场。然而,资本主义生产过程的单纯连续或者说简单再生产,还会引起其他一些特殊的变化,这些变化不仅影响资本的可变部分,而且影响整个资本。

如果1 000镑资本周期地(例如每年)创造剩余价值200镑,而这些剩余价值每年又都被消费掉，那就很清楚，同一过程重复5年以后，所消费的剩余价值量等于5×200，也就是等于原预付资本价值1 000镑。如果年剩余价值只是部分地被消费掉，例如只消费掉一半，那么，在生产过程重复10年以后，也会产生同样的结果，因为10×100=1 000。总之，预付资本价值除以每年所消费的剩余价值，就可以求出，经过若干年或者说经过若干个再生产期间，原预付资本就会被资本家消费掉，因而消失了。资本家认为，他所消费的是他人无酬劳动的产品即剩余价值，而保存了原资本价值，但这种看法绝对不能改变事实。经过若干年以后，资本家占有的资本价值就等于他在这若干年不付等价物而占有的剩余价值额，而他所消费的价值额就等于原有资本价值。诚然，他手中握有一笔数量没有改变的资本，而且其中一部分如厂房、机器等等，在他开始经营的时候就已经存在。但是，这里问题在于资本的价值，而不在于资本的物质组成部分。如果某人借了等于自己全部财产的价值的债务而把全部财产耗尽，那么他的全部财产正好只代表他的全部债务的总额。同样，如果资本家把自己预付资本的等价物消费掉，那么这些资本的价值不过只代表他无偿占有的剩余价值的总额。他的原有资本的任何一个价值原子都不复存在了。

因此，撇开一切积累不说，生产过程的单纯连续或者说简单再生产，经过一个或长或短的时期以后，必然会使任何资本都转化为积累的资本或资本化的剩余价值。即使资本在进入生产过程的时候是资本使用者本人挣得的财产，它迟早也要成为不付等价物而被占有的价值，成为无酬的他人劳动在货币形式或其他形式上的化身。

工人本身不断地把客观财富当做资本，当做同他相异己的、统治他和剥削他的权利来生产，而资本家同样不断地把劳动力当做主观的、同它本身对象化在其中和借以实现的资料相分离的、抽象的、只存在于工人身体中的财富源泉来生产，一句话，就是把工人当做雇佣工人来生产。工人的这种不断再生产或永久化是资本主义生产的必不可少的条件。

工人的消费有两种。在生产本身中他通过自己的劳动消费生产资料，并把生产资料转化为价值高于预付资本价值的产品。这是他的生产消费。同时这也是购买他的劳动力的资本家对他的劳动力的消费。另一方面，工人把购买他的劳动力而支付给他的货币用于生活资料：这是他的个人消费。可见，工人的生产消费和个人消费是完全不同的。在前一种消费下，工人起资本动力的作用，属于资本家；在后一种消费下，他属于自己，在生产过程以外执行生活职能。前一种消费的结果是资本家的生存，后一种消费的结果是工人自己的生存。

  只要我们考察的不是单个资本家和单个工人，而是资本家阶级和工人阶级，不是孤立的商品生产过程，而是在社会范围内不断进行的资本主义生产过程，情况就不同了。当资本家把自己一部分资本转变为劳动力时，他就由此增殖了自己的总资本。他一举两得。他不仅从他由工人那里取得的东西中，而且从他给工人的东西中获取利益。用来交换劳动力的资本转化为生活资料，这种生活资料的消费是为了再生产现有工人的肌肉、神经、骨骼、脑髓和生出新的工人。因此，工人阶级的个人消费，在绝对必要的限度内，只是把资本用来交换劳动力的生活资料再转化为可供资本重新剥削的劳动力。这种消费是资本家最不可少的生产资料即工人本身的生产和再生产。可见，工人的个人消费，不论在工场、工厂等以内或以外，在劳动过程以内或以外进行，总是资本生产和再生产的一个要素，正像擦洗机器，不论在劳动过程中或劳动过程的一定间歇中进行，总是生产和再生产的一个要素一样。

  从社会角度来看，工人阶级，即使在直接劳动过程以外，也同死的劳动工具一样是资本的附属物。甚至工人阶级的个人消费，在一定限度内，也不过是资本再生产过程的一个要素。不过，这个过程关心的是，它不让这些有自我意识的生产工具在它不断使他们的劳动产品从他们这一极移到资本那一极时跑掉。个人消费一方面保证他们维持自己和再生产自己，另一方面通过生活资料的耗费来保证他们不断重新出现在劳动市场上。罗马的奴隶是由锁链、雇佣工人则由看不见的线系在自己的所有者手里。他的独立性这种假象是由雇主的经常更换以及契约的法律拟制来保持的。生产资本关系本身：一方面是资本家，另一方面是雇佣工人。

第 22 章
剩余价值转化为资本

1. 规模扩大的资本主义生产过程。商品生产所有权规律转变为资本主义占有规律

我们以前考察了剩余价值怎样从资本产生,现在我们考察资本怎样从剩余价值产生。把剩余价值当做资本使用,或者说,把剩余价值再转化为资本,叫作资本积累。

要积累,就必须把一部分剩余产品转化为资本。但是,如果不是出现了奇迹,能够转化为资本的,只是在劳动过程中可使用的物品,即生产资料,以及工人用以维持自身的物品,即生活资料。所以,一部分年剩余劳动必须用来制造追加的生产资料和生活资料,它们要超过补偿预付资本所需的数量。总之,剩余价值所以能转化为资本,只是因为剩余产品(它的价值就是剩余价值)已经包含了新资本的物质组成部分。

但要使这些组成部分真正执行资本的职能,资本家阶级还需要追加劳动。如果从外延方面或内涵方面都不能增加对已经就业的工人的剥削,那就必须雇用追加的劳动力。而资本主义生产的机制也已经考虑到了这一点,因为它把工人阶级当做靠工资过活的阶级再生产出

来，让他们的通常的工资不仅够用来维持自己，而且还够用来进行繁殖。资本只要把工人阶级每年向它提供的各种年龄的追加劳动力同已经包含在年产品中的追加生产资料合并起来，剩余价值向资本的转化就完成了。具体说来，积累就是资本以不断扩大的规模进行的再生产。

我们在这里撇开资本家自己所消费的那部分剩余价值不说。追加资本是同原有资本合并，还是同它分开而独立增殖；是由积累它的同一资本家使用，还是转入别的资本家手中，这些我们暂时也不必过问。只是我们不应当忘记，在新形成的资本旁边，原有资本仍在继续再生产自己，并生产剩余价值，而且每一个积累的资本就它同自己所创造的追加资本的关系来说，也是这样。

如果追加资本所雇用的就是把它生产出来的人，那么他们首先必须继续使原有资本增殖，其次要对自己过去劳动的产品用比它所费劳动更多的劳动买回来。如果我们把这看做资本家阶级和工人阶级之间的交易，那么，即使用从前雇用的工人的无酬劳动来雇用追加的工人，问题的实质也不会有丝毫改变。资本家也许还把追加资本转化为机器，而机器又把这种追加资本的生产者抛向街头，用几个儿童来代替他们。不管怎样，工人阶级总是用他们这一年的剩余劳动创造了下一年雇用追加劳动的资本。这就是所谓"资本生资本"。

第一个追加资本2 000镑的积累的前提，是资本家所预付的、由于他的"最初劳动"而属于他的10 000镑价值额。而第二个追加资本400镑的前提，只能是第一个追加资本2 000镑的先行积累，400镑就是这2 000镑的资本化的剩余价值。现在，对过去无酬劳动的所有权，成为现今以日益扩大的规模占有活的无酬劳动的唯一条件。资本家积累得越多，他就越能更多地积累。

既然构成第一个追加资本的剩余价值，是用一部分原资本购买劳动力的结果，而这种购买符合商品交换的规律，从法律上看来，这种购买的前提不外是工人自由地支配自己的能力，而货币或商品的占有者自由地支配属于他的价值；既然第二个追加资本等等不过是第一个追加资本的结果，因而是前一种关系的结果；既然每一次交易始终符合商品交换的规律，资本家总是购买劳动力，工人总是出卖劳动力，甚至可以假定这种交易是按劳动力的实际价值进行的；那么很明显，以商品生产和商品流通为基础的占有规律或私有权规律，通过它本身的、内在的、不可避免的辩证法转变为自己的直接对立物。表现为最初活动的等价物交换，已经变得仅仅在表面上是交换，因为，第一，用来交换劳动力的那部分资本本身只是不付等价物而占有的他人的劳动产品的一部分；第二，这部分资本不仅必须由它的生产者即工人来补偿，而且在补偿时还要加上新的剩余额。这样一来，资本家和工人之间的交换关系，仅仅成为属于流通过程的一种表面现象，成为一种与内容本身无关的并只是使它神秘化的形式。劳动力的不断买卖是形式。其内容则是，资本家用他总是不付等价物而占有的他人的已经对象化的劳动的一部分，来不断再换取更大量的他人的活劳动。最初，在我们看来，所有权似乎是以自己的劳动为基础的。至少我们应当承认这样的假定，因为互相对立的仅仅是权利平等的商品占有者，占有他人商品的手段只能是让渡自己的商品，而自己的商品又只能是由劳动创造的。现在，所有权对于资本家来说，表现为占有他人无酬劳动或它的产品的权利，而对于工人来说，则表现为不能占有自己的产品。所有权和劳动的分离，成了似乎是一个以它们的同一性为出发点的规律的必然结果。

因此，不论资本主义占有方式好像同最初的商品生产规律如何矛盾，但这种占有方式的产生绝不是由于这些规律遭到违反，相反地，是由于这些规律得到应用。只要略微回顾一下以资本主义积累为终点的各个依次发生的运动阶段，就可以再次弄清楚这一点。

首先我们看到，一个价值额最初转化为资本是完全按照交换规律进行的。契约的一方出卖自己的劳动力，他方购买劳动力。前者取得自己商品的价值，从而把这种商品的使用价值即劳动让渡给后者。后者就借助于现在也归他所有的劳动，把已经归他所有的生产资料转化为一种新产品，这个产品在法律上也归他所有。

这个产品的价值首先包含了已被消费掉的生产资料的价值。有用劳动不把生产资料的价值转移到新产品上去，就不能消费这些生产资料；但劳动力要卖得出去，必须能够向使用它的工业部门提供有用劳动。

其次，新产品的价值包含了劳动力价值的等价物和一个剩余价值。这是由于按一定时期（一日、一周等等）出卖的劳动力的价值，低于它在这期间被使用后所创造的价值。但是，工人得到了付给他的劳动力的交换价值，让渡了他的劳动力的使用价值，这同任何买卖都一样。

劳动力这种特殊商品具有独特的使用价值，它能提供劳动，从而能创造价值，但这并不触犯商品生产的一般规律。所以，如果说预付在工资上的价值额不仅在产品中简单地再现出来，而且还增加了一个剩余价值，那么，这也并不是由于卖者被欺诈——他已获得了自己商品的价值——而只是由于买者消费了这种商品。

交换规律只要求彼此出让的商品的交换价值相等。这一规律甚至从来就要求商品的使用价值各不相同，并且同它们的消费毫无关系，因为消费只是在买卖结束和完成以后才开始的。

可见，货币最初转化为资本，是完完全全符合商品生产的经济规律以及由此产生的所有权的。尽管这样，这种转化仍然有以下的结果。

1. 产品属于资本家，而不属于工人；

2. 这一产品的价值除包含预付资本的价值外，还包含剩余价值，后者要工人耗费劳动，而不要资本家耗费任何东西，但它却成为资本家的合法财产；

3. 工人保持了自己的劳动力，只要找到买者就可以重新出卖。

简单再生产仅仅是这种最初的活动的周期反复。货币总是一次又一次地重新转化为资本。因此，规律并没有遭到违反，相反地，只是得到不断发生作用的机会。

诚然，如果我们对资本主义生产从它的更新的不间断进行中加以考察，而且我们考察的不是单个资本家和单个工人，而是他们的整体，即资本家阶级和与它对立的工人阶级，那么，情况就会完全不同了。但这样一来，我们就得应用一个与商品生产完全不同的标准。

在商品生产中，互相对立的仅仅是彼此独立的卖者和买者。他们之间的相互关系随着他们所签订的契约期满而告结束。要是交易重复进行，那是由于订了新的契约，它同以前的契约完全无关，在这里同一买者和同一卖者再次碰在一起只是偶然的事情。

因此，如果要把商品生产或属于商品生产的过程按商品生产本身的经济规律来加以判断，我们就必须把每个交换行为就其本身来加以考察，撇开它与以前和以后的交换行为的一切联系。因为买卖只是在个别人之间进行，所以不可能在这里去寻找整个社会阶级之间的关系。

现在执行职能的资本，不管它经过的周期的再生产和先行积累的系列多么长，总是保持着它本来的处女性。尽管每一个单独考察的交换行为仍遵循交换规律，但占有方式却会发生根本的变革，而这丝毫不触犯与商品生产相适应的所有权。这同一所有权，在产品归生产者所有，生产者用等价物交换等价物，只能靠自己劳动致富的初期，是有效的；在社会财富越来越多地成为那些能不断地重新占有别人无酬劳动的人的财产的资本主义时期，也是有效的。

一旦劳动力由工人自己作为商品自由出卖，这种结果就是不可避免的。但只有从这时起，商品生产才普遍化，才成为典型的生产形式；只有从这时起，每一个产品才一开始就是为卖而生产，而生产出来的一切财富都要经过流通。只有当雇佣劳动成为商品生产的基础时，商品生产才强加于整个社会；但也只有这时，它才能发挥自己的全部潜力。说雇佣劳动的介入使商品生产变得不纯，那就等于说，商品生产要保持纯粹性，它就不该发展。商品生产按自己本身内在的规律越是发展成为资本主义生产，商品生产的所有权规律也就越是转变为资本主义的占有规律。

2. 政治经济学关于规模扩大的再生产的错误见解

在进一步探讨积累或剩余价值再转化为资本的某些规定以前，我们必须清除古典经济学提出的一种含糊观点。

李嘉图和一切以后的经济学家追随亚当·斯密一再重复地说"加入资本的那部分收入，是由生产工人消费的"，这就大错特错了。根据这种看法，所有转化为资本的剩余价值都要成为可变资本了。其实，剩余价值和原预付价值一样，分成不变资本和可变资本，分成生产资料和劳动力。劳动力是可变资本在生产过程中的存在形式。在这个过程中，它本身被资本家消费了。它通过自己的职能——劳动——消费生产资料。同时，购买劳动力所付出的货币，转化为不是由"生产劳动"而是由"生产工人"消费的生活资料。

3. 剩余价值分为资本和收入。节欲论

剩余价值一部分由资本家作为收入消费，另一部分用作资本或积累起来。

在剩余价值量已定时，这两部分中的一部分越大，另一部分就越小。在其他一切条件不变的情况下，这种分割的比例决定着积累量。而谁进行这种分割呢？是剩余价值的所有者资本家。因此，这是他的意志行为。至于他所征收的贡品中由他积累的部分，据说是他节约下来的，因为他没有把它吃光用尽，也就是说，因为他执行了他作为资本家的职能，即执行使自己致富的职能。

资本家只有作为人格化的资本，他才有历史的价值……也只有这样，他本身的暂时必然性才包含在资本主义生产方式的暂时必然性中。但既然这样，他的动机，也就不是使用价值和享受，而是交换价值和交换价值的增殖了。作为价值增殖的狂热追求者，他肆无忌惮地迫使人类去为生产而生产，从而去发展社会生产力，去创造生产的物质条件；而只有这样的条件，才能为一个更高级的、以每一个个人的全面而自由的发展为基本原则的社会形式建立现实基础。只有作为资本的人格化，资本家才受到尊敬。作为资本的人格化，他同货币贮藏者一样，具有绝对的致富欲。但是，在货币贮藏者那里表现为个人的狂热的事情，在资本家那里却表现为社会机制的作用，而资本家不过是这个社会机制中的一个主动轮罢了。此外，资本主义生产的发展，使投入工业企业的资本有不断增长的必要，而竞争使资本主义生产方式的内在规律作为外在的强制规律支配着每一个资本家。竞争迫使他不断扩大自己的资本来维持自己的资本，而他扩大资本只能靠累进的积累。

在资本主义生产方式的历史初期——每个资本主义的暴发户都个

别地经过这个历史阶段——致富欲和贪欲作为绝对的欲望占统治地位。但资本主义生产的进步不仅创立了一个享乐世界；随着投机和信用事业的发展，它还开辟了千百个突然致富的源泉。在一定的发展阶段上，已经习以为常的挥霍，作为炫耀富有从而取得信贷的手段，甚至成了"不幸的"资本家营业上的一种必要。奢侈被列入资本的交际费用。此外，资本家财富的增长，不是像货币贮藏者那样同自己的个人劳动和个人消费的节约成比例，而是同他榨取别人的劳动力的程度和强使工人放弃一切生活享受的程度成比例的。因此，虽然资本家的挥霍从来不像放荡的封建主的挥霍那样是直截了当的，相反地，在它的背后总是隐藏着最肮脏的贪欲和最小心的盘算；但是资本家的挥霍仍然和积累一同增加，一方决不会妨害另一方。因此，在资本家个人的崇高的心胸中同时展开了积累欲和享受欲之间的浮士德式的冲突。

艾金医生在1795年发表的一部著作中说：

"曼彻斯特的工业可分为四个时期。在第一个时期，工厂主为了维持生活，不得不辛勤劳动。"

在机器生产出现以前，工厂主们晚上在酒店聚会时花的费用，从来不会超过6便士一杯果汁酒和1便士一包烟叶。直到1758年，才出现了划时代的事情，人们第一次看到"一个实际从事营业的人坐上自己的马车"！"第四个时期"，即18世纪最后30多年，"是穷奢极欲，大肆挥霍的时期，这是靠扩大营业来维持的"。如果善良的艾金医生今天在曼彻斯特复活的话，他又将说些什么呢！

在极不相同的经济的社会形态中，不仅都有简单再生产，而且都有规模扩大的再生产，虽然程度不同。生产和消费会累进地增加，因此，转化为生产资料的产品也会累进地增加。但是，只要工人的生产资料，从而他的产品和生活资料，还没有以资本形式同他相对立，这个过程就不会表现为资本积累，因而也不会表现为资本家的职能。

4. 几种同剩余价值分为资本和收入的比例无关但决定积累量的情况：劳动力的剥削程度；劳动生产力；所使用的资本和所消费的资本之间差额的扩大；预付资本的量

假设剩余价值分为资本和收入的比例已定，积累的资本量显然取决于剩余价值的绝对量。

我们记得，剩余价值率首先取决于劳动力的剥削程度。政治经济学非常重视剥削程度的这种作用，以致有时把由于提高劳动生产率而造成的积累的加速和由于加强对工人的剥削而造成的积累的加速等同起来。在论述剩余价值的生产的那几篇里，我们总是假定工资至少和劳动力的价值相等。但是，把工资强行压低到这一价值以下，在实际运动中起着极为重要的作用。

资本积累的另一个重要的因素是社会劳动生产率的水平。

随着劳动生产力的提高，表现一定价值从而一定量剩余价值的产品量也会提高。在剩余价值率不变甚至下降，但其下降比劳动生产力的提高缓慢的情况下，剩余产品量也会增加。因此，在剩余产品分为收入和追加资本的比例保持不变的情况下，资本家的消费可以增加，而积累基金并不减少。积累基金的相对量甚至可以靠牺牲消费基金而增加，而由于商品变得便宜，资本家享用的消费品仍和过去相等甚至比过去还多。但是我们已经知道，工人之变得便宜，从而剩余价值率的增加，是同劳动生产率的提高携手并进的，即使在实际工资提高的情况下也是如此。实际工资从来不会和劳动生产率按同一比例增加。这样，同一可变资本价值会推动更多的劳动力，从而推动更多的劳动。同一不变资本价值会表现为更多的生产资料，即表现为更多的劳动资料、劳动材料和辅助材料，从而会提供更多的形成产品和价值的要素，或者说，提供更多的吮吸劳动的要素。因此，在追加资本的价值不变甚至降低的情况下，积累仍然可以加快。不仅再生产的规模在物质上扩大了，而且剩余价值的生产也比追加资本的价值增长得更快。

劳动生产力的发展也会对原资本或已经处于生产过程中的资本发生反作用。执行职能的不变资本的一部分是由劳动资料如机器等等构成的，这些劳动资料只有经过一个较长的时期，才会被消费掉，因而被再生产出来或被同一种新的物品所替换。但是，这些劳动资料每年都有一部分死亡，或者说，达到了它的生产职能的终点。因此，每年都有一部分是处在周期的再生产或被同一种新的物品所替换的阶段。如果生产这些劳动资料的部门的劳动生产力发展了，而劳动生产力是随着科学和技术的不断进步而不断发展的，那么旧的机器、工具、器械等等就会被效率更高的、从功效来说更便宜的机器、工具和器械等等所代替。撇开现有的劳动资料在细节上的不断改进不说，旧的资本也会以生产效率更高的形式再生产出来。不变资本的另一部分，即原料和辅助材料在一年当中不断地再生产出来，而其中由农业生产的大多是一年再生产一次。因此，改良方法等等的每次采用，在这里对追加资本和已在执行职能的资本几乎同时发生影响。化学的每一个进步不仅增加有用物质的数量和已知物质的用途，从而随着资本的增长扩大投资领域。同时，它还教人们把生产过程和消费过程中的废料投回到再生产过程的循环中去，从而无需预先支出资本，就能创造新的资本材料。正像只要提高劳动力的紧张程度就能加强对自然财富的利用一样，科学和技术使执行职能的资本具有一种不以它的一定量为转移的扩张能力。同时，这种扩张能力对原资本中已进入更新阶段的那一部分也发生反作用。资本以新的形式无代价地合并了在它的旧形式背后所实现的社会进步。当然，生产力的这种发展同时会使正在执行职能的资本部分地贬值。只要这种贬值通过竞争被人们痛切地感觉到，主要负担就会落到工人身上，资本家力图用加强对工人剥削的办法来弥补自己的损失。

劳动把它所消费的生产资料的价值转移到产品上去。另一方面，一定量的劳动所推动的生产资料的价值和数量是同劳动的生产效率的提高成比例地增加的。因此，虽然同量的劳动始终只是给自己的产品增加同量的新价值，但是，随着劳动生产率的提高，同时由劳动转移到产品上的旧资本的价值仍会增加。

随着资本的增长，所使用的资本和所消费的资本之间的差额也在增大。换句话说，劳动资料如建筑物、机器、排水管、役畜以及各种器械的价值量和物质量都会增加，这些劳动资料在或长或短的一个时期里，在不断反复进行的生产过程中，用自己的整体执行职能，或者说，为达到某种有用的效果服务，而它们本身却是逐渐损耗的，因而是一部分一部分地丧失自己的价值，也就是一部分一部分地把自己的价值转移到产品中去。这些劳动资料越是作为产品形成要素发生作用而不把价值加到产品中去，也就是说，它们越是整个地被使用而只是部分地被消费，那么，它们就越是像我们在上面说过的自然力如水、蒸汽、空气、电力等等那样，提供无偿的服务。被活劳动抓住并赋予生命的过去劳动的这种无偿服务，会随着积累规模的扩大而积累起来。

在劳动力的剥削程度已定的情况下，剩余价值量就取决于同时被剥削的工人人数，而工人人数和资本的量是相适应的，虽然它们的比例是变动着的。所以，资本由于连续的积累而增加得越多，分为消费基金和积累基金的价值额也就增加得越多。因此，资本家既能过更优裕的生活，又能更加"禁欲"。最后，生产的规模越是随着预付资本量一同扩大，生产的全部发条也就运作得越是有力。

5. 所谓劳动基金

可变资本的物质存在，即它所代表的工人生活资料的量或所谓劳动基金，被虚构为社会财富中一个受自然锁链束缚的而且不能突破的特殊部分。为了推动社会财富中要作为固定资本，或从物质方面说，要作为生产资料执行职能的那一部分，必须有一定量的活劳动。这个量是由工艺所确定的。但是，推动这一劳动量所需要的工人人数不是已定的，因为这个数目随着单个劳动力的剥削程度而变化，这个劳动力的价格也不是已定的，已定的只是它的具有很大弹性的最低界限。这一教条所依据的事实是：一方面，工人对社会财富分为非劳动者的消费品和生产资料这一点无权过问；另一方面，工人只有在幸运的例外情况下才有可能靠牺牲富人的"收入"来扩大所谓"劳动基金"。

把劳动基金的资本主义界限改写成劳动基金的社会的自然界限。

第23章
资本主义积累的一般规律

1. 在资本构成不变时，对劳动力的需求随积累的增长而增长

我们在这一章要研究资本的增长对工人阶级的命运产生的影响。在这种研究中，最重要的因素是资本的构成和它在积累过程进行中所起的变化。

资本的构成要从双重的意义上来理解。从价值方面来看，资本的构成是由资本分为不变资本和可变资本的比率，或者说，分为生产资料的价值和劳动力的价值即工资总额的比率来决定的。从在生产过程中发挥作用的物质方面来看，每一个资本都分为生产资料和活的劳动力；这种构成是由所使用的生产资料量和为使用这些生产资料而必需的劳动量之间的比率来决定的。我把前一种构成叫作资本的价值构成，把后一种构成叫作资本的技术构成。二者之间有密切的相互关系。为了表达这种关系，我把由资本技术构成决定并且反映技术构成变化的资本价值构成，叫作资本的有机构成。凡是简单地说资本构成的地方，始终应当理解为资本的有机构成。

投入一定生产部门的许许多多单个资本，在构成上或多或少是不

同的。把这些资本的一个个构成加以平均，就得出这个生产部门的总资本的构成。最后，把一切生产部门的平均构成加以总平均，就得出一个国家的社会资本的构成，我们以下要谈的归根到底只是这种构成。

资本的增长包含它的可变组成部分，即转变为劳动力的组成部分的增长。转化为追加资本的剩余价值总要有一部分再转化为可变资本，或追加的劳动基金。假定资本的构成不变，也就是说，为了推动一定量的生产资料或不变资本始终需要同量劳动力，同时其他情况也不变，那么，对劳动的需要和工人的生存基金，显然按照资本增长的比例而增长，而且资本增长得越快，它们也增长得越快。因为资本每年都生产出剩余价值，其中的一部分每年都并入原资本，因为这种增殖额本身随着已经执行职能的资本的规模的扩大每年都在增长，最后，因为在致富欲的特殊的刺激下，例如，在由于新发展起来的社会需要而开辟了新的市场、新的投资领域等等的情况下，只要改变剩余价值或剩余产品分为资本和收入的比例，积累的规模就能突然扩大，所以，资本的积累需要，能够超过劳动力或工人人数的增加，对工人的需要，能够超过工人的供给，这样一来，工资就会提高。只要上述假定一直不变，这种情况最终一定会发生。因为雇用的工人一年比一年多，所以迟早必定会出现这样的时候：积累的需要开始超过通常的劳动供给，于是工资提高。在整个15世纪和18世纪上半叶，在英国就可以听到这方面的怨言。但是这些多少有利于雇佣工人的维持和繁殖的情况，丝毫不会改变资本主义生产的基本性质。简单再生产不断地再生产出资本关系本身：一方面是资本家，另一方面是雇佣工人；同样，规模扩大的再生产或积累再生产出规模扩大的资本关系：一极是更多的或更大的资本家，另一极是更多的雇佣工人。劳动力必须不断地作为价值增殖的手段并入资本，不能脱离资本，它对资本的从属关系只是由于它时而卖给这个资本家，时而卖给那个资本家才被掩盖起来，所以，劳动力的再生产实际上是资本本身再生产的一个因素。因此，资本的积累就是无产阶级的增加。

资本的剥削和统治的范围只是随着它本身的规模和它的臣民人数的增加而扩大。在工人自己所生产的日益增加的并且越来越多地转化为追加资本的剩余产品中，会有较大的部分以支付手段的形式流回到工人手中，使他们能够扩大自己的享受范围，有较多的衣服、家具等消费基金，并且积蓄一小笔货币准备金。但是，吃穿好一些，待遇高一些，特有财产多一些，不会消除奴隶的从属关系和对他们的剥削，同样，也不会消除雇佣工人的从属关系和对他们的剥削。由于资本积累而提高的劳动价格，实际上不过表明，雇佣工人为自己铸造的金锁链已经够长够重，容许把它略微放松一点。在关于这一问题的争论中，大都把主要的东西，即资本主义生产的具有代表性的特征忽略了。在这里，购买劳动力，不是为了用它的服务或它的产品来满足买者的个人需要。买者的目的是增殖他的资本，是生产商品，使其中包含的劳动比他支付了报酬的劳动多，也就是包含一个不花费他什么但会通过商品的出售得到实现的价值部分。生产剩余价值或赚钱，是这个生产方式的绝对规律。劳动力只有在它会把生产资料当做资本来保存，把自身的价值当做资本再生产出来，并且以无酬劳动提供追加资本的源泉的情况下，才能够卖出去。所以，劳动力的出卖条件不管对工人怎样有利，总要使劳动力不断地再出卖，使财富作为资本不断地扩大再生产。我们已经知道，工资按其本性来说，要求工人不断地提供一定数量的无酬劳动。即使完全撇开工资提高而劳动价格同时下降等情况不说，工资的增大至多也不过说明工人必须提供的无酬劳动量的减少。这种减少永远也不会达到威胁制度本身的程度。

作为所谓"自然人口规律"的基础的资本主义生产规律，可以简单地归结如下：资本、积累同工资率之间的关系，不外是转化为资本的无酬劳动和为推动追加资本所必需的追加劳动之间的关系。因此，这绝不是两个彼此独立的量，即资本量和工人人口数量之间的关系；相反地，归根到底这只是同一工人人口所提供的无酬劳动和有酬劳动之间的关系。如果工人阶级提供的并由资本家阶级所积累的无酬劳动量增长得十分迅速，以至于只有大大追加有酬劳动才能转化为资本，那么，工资就会提高，而在其他一切情况不变时，无酬劳动就会相应地减少。但是，一旦这种减少达到这样一点，即滋养资本的剩余劳动不再有正常数量的供应时，反作用就会发生：收入中资本化的部分减少，积累削弱，工资的上升运动受到反击。可见，劳动价格的提高被限制在这样的界限内,这个界限不仅使资本主义制度的基础不受侵犯,而且还保证资本主义制度的规模扩大的再生产。可见,被神秘化为一种自然规律的资本主义积累规律,实际上不过表示:资本主义积累的本性,决不允许劳动剥削程度的任何降低或劳动价格的任何提高有可能严重地危及资本关系的不断再生产和它的规模不断扩大的再生产。在一种不是物质财富为工人的发展需要而存在,相反是工人为现有价值的增殖需要而存在的生产方式下,事情也不可能是别的样子。

2. 在积累和伴随积累的积聚的进程中资本可变部分相对减少

一旦资本主义制度的一般基础奠定下来,在积累过程中就一定会出现一个时刻,那时社会劳动生产率的发展成为积累的最强有力的杠杆。

劳动生产率的增长,表现为劳动的量比它所推动的生产资料的量相对减少,或者说,表现为劳动过程的主观因素的量比它的客观因素的量相对减少。

资本技术构成的这一变化,即生产资料的量比推动它的劳动力的量相对增长,又反映在资本的价值构成上,即资本价值的不变组成部分靠减少它的可变组成部分而增加。

每一单个资本都是生产资料的或大或小的积聚,并且相应地指挥着一支或大或小的劳动军。每一个积累都成为新的积累的手段。这种积累随着执行资本职能的财富数量的增多而扩大这种财富在单个资本家手中的积聚,从而扩大了规模生产和特殊的资本主义的生产方法的基础。社会资本的增长是通过许多单个资本的增长来实现的。假定其他一切条件不变,各单个资本以及与之相联的生产资料的积聚,会按照它们各自在社会总资本中所占份额的比例而增长。同时,从原资本上会分出枝杈来,作为新的独立资本执行职能。在这方面,资本家家庭内部的分产起着重大作用。因此,随着资本的积累,资本家的人数也多少有所增加。这种直接以积累为基础的或不如说和积累等同的积聚，有两个特征。第一，在其他条件不变的情况下，社会生产资料在单个资本家手中积聚的增进，受社会财富增长程度的限制。第二，社会资本中固定在每个特殊生产部门的部分，分在许多资本家身上，他们作为独立的和互相竞争的商品生产者彼此对立着。

社会总资本这样分散为许多单个资本，或它的各部分间的互相排斥，又遇到各部分间的互相吸引的反作用。这已不再是生产资料和对劳动的支配权的简单的、与积累等同的积聚。这是已经形成的各资本的积聚，是它们的个体独立性的消灭，是资本家剥夺资本家，是许多小资本转化为少数大资本。这一过程和前一过程不同的地方就在于，它仅仅以已经存在的并且执行职能的资本在分配上的变化为前提，因而，它的作用范围不受社会财富的绝对增长或积累的绝对界限的限制。资本所以能在这里，在一个人手中膨胀成很大的量，是因为它在那里，在许多人手中丧失了。这是不同于积累和积聚的本来意义的集中。

资本的这种集中或资本吸引资本的规律，不可能在这里加以阐述。简单地提一些事实就够了。竞争斗争是通过使商品便宜来进行的。在其他条件不变时，商品的便宜取决于劳动生产率，而劳动生产率又取决于生产规模。因此，较大的资本战胜较小的资本。其次，我们记得，随着资本主义生产方式的发展，在正常条件下经营某种行业所需要的单个资本的最低限量提高了。因此，较小的资本挤到那些大工业还只是零散地或不完全地占领的生产领域中去。在那里，竞争的激烈程度同互相竞争的资本的多少成正比，同互相竞争的资本的大小成反比。竞争的结果总是许多较小的资本家垮台，他们的资本一部分转入胜利者手中，一部分归于消灭。除此而外，一种崭新的力量——信用事业，随同资本主义的生产而成长起来。起初，它作为积累的小小的助手不声不响地挤了进来，通过一根根无形的线把那些分散在社会表面上的大大小小的货币资金吸引到单个的或联合的资本家手中，但是很快它就成了竞争斗争中的一个新的可怕的武器，最后，它转化为一个实现资本集中的庞大的社会机构。

随着资本主义生产和积累的发展，竞争和信用——集中的两个最强有力的杠杆，也以同样的程度发展起来。同时，积累的增进又使可以集中的材料即单个资本增加,而资本主义生产的扩大,又替那些要有资本的预先集中才能建立起来的强大工业企业,一方面创造了社会需要,另一方面创造了技术手段。因此,现在单个资本的互相吸引力和集中的趋势比以往任何时候都更加强烈。虽然集中运动的相对广度和强度在一定程度上由资本主义财富已经达到的数量和经济机构的优越程度来决定,但是集中的进展决不取决于社会资本的实际增长量。这正是集中与积聚——它不过是规模扩大的再生产的另一种表现——特别不同的地方。集中可以通过单纯改变既有资本的分配,通过单纯改变社会资本各组成部分的量的组合来实现。资本所以能在这里,在一个人手中增长成巨大的量,是因为它在那里,在许多单个人的手中被夺走了。在一个生产部门中,如果投入的全部资本已融合为一个单个资本时,集中便达到了极限。在一个社会里,只有当社会总资本或者合并在唯一的资本家手中,或者合并在唯一的资本家公司手中的时候,集中才算达到极限。

集中补充了积累的作用,使工业资本家能够扩大自己的经营规模。不论经营规模的扩大是积累的结果,还是集中的结果;不论集中是通过吞并这条强制的途径来实现——在这种场合,某些资本成为对其他资本的占压倒优势的引力中心,打破其他资本的个体内聚力,然后把各个零散的碎片吸引到自己方面来——还是通过建立股份公司这一比较平滑的办法把许多已经形成或正在形成的资本融合起来,经济作用总是一样的。工业企业规模的扩大,对于更广泛地组织许多人的总体劳动,对于更广泛地发展这种劳动的物质动力,也就是说,对于使分散的、按习惯进行的生产过程不断地变成社会结合的、用科学处理的生产过程来说,到处都成为起点。

不过很明显,积累,即由圆形运动变为螺旋形运动的再生产所引起的资本的逐渐增大,同仅仅要求改变社会资本各组成部分的量的组合的集中比较起来,是一个极缓慢的过程。假如必须等待积累使某些单个资本增长到能够修建铁路的程度,那么恐怕直到今天世界上还没有铁路。但是,集中通过股份公司转瞬之间就把这件事完成了。集中在这样加强和加速积累作用的同时,又扩大和加速资本技术构成的变革,即减少资本的可变部分来增加它的不变部分,从而减少对劳动的相对需求。

通过集中而在一夜之间集合起来的资本量，同其他资本量一样，不断再生产和增大，只是速度更快，从而成为社会积累的新的强有力的杠杆。因此，当人们谈到社会积累的增进时，今天已经默默地把集中的作用包括在内。

在正常的积累进程中形成的追加资本（见第22章第1节），主要是充当利用新发明和新发现的手段，总之，是充当利用工业改良的手段。但是，随着时间的推移，旧资本总有一天也从头到尾地会更新，会脱皮，并且同样会以技术上更加完善的形态再生出来，在这种形态下，用较少量的劳动就足以推动较多量的机器和原料。由此必然引起对劳动需求的绝对减少，不言而喻，经历这种更新过程的资本越是由于集中运动而大量聚集，对劳动需求的绝对减少也就越厉害。

可见，一方面，在积累进程中形成的追加资本，同它自己的量比较起来，会越来越少地吸引工人。另一方面，周期地按新的构成再生产出来的旧资本，会越来越多地排斥它以前所雇用的工人。

3. 相对过剩人口或产业后备军的累进生产

资本积累最初只是表现为资本的量的扩大，但是从以上我们看到，它是通过资本构成不断发生质的变化，通过减少资本的可变组成部分来不断增加资本的不变组成部分而实现的。

事实是，资本主义积累不断地并且同它的能力和规模成比例地生产出相对的，即超过资本增殖的平均需要的，因而是过剩的或追加的工人人口。

因此，工人人口本身在生产出资本积累的同时，也以日益扩大的规模生产出使他们自身成为相对过剩人口的手段。这就是资本主义生产方式所特有的人口规律，事实上，每一种特殊的、历史的生产方式都有其特殊的、历史地发生作用的人口规律。抽象的人口规律只存在于历史上还没有受过人干涉的动植物界。

过剩的工人人口是积累或资本主义基础上的财富发展的必然产物，但是这种过剩人口反过来又成为资本主义积累的杠杆，甚至成为资本主义生产方式存在的一个条件。过剩的工人人口形成一支可供支配的产业后备军，它绝对地从属于资本，就好像它是由资本出钱养大的一样。过剩的工人人口不受人口实际增长的限制，为不断变化的资本增殖需要创造出随时可供剥削的人身材料。

4. 相对过剩人口的各种存在形式。资本主义积累的一般规律

相对过剩人口是形形色色的。每个工人在半失业或全失业的时期，都属于相对过剩人口。工业周期阶段的更替使相对过剩人口具有显著的、周期反复的形式，因此，相对过剩人口时而在危机时期急剧地表现出来，时而在营业呆滞时期缓慢地表现出来。如果撇开这些形式不说，那么，过剩人口经常具有三种形式：流动的形式、潜在的形式和停滞的形式。

在现代工业的中心——工厂、制造厂、冶金厂、矿山等等，工人时而被排斥，时而在更大的规模上再被吸引，因此总的说来，就业人数是增加的，虽然增加的比率同生产规模相比不断缩小。在这里，过剩人口处于流动的形式。

资本主义生产一旦占领农业，或者依照它占领农业的程度，对农业工人人口的需求就随着在农业中执行职能的资本的积累而绝对地减少，而且对人口的这种排斥不像在非农业的产业中那样，会由于更大规模的吸引而得到补偿。因此，一部分农村人口经常准备着转入城市无产阶级或制造业无产阶级的队伍，经常等待着有利于这种转化的条件。（这里所说的制造业是指一切非农业的产业。）因此，相对过剩人口的这一源泉是长流不息的。但是，它不断地流向城市是以农村本身有经常潜在的过剩人口为前提的，这种过剩人口的数量只有在排水渠开放得特别大的时候才能看得到。因此，农业工人的工资被压到最低限度，他总是有一只脚陷在需要救济的赤贫的泥潭里。

第三类相对过剩人口，停滞的过剩人口，形成现役劳动军的一部分，但是就业极不规则。因此，它为资本提供了一个贮存着可供支配的劳动力的取之不竭的蓄水池。这种劳动力的生活状况降到了工人阶

级的平均正常水平以下,正是这种情况使它成为资本的特殊剥削部门的广泛基础。它的特点是劳动时间最长而工资最低。它的主要形式,我们在家庭劳动一节中已经看到了。它不断地从大工业和农业的过剩者那里得到补充,特别是从那些由于手工业生产被工场手工业生产打垮,或者工场手工业生产被机器生产打垮而没落的工业部门那里得到补充。它的数量随着由积累的规模和能力的增大造成的"过剩"工人的增长而增加。但是,它同时又是工人阶级中一个会自行再生产和繁衍不息的要素,它在工人阶级的增长总额中所占的比重大于其他要素。实际上,不仅出生和死亡的数量,而且家庭人口的绝对量都同工资的水平,即各类工人所支配的生活资料量成反比。资本主义社会的这个规律,在野蛮人中间或者甚至在文明的移民中间,听起来会是荒谬的。它使人想起各种个体软弱的、经常受到追捕的动物的大量再生产。

最后,相对过剩人口的最底层陷于需要救济的赤贫的境地。撇开流浪者、罪犯和妓女,一句话,撇开真正的流氓无产阶级不说,这个社会阶层由三类人组成。第一类是有劳动能力的人。只要粗略地浏览一下英格兰需要救济的贫民的统计数字,就会发现,他们的人数每当危机发生时就增大,每当营业复苏时就减少。第二类是孤儿和需要救济的贫民的子女。他们是产业后备军的候补者,在高度繁荣时期,如在1860年,他们迅速地大量地被卷入现役劳动军的队伍。第三类是衰败的、流落街头的、没有劳动能力的人。

社会的财富即执行职能的资本越大,它的增长的规模和能力越大,从而无产阶级的绝对数量和他们的劳动生产力越大,产业后备军也就越大。可供支配的劳动力同资本的膨胀力一样,是由同一些原因发展起来的。因此,产业后备军的相对量和财富的力量一同增长。但是同现役劳动军相比,这种后备军越大,常备的过剩人口也就越多,他们的贫困同他们所受的劳动折磨成反比。最后,工人阶级中贫苦阶层和产业后备军越大,官方认为需要救济的贫民也就越多。这就是资本主义积累的绝对的、一般的规律。像其他一切规律一样,这个规律的实现也会由于各种各样的情况而有所变化,不过对这些情况的分析不属于这里的范围。

5. 资本主义积累一般规律的例证

（a）1846～1866年的英格兰

在这以前，我还要简单谈一谈官方认为需要救济的贫民，也就是工人阶级中丧失了出卖劳动力这个生存条件而靠社会施舍度日的那部分人。在英格兰，官方认为需要救济的贫民的人数1855年是851 369人，1856年是877 767人，1865年是971 433人。由于棉荒，1863年和1864年这种贫民的人数分别增加到1 079 382人和1 014 978人。1866年的危机使伦敦遭到了最沉重的打击，在这个居民比苏格兰王国还要多的世界市场中心，这种贫民的人数1866年比1865年增加了19.5%，比1864年增加了24.4%，而在1867年的头几个月比1866年增加得还多。

（b）不列颠工业工人阶级中报酬微薄的阶层

在伦敦，随着城市不断"改良"，以及与此相连的旧街道和房屋被拆除，随着这个京城中工厂增多和人口流入，最后，随着房租同城市地租一道上涨，就连工人阶级中处境较好的那部分人以及小店主和中等阶级其他下层的分子，也越来越陷入这种可诅咒的恶劣的居住条件中了。

（c）流动人口

现在我们来考察一个来自农村而大部分在工业中就业的居民阶层。他们是资本的轻步兵，资本按自己的需要把他们时而调到这里，时而调到那里。当不行军的时候，他们就"露营"。这种流动的劳动被用在各种建筑工程和排水工程、制砖、烧石灰、修铁路等方面。这是一支流动的传染病纵队，它把天花、伤寒、霍乱、猩红热等疾病带到它扎营的附近地区。在像铁路建设等需要大量投资的企业中，企业主人通常为自己的军队提供一些木棚之类的住所。这种临时性的村落没有任何卫生设备，不受地方当局监督，对承包人先生非常有利可图,他把工人既当做产业士兵又当做房客进行着双重剥削。木棚里各有1个、2个或3个洞穴,住户即掘土工人等等按照洞穴数每周分别付房租2先令、3先令或4先令。

(d) 危机对工人阶级中报酬最优厚的部分的影响

为了说明工人的状况,从1867年初采访过主要受难地区的《晨星报》记者的详细报道中摘引一段如下:

"在伦敦东头,在波普勒、米尔沃尔、格林尼治、德特福德、莱姆豪斯、坎宁镇等区,至少有15 000名工人及其家属处于极端贫困的状态,其中有3 000多人是熟练的机械工人。"

(e) 不列颠的农业无产阶级

人口不断地流往城市,农村人口由于租地集中、耕地转化为牧场、采用机器等原因而不断地"变得过剩",农村人口因小屋拆除而不断地被驱逐,这些现象是同时发生的。一个地区的人口越稀少,那里的"相对过剩人"就越多,他们对就业手段的压力就越大,农村人口多于住房的绝对过剩也就越大,从而农村中地方性的人口过剩以及最容易传染疾病的人口拥挤现象也就越严重。人群密集在分散的小村庄和小市镇的现象,同人们被强行从地面上赶走是相适应的。尽管农业工人的人数不断减少,他们的产品的数量不断增加,但他们还是不断地"变得过剩",这是使他们成为需要救济的贫民的摇篮。他们可能成为需要救济的贫民,是他们被驱逐的一个原因,也是居住条件恶劣的主要根源,而居住条件恶劣又摧毁了他们最后的反抗能力,使他们完全变成地主和租地农场主的奴隶,以致获得最低的工资对他们来说已成了天经地义。另一方面,农村中尽管经常出现"相对过剩人口",但同时也感到人手不足。这种现象不仅局部地发生在人口过快地流往城市、矿山、铁路工地等处的地区,而且在收获季节以及在春夏两季,当英国的精耕细作的、集约化的农业需要额外劳力的许多时候,到处都可以看到。

（f）爱尔兰

爱尔兰1846年的饥荒毁灭的人超过一百万，然而全是穷人。饥荒没有使该国的财富遭受丝毫损失。此后20年不断扩大的人口外流，不像三十年战争那样，在减少人数的同时也减少了他们的生产资料。爱尔兰的天才发明了一种崭新的方法，像行妖术一样把穷人从他们的贫困之境送到数千里之外。迁往北美合众国的移民，逐年寄回家一笔钱，给留下来的人做旅费用。今年迁出去的一批人会在明年带走另外一批人。这样一来，向国外移民不仅不需要爱尔兰花费什么，反而成了它的出口业中最能获利的部门之一。最后，这种向国外移民又是一个有组织的过程，它不只是暂时地为人口钻开一个出口，而是使每年从人口中吸走的人数多于新生的人数，结果是绝对人口水平年复一年地下降。

那些得以避免成为过剩人口而留下来的爱尔兰工人的结局又是怎样的呢？目前的相对过剩人口同1846年以前一样庞大；工资同样很低，劳动的折磨更重；农村的贫困再一次逼近新的危机。原因很简单。农业革命和向国外移民保持同一步伐。相对过剩人口的生产比人口的绝对减少更快。

农业革命的第一个行动，就是以极大的规模，像奉天之命一样，拆除耕地上的那些小屋。因此，许多工人不得不到村镇和城市里去寻找栖身之所。在那里，他们就像废物一样被抛进阁楼、洞窟、地下室和最糟糕的街区的屋角里。爱尔兰人素来以罕有的眷恋乡土之情、开朗的性格和纯正的家风而著称，这是连抱有民族偏见的英格兰人也承认的，可是现在，成千上万个这样的爱尔兰家庭突然被移植到罪恶的温室中来了。

第 24 章

所谓原始积累

1. 原始积累的秘密

我们已经知道，货币怎样转化为资本，资本怎样产生剩余价值，剩余价值又怎样产生更多的资本。但是，资本积累以剩余价值为前提，剩余价值以资本主义生产为前提，而资本主义生产又以商品生产者握有较大量的资本和劳动力为前提。因此，这整个运动好像是在一个恶性循环中兜圈子，要脱出这个循环，就只有假定在资本主义积累之前有一种"原始"积累（亚当·斯密称为"预先积累"），这种积累不是资本主义生产方式的结果，而是它的起点。

创造资本关系的过程，只能是劳动者和他的劳动条件的所有权分离的过程，这个过程一方面使社会的生活资料和生产资料转化为资本，另一方面使直接生产者转化为雇佣工人。因此，所谓原始积累只不过是生产者和生产资料分离的历史过程。这个过程所以表现为"原始的"，因为它形成资本及与之相适应的生产方式的前史。

使生产者转化为雇佣工人的历史运动，一方面表现为生产者从农奴地位和行会束缚下解放出来；对于我们的资产阶级历史学家来说，只有这一方面是存在的。但是另一方面，新被解放的人只有在他们被剥夺了一切生产资料和旧封建制度给予他们的一切生存保障之后，才能成为他们自身的出卖者。而对他们的这种剥夺的历史是用血和火的文字载入人类编年史的。

在原始积累的历史中，对正在形成的资本家阶级起过推动作用的一切变革，都是历史上划时代的事情；但是首要的因素是：大量的人突然被强制地同自己的生存资料分离，被当做不受法律保护的无产者抛向劳动市场。对农业生产者即农民的土地的剥夺，形成全部过程的基础。这种剥夺的历史在不同的国家带有不同的色彩，按不同的顺序、在不同的历史时代通过不同的阶段。只有在英国，它才具有典型的形式，因此我们拿英国作例子。

2. 对农村居民土地的剥夺

为资本主义生产方式奠定基础的变革的序幕，是在15世纪最后30多年和16世纪最初几十年演出的。由于封建家臣（这些封建家臣，正如詹姆斯·斯图亚特爵士正确指出的，"到处都无用地塞满了房屋和城堡"）的解散，大量不受法律保护的无产者被抛向劳动市场。虽然王权——它自己也是资产阶级发展的一个产物——在追求绝对权力时，用暴力加速了这些家臣的解散，但王权绝不是这件事情的唯一原因。不如说，同王室和议会顽强对抗的大封建主，通过把农民从土地（农民对土地享有和封建主一样的封建权利）上强行赶走，夺去他们的公有地的办法，造成了人数更多得无比的无产阶级。在英国，特别是佛兰德毛纺织工场手工业的繁荣，以及由此引起的羊毛价格的上涨，对这件事起了直接的推动作用。大规模的封建战争已经消灭了旧的封建贵族，而新的封建贵族则是他们自己的时代的儿子，对这一时代来说，货币是一切权力的权力。因而，把耕地转化为牧羊场就成了他们的口号。

在16世纪，宗教改革和随之而来的对教会地产的大规模的盗窃，使暴力剥夺人民群众的过程得到新的惊人的推动。在宗教改革的时候，天主教会是英国相当大一部分土地的封建所有者。对修道院等的压迫，把住在里面的人抛进了无产阶级行列。很大一部分教会地产送给了贪得无厌的国王宠臣，或者非常便宜地卖给了投机的租地农场主和市民，这些人把旧的世袭佃户大批地赶走，把他们耕种的土地合并在一起。

大约在1750年，自耕农消灭了，而在18世纪最后几十年，农民公有地的最后痕迹也消失了。

18世纪的进步表现为：法律本身现在成了掠夺人民土地的工具，虽然大租地农场主同时也使用自己独立的私人小手段。这种掠夺的议会形式就是"公有地圈围法"，换句话说，是地主借以把人民的土地当做私有财产赠送给自己的法令，是剥夺人民的法令。

最后，对农民土地的最后一次大规模剥夺过程，是所谓的Clearing of Estates（清扫领地，实际上是把人从领地上清扫出去）。"清扫"是前面谈过的英国的一切剥夺方法的顶点。我们在上面谈到现代状况时知道，在已经没有独立农民可以清扫的地方，现在是要把小屋"清扫"掉，结果农业工人在他们耕种的土地上甚至再也找不到必要的栖身之所了。

掠夺教会地产，欺骗性地出让国有土地，盗窃公有地，用剥夺方法、用残暴的恐怖手段把封建财产和克兰财产转化为现代私有财产——这就是原始积累的各种田园诗式的方法。这些方法为资本主义农业夺得了地盘，使土地与资本合并，为城市工业造成了不受法律保护的无产阶级的必要供给。

3. 15世纪末以来惩治被剥夺者的血腥立法。压低工资的法律

15世纪末和整个16世纪，整个西欧都颁布了惩治流浪者的血腥法律。现在的工人阶级的祖先，当初曾因被迫转化为流浪者和需要救济的贫民而受到惩罚。

这样，被暴力剥夺了土地、被驱逐出来而变成了流浪者的农村居民，由于这些古怪的恐怖的法律，通过鞭打、烙印、酷刑，被迫习惯于雇佣劳动制度所必需的纪律。

新兴的资产阶级为了"规定"工资，即把工资强制地限制在有

利于赚钱的界限内，为了延长工作日并使工人本身处于正常程度的从属状态，就需要并运用国家权力。这是所谓原始积累的一个重要因素。

法律规定了城市和农村、计件劳动和日劳动的工资率。农村工人受雇期限应为一年，城市工人则应在"自由市场"上受雇。支付高于法定工资的人要被监禁，但接受高工资的人要比支付高工资的人受到更严厉的处罚。

4. 资本主义租地农场主的产生

在英国，最初形式的租地农场主是本身也是农奴的管事。他的地位和古罗马的斐力卡斯相似，不过活动范围狭小一些。在 14 世纪下半叶，管事被由地主供给种子、牲畜和农具的租地农民所代替。这种租地农民的地位同农民没有多大的区别，不过他剥削更多的雇佣劳动。他不久就成为分成农或半租地农场主。他筹集农业资本的一部分，而其余部分则由地主提供。双方按合同规定的比例分配总产品。这种形式在英国很快就消失了，代之而起的是真正的租地农场主，他靠使用雇佣工人来增殖自己的资本，并把剩余产品的一部分以货币或实物的形式作为地租交给地主。

在 15 世纪，当独立农民和那些既当雇工同时又独自耕作的雇农靠自己的劳动而致富的时候，租地农场主的境况和生产范围都同样是中等的。15 世纪最后 30 多年开始的、几乎在整个 16 世纪（但最后几十年除外）继续进行的农业革命，以同一速度使农村居民变穷，使租地农场主致富。对公有牧场等的掠夺，使租地农场主几乎不费代价就大大增加了自己的牲畜数量，这些牲畜又为他的土地的耕作提供了更丰富的肥料。

在 16 世纪，又加进了一个有决定意义的重要因素。当时，租约的期限很长，往往达 99 年。贵金属价值从而货币价值的不断下降，给租地农场主带来了黄金果。把前面已经指出的其他一切情况撇开不说，这种下降也降低了工资。工资的一部分变成了租地农场主的利润。谷物、羊毛、肉类，总之，一切农产品的价格不断上涨，不费租地农场主一点力气，就增大了他的货币资本，而他必须支付的地租，却是按照以前的货币价值签订在契约上的。所以，他是同时靠牺牲自己的雇佣工人和地主的利益而致富的。因此，在16世纪末，英国有了一个就当时情况来说已很富有的"资本主义租地农场主"阶级，是不足为奇的。

5. 农业革命对工业的反作用。工业资本的国内市场的形成

事实上，使小农转化为雇佣工人，使他们的生活资料和劳动资料转化为资本的物质要素的那些事件，同时也为资本建立了自己的国内市场。以前，农民家庭生产并加工绝大部分供自己以后消费的生活资料和原料。现在，这些原料和生活资料都变成了商品；大租地农场主出售它们，手工工场则成了他的市场。纱、麻布、粗毛织品（过去每个农民家庭都有这些东西的原料，它把这些东西纺织出来供自己消费），现在转化为工场手工业的产品，农业地区正是这些东西的销售市场。以前由于大量小生产者独自经营而造成的分散各地的许多买主，现在集中为一个由工业资本供应的巨大市场。于是，随着以前的自耕农的被剥夺以及他们与自己的生产资料的分离，农村副业被消灭了，工场手工业与农业分离的过程发生了。只有消灭农村家庭手工业，才能使一个国家的国内市场获得资本主义生产方式所需要的范围和稳固性。

但是，真正的工场手工业时期并没有引起根本的改变。我们记得，工场手工业只占领国民生产的很小一部分，它总是以城市手工业和农村家庭副业作为广阔的背景。它在某种形式下，在某些工业部门，在某些地方消灭城市手工业和农村家庭副业，同时又在其他地方使它们重新出现，因为它需要它们把原料加工到一定的程度。因此，它产生了一个新的小农阶级，这些小农以种地为副业，而以工业劳动为主业，把产品直接或通过商人卖给手工工场。这就是首先使研究英国历史的人困惑不解的现象所以会产生的一个原因，虽然不是主要的原因。研究英国历史的人看到，从15世纪最后30多年起怨声不断

（只是有时中止），抱怨资本主义经济在农村日益发展，农民日益被消灭。另一方面他总是又看到，这些农民不断重新出现，虽然他们人数在减少，处境日益恶化。主要原因在于，英国在不同的时期，有时以谷物业为主，有时以畜牧业为主，因而农民的生产范围也跟着变化。只有大工业才用机器为资本主义农业提供了牢固的基础，彻底地剥夺了绝大多数农村居民，使农业和农村家庭手工业完全分离，铲除了农村家庭手工业的根基——纺纱和织布。这样，它才为工业资本征服了整个国内市场。

6. 工业资本家的产生

工业资本家不是通过像租地农场主那样的渐进方式产生的。毫无疑问，有些小行会师傅和更多的独立小手工业者，甚至雇佣工人，转化成了小资本家，并且由于逐渐扩大对雇佣劳动的剥削和相应的积累，成为不折不扣的资本家。在中世纪城市的幼年时期，逃跑的农奴中谁成为主人，谁成为仆人的问题，多半取决于他们逃出来的日期的先后，在资本主义生产的幼年时期，情形往往也是这样。但是这种方法的蜗牛爬行的进度，无论如何也不能适应15世纪末各种大发现所造成的新的世界市场的贸易需要。而中世纪已经留下两种不同形式的资本，它们是在极不相同的经济的社会形态中成熟的，而且在资本主义生产方式时期到来以前，就被当做资本，这就是高利贷资本和商人资本。

高利贷和商业所形成的货币资本在转化为工业资本时，曾受到农村封建制度和城市行会制度的阻碍。这些限制随着封建家臣的解散，农村居民的被剥夺和一部分被驱逐而消失。新的工场手工业建立在通海港口或不受旧城市及其行会制度控制的内陆地区。因此，在英国，享有公会特权的城市对这些新的工业培养所进行了激烈的斗争。

美洲金银产地的发现，土著居民的被剿灭、被奴役和被埋葬于矿井，对东印度开始进行的征服和掠夺，非洲变成商业性地猎获黑人的场所——这一切标志着资本主义生产时代的曙光。这些田园诗式的过程是原始积累的主要因素。接踵而来的是欧洲各国以地球为战场而进行的商业战争。这场战争以尼德兰脱离西班牙开始,在英国的反雅各宾战争中具有巨大的规模,并且在对中国的鸦片战争中继续进行下去,等等。

原始积累的不同因素,多少是按时间顺序特别分配在西班牙、葡萄牙、荷兰、法国和英国。在英国,这些因素在17世纪末系统地综合为殖民制度、国债制度、现代税收制度和保护关税制度。这些方法一部分是以最残酷的暴力为基础,例如殖民制度就是这样。但所有这些方法都利用国家权力,也就是利用集中的、有组织的社会暴力,来大力促进从封建生产方式向资本主义生产方式的转化过程,缩短过渡时间。暴力是每一个孕育着新社会的旧社会的助产婆。暴力本身就是一种经济力。

大家知道,英国东印度公司除了在东印度拥有政治统治权外,还拥有茶叶贸易、同中国的贸易和对欧洲往来的货运的垄断权。

殖民制度大大地促进了贸易和航运的发展。"垄断公司"(路德语)是资本积聚的强有力的手段。殖民地为迅速产生的工场手工业保证了销售市场以及由市场垄断所引起的成倍积累。在欧洲以外直接靠掠夺、奴役和杀人越货而夺得的财宝,源源流入宗主国,在这里转化为资本。第一个充分发展了殖民制度的荷兰,在1648年就已达到了它的商业繁荣的顶点。

公共信用制度,即国债制度,在中世纪的热那亚和威尼斯就已产生,到工场手工业时期流行于整个欧洲。殖民制度以及它的海外贸易和商业战争是公共信用制度的温室。所以公共信用制度首先在荷兰确立起来。国债,即国家的让渡,不论是在专制国家、立宪国家,还是共和国家,总是给资本主义时代打下自己的烙印。在所谓国民财富中,真正为现代人民所共有的唯一部分,就是他们的国债。因此,一个国家的人民负债越多就越富这一现代学说是完全合乎逻辑的。公共信用成了资本的信条。随着国债的产生,不可饶恕的罪恶,已不再是亵渎圣灵,而是破坏国债的信用了。

公债成了原始积累的最强有力的手段之一。它像挥动魔杖一样,使不生产的货币具有了生殖力,这样就使它转化为资本,而又用不着承担投资于工业甚至高利贷时所不可避免的劳苦和风险。国债债权人实际上并没有付出什么,因为他们贷出的金额转化为容易转让的公债券,而这些公债券在他们手里所起的作用和同量现金完全一样。于是就有了这样产生的有闲的食利者阶级,充当政府和国民之间中介人的金融家就大发横财,包税者、商人和私营工厂主也大发横财,因为每次国债的一大部分成为从天而降的资本落入他们的手中——撇开这些不说,国债还使股份公司、各种有价证券的交易、证券投机,总之,使交易所投机和现代的银行统治兴盛起来。

用国家的名义装饰起来的大银行,从一产生起就只不过是私人投机家的公司,它们支持政府,依靠取得的特权能够把货币贷给政府。因此,国债积累的最准确的尺度就是这些银行的股票的不断涨价,这些银行的充分发展是从英格兰银行的创立(1694年)开始的。英格兰银行开始营业的第一笔生意,就是以8%的利率贷款给政府;同时它由议会授权用同一资本铸造货币,这同一资本又以银行券的形式贷给公众。它可以用这些银行券来办理期票贴现、发放货物抵押贷款、购买贵金属。

随着国债的产生,国际信用制度出现了。国际信用制度常常隐藏着这个或那个国家原始积累的源泉之一。例如,由于没落的威尼斯以巨额货币贷给荷兰,威尼斯的劫掠制度的卑鄙行径就成为荷兰资本财富的这种隐蔽的基础。荷兰和英国的关系也是这样。在18世纪初,荷兰的工场手工业已经远远落后了,荷兰已不再是一个占统治地位的工商业国家。因此,荷兰在1701~1776年时期的主要营业之一就是贷放巨额资本,特别是贷给它的强大竞争者英国。现在英国和美国之间也有类似的情形。今天出现在美国的许多身世不明的资本,仅仅在昨天还是英国的资本化了的儿童血液。

因为国债是依靠国家收入来支付年利息等等开支,所以现代税收制度就成为国债制度的必要补充。借债使政府可以应付额外的开支,而纳税人又不会立即有所感觉,但借债最终还是要求提高税收。另一方面,由于债务一笔接着一笔的积累而引起的增税,又迫使政府在遇到新的额外开支时,总是要借新债。因此,以对最必要的生活资料的课税(因而也是以它们的昂贵)为轴心的现代财政制度,本身就包含着税收自行增加的萌芽。过重的课税并不是一件偶然的事情,倒不如说是一个原则。因此,在首先建立这种制度的荷兰,大爱国者德·

维特在他的箴言中对这种制度倍加赞扬，把它说成是促使雇佣工人服从、俭朴、勤勉和……从事过度劳动的最好制度。但这里，我们所关心的，与其说是这种制度对雇佣工人状况的破坏性影响，不如说是它所引起的对农民、手工业者，一句话，对一切中等阶级下层分子的暴力剥夺。关于这一点，甚至在资产阶级经济学家中间也没有异议。现代财政制度的剥夺作用，被这一制度的一个组成部分即保护关税制度加强了。

保护关税制度是制造工厂主、剥夺独立劳动者、使国民的生产资料和生活资料资本化、强行缩短从旧生产方式向现代生产方式的过渡的一种人为手段。欧洲国家为了获得这种发明的专利权而钩心斗角，它们一旦为谋利者效劳，就不仅为此目的而间接通过保护关税和直接通过出口补助金等来掠夺本国人民，而且还要用暴力摧毁其附属邻国的一切工业，例如英格兰摧毁了爱尔兰的毛纺织工场手工业。

殖民制度、国债、重税、保护关税制度、商业战争等等——所有这些真正工场手工业时期的嫩芽，在大工业的幼年时期都大大地成长起来了。

要使资本主义生产方式的"永恒的自然规律"充分表现出来，要完成劳动者同劳动条件的分离过程，要在一极使社会的生产资料和生活资料转化为资本，在另一极使人民群众转化为雇佣工人，转化为自由的"劳动贫民"这一现代历史的杰作，就需要经受这种苦难。如果按照奥日埃的说法，货币"来到世间，在一边脸上带着天生的血斑"，那么，资本来到世间，从头到脚，每个毛孔都滴着血和肮脏的东西。①

---

① 《评论家季刊》说："资本逃避动乱和纷争，它的本性是胆怯的。这是真的，但还不是全部真理。资本害怕没有利润或利润太少，就像自然界害怕真空一样。一旦有适当的利润，资本就胆大起来。如果有10%的利润，它就保证到处被使用；有20%的利润，它就活跃起来；有50%的利润，它就铤而走险；为了100%的利润，它就敢践踏一切人间法律；有300%的利润，它就敢犯任何罪行，甚至冒绞首的危险。如果动乱和纷争能带来利润，它就会鼓励动乱和纷争。走私和贩卖奴隶就是证明。"（托·约·邓宁《工联和罢工》1860年伦敦版第35、36页）

7. 资本主义积累的历史趋势

资本的原始积累，即资本的历史起源，究竟是指什么呢？既然它不是奴隶和农奴直接转化为雇佣工人，因而不是单纯的形式变换，那么它就只是意味着直接生产者的被剥夺，即以自己劳动为基础的私有制的解体。

私有制作为社会的、集体的所有制的对立物，只是在劳动资料和劳动的外部条件属于私人的地方才存在。但是私有制的性质，却依这些私人是劳动者还是非劳动者而有所不同。私有制在最初看来所表现出的无数色层，只不过反映了这两极间的各种中间状态。

劳动者对他的生产资料的私有权是小生产的基础，而小生产又是发展社会生产和劳动者本人的自由个性的必要条件。诚然，这种生产方式在奴隶制度、农奴制度以及其他从属关系中也是存在的。但是，只有在劳动者是自己使用的劳动条件的自由私有者，农民是自己耕种的土地的自由私有者，手工业者是自己运用自如的工具的自由私有者的地方，它才得到充分发展，才显示出它的全部力量，才获得适当的典型的形式。

这种生产方式是以土地和其他生产资料的分散为前提的。它既排斥生产资料的积聚，也排斥协作，排斥同一生产过程内部的分工，排斥对自然的社会统治和社会调节，排斥社会生产力的自由发展。它只同生产和社会的狭隘的自然产生的界限相容。要使它永远存在下去，那就像贝魁尔公正地指出的那样，等于"下令实行普遍的中庸"。它发展到一定的程度，就产生出消灭它自身的物质手段。从这时起，社会内部感到受它束缚的力量和激情就活动起来。这种生产方式必然要被消灭，而且已经在消灭。它的消灭，个人的分散的生产资料转化为社会的积聚的生产资料，从而多数人的小财产转化为少数人的大财产，广大人民群众被剥夺土地、生活资料、劳动工具——人民群众遭受的这种可怕的残酷的剥夺，形成资本的前史。这种剥夺包含一系列的暴力方法，其中我们只考察了那些具有划时代意义的资本原始积累的方法。对直接生产者的剥夺，是用最残酷无情的野蛮手段，在最下流、最龌龊、最卑鄙和最可恶的贪欲的驱使下完成的。靠自己劳动挣得的私有制，即以各个独立劳动者与其劳动条件相结合为基础的私有制，被资本主义私有制，即以剥削他人的但形式上是自由的劳动为基础的私有制所排挤。

一旦这一转化过程使旧社会在深度和广度上充分瓦解，一旦劳动者转化为无产者，他们的劳动条件转化为资本，一旦资本主义生产方式站稳脚跟，劳动的进一步社会化，土地和其他生产资料的进一步转化为社会地使用的即公共的生产资料，从而对私有者的进一步剥夺，就会采取新的形式。现在要剥夺的已经不再是独立经营的劳动者，而是剥削许多工人的资本家了。

这种剥夺是通过资本主义生产本身的内在规律的作用，即通过资本的集中进行的。一个资本家打倒许多资本家。随着这种集中或少数资本家对多数资本家的剥夺，规模不断扩大的劳动过程的协作形式日益发展，科学日益被自觉地应用于技术方面，土地日益被有计划地利用，劳动资料日益转化为只能共同使用的劳动资料，一切生产资料因作为结合的、社会的劳动的生产资料使用而日益节省，各国人民日益被卷入世界市场网，从而资本主义制度日益具有国际的性质。随着那些掠夺和垄断这一转化过程的全部利益的资本巨头不断减少，贫困、压迫、奴役、退化和剥削的程度不断加深，而日益壮大的、由资本主义生产过程本身的机制所训练、联合和组织起来的工人阶级的反抗也不断增长。资本的垄断成了与这种垄断一起并在这种垄断之下繁盛起来的生产方式的桎梏。生产资料的集中和劳动的社会化，达到了同它们的资本主义外壳不能相容的地步。这个外壳就要炸毁了。资本主义私有制的丧钟就要响了。剥夺者就要被剥夺了。

从资本主义生产方式产生的资本主义占有方式，从而资本主义的私有制，是对个人的、以自己劳动为基础的私有制的第一个否定。但资本主义生产由于自然过程的必然性，造成了对自身的否定。这是否定之否定。这种否定不是重新建立私有制，而是在资本主义时代的成就的基础上，也就是说，在协作和对土地及其劳动本身生产的生产资料的共同占有的基础上，重新建立个人所有制。

以个人自己劳动为基础的分散的私有制转化为资本主义私有制，

同事实上已经以社会的生产经营为基础的资本主义所有制转化为社会所有制比较起来,自然是一个长久得多、艰苦得多、困难得多的过程。前者是少数掠夺者剥夺人民群众,后者是人民群众剥夺少数掠夺者。

第 25 章
现代殖民理论

政治经济学在原则上把两种极不相同的私有制混同起来了。其中一种以生产者自己的劳动为基础,另一种以剥削他人的劳动为基础。它忘记了,后者不仅与前者直接对立,而且只是在前者的坟墓上成长起来的。

在西欧,政治经济学的故乡,原始积累的过程多少已经完成。在这里,资本主义制度或者已经直接征服整个国民生产,或者在这种关系还不很发达的地方,它也至少间接地控制着那些与它一起继续存在的、属于过时的生产方式的、腐朽的社会阶层。事实越是明显地反对政治经济学家的意识形态,政治经济学家就越是热心地起劲地把资本主义以前世界的法的观念和所有权观念应用到这个已经完成的资本世界。

殖民地的情况却不是这样。在那里,资本主义制度到处都碰到这样一种生产者的阻碍,这种生产者是自己劳动条件的占有者,靠自己的劳动使自己变富,而不是使资本家变富。在那里,这两种完全对立的经济制度之间的矛盾,在它们的斗争中实际地得到证实。在资本家有宗主国的力量作后盾的地方,资本家就企图用暴力清除以自己的劳动为基础的生产方式和占有方式。同样的利益,在宗主国使资本的献媚者政治经济学家从理论上把资本主义生产方式和它自身的对立面说成是同一的,在殖民地却使他"公开揭露事实",大声宣布这两种生产方式是对立的。为了这个目的,他证明,不剥夺劳动者,不相应地把他们的生产资料转化为资本,劳动的社会生产力的发展、协作、分工以及机器的大规模使用等等,都是不可能的。为了所谓国民财富的利益,他要寻找那些制造人民贫穷的人为的手段。在这里,他的辩护的甲胄就像松软的火绒一样裂成一片一片的了。

爱·吉·韦克菲尔德的巨大功绩,并不是他关于殖民地有什么新发现,而是他在殖民地发现了关于宗主国的资本主义关系的真理。正如保护关税制度起初力图在宗主国制造出资本家一样,英国一度试图用立法手段来推行的韦克菲尔德的殖民理论,力图在殖民地制造出雇佣工人。韦克菲尔德把这称为 systematic colonization(系统的殖民)。

首先,韦克菲尔德在殖民地发现,拥有货币、生活资料、机器以及其他生产资料,而没有雇佣工人这个补充物,没有被迫自愿出卖自己的人,还不能使一个人成为资本家。他发现,资本不是一种物,而是一种以物为中介的人和人之间的社会关系。他向我们感慨地说,皮尔先生把共值5万镑的生活资料和生产资料从英国带到新荷兰的斯旺河去。皮尔先生非常有远见,他除此以外还带去了300名工人阶级成员——男人、妇女和儿童。可是,一到达目的地,"皮尔先生竟连一个替他铺床或到河边打水的仆人也没有了"。不幸的皮尔先生,他什么都预见到了,就是忘了把英国的生产关系输出到斯旺河去!

为了理解韦克菲尔德下述的发现,要作两点说明。我们知道,生产资料和生活资料,作为直接生产者的财产,不是资本。它们只有在同时还充当剥削和统治工人的手段的条件下,才成为资本。但是,在政治经济学家的头脑中,它们的这个资本主义灵魂和它们的物质实体如此紧密地结合在一起,以致在任何情况下,甚至当它们正好是资本的对立面的时候,他也把它们称为资本。韦克菲尔德就是这样。其次,他把生产资料为许多互不依赖而独立经营的劳动者个人所有这种分散的现象,称为资本的均分。政治经济学家的做法和封建法学家一样,后者在纯粹的货币关系上,也贴上自己封建法律的标签。

我们已经知道,剥夺人民群众的土地是资本主义生产方式的基础。与此相反,自由殖民地的本质在于,大量土地仍然是人民的财产,因此每个移民都能够把一部分土地转化为自己的私有财产和个人的生产资料,而又不妨碍后来的移民这样做。这就是殖民地繁荣的秘密,同时也是殖民地的痼疾——反抗资本迁入——的秘密。

资本主义生产最美妙的地方,就在于它不仅不断地再生产出雇佣工人本身,而且总是与资本积累相适应地生产出雇佣工人的相对过剩人口。这样,劳动的供求规律就保持在正常的轨道上,工资的变动就限制在资本主义剥削所容许的范围内,最后,工人对资本家必不可少的社会从属性即绝对的从属关系得到了保证。政治经济学家在本国,即在宗主国,可以花言巧语地把这种绝对的从属关系描绘成买者和卖者之间的自由契约关系,描绘成同样独立的商品占有者即资本商品占有者和劳动商品占有者之间的自由契约关系。但是在殖民地,这个美丽的幻想破灭了。到这里来的许多工人都是成年人,因此这里绝对人口增长得比宗主国快得多,但是劳动市场却总是供给不足。劳动的供求规律遭到了破坏。一方面,旧大陆不断地把渴望剥削和要求禁欲的资本投进来,另一方面,雇佣工人本身有规则的再生产,遇到了非常顽强的、部分是不可克服的障碍。哪里还能与资本积累相适应地生产出过剩的雇佣工人来呢!今天的雇佣工人,明天就会成为独立经营的农民或手工业者。他从劳动市场上消失,但并不是到贫民习艺所去了。雇佣工人不断地转化为独立生产者,他们不是为资本劳动,而是为自己劳动,不是使资本家老爷变富,而是使自己变富;这种转化又反过来对劳动市场的状况产生极有害的影响。不仅雇佣工人受剥削的程度低得不像样子;而且,雇佣工人在丧失对禁欲资本家的从属关系时,也丧失了对他的从属感情。我们的爱·吉·韦克菲尔德那样勇敢,那样雄辩,那样感人地描述的种种弊病,就是由此而来的。

他埋怨说,雇佣劳动的供给不经常,不规则,不充足,"不仅总是过少,而且没有保证"。

但是,我们在这里并不是要研究殖民地的状况。我们感兴趣的只是旧大陆的政治经济学在新大陆发现并大声宣布的秘密:资本主义的生产方式和积累方式,从而资本主义的私有制,是以那种以自己的劳动为基础的私有制的消灭为前提的,也就是说,是以劳动者的被剥夺为前提的。

第二卷
资本的流通过程

恩格斯 编

第一篇　资本形态变化及其循环
第二篇　资本周转
第三篇　社会总资本的再生产和流通

序　言

要完成《资本论》第二册的付印工作，使本书既成为一部连贯的、尽可能完整的著作，又成为一部只是作者而不是编者的著作，这不是一件容易的事情。留下的文稿很多，多半带有片断性质，所以要完成这个任务就更为困难。

我只是把这些手稿尽可能逐字地抄录下来；在文体上，仅仅改动了马克思自己也会改动的地方，只是在绝对必要而且意思不会引起怀疑的地方，才加进几句解释性的话和承上启下的字句。意思上只要略有疑难的句子，我就宁愿原封不动地编入。我所改写和插入的文句，总共还不到10个印刷页，而且只是形式上的改动。

只要列举一下马克思为第二册留下的亲笔材料，就可以证明，马克思在公布他的经济学方面的伟大发现以前，是以多么无比认真的态度，以多么严格的自我批评精神，力求使这些伟大的发现达到最完善的程度。正是这种自我批评的精神，使他的论述很少能够做到在形式上和内容上都适应他的由于不断进行新的研究而日益扩大的眼界。

马克思多次对我说过，《资本论》第二册和第三册是献给他的夫人的。

弗里德里希·恩格斯
1885年5月5日马克思的生日，于伦敦

第一篇 资本形态变化及其循环

第1章　货币资本的循环
第2章　生产资本的循环
第3章　商品资本的循环
第4章　循环过程的三个公式
第5章　流通时间
第6章　流通费用

第1章

货币资本的循环

资本的循环过程经过三个阶段,根据第一卷的叙述,这些阶段的形成如以下序列:

第一阶段:资本家作为买者出现于商品市场和劳动市场;他的货币转化为商品,或者说,经历 G—W 这个流通行为。

第二阶段:资本家用购买的商品从事生产消费。他作为资本主义商品生产者进行活动;他的资本经历生产过程。结果产生了一种商品,这种商品的价值大于它的生产要素的价值。

第三阶段:资本家作为卖者回到市场;他的商品转化为货币,或者说,经历 W—G 这个流通行为。

因此,货币资本循环的公式是:$G—W \cdots P \cdots W'—G'$。在这个公式中,虚线表示流通过程的中断,$W'$ 和 G' 表示由剩余价值增大了的 W 和 G。

1. 第一阶段 G—W

G—W 表示一个货币额转化为一个商品额;对买者来说,是他的货币转化为商品,对卖者来说,则是他们的商品转化为货币。使一般商品流通的这个行为同时成为单个资本的独立循环中一个职能上确定

第1章 货币资本的循环

的阶段的，首先不是行为的形式，而是它的物质内容，是那些和货币换位的商品的特殊使用性质。这一方面是生产资料，另一方面是劳动力，即商品生产的物的因素和人的因素。它们的特性，自然要与所生产物品的种类相适应。如果我们用 A 表示劳动力，用 Pm 表示生产资料，那么所要购买的商品额 W = A + Pm，或者简单地说，就是 $W\genfrac{}{}{0pt}{}{A}{Pm}$。

但是，$G—W\genfrac{}{}{0pt}{}{A}{Pm}$ 除了表示 G 所要转化成的商品额有这种质的分割之外，还表示一种最具有特征的量的关系。

要购买的生产资料的数量和规模，必须足以使这个劳动量得到充分的利用。

因此，$G—W\genfrac{}{}{0pt}{}{A}{Pm}$ 不仅表示一种质的关系：一定的货币额，比如说 422 镑，转化为互相适应的生产资料和劳动力；它还表示一种量的关系，即用在劳动力 A 上面的货币部分和用在生产资料 Pm 上面的货币部分的量的关系。这种量的关系一开始就是由一定数量的工人所要耗费的超额即剩余劳动的量决定的。

在不同的产业部门，对追加劳动的利用，需要追加多少生产资料形式的价值，是与这里的问题完全无关的。问题只是在于：耗费在生产资料上的货币部分，也就是在 G—Pm 中购买的生产资料，在任何情况下都必须是充分的，因此，必须一开始就估计到这一点，并按照适当的比例准备好。换句话说，生产资料的数量，必须足以吸收劳动量，足以通过这个劳动量转化为产品。如果没有充分的生产资料，买者所支配的超额劳动就不能得到利用；他对于这种超额劳动的支配权就没有用处。如果现有生产资料多于可供支配的劳动，生产资料就不能被劳动充分利用，不能转化为产品。

因此，$G—W\begin{smallmatrix}A\\Pm\end{smallmatrix}$ 或它的一般形式 G—W，即商品购买的总和，这个一般商品流通的行为，作为资本的独立循环过程的阶段来看，同时又是资本价值由货币形式到生产形式的转化，或者简单地说，是由**货币资本**到**生产资本**的转化。可见，在这里首先考察的循环公式中，货币表现为资本价值的第一个承担者，因而货币资本表现为资本预付的形式。

2. 第二阶段　生产资本的职能

这里考察的资本循环，是以货币转化为商品的流通行为 G—W 即购买开始的。因此，这个流通必须以商品转化为货币这一相反的形态变化 W—G 即出售来补充。但是，$G—W\begin{smallmatrix}A\\Pm\end{smallmatrix}$ 的直接结果，是以货币形式预付的资本价值的流通的中断。通过从货币资本到生产资本的转化，资本价值取得了一种实物形式，这种形式的资本价值不能继续流通，而必须进入消费，即进入生产消费。劳动力的使用，劳动，只能在劳动过程中实现。资本家不能再把工人当做商品出售，因为工人不是资本家的奴隶，并且资本家买到的仅仅是在一定时间内对他的劳动力的使用。另一方面，资本家只能这样来使用劳动力，就是通过劳动力把生产资料作为商品形成要素来使用。因此，第一阶段的结果是进入第二阶段，即资本的生产阶段。

运动表现为 $G—W\begin{smallmatrix}A\\Pm\end{smallmatrix}\cdots P$，这里的虚线表示：资本流通被中断，而资本的循环过程在继续，资本从商品流通领域进入生产领域。因此，第一阶段，从货币资本到生产资本的转化，只是表现为第二阶段即生产资本的职能的先导和先行阶段。

那些造成资本主义生产的基本条件，即雇佣工人阶级的存在的情况，也促使一切商品生产过渡到资本主义的商品生产。资本主义的商品生产越发展，它对主要是直接满足自己需要而只把多余产品转化为商品的每一种旧生产形式，就越发生破坏和解体的作用。它使产品的出售成为人们关心的主要事情，它起初并没有显著地侵袭到生产方式本身，例如，资本主义的世界贸易对中国、印度、阿拉伯等国人民最初发生的影响就是如此。但是接着，在它已经扎根的地方，它就会把一切以生产者的本人劳动为基础或只把多余产品当做商品出售的商品生产形式尽行破坏。它首先是使商品生产普遍化，然后使一切商品生产逐步转化为资本主义的商品生产。

不论生产的社会的形式如何，劳动者和生产资料始终是生产的因素。但是，二者在彼此分离的情况下只在可能性上是生产因素。凡要进行生产，它们就必须结合起来。实行这种结合的特殊方式和方法，使社会结构区分为各个不同的经济时期。在当前考察的场合，自由工人和他的生产资料的分离，是既定的出发点，并且我们已经看到，二者在资本家手中是怎样和在什么条件下结合起来的——就是作为他的资本的生产的存在方式结合起来的。因此，形成商品的人的要素和物的要素这样结合起来一同进入的现实过程，即生产过程，本身就成为资本的一种职能，成为资本主义的生产过程。而关于资本主义生产过程的性质，我们已经在本书第一册做了详细的阐述。商品生产的每种经营都同时成为剥削劳动力的经营；但是，只有资本主义的商品生产，才成为一个划时代的剥削方式，这种剥削方式在它的历史发展中，由于劳动过程的组织和技术的巨大成就，使社会的整个经济结构发生变革，并且不可比拟地超越了以前的一切时期。

如果说，劳动力只有在它的卖者手中即雇佣工人手中才是商品，那么相反，它只有在它的买者手中，即暂时握有它的使用权的资本家手中，才成为资本。生产资料本身，只有在劳动力作为生产资本的人的存在形式，能够和生产资料相合并时，才成为生产资本的物的形态或生产资本。因此，正如人类劳动力并非天然是资本一样，生产资料也并非天然是资本。

生产资本在执行职能时，消耗它自己的组成部分，使它们转化为一个具有更高价值的产品量。因为劳动力仅仅作为生产资本的一个器官发生作用，所以，劳动力的剩余劳动所产生的产品价值超过产品形成要素价值的余额,也是资本的果实。劳动力的剩余劳动,是资本的无偿劳动,因而它为资本家形成剩余价值,一个无须花费任何等价物的价值。因此,产品不只是商品,而且是包含着剩余价值的商品。它的价值 = P + M,等于生产这种商品所耗费的生产资本的价值 P,加上这个生产资本产生的剩余 M。

3. 第三阶段　$W'\text{—}G'$

商品,作为直接由生产过程本身产生的已经增殖的资本价值的职能存在形式,就成了商品资本。

资本在商品形式上必须执行商品的职能。构成资本的物品,本来就是为市场而生产的,必须卖掉,转化为货币,也就是必须要经历的 W—G 运动。

商品量 W',作为已经增殖的资本的承担者,还必须全部经历形态变化 $W'\text{—}G'$。在这里,出售商品的数量,成为决定性的事情。

由于 $W'\text{—}G'$ 的完成,预付资本价值和剩余价值都得到了实现。二者的实现,是在商品总量的分批出售或整批出售中同时进行的,表现为 $W'\text{—}G'$。

4. 总循环

现在让我们来考察总运动 $G\text{—}W\cdots P\cdots W'\text{—}G'$,或它的详细形式

$$G\text{—}W {\begin{smallmatrix} A \\ \\ Pm \end{smallmatrix}} \cdots P \cdots W'\,(W+w)\text{—}G'\,(G+g)$$

。在这里,资本表现为这样一个价值,它经过一系列互相联系的、互为条件的转化,经过一系列的形态变化,而这些形态变化也就形成总过程的一系列阶段。在这些阶段中,两个属于流通领域,一个属于生产领域。在每个这样的阶段中,资本价值都处在和不同的特殊职能相适应的不同形态上。在这个运动中,预付的价值不仅保存了,而且增长了,它的量增加了。最后,在终结阶段,它回到总过程开始时它原有的形式。因此,这个

总过程是循环过程。

资本价值在它的流通阶段所采取的两种形式，是**货币资本**的形式和**商品资本**的形式；它属于生产阶段的形式，是生产资本的形式。在总循环过程中采取而又抛弃这些形式并在每一个形式中执行相应职能的资本，就是**产业资本**。这里所说的产业，包括任何按资本主义方式经营的生产部门。

因此，在这里，货币资本、商品资本、生产资本，并不是指这样一些独立的资本种类，这些独立的资本种类的职能形成同样独立的、彼此分离的营业部门的内容。在这里，它们只是指产业资本的特殊的职能形式，产业资本是依次采取所有这三种形式的。

资本的循环，只有不停顿地从一个阶段转入另一个阶段，才能正常进行。如果资本在第一阶段 G—W 停顿下来，货币资本就会凝结为贮藏货币；如果资本在生产阶段停顿下来，一方面生产资料就会搁置不起作用，另一方面劳动力就会处于失业状态；如果资本在最后阶段 W′—G′ 停顿下来，卖不出去而堆积起来的商品就会把流通的流阻塞。

另一方面，理所当然的是，循环本身又要求资本在各个循环阶段中在一定的时间内固定下来。在每一个阶段中，产业资本都被束缚在一定的形式上：货币资本，生产资本，商品资本。产业资本只有在完成一种和它当时的形式相适应的职能之后，才取得可以进入一个新的转化阶段的形式。

可见，资本的循环过程是流通和生产的统一，包含二者在内。

因此，货币资本的循环，是产业资本循环的最片面、从而最明显和最典型的表现形式；产业资本的目的和动机——价值增殖、赚钱和积累——表现得最为醒目（为贵卖而买）。因为第一阶段是 G—W，所以也表明生产资本的组成部分来自商品市场，同样也表明资本主义生产过程都受流通、商业制约。货币资本的循环不仅是商品生产；这种循环本身只有通过流通才能进行，它是以流通为前提的。这点已经很清楚，因为属于流通的形式 G 是预付资本价值的最初的纯粹的形式，而在其他两种循环形式中则不是这样。

只要货币资本的循环始终包含着预付价值的价值增殖，它就始终是产业资本的一般的表现。

第 2 章

生产资本的循环

生产资本循环的总公式是：$P \cdots W'—G'—W \cdots P$。这个循环表示生产资本职能的周期更新，也就是表示再生产，或者说，表示资本的生产过程是增殖价值的再生产过程；它不仅表示剩余价值的生产，而且表示剩余价值的周期再生产；它表示，处在生产形式上的产业资本不是执行一次职能，而是周期反复地执行职能，因此，过程的重新开始，已由起点本身规定了。

1. 简单再生产

现在，我们首先考察生产资本的简单再生产。在这里，和在第 1 章一样，假定一切条件不变，又假定商品是按照它们的价值买卖的。根据这些假定，全部剩余价值进入资本家的个人消费。商品资本 W' 一旦转化为货币，货币总额中代表资本价值的那一部分就在产业资本的循环中继续流通；另一部分，即已经转化为金的剩余价值，则进入一般的商品流通，这是以资本家为起点的货币流通，不过是在他的单个资本的流通之外进行的。

2. 积累和规模扩大的再生产

生产过程可能扩大的比例不是任意规定的，而是技术上规定的，因此，已经实现的剩余价值虽然要资本化，但往往要经过若干次循环的反复，才能增长到（也就是积累到）它能实际执行追加资本的职能的规模，即能进入处在过程中的资本价值的循环的规模。因此，这个剩余价值凝结为贮藏货币，并在这一形式上形成潜在的货币资本。这种货币资本所以是潜在的，因为在它停留于货币形式时，不能作为资本发生作用。可见，在这里，货币贮藏表现为一种包含在资本主义积累过程中，随着它发生，但同时又和它有本质区别的要素。因为潜在的货币资本的形成并不使再生产过程本身扩大。正好相反，潜在的货币资本在这里形成，倒是因为资本主义生产者不能直接扩大他的生产的规模。

3. 货币积累

贮藏货币形式只是不处在流通中的货币的形式，这种货币的流通中断了，因此就保存在货币形式上。至于货币贮藏的过程本身，它是一切商品生产所共有的，而只有在不发达的、资本主义以前的商品生产形式中，才为贮藏货币而贮藏货币。而在这里，贮藏货币表现为货币资本的形式，货币贮藏表现为随着资本积累暂时发生的过程，这是因为而且只是因为货币在这里充当潜在的货币资本；这是因为，货币贮藏，即以货币形式存在的剩余价值的贮藏状态，是一个在资本循环之外完成的、为使剩余价值转化为实际执行职能的资本所进行的职能上确定的预备阶段。

我们这里考察的货币积累，是它的本来的实在的形式，是实际的货币贮藏。

4. 准 备 金

在以上考察的形式上作为剩余价值存在形式的贮藏货币，是货币积累基金，是资本积累暂时具有的货币形式，并且就这一点来说，它本身是资本积累的条件。不过，这种积累基金还可以完成特殊的附带的职能，也就是可以进入资本的循环过程，而并没有使这个过程具有P…P′的形式，即没有使资本主义的再生产扩大。

如果 W′—G′过程超出了正常时间，商品资本不正常地停滞在它向货币形式转化的过程中；或者，在这种转化完成之后，比如说，货币资本必须转化成的生产资料的价格上涨，超过了循环开始时的水平，这种起着积累资金作用的贮藏货币，就可以用来代替货币资本或它的一部分。这样，货币积累基金就充当准备金，来消除循环中出现的干扰。

第 3 章
商品资本的循环

商品资本循环的总公式是：
$$W'—G'—W\cdots P\cdots W'。$$

在 $W'\cdots W'$ 形式中，全部商品产品的消费是资本本身循环正常进行的条件。全部个人消费包括工人的个人消费和剩余产品中非积累部分的个人消费。因此，消费是全部——个人的消费和生产的消费——作为条件进入 W' 的循环。生产消费（其实也包括工人的个人消费，因为在一定界限之内，劳动力是工人个人消费的不断的产物）是由每个单个资本自己进行的。个人消费——除了资本家个人生存所必需的消费——只是被看做社会的行为，而绝不是作为单个资本家的行为。

第4章

循环过程的三个公式

如果用 Ck 代表总流通过程,这三个公式可以表示如下:

(Ⅰ) G—W…P…W′—G′

(Ⅱ) P…Ck…P

(Ⅲ) Ck…P（W′）。

如果我们对这三个形式进行概括,那么,过程的所有前提都表现为过程的结果,表现为过程本身所产生的前提。每一个因素都表现为出发点、经过点和复归点。总过程表现为生产过程和流通过程的统一;生产过程成为流通过程的中介,反之亦然。

所有这三个循环都有一个共同点:价值增殖是决定目的,是动机。

如果把任何一种循环都看做不同的单个产业资本所处的特殊的运动形式,那么,这种区别也始终只是作为一种个别的区别而存在。但是实际上,任何一个单个产业资本都是同时处在所有这三种循环中。这三种循环,三种资本形态的这些再生产形式,是连续地并列进行的。例如,现在作为商品资本执行职能的资本价值的一部分,转化为货币资本,但同时另一部分则离开生产过程,作为新的商品资本进入流通。因此,W′…W′循环形式不断地进行着;其他两个形式也是如此。资本在它的任何一种形式和任何一个阶段上的再生产都是连续进行的，就像这些形式的形态变化和依次经过这三个阶段是连续进行的一样。可见，在这里，总循环是资本的三个形式的现实的统一。

实际上，以上所说适用于处在运动中的资本的每一个部分，并且资本的所有部分都要依次经过这种运动。假定10 000磅纱是一个纺纱业主的一周的产品。这10 000磅纱要全部从生产领域转到流通领域；其中包含的资本价值必须全部转化为货币资本，并且只要资本价值保持货币资本的形式，它就不能重新进入生产过程；它必须先进入流通，并重新转化为生产资本的要素 A + Pm。资本的循环过程是不断地中断，是离开一个阶段，进入下一个阶段；是抛弃一种形式，存在于另一种形式；其中每一个阶段不仅以另一个阶段为条件，而且同时排斥另一个阶段。

但是，连续性是资本主义生产的特征，是由资本主义生产的技术基础所决定的，虽然这种连续性并不总是可以无条件地达到的。让我们来看看实际情况是怎样的。例如，在10 000磅纱作为商品资本进入市场，并转化为货币（不论是支付手段，还是购买手段，甚至只是计算货币）时，新的棉花、煤炭等等则代替纱出现于生产过程，也就是说，已经由货币形式和商品形式重新转化为生产资本的形式，从而开始执行生产资本的职能；在第一个10 000磅纱转化为货币的同时，以前的10 000磅纱则已经进行它的流通的第二阶段，由货币重新转化为生产资本的要素。资本的所有部分都依次经过循环过程，而同时处在循环过程的不同阶段上。这样，产业资本在它的循环的连续进行中，就同时处在它的一切循环阶段以及和各该阶段相适应的不同的职能形式上。对第一次由商品资本转化为货币的部分来说，W′…W′循环才开始，而对作为运动中的整体的产业资本来说，W′…W′循环则已经完成。货币是一手预付出去，另一手收进来。G…G′循环在一点上的开始，同时就是它在另一点上的复归。生产资本也是如此。

因此，产业资本的连续进行的现实循环，不仅是流通过程和生产过程的统一，而且是它的所有三个循环的统一。但是，它之所以能够成为这种统一，只是由于资本的每个不同部分能够依次经过相继进行的各个循环阶段，从一个阶段转到另一个阶段，从一种职能形式转到另一种职能形式,因而,只是由于产业资本作为这些部分的整体同时处在各个不同的阶段和职能中,从而同时经过所有这三个循环。在这里,每一部分的相继进行,是由各部分的并列存在即资本的分割所决定的。因此,在实行分工的工厂体系内,产品不断地处在它的形成过程的各个不同阶段上,同时又不断地由一个生产阶段转到另一个生产阶段。因为单个产业资本代表着一定的量,而这个量又取决于资本家的资金,并且对每个产业部门来说都有一定的最低限量,所以资本的分割必须按一定的比例数字进行。现有资本的量决定生产过程的规模,而生产过程的规模又决定同生产过程并列执行职能的商品资本和货币资本的量。但是,决定生产连续性的并列存在之所以可能,只是由于资本的各部分依次经过各个不同阶段的运动。并列存在本身只是相继进行的结果。例如,如果对资本的一部分来说 $W'—G'$ 停滞了,商品卖不出去,那么,这一部分的循环就会中断,它的生产资料的补偿就不能进行;作为 W' 继续从生产过程中出来的各部分,在职能变换中就会被它们的先行部分所阻止。如果这种情况持续一段时间,生产就会受到限制,整个过程就会停止。相继进行一停滞,就使并列存在陷于混乱。在一个阶段上的任何停滞,不仅会使这个停滞的资本部分的总循环,而且会使整个单个资本的总循环发生或大或小的停滞。

过程采取的下一个形式,是各个阶段相继进行的形式,因而,资本过渡到一个新阶段,是由它离开另一个阶段所决定的。因此,每一个特殊循环都有资本的一种职能形式作为出发点和复归点。另一方面,总过程实际上又是三个循环的统一,这三个循环是过程的连续性借以表现的不同形式。总循环对资本的每一种职能形式来说,都表现为它的特有的循环,并且每一个这种循环都决定着总过程的连续性;一种职能形式的循环运动决定着另一种职能形式的循环。总生产过程同时就是再生产过程,从而是总生产过程的每一个要素的循环——这对总生产过程来说,特别是对社会资本来说,是一个必要的条件。资本的各个不同部分依次经过各个不同的阶段和职能形式。因此,每一种职能形式虽然其中表现出来的总是资本的另一个部分,但都和其他职能形式同时经过它自己的循环。资本的一部分,一个不断变动、不断再生产出来的部分,作为要转化为货币的商品资本而存在;另一部分作为要转化为生产资本的货币资本而存在；第三部分则作为要转化为商品资本的生产资本而存在。所有这三种形式的经常存在，正是由总资本经过这三个阶段的循环为中介而造成的。

因此，资本作为整体是同时地、在空间上并列地处在它的各个不同阶段上。但是，每一个部分都不断地依次由一个阶段过渡到另一个阶段，由一种职能形式过渡到另一种职能形式，从而依次在一切阶段和一切职能形式中执行职能。因此，这些形式都是流动的形式，它们的同时性是以它们的相继进行为中介的。每一种形式都跟随在另一种形式之后，而又发生在它之前，因而，一个资本部分回到一种形式，是由另一个资本部分回到另一种形式而决定的。每一个部分都不断进行着它自己的循环，然而处在这种形式中的总是资本的另一个部分，而这些特殊的循环只是形成总过程的各个同时存在而又依次进行的要素。

只有在三个循环的统一中，才能实现总过程的连续性，而不致发生上述的中断。社会总资本始终具有这种连续性，而它的过程始终是三个循环的统一。

产业资本循环过程从而资本主义生产的最明显的特征之一就是：一方面，生产资本的形成要素必须来自商品市场，并且不断从这个市场得到更新，作为商品买进来；另一方面，劳动过程的产品则作为商品从劳动过程产生出来，并且必须不断作为商品重新卖出去。例如，我们把苏格兰低地的现代租地农场主和欧洲大陆的旧式小农比较一下。前者出售他的全部产品，因而必须在市场上补偿它的全部要素，甚至包括种子；后者则是直接消费他的产品的绝大部分，尽量少买少卖，只要有可能，就自己造工具、做衣服等等。

据此，人们把自然经济、货币经济和信用经济作为社会生产的三个具有特征的经济运动形式而互相对立起来。

第一，这三个形式并不代表对等的发展阶段。所谓信用经济本身只是货币经济的一种形式，因为这两个名词都表示生产者自身间的交易职能或交易方式。在发达的资本主义生产中，货币经济只表现为信用经济的基础。因此，货币经济和信用经济只适应于资本主义生产的不同发展阶段，但绝不是和自然经济对立的两种不同的独立的交易形式。人们根据同样的理由，似乎也可以把自然经济的各种极不相同的形式，作为对等的东西，和这两种经济对立起来。

第二，因为人们在货币经济和信用经济这两个范畴上强调的并且作为特征提出的，不是经济，即生产过程本身，而是不同生产当事人或生产者之间的同经济相适应的交易方式，所以，在考察第一个范畴时，似乎也应该这样做。因此，似乎应该是交换经济，而不是自然经济。像秘鲁印加国那样完全闭关自守的自然经济，就不属于这些范畴中任何一个范畴了。

第三，货币经济是一切商品生产所共有的，产品在各种各样的社会生产机体中表现为商品。这样，标志资本主义生产的特征的，似乎只是产品以怎样的规模作为交易品，作为商品来生产，从而，产品本身的形成要素以怎样的规模必须作为交易品，作为商品再进入产生它的经济中去。

实际上，资本主义生产是作为生产的普遍形式的商品生产，但是，它之所以如此，在它的发展中之所以越来越如此，只是因为在这里，劳动本身表现为商品，因为工人出卖劳动，即他的劳动力的职能，并且如我们所假定的，是按照由它的再生产费用决定的它的价值出卖的。劳动越变为雇佣劳动，生产者就越变为产业资本家；因而，资本主义生产（从而商品生产）只有在直接的农业生产者也是雇佣工人的时候，才充分地表现出来。在资本家和雇佣工人的关系上，货币关系，买者和卖者的关系，成了生产本身所固有的关系。但是，这种关系的基础是生产的社会性质，而不是交易方式的社会性质；相反，后者是由前者产生的。然而，不是把生产方式的性质看做和生产方式相适应的交易方式的基础，而是反过来，这是和资产阶级眼界相符合的，在资产阶级眼界内，满脑袋都是生意经。

第 5 章
流 通 时 间

我们已经知道，资本是按照时间顺序通过生产领域和流通领域两个阶段完成运动的。资本在生产领域停留的时间是它的生产时间，资本在流通领域停留的时间是它的流通时间。所以，资本完成它的循环的全部时间，等于生产时间和流通时间之和。

流通时间和生产时间是互相排斥的。资本在流通时间内不是执行生产资本的职能，因此既不生产商品，也不生产剩余价值。如果我们考察循环的最简单形式，也就是总资本价值每次都是一下子由一个阶段进到另一个阶段，那就很清楚，在资本流通时间持续的时候，生产过程就中断，资本的自行增殖也就中断；并且生产过程的更新根据资本流通时间的长短而或快或慢。相反，如果资本的不同部分是相继通过循环的，也就是总资本价值的循环是在资本的不同部分的循环中依次完成的，那就很清楚，资本的各组成部分在流通领域不断停留的时间越长，资本在生产领域不断执行职能的部分就必定越小。因此，流通时间的延长和缩短，对于生产时间的缩短或延长，或者说，对于一定量资本作为生产资本执行职能的规模的缩小或扩大，起了一种消极限制的作用。资本在流通中的形态变化越成为仅仅观念上的现象，也就是说，流通时间越等于零或近于零，资本的职能就越大，资本的生产效率就越高，它的自行增殖就越大。例如，假定有一个资本家按订货生产,因此他在提供产品时就得到支付,又假定支付给他的是他自己需要的生产资料,那么,流通时间就接近于零了。

因此,资本的流通时间,一般说来,会限制资本的生产时间,从而也会限制它的价值增殖过程。限制的程度与流通时间持续的长短成比例。而这种持续时间的增加或减少的程度可以极不相同,因而对资本的生产时间限制的程度也可以极不相同。

资本在流通领域内,不管按这个序列还是那个序列,总是要通过 W—G 和 G—W 这两个对立的阶段。因此,资本的流通时间也分成两个部分,即商品转化为货币所需要的时间和货币转化为商品所需要的时间。

第6章

流通费用

1. 纯粹的流通费用

买卖时间

资本由商品到货币和由货币到商品的形态转化，同时就是资本家的交易，即买卖行为。资本完成这些形态转化的时间，从主观上，从资本家的观点来看，就是买卖时间，就是他在市场上执行卖者和买者的职能的时间。正像资本的流通时间是资本再生产时间的一个必要部分一样，资本家进行买卖，在市场上奔走的时间，也是他作为资本家即作为人格化的资本执行职能的时间的一个必要部分。这是他的经营时间的一部分。

但是，形态变化 W—G 和 G—W，是买者和卖者之间进行的交易；他们达成交易是需要时间的，尤其是因为在这里进行着斗争，每一方都想占对方的便宜，生意人碰在一起，就像"希腊人遇到希腊人就发生激战"一样。状态的变化花费时间和劳动力，但不是为了创造价值，而是为了使价值由一种形式转化为另一种形式。在这里，事情并不因双方都想借此机会占有超额的价值量而发生变化。这种劳动由于双方的恶意而增大，但并不创造价值．正像花费在诉讼程序上的劳动并不增加诉讼对象的价值量一样。这种劳动对于作为总体的资本主义生产过程来说，即对于包含着流通或被包含在流通中的资本主义生产过程来说，是一个必要的因素，但它同比如说燃烧一种生热用的材料时花费的劳动一样。这种燃烧劳动，虽然是燃烧过程的一个必要的因素，但并不生热。

簿　记

劳动时间除了耗费在实际的买卖上外，还耗费在簿记上；此外，簿记又耗费对象化劳动，如钢笔、墨水、纸张、写字台、事务所费用。因此，在这种职能上，一方面耗费劳动力，另一方面耗费劳动资料。这里的情况和买卖时间完全一样。

资本作为它的循环中的统一体，作为处在过程中的价值，无论是在生产领域还是在流通领域的两个阶段，首先只是以计算货币的形态，观念地存在于商品生产者或资本主义商品生产者的头脑中。这种运动是由包含商品的定价或计价（估价）在内的簿记来确定和监督的。这样，生产的运动，特别是价值增殖的运动——在这里，商品只是价值的承担者，只是这样一种物品的名字，这种物品的观念的价值存在固定为计算货币——获得了反映在观念中的象征形象。在单个商品生产者仅仅用头脑记账（例如农民；只有资本主义农业，才产生使用簿记的租地农场主），或者仅仅在他的生产时间之外附带地把收支、支付日等等记载下来的时候，很明显，他的这种职能和他执行这种职能所消耗的劳动资料，如纸张等等，都是劳动时间和劳动资料的追加消耗。这种消耗是必要的，但是既要从他能生产地消耗的时间中扣除，又要从那种在现实生产过程中执行职能的、参加产品形成和价值形成的劳动资料中扣除。不论这种职能集中在资本主义商品生产者手中，不再是许多小商品生产者的职能，而是一个资本家的职能，是一个大规模生产过程内部的职能，从而获得了巨大的规模；还是这种职能不再是生产职能的附带部分，而从生产职能中分离出来，独立化为特殊的、专门委托的当事人的职能——这种职能本身的性质都不会改变。

但是，簿记所产生的各种费用，或劳动时间的非生产耗费，同单纯买卖时间的费用，毕竟有一定的区别。单纯买卖时间的费用只是由生产过程的一定的社会形式而产生，是由这个生产过程是商品的生产过程而产生。过程越是按社会的规模进行，越是失去纯粹个人的性质，作为对过程的监督和观念上的总括的簿记就越是必要；因此，簿记对资本主义生产，比对手工业和农民的分散生产更为必要，对公有生产，比对资本主义生产更为必要。但是，簿记的费用随着生产的积聚而减少，簿记越是转化为社会的簿记，这种费用也就越少。

货 币

货币的磨损也要求不断得到补偿，或要求把更多的产品形式的社会劳动转化为更多的金和银。这种补偿费用，在资本主义发达的国家是很可观的，因为一般说来被束缚在货币形式上的财富部分是巨大的。金和银作为货币商品，对社会来说，是仅仅由生产的社会形式产生的流通费用。这是商品生产的非生产费用，这种费用，随着商品生产，特别是随着资本主义生产的发展而增大。它是社会财富中必须为流通过程牺牲的部分。

2. 保管费用

由价值的单纯形式变换，由观念地考察的流通产生的流通费用，不加入商品价值。就资本家来考察，耗费在这种费用上的资本部分，只是耗费在生产上的资本的一种扣除。我们现在考察的那些流通费用的性质则不同。它们可以产生于这样一些生产过程，这些生产过程只是在流通中继续进行，因此，它们的生产性质完全被流通的形式掩盖起来了。另一方面，从社会的观点看，它们又可以是单纯的费用，是活劳动或对象化劳动的非生产耗费，但是正因为这样，对单个资本家来说，它们可以起创造价值的作用，成为他的商品出售价格的一种加价。这种情况已经来源于以下事实：这些费用在不同的生产领域是不同的，在同一生产领域，对不同的单个资本来说，有时也是不同的。这些费用追加到商品价格中时，会按照各个资本家分担这些费用的比例进行分配。但是，一切追加价值的劳动也会追加剩余价值，并且在资本主义基础上总会追加剩余价值，因为劳动形成的价值取决于劳动本身的量，劳动形成的剩余价值则取决于资本家付给劳动的报酬额。因此，使商品变贵而不追加商品使用价值的费用，对社会来说，属于生产上的非生产费用，对单个资本家来说，则可以成为发财致富的源泉。另一方面，既然这些费用加到商品价格中去的这种加价，只是均衡地分配这些费用，所以这些费用的非生产性质不会因此而消失。例如，保险公司把单个资本家的损失在资本家阶级中间分配。尽管如此，就社会总资本考察，这样平均化的损失仍然是损失。

储备形成一般

在产品作为商品资本存在或在产品停留在市场上时，也就是，在产品处在它从中出来的生产过程和它进入的消费过程之间的间隔时间内，产品形成商品储备。

商品资本要作为商品储备停留在市场上，就要有建筑物，如栈房、储藏库、货栈，也就是要支出不变资本，还要给把商品搬进储藏库的劳动力支付报酬。此外，商品会变坏，会受有害的自然因素的影响。为了保护商品不受这些影响，要投入追加的资本。一部分投在劳动资料上，即物的形式上，一部分投在劳动力上。

可见，资本在商品资本形式上从而作为商品储备的存在，产生了费用，因为这些费用不属于生产领域，所以算作流通费用。

真正的商品储备

我们已经知道，在资本主义生产的基础上，商品成为产品的一般形式，而资本主义生产在广度和深度上越是发展，情况就越是这样。因此，不管和以前的各种生产方式相比，还是和发展水平较低的资本主义生产方式相比，即使生产规模相同，产品中大得不可比拟的部分是作为商品存在的。但是，任何商品——从而任何商品资本，它们只是商品，不过是作为资本价值存在形式的商品——只要它不是从生产领域直接进入生产消费或个人消费，因而在这个间歇期间处在市场上，它就是商品储备的要素。因此，商品储备本身（即产品的商品形式的独立和固定），即使在生产规模不变的情况下，也会随着资本主义生产的发展而增大。我们已经知道，这只是储备的形式变换，也就是说，在这一方面，商品形式的储备所以增大，是因为在那一方面，它在直接的生产储备和消费储备形式上减少了。这只是储备的社会形式的变化。如果商品储备同社会总产品相比，不仅它的相对量增大，而且它的绝对量也同时增大，那么，这是因为总产品的量随着资本主义生产的发展而增大了。

随着资本主义生产的发展，生产的规模在越来越小的程度上取决于对产品的直接需求，而在越来越大的程度上取决于单个资本家支配的资本量，取决于他的资本的价值增殖欲以及他的生产过程连续进行和不断扩大的必要性。因此，每一个特殊生产部门中作为商品出现在市场上或寻找销路的产品量必然增大，在较短或较长时期固定在商品资本形式上的资本量也增大。因此，商品储备也增大。

最后，社会上绝大部分人变为雇佣工人，他们靠挣一文吃一文过活，他们的工资按周领取，逐日花掉，因此，他们必须找到作为储备的生活资料。不管这种储备的单个要素的流动性有多大，其中一部分总要不断地停留下来，以便储备可以始终处于流动状态。

所有这些因素，都来源于生产的形式和它所包含的、产品在流通过程中所必须经历的形式转化。

不管产品储备的社会形式如何，保管这种储备，总是需要费用：需要有贮存产品的建筑物、容器等等；还要根据产品的性质，耗费或多或少的生产资料和劳动，以便防止各种有害的影响。储备越是社会地集中，这些费用相对地就越少。这些支出，总是构成对象化形式或活的形式的社会劳动的一部分——因而，在资本主义形式上，这些支出就是资本的支出——它们不进入产品形成本身，因此是产品的一种扣除。它们作为社会财富的非生产费用是必要的。它们是社会产品的保存费用，不管社会产品只是由于生产的社会形式即商品形式及其必要的形式转化才成为商品储备的要素，也不管我们把商品储备只是看做一切社会所共有的产品储备的一种特殊形式；它们是社会产品的保存费用，即使产品储备不具有商品储备形式这种属于流通过程的产品储备形式。

现在要问，这些费用在多大程度上加入商品价值。

如果资本家已经把他预付在生产资料和劳动力上的资本转化为产品，转化为一定量现成的待售商品，而这些商品还堆在仓库里，没有卖出去，那么，在此期间不仅他的资本的价值增殖过程会停滞，为保存这种储备而用于建筑物、追加劳动等方面的支出，也会形成直接的损失。如果这个资本家说，我的商品存放了6个月没有卖出去，在这6个月期间，为了保存这些商品，不仅使我的这样多的资本闲置起来，而且使我花掉了 x 量的非生产费用，那么，最后的买者就会嘲笑他。买者会说，这算您倒霉！除了您以外，还有另一个卖者，他的商品前天刚生产出来。您的商品是陈货，放了那么久，不免多少有些损坏。因此，您应该比您的对手卖得便宜些。不管商品生产者是他的商品的实际生产者，还是商品的资本主义生产者，也就是说，实际上只是商品的实际生产者的代表，都丝毫不会改变商品的生活条件。他必须把他的物品转化为货币。他由于把物品固定在商品形式上而支出了非生产费用，这只是他个人的冒险行为，和商品的买者无关。买者不会对他的商品的流通时间实行支付。在发生现实的或设想的价值革命的时候，资本家会有意把他的商品从市场上抽回来，即使在这种情况下，他能不能捞回那笔追加的非生产费用，要看这种价值革命是否出现，看他投机是否成功。但是，价值革命并不是他的非生产费用所造成的结果。因此，如果储备的形成就是流通的停滞，由此引起的费用就不会把价值加到商品上。另一方面，没有流通领域内的停滞，没有资本在商品形式上的或长或短的停留，就不会有储备；也就是说，没有流通的停滞，就不会有储备，就像没有货币准备金，就不会有货币流通一样。因此，没有商品储备，就没有商品流通。如果这种必要性对资本家来说不是出现在 W′—G′ 上，那对他来说则是出现在 G—W 上；不是出现在他的商品资本上，但出现在另一些为他生产生产资料并为他的工人生产生活资料的资本家的商品资本上。

商品储备必须有一定的量，才能在一定时期内满足需求量。这里要把买者范围的不断扩大计算在内。为了满足比如一天的需要，市场上的商品必须有一部分不断保持商品形式，另一部分则流动着，转化为货币。在其他部分流动时停滞的部分，会和储备量本身的减少一样不断减少，直至最后完全卖掉。因此，在这里，商品停滞要看做是商品出售的必要条件。其次，储备量要大于平均出售量或平均需求量。不然，超过这个平均量的需求就不能得到满足。另一方面，储备因为不断消耗，所以要不断更新。这种更新归根到底只能从生产中得到，只能从商品的供应中得到。这些商品是否来自国外，是与问题无关的。更新以商品再生产所需要的时间为转移。在此期间，商品储备必须够用。至于储备不是留在原来的生产者手中，而是经过了从大商人一直到零售商的各种各样的储藏库，这仅仅改变了现象，而并不改变事情本身。从社会的观点看，只要商品没有进入生产消费或个人消费，资本的一部分就仍旧处于商品储备的形式。生产者本身为了使自己不直接依赖于生产，为了保证自己有一批老顾客，总想保持一批与平均需求相适应的存货。购买期限是适应于生产期间的，商品在它能够由同种新商品替换以前，在一个或长或短的期间内形成储备。只是由于有了这种储备，流通过程从而包含流通过程在内的再生产过程的不断连续进行，才得到保证。

必须记住，对 W 的生产者来说，$W'—G'$ 可以已经完成，虽然 W 仍然在市场上。如果生产者本人想在他自己的商品卖给最后的消费者之前把它保存在仓库内，他就必须使二重的资本发生运动，一次是作为商品的生产者，另一次是作为商人。对商品本身来说——无论是作为单个商品来看，还是作为社会资本的组成部分来看——储备的费用不管是由生产者自己负担还是由从 A 到 Z 的一系列商人负担，事情是不会发生变化的。

既然商品储备不外就是储备的商品形式，这种储备在一定规模的社会生产中如果不是作为商品储备存在，就是作为生产储备（潜在的生产基金）或者作为消费基金（消费资料的储存）存在，所以，维持这种储备所需要的费用，也就是储备形成的费用，即用于这方面的对象化劳动或活劳动，不过是社会生产基金或社会消费基金的维持费用的一种变形。由此引起的商品价值的提高，只是把这种费用按比例分配在不同商品上，因为这种费用对不同种商品来说是不同的。储备形成的费用仍然是社会财富的扣除，虽然它是社会财富的存在条件之一。

只有在商品储备是商品流通的条件，甚至是商品流通中必然产生的形式时，也就是，只有在这种表面上的停滞是流动本身的形式，就像货币准备金的形成是货币流通的条件一样时，这种停滞才是正常的。相反，一旦留在流通蓄水池内的商品，不让位给后面涌来的生产浪潮，致使蓄水池泛滥起来，商品储备就会因流通停滞而扩大，就像在货币流通停滞时，贮藏货币会增加一样。在这里，不论这种停滞是发生在产业资本家的仓库内，还是发生在商人的栈房内，情况都是一样的。这时，商品储备已经不是不断出售的条件，而是商品卖不出去的结果。费用仍旧是一样的，但是，因为它现在完全是由形式产生，也就是由于必须把商品转化为货币而产生，并且是由于这种形态变化发生困难而产生，所以它不加入商品价值，而成为在价值实现时的扣除，即价值损失。因为储备的正常形式和不正常形式，从形式上是区分不出来的，而且二者都是流通的停滞，所以，这些现象可以互相混同，加上对生产者来说，虽然他的已经转移到商人手中的商品的流通过程发生了停滞，但他的资本的流通过程仍然能够畅通，所以，这些现象更可以使生产当事人本身感到迷惑。如果生产和消费的规模扩大了，在其他条件不变的情况下，商品储备的规模也会扩大。商品储备会同样迅速地被更新和被吸收，但是它的规模更大。因此，商品储备的规模由于流通停滞而扩大的现象，会被误认为是再生产过程扩大的征兆，特别是在现实的运动由于信用制度的发展而变得神秘莫测时，更是这样。

储备形成的费用包含：1. 产品总量的数量减损（例如，储存面粉时就是这样）；2. 质量变坏；3. 维持储备所需的对象化劳动和活劳动。

3. 运输费用

在这里，我们不必考察流通费用的一切细目，如包装、分类等等。一般的规律是：**一切只是由商品的形式转化而产生的流通费用，都不会把价值追加到商品上**。这仅仅是实现价值或价值由一种形式转变为另一种形式所需的费用。投在这种费用上的资本（包括它所支配的劳动），属于资本主义生产上的非生产费用。这种费用必须从剩余产品中得到补偿，对整个资本家阶级来说，是剩余价值或剩余产品的一种扣除，就像对工人来说，购买生活资料所需的时间是损失掉的时间一样。但是，运输费用起很重要的作用，因此在这里必须简短地加以考察。

社会劳动的物质变换，是在资本循环和构成这个循环的一个阶段的商品形态变化中完成的。这种物质变换可以要求产品发生场所的变换，即产品由一个地方到另一个地方的实际运动。但是，没有商品的物理运动，商品也可以流通；没有商品流通，甚至没有直接的产品交换，产品也可以运输。A卖给B的房屋，是作为商品流通的，但是它并没有移动。棉花、生铁之类可以移动的商品价值，经过许多流通过程，由投机者反复买卖，但还是留在原来的货栈内。这里实际运动的，是物品的所有权证书，而不是物品本身。另一方面，例如在印加国，虽然社会产品不作为商品流通，也不通过物物交换来进行分配，但是运输业起着很大的作用。

因此，虽然运输业在资本主义生产基础上表现为产生流通费用的原因，但是，这种特殊的表现形式并不会改变事情的本质。

产品总量不会因运输而增大。产品的自然属性因运输而引起的变化，除了若干例外，不是预期的效用，而是一种不可避免的祸害。但是，物品的使用价值只是在物品的消费中实现，而物品的消费可以使物品的位置变化成为必要，从而使运输业的追加生产过程成为必要。因此，投在运输业上的生产资本，会部分地由于运输工具的价值转移，部分地由于运输劳动的价值追加，把价值追加到所运输的产品中去。后一种价值追加，就像在一切资本主义生产下一样，分为工资补偿和剩余价值。

在其他条件不变的情况下，由运输追加到商品中去的绝对价值量，和运输业的生产力成反比，和运输的距离成正比。

在其他条件不变的情况下，由运输费用追加到商品价格中去的相对价值部分，和商品的体积和重量成正比。

商品在空间上的流通，即实际的移动，就是商品的运输。运输业一方面形成一个独立的生产部门，从而形成生产资本的一个特殊的投资领域。另一方面，它又具有如下的特征：它表现为生产过程在流通过程内的继续，并且为了流通过程而继续。

第二篇 资本周转

第 7 章　周转时间和周转次数
第 8 章　固定资本和流动资本
第 9 章　预付资本的总周转。周转的周期
第10章　关于固定资本和流动资本的理论。重农学派和亚当·斯密
第11章　关于固定资本和流动资本的理论。李嘉图
第12章　劳动期间
第13章　生产时间
第14章　流通时间
第15章　周转时间对预付资本量的影响
第16章　可变资本的周转
第17章　剩余价值的流通

第 7 章
周转时间和周转次数

我们已经知道，一定资本的总流通时间，等于它的流通时间和它的生产时间之和。这就是从资本价值以一定的形式预付时起，直到处在过程中的资本价值以同一形式返回时止的一段时间。

单个资本家投在任何一个生产部门的总资本价值，在完成它的运动的循环后，就重新处在它的原来的形式上，并且能够重复同一过程。这个价值要作为资本价值永久保持和增殖，就必须重复这个过程。单个循环在资本的生活中只形成一个不断重复的段落，也就是一个周期……资本的循环，不是当做孤立的过程，而是当做周期性的过程时，叫作资本的周转。这种周转的持续时间，由资本的生产时间和资本的流通时间之和决定。这个时间之和形成资本的周转时间。因此，资本的周转时间计量总资本价值从一个循环周期到下一个循环周期的那段时间，计量资本生活过程经历的周期，或者说，计量同一资本价值的增殖过程或生产过程更新、重复的时间。

假定我们用 U 表示周转时间的计量单位——年，用 u 表示一定资本的周转时间，用 n 表示资本的周转次数，那么 $n = \dfrac{U}{u}$。举例来说，如果周转时间 u 等于 3 个月，那么 $n = \dfrac{12}{3} = 4$；资本在一年中完成 4 次周转，或者说，周转 4 次。如果 u = 18 个月，那么 n = $\frac{12}{18}$ = $\frac{2}{3}$，或者说，资本在一年内只完成它的周转时间的 $\frac{2}{3}$。如果资本的周转时间等于几年，那么，它就要用一年的倍数来计算。

在进一步研究周转对生产过程和价值增殖过程的影响以前，我们要考察两种新的形式，这两种新形式是资本由流通过程得到的，并且会对资本周转的形式发生影响。

第8章

固定资本和流动资本

1. 形式区别

我们在第一册第6章已经看到，一部分不变资本和它帮助形成的产品相对立，保持着它进入生产过程时的一定的使用形式。因此，它在一个或长或短的期间内，在不断反复的劳动过程中，总是反复地执行着相同的职能。例如厂房、机器等，总之，凡是称作劳动资料的东西，都是这样。这部分不变资本，按照它在丧失自身的使用价值时丧失掉自身的交换价值的比例，把价值转给产品。这种生产资料把多少价值转给或转移到它帮助形成的产品中去，要根据平均计算来决定，即根据它执行职能的平均持续时间来计量。这个持续时间，从生产资料进入生产过程时起，到它完全损耗，不能使用，而必须用同一种新的物品来替换或再现出来时为止。

因此，这部分不变资本——真正的劳动资料——的特征是：

一部分资本是以不变资本的形式即生产资料的形式预付的。生产资料在它保持着进入劳动过程时的独立使用形式的期间，作为劳动过程的因素执行职能。完成的产品，从而已经转化为产品的产品形成要素，脱离生产过程，作为商品从生产领域转移到流通领域。相反，劳动资料一进入生产领域，就不再离开。它的职能把它牢牢地限制在那里。一部分预付资本价值，**被固定**在这个由劳动资料在过程中的职能所决定的形式上。在劳动资料执行职能并因而损耗时，劳动资料的一部分价值转移到产品中，另一部分则仍旧固定在劳动资料中，因此也就仍旧固定在生产过程中。这样固定的价值不断地减少，一直到劳动资料不能再用；所以它的价值在一个或长或短的期间内，分配在由一系列不断反复的劳动过程产生的一批产品中。但是，只要它还起劳动资料的作用，就是说，只要它还不需要由同一种新的物品来替换，就总是有不变资本价值固定在它里面，而与此同时，另一部分原来固定在它里面的价值则转移到产品中，从而作为商品储备的组成部分进行流通。劳动资料越耐用，它的损耗越缓慢，不变资本价值固定在这个使用形式上的时间就越长。但是，不管耐用的程度如何，劳动资料转移的价值份额总是和它的全部职能时间成反比。如果有两台价值相等的机器，一台5年磨损掉，另一台10年磨损掉，那么，前者在同一时间内转移的价值就是后者的两倍。

固定在劳动资料上的这部分资本价值，和其他任何部分一样要进行流通。我们曾经一般地说过，全部资本价值是处在不断流通之中，因此从这个意义上说，一切资本都是流动资本。但这里考察的这个资本部分的流通是独特的流通。首先，这个资本部分不是在它的使用形式上进行流通，进行流通的只是它的价值，并且这种流通是逐步地、一部分一部分进行的，和从它那里转移到作为商品进行流通的产品中去的价值相一致。在它执行职能的全部时间内，它的价值总有一部分固定在它里面，和它帮助生产的商品相对立，保持着自己的独立。由于这种特性，这部分不变资本取得了**固定资本**的形式。在生产过程中预付的资本的其他一切物质组成部分，则与此相反，形成**流动资本**。

一部分生产资料——即这样一些辅助材料，它们在劳动资料执行职能时由劳动资料本身消费掉，例如煤炭由蒸汽机消费掉；或者对过程只起协助作用，例如照明用的煤气等等——在物质上不加入产品。不过它们的价值形成产品价值的一部分。产品在它本身的流通中，也使这部分生产资料的价值流通。在这一点上，它们和固定资本是相同的。但是，它们在所参加的每一个劳动过程中被全部消费掉，因此对每一个新的劳动过程来说，必须全部用同一种新的物品来替换。它们在执行职能时不保持自己的独立的使用形式。因此，在它们执行职能时，资本价值没有任何部分固定在它们的旧的使用形式即实物形式上。这部分辅助材料在物质上不加入产品，只是按照它们的价值加入产品的价值，成为产品价值的一部分；因此，这种材料的职能被牢牢地限制在生产领域之内。

在物质上加入产品的那部分生产资料，即原料等等，有一部分由此取得了以后能够作为享受资料进入个人消费的形式。真正的劳动资料，即固定资本的物质承担者，只被生产地消费，不能进入个人消费，因为它不加入它帮助形成的产品或使用价值，相反，它与产品相对立，在它完全损耗以前一直保持独立的形式。运输工具则例外。运输工具在它执行生产职能而停留在生产领域时产生的那种有用效果即场所变更，同时可以进入个人消费，例如旅客的个人消费。这时，旅客使用运输工具就像使用其他消费资料一样，也要支付报酬。我们说过，例如在化学工业中，原料和辅助材料彼此是分不清的。劳动资料、辅助材料、原料之间也是如此。例如在农业中，为改良土壤而投下的物质，就有一部分作为产品的形成要素加入植物产品。另一方面，这些物质会在较长的时期如 4~5 年内发挥作用。因此，其中一部分会在物质上加入产品，同时也就把它的价值转移到产品中去；另一部分则保持它原有的使用形式，把它的价值固定在这种形式上。它继续作为生产资料存在，因而取得固定资本的形式。牛作为役畜，是固定资本。如果它被吃掉，它就不是作为劳动资料，从而也不是作为固定资本执行职能了。

决定一部分投在生产资料上的资本价值具有固定资本性质的，只是这个价值的独特的流通方式。这种特别的流通方式，是由劳动资料把它的价值转移到产品中去，或者说，在生产过程中充当价值形成要素的特殊方式产生的。而这种方式本身，又是由劳动资料在劳动过程中执行职能的特殊方式产生的。

固定资本的独特的流通，引起独特的周转。固定资本因损耗而在实物形式上丧失的那部分价值，作为产品的一部分价值来流通。产品通过流通由商品转化为货币；从而劳动资料中被产品带入流通的那部分价值也变为货币,而且随着这种劳动资料在多大程度上不再是生产过程中的价值承担者,它的价值也就在多大程度上从流通过程中作为货币一滴一滴地落下来。因此,这种劳动资料的价值这时获得双重存在。其中一部分仍然束缚在它的属于生产过程的使用形式或实物形式上,另一部分则作为货币,脱离这个形式……在这里,生产资本的这个要素在周转上的特征显露出来了。它的价值转化为货币,是和作为它的价值承担者的商品蛹化为货币同时进行的。但是,它由货币形式再转化为使用形式,是和商品再转化为商品的其他生产要素相分离的,确切地说,是由它本身的再生产期间决定的,即由这样一段时间决定的,在这段时间内,劳动资料已经损耗掉,必须用同一种新的物品替换……在这个再生产时间到来之前,它的价值先以货币准备金的形式逐渐积累起来。

生产资本其余的要素,一部分是由存在于辅助材料和原料上的不变资本要素构成,一部分是由投在劳动力上的可变资本构成。

对劳动过程和价值增殖过程的分析(第1册第5章)表明,这些不同的组成部分,作为产品形成要素和价值形成要素,是完全不同的。由辅助材料和原料构成的那部分不变资本的价值——和由劳动资料构成的那部分不变资本的价值完全一样——是作为仅仅转移的价值,再现在产品的价值中,而劳动力则通过劳动过程,把它的价值的等价物追加到产品中去。或者说,实际上把它的价值再生产出来。其次,一部分辅助材料,如充作燃料的煤炭、用于照明的煤气等等,在劳动过程中消费掉,但不会在物质上加入产品,而另一部分辅助材料以物体加入产品,并成为产品实体的材料。不过,这一切差异,对流通来说,从而对周转的方式来说,是没有关系的。只要辅助材料和原料在形成产品时全部消费掉,它们就把自己的全部价值转移到产品中去。因此,这个价值也全部通过产品而流通,转化为货币,并由货币再转化为商品的生产要素。它的周转不像固定资本的周转那样被中断,而是不断地通过它的各种形式的全部循环,因此,生产资本的这些要素不断地在实物形式上更新。

至于生产资本中投在劳动力上的可变组成部分,那么,劳动力是按一定时间购买的。一旦资本家购买了劳动力并把它并入生产过程,它就构成他的资本的一个组成部分,即资本的可变组成部分。它每天在一定的时间内发生作用,在这个时间内,它不仅把它一天的全部价值,而且还把一个超额剩余价值,追加到产品中去;在这里,我们暂且把这个超额剩余价值撇开不说。在劳动力比如说按一周购买并且发生作用之后,这种购买必须按习惯的期限不断更新。

因此,预付在劳动力上的那部分生产资本的价值,全部转移到产品中去(我们在这里总是撇开剩余价值不说),同产品一起经过流通领域的两个形态变化,并通过这种不断的更新,不断并入生产过程。所以,在另一场合,即就价值的形成来说,不管劳动力和不变资本中形成非固定资本的组成部分多么不同,它的价值的这种周转方式却和这些部分相同,而与固定资本相反。生产资本的这两个组成部分——投在劳动力上的价值部分和投在形成非固定资本的生产资料上的价值部分——由于它们在周转上的这种共同性,便作为**流动**资本与固定资本相对立。

劳动力在把它自己的价值加进产品的同时,还不断地把剩余价值,即无酬劳动的化身,追加到产品中去。因此,剩余价值也和成品的其余价值要素一样,不断地被成品带入流通并转化为货币。不过在这里,我们要研究的首先是资本价值的周转,而不是和它一起同时周转的剩余价值的周转,所以,暂且撇开后者不说。

综上所述,我们可以得出如下的结论。

1. 固定资本和流动资本的形式规定性之所以产生,只是由于在生产过程中执行职能的资本价值或**生产资本**有不同的周转。而周转之所以不同,又是由于生产资本的不同组成部分是按照不同的方式把它们的价值转移到产品中去的,而不是由于它们在产品价值的生产中有不同的作用,或它们在价值增殖过程中各有独特的作用。最后,价值转给产品的方式——从而这个价值通过产品而流通的方式和通过产品的形态变化而以原来的实物形式更新的方式——之所以有差别,又是由于生产资本借以存在的物质形态有差别,这个物质形态的一部分在形成单个产品时全部消费掉,另一部分只是逐渐消耗掉。因此,只有生产资本能够分为固定资本和流动资本。

2. 固定资本组成部分的周转,从而它的必要的周转时间,包括流动资本组成部分的多次周转。在固定资本周转一次的时间内，流动资本周转多次。生产资本的一个价值组成部分，只是由于它借以存在的生产资料在产品制成并作为商品离开生产过程的时间未被全部消耗掉，才取得固定资本的形式规定。它的价值的一部分必须仍旧束缚在继续保存下来的旧的使用形式上；另一部分则被完成的产品带入流通，而完成的产品的流通，却同时会把流动资本组成部分的全部价值带入流通。

3. 投在固定资本上的那部分生产资本的价值，是为构成固定资本的那一部分生产资料执行职能的整个期间全部一次预付的。因此，这个价值是由资本家一次投入流通的；但它只是通过固定资本一部分一部分地加进商品的价值部分的实现，而一部分一部分地、逐渐地再从流通中取出的。另一方面，一部分生产资本借以固定的生产资料本身，则一次从流通中取出，在它们执行职能的整个期间并入生产过程，不过在同一时间之内，不需要由同一种新的物品替换，不需要再生产……这就是说，它的价值不断地有一部分作为商品的价值部分而流通，并转化为货币，但不由货币再转化为它原来的实物形式。这种由货币到生产资料的实物形式的再转化，要到生产资料执行职能的期间结束，即生产资料完全不能用的时候，才会发生。

4. 要使生产过程连续进行，流动资本的各种要素就要和固定资本的各种要素一样，不断地固定在生产过程中。不过这样固定下来的流动资本要素，要不断地在实物形式上更新（生产资料是通过同一种新的物品，劳动力是通过不断更新的购买）；而固定资本的各种要素，在它们存在的整个期间内，本身既不更新，它们的购买也不需要更新。原料和辅助材料不断存在于生产过程中，但是当旧的原料和辅助材料在完成的产品的形成上用掉时，总是用同一种新的物品来更新。劳动力也不断存在于生产过程中，但这只是由于劳动力的购买的不断更新，而且往往有人员的变动。相反地，同一建筑物、机器等等，却在流动资本反复周转时，在反复进行的相同的生产过程中继续执行职能。

2. 固定资本的组成部分、补偿、修理和积累

在同一个投资中，固定资本的各个要素有不同的寿命，从而也有不同的周转时间。例如就铁路来说，铁轨、枕木、土建结构物、车站建筑物、桥梁、隧道、机车和车厢，各有不同的执行职能的期间和再生产时间，从而其中预付的资本也有不同的周转时间。

磨损首先是由使用本身引起的。一般说来，铁轨的磨损和列车通过的次数成正比。

其次，磨损是由于自然力的影响造成的。例如枕木不仅受到实际的磨损，而且由于腐朽而损坏。

最后，在这里和在大工业的各个部门一样，无形损耗也起着作用。原来值40 000镑的同量车厢和机车，10年之后，通常可以用30 000镑买到。因此，即使使用价值没有减少，也必须把这些物资的市场价格的25%的贬值计算在内。

劳动资料大部分都因为产业进步而不断变革。因此，它们不是以原来的形式，而是以变革了的形式进行补偿。一方面，大量固定资本投在一定的实物形式上，并且必须在这个形式上达到一定的平均寿命，这一点就成了只能逐渐采用新机器等等的一个原因，从而就成了迅速普遍采用改良的劳动资料的一个障碍。另一方面，竞争斗争，特别是在发生决定性变革的时候，又迫使旧的劳动资料在它们的自然寿命完结之前，用新的劳动资料来替换。迫使企业设备提前按照更大的社会规模实行更新的，主要是大灾难即危机。

损耗（无形损耗除外）是指固定资本被消耗而逐渐转移到产品中去的价值部分。这种转移是按照固定资本丧失使用价值的平均程度进行的。

这种损耗有一部分是这样的：固定资本有一定的平均寿命；它为这段时间而全部预付；过了这段时间，就要全部替换。

固定资本的另一些要素，可以周期地或局部地更新。在这里，必须把这种局部的或周期的补偿与营业的逐渐扩大区别开来。

固定资本有一部分是由同一种组成部分构成的，但这种组成部分

耐用时间不一样，因而要在不同期间一部分一部分地更新。例如，车站上的铁轨要比别处的铁轨替换得快些。枕木也是这样。

固定资本的其他部分，是由不同的组成部分构成的，它们在不同期间内损耗掉，因而必须在不同期间内进行补偿。机器的情形特别是这样。前面我们关于一个固定资本的不同组成部分具有不同的寿命所说的，在这里对于作为这个固定资本的一部分执行职能的同一台机器的不同组成部分的寿命来说，也是适用的。

关于在局部更新的过程中企业的逐渐扩大问题，我们要指出如下几点。虽然固定资本，如上所述，继续以实物形式在生产过程中发生作用，但它的价值的一部分，按照平均损耗，已经和产品一起进入流通，转化为货币，成为货币准备金的要素，以便在资本需要以实物形式进行再生产时来补偿资本。固定资本价值中这个转化为货币的部分，可以用来扩大企业，或改良机器以提高机器效率。这样，经过一段或长或短的时间，就有了再生产，并且从社会的观点看，是规模扩大的再生产。如果生产场所扩大了，就是在外延上扩大；如果生产资料效率提高了，就是在内涵上扩大。这种规模扩大的再生产，不是由积累——剩余价值转化为资本——引起的，而是由从固定资本的本体分出来、以货币形式和它分离的价值再转化为追加的或效率更大的同一种固定资本而引起的。一个企业能够在什么程度上，以多大规模进行这种逐渐的追加，因而也就是说，为了能够以这种方式再投入企业，准备金必须积累到多大数量，这又需要多长时间，所有这些，当然都部分地取决于该企业的特殊性质。另一方面，现有机器的局部改良能够达到什么程度，当然取决于改良的性质和机器本身的构造。

固定资本需要有各种特别的维持费用。固定资本的维持，部分地是依靠劳动过程本身；固定资本不在劳动过程内执行职能，就会损坏。

但是固定资本的维持，还要求有直接的劳动支出。机器必须经常擦洗。这里说的是一种追加劳动，没有这种追加劳动，机器就会变得不能使用；这里说的是对那些和生产过程不可分开的有害的自然影响的单纯预防，因此，这里说的是在最严格的意义上把机器保持在能够工作的状态中。

真正的修理或修补劳动，需要支出资本和劳动。这种支出不包括在原来预付的资本内，因此，它至少并不总是能通过固定资本的逐渐的价值补偿而得到补偿和弥补……任何固定资本都需要事后在劳动资料和劳动力上一点一滴地支出这种追加资本。

通过资本和劳动的这种追加支出而追加的价值，不能随实际支出而同时加入到商品价格中去。例如，一个纺纱业主不能因为这个星期坏了一个轮盘或断了一根皮带，就在这个星期以高于上个星期的价格来出售纱。纺纱的一般费用，不会因为一个工厂发生这种事故而起任何变化。在这里，和在所有的价值决定上一样，起决定作用的是平均数。经验会告诉人们，投在一定生产部门的固定资本在平均寿命期间遇到的这种事故和所需要的维修劳动的平均量会有多大。这种平均支出被分配在平均寿命期间，并以相应的部分加进产品的价格，从而通过产品的出售得到补偿。

这样得到补偿的追加资本也属于流动资本范围，虽然支出的方法不规则。因为立即排除机器的故障是一件非常重要的事，所以每一个较大的工厂，除了真正的工厂工人，还雇有工程师、木匠、机械师、钳工等人员。他们的工资是可变资本的一部分，他们的劳动的价值分配在产品中。另一方面，在生产资料上需要的支出，也按平均计算决定，并按照这个计算，不断形成产品的价值部分，虽然这种支出实际上是在不规则的期间内预付的，从而也是在不规则的期间内加入产品或固定资本中去的。这种投在真正修理上的资本，从某些方面看，形成一种独特的资本，既不能列入流动资本，也不能列入固定资本，但作为一种经常支出，宁可算作流动资本。

我们已经讲过，为补偿固定资本的损耗而流回的货币，大部分都是每年，或者甚至在更短的时间内，就再转化为它的实物形式。尽管如此，对每个资本家来说，仍然必须设置折旧基金，以用于经过若干年才一朝达到其再生产期限，从而要全部补偿的那部分固定资本。

第 9 章
预付资本的总周转。周转的周期

我们知道,生产资本的固定组成部分和流动组成部分,是按不同的方式,以不同的期间周转的;我们又知道,同一企业的固定资本的不同组成部分,根据它们的不同的寿命,从而不同的再生产时间,又各有不同的周转期间。

1. 预付资本的总周转,是它的不同组成部分的平均周转;计算方法见后。如果问题只涉及不同的期间,那么,计算它们的平均数当然是再简单不过了。但是:

2. 这里不仅有量的差别,而且有质的差别。

进入生产过程的流动资本,把它的全部价值转移到产品中去,因此,要使生产过程不间断地进行,它就必须通过产品的出售,不断用实物来补偿。进入生产过程的固定资本,只把它的一部分价值(损耗)转移到产品中去,尽管有损耗,但它继续在生产过程中执行职能;因此,固定资本要经过一段或长或短的时间,才需要用实物来补偿,但这种补偿无论如何不像流动资本那样频繁。补偿的这种必要性,再生产的期限,对固定资本的不同组成部分来说,不仅有量的差别,而且如前所述,一部分寿命较长、能使用多年的固定资本,能一年或不到一年补偿一次,以实物形式加到旧的固定资本中去,而具有其他性能的固定资本,其补偿只能在其寿命终结时一次进行。

因此，必须把固定资本不同部分的特殊周转化为周转的同种形式，使它们只有量的差别，即只有周转时间上的差别。

如果我们用 P…P 即连续性生产过程的形式作为起点，这种质的同一性是不会发生的。因为 P 的某些要素必须不断用实物来补偿，另一些要素则不必如此。但 G…G′形式无疑会提供周转的这种同一性。例如有一台价值 10 000 镑的机器，寿命为 10 年，因而每年有 1/10 = 1 000 镑再转化为货币。这 1 000 镑在一年之间，由货币资本再转化为生产资本和商品资本，又由商品资本再转化为货币资本。它像我们在这个形式下考察的流动资本一样，回到它原来的货币形式，而这 1 000 镑货币资本，年终是否再转化为一台机器的实物形式，是没有关系的。因此，在计算预付生产资本的总周转时，我们把它的全部要素固定在货币形式上，这样，回到货币形式就是周转的终结。我们总是把价值看做是以货币预付的，甚至在价值的这种货币形式只是以计算货币形式出现的连续性生产过程中，也是如此。这样，我们就可以计算出平均数。

3. 由此可见：即使预付生产资本的极大部分，是由其再生产时间从而周转时间形成一个持续多年的周期的那种固定资本构成，但是，由于流动资本在一年内反复周转，一年内周转的资本价值还是能够大于预付资本的总价值。

4. 因此，预付资本的价值周转，是和它的实际再生产时间，或者说，和它的各种组成部分的现实周转时间相分离的。假定一个 4 000 镑的资本每年周转 5 次。这样，周转的资本是 5 × 4 000 = 20 000 镑。但每次周转终结时流回而被重新预付的，是原来预付的 4 000 镑资本。它的量不会因为它借以重新执行资本职能的各个周转期间的数目而改变（把剩余价值撇开不说）。

所使用的固定资本的价值量和寿命，会随着资本主义生产方式的发展而增加，与此相适应，每个特殊的投资部门的产业和产业资本的寿命也会延长为持续多年的寿命，比如说平均为 10 年。一方面，固定资本的发展使这种寿命延长，而另一方面，生产资料的不断变革——这种变革也随着资本主义生产方式的发展而不断加快——又使它缩短。因此，随着资本主义生产方式的发展，生产资料的变换也加快了，它们因无形损耗而远在有形寿命终结之前就要不断补偿的必要性也增加了。可以认为，大工业中最有决定意义的部门的这个生命周期现在平均为10年。但是这里的问题不在于确切的数字。有一点是很清楚的：这种由一些互相联结的周转组成的长达若干年的周期（资本被它的固定组成部分束缚在这种周期之内），为周期性的危机造成了物质基础。在周期性的危机中，营业要依次通过松弛、中等活跃、急剧上升和危机这几个时期。虽然资本投入的那段期间是极不相同和极不一致的，但危机总是大规模新投资的起点。因此，就整个社会考察，危机又或多或少地是下一个周转周期的新的物质基础。

第10章
关于固定资本和流动资本的理论。
重农学派和亚当·斯密

在魁奈那里，固定资本和流动资本的区别表现为"原预付"和"年预付"。他正确地把这种区别说成是生产资本即并入直接生产过程的资本内部的区别。在他看来，农业上使用的资本即租地农场主的资本是唯一的实际的生产资本，所以，这种区别也只是对于租地农场主的资本来说才是存在的。因此，他也就认为，资本一部分是每年周转一次，另一部分是多年（10年）周转一次。重农学派在发展过程中，也曾偶然把这种区别应用于其他种类的资本，应用于一般产业资本。年预付和多年预付的区别对社会来说非常重要，所以许多经济学家，甚至在斯密以后，还是要回到这个规定上来。

亚当·斯密的唯一进步是把上述范畴普遍化。在他那里，这种区别已经不仅涉及一种特殊形式的资本，即租地农场主的资本，而且涉及每一种形式的生产资本。因此，不言而喻：从农业中得出的年周转和多年周转的区别，被周转时间的不同这个一般的区别所代替，因而，固定资本的一次周转，总是包含流动资本一次以上的周转，而不管流动资本的周转时间是多少，是一年，一年以上，还是不到一年。这样，在斯密那里，"年预付"就成为流动资本，"原预付"就成为固定资本了。但是，他的进步只限于范畴的这种普遍化。他所做的说明是远远落在魁奈后面的。

第 11 章

关于固定资本和流动资本的理论。李嘉图

李嘉图提到固定资本和流动资本的区别,只是为了说明价值规律的例外,即工资率影响价格的各种情况。

在李嘉图那里,投在劳动材料(原料和辅助材料)上的那部分资本价值,不出现在任何一方。它完全消失了。这就是说,它不适于放在固定资本方面,因为在流通方式上,它和投在劳动力上的那部分资本完全相同。另一方面,它也不应放在流动资本方面,因为这样一来,从亚当·斯密那里继承下来的,并不声不响地沿用着的那种把固定资本和流动资本的对立同不变资本和可变资本的对立等同起来的做法,就会站不住脚。李嘉图凭丰富的逻辑本能,不会不感觉到这一点,所以,这部分资本就在他那里消失得无影无踪了。

# 第 12 章

劳 动 期 间

假定有两个生产部门,一个是棉纺业,一个是机车制造业,它们的工作日一样长,比如说 10 个小时的劳动过程。在一个部门,每天、每周提一定量的成品,棉纱;在另一个部门,劳动过程也许要反复进行 3 个月,才能制成一件成品,一台机车……尽管每天的劳动过程的持续时间在这里是一样的,但生产行为的持续时间,即为提供一件成品,把它作为商品送到市场,从而使它由生产资本转化为商品资本所必须反复进行的劳动过程的持续时间,却有非常明显的差别。

显然,生产行为持续时间的差别,在资本支出一样多的时候,必定引起周转速度的差别,从而引起既定资本的预付时间的差别。

在整个劳动期间,固定资本每天转移到产品上去的那部分价值,层层堆积起来,直到产品完成。这里同时也显示了固定资本和流动资本的区别的实际重要性。固定资本是为较长时间预付到生产过程中去的,要经过这个也许是许多年的期间才有更新的必要。蒸汽机是每天一部分一部分地把它的价值转移到棉纱这种可分立的劳动过程的产品中去,还是在 3 个月内把它的价值转移到连续生产行为的产品一台机车中去,这对购买蒸汽机所必需的资本支出毫无影响。在一个场合,蒸汽机的价值是零星的,比如说,每周流回一次,在另一个场合,却是以较大的量,比如说,每 3 个月流回一次。但在这两个场合,蒸汽机也许要经过 20 年才更新。

相反，预付资本的流动组成部分就不是这样……每周必须有新的追加资本来支付劳动力的报酬。如果把一切信用关系撇开不说，即使资本家每周零星地支付工资，他仍然需要有支付 3 个月工资的能力。流动资本的其他部分，即原料和辅助材料，也是这样。

为取得产品的特殊性质或应达到的有用效果的特殊性质，需要或长或短的劳动期间。

缩短劳动期间的方法，在不同的产业部门中其应用程度是极不相同的，并且不会抵消不同劳动期间长度上的差别。再用我们上述的例子来说，如果采用新工具机，制成一台机车所必需的劳动期间可以绝对地缩短。但是，如果由于纺纱过程的改良，每天或每周提供的成品更迅速地增加了，那么，制造机器的劳动期间，同纺纱的劳动期间相比较，还是相对地变长了。

第 13 章

生 产 时 间

劳动时间始终是生产时间,即资本束缚在生产领域的时间。但是反过来,资本处于生产过程中的全部时间,并不因此也必然都是劳动时间。

这里要说的是与劳动过程长短无关,而受产品的性质和产品制造本身的性质制约的那种中断。在这个中断期间,劳动对象受时间长短不一的自然过程的支配,要经历物理的、化学的、生理的变化;在此期间,劳动过程全部停止或者局部停止。

因此,在所有这些场合,预付资本的生产时间由两个期间构成:第一个期间,资本处在劳动过程中;第二个期间,资本的存在形式——未完成的产品的形式——不是处在劳动过程中,而是受自然过程的支配。这两个期间是否有时会互相交错和互相穿插,对问题没有任何影响。劳动期间和生产期间在这里是不一致的。生产期间比劳动期间长。但是,产品只有到生产期间结束以后,才能完成、成熟,因而才能从生产资本的形式转化为商品资本的形式。所以,资本的周转期间,也要随着不是由劳动时间构成的生产时间的长度而延长。如果超过劳动时间的生产时间,不是像谷物的成熟、橡树的成长等等那样,由永恒的自然规律决定,那么,资本周转期间就往往可以通过生产时间的人为的缩短而或多或少地缩短。

生产时间和劳动时间的差别，在农业上特别显著。在我们温带气候条件下，土地每年长一次谷物。生产期间（越冬作物平均 9 个月）的缩短或延长，还要看年景好坏变化而定，因此不像真正的工业那样，可以预先准确地确定和控制。

第 14 章
流 通 时 间

我们以前考察的一切情况，引起了投入不同生产部门的不同资本的周转期间的差别，从而也引起了资本所必须预付的时间的差别。这些情况都是在生产过程本身中发生的，例如固定资本和流动资本的差别、劳动期间的差别等等。但是，资本的周转时间等于它的生产时间和它的流通时间之和。因此，不言而喻，流通时间的长短不一会造成周转时间，从而造成周转期间的长短不一。

流通时间的一部分——相对地说最有决定意义的部分——是由出售时间，即资本处在商品资本状态的时间构成的。流通时间，从而整个周转期间，是按照这个时间的相对的长短而延长或缩短的。

商品的销售市场和生产地点的距离，是使出售时间，从而使整个周转时间产生差别的一个经常性的原因。在商品运往市场的全部时间内，资本束缚在商品资本的状态；如果商品按订货生产，就要停留到交货的时候；如果不是按订货生产，那么，商品运往市场的时间，还要加上商品在市场上等候出售的时间。交通运输工具的改良，会绝对缩短商品的移动期间；但不同的商品资本或向不同的市场移动的同一商品资本的不同部分，由于移动而在流通时间上发生的相对差别，不会因此消失。

现在我们来考察流通时间的第二段时间：购买时间，或者说，资本由货币形式再转化为生产资本要素的时间。在这期间，资本必须以或短或长的时间停留在货币资本的状态，因而，全部预付资本的一定部分，必须不断地处在货币资本的状态，尽管这个部分是由不断变化的要素构成的。

购买时间、离原料主要供应地的远近，怎样使人们必须为较长的期间买进原料，并且使它们保持生产储备的形式，保持潜在的或可能的生产资本的形式以供使用；因此，在生产规模不变的情况下，必须一次预付的资本量就会增加，资本必须预付的时间也会延长。

第 15 章
周转时间对预付资本量的影响

在这一章和后面的第 16 章,我们要考察周转时间对资本价值增殖的影响。

我们假定,在一切场合,每周的预付资本是 100 镑,周转期间是 9 周,因此,为每个周转期间预付的资本等于 900 镑。

1. 劳动期间和流通期间相等

这种情况虽然实际上只是偶然的例外,但是必须作为研究的出发点,因为在这里关系表现得最简单、最明了。

两个资本(为第一个劳动期间预付的资本 I,和在资本 I 的流通期间执行职能的追加资本 II)在它们的运动中会互相交替,而不会互相交叉。因此,除了第一个期间以外,这两个资本各自只为自己的周转期间而预付。

2. 劳动期间大于流通期间

资本 I 和资本 II 的劳动期间和周转期间互相交叉,而不是互相交替。同时这里还发生资本游离。这种情况是以上考察的场合所没有的。

但是和以前一样,下述情况不变:1. 全部预付资本的劳动期间的数目,等于预付资本两个部分的年产品的价值之和除以全部预付资本。2. 总资本的周转次数,等于两个周转额之和除以两个预付资本之和。在这里,我们也必须这样考察这两部分资本,就好像它们是在完成彼此完全独立的周转运动。

在假定劳动期间大于流通期间的场合,无论如何,在每个劳动期间结束时,总会有一个货币资本游离出来,它的量和那个为流通期间而预付的资本Ⅱ的量相同。

3. 劳动期间小于流通期间

我们在这一节论述的对象即生产资本流动部分的周转的性质,是由这个资本部分本身的性质引起的。一个劳动期间使用的流动资本,在完成它的周转以前,即在它转化为商品资本、由商品资本转化为货币资本、再由货币资本转化为生产资本以前,是不能用于一个新的劳动期间的。因此,为了使第一个劳动期间立即由第二个劳动期间继续下去,资本必须重新预付和转化为生产资本的流动要素,并且它的量要足够填补为第一个劳动期间预付的流动资本的流通期间所形成的空隙。正因为这样,流动资本的劳动期间的长短,对劳动过程的经营规模,对预付资本的分配以及对新的资本部分的追加,都发生影响。而这正是我们在这一节所要考察的。

4. 结 论

对社会总资本来说——就其流动部分而言——资本游离必然是通例,而在生产过程中依次执行职能的资本部分的单纯交替的现象必然是通例。因为劳动期间和流通期间相等,或者流通期间同劳动期间的简单倍数相等,即周转期间的两个组成部分之间这种均匀的比例性,和事物的性质完全无关,因此,大体来说,也只能是例外的现象。

因此,一年周转多次的社会流动资本有相当大的部分,在年周转周期中，周期地处于游离资本的形式。

其次很清楚，假定其他一切条件不变，这种游离资本的量和劳动过程的范围或生产的规模一起增大，因而总的来说和资本主义生产的发展一起增长。

5. 价格变动的影响

以上我们一方面假定价格不变，生产规模不变，另一方面假定流通时间缩短或延长。现在，我们反过来假定周转期间的长短不变，生产的规模不变，但另一方面假定价格有变动，也就是说，假定原料、辅助材料和劳动的价格下跌或上涨，或者前两种要素的价格下跌或上涨。假定原料和辅助材料的价格和工资一样，都下跌一半。这样，在我们的例子中，每周的预付资本就不是100镑，而是50镑，一个9周的周转期间需要的预付资本就不是900镑，而是450镑。

第 16 章

可变资本的周转

1. 年剩余价值率

到目前为止,我们把商品资本的一部分价值,也就是商品资本中包含的、已经在生产过程中生产出来、并且已经并入产品的剩余价值完全撇开不说。现在,我们要把注意力放到这部分价值上面来。

假定每周投入的可变资本 100 镑生产 100% 的剩余价值等于 100 镑,那么,在 5 周的周转期间内投入的可变资本 500 镑,就会生产一个 500 镑的剩余价值,也就是说,工作日的一半是由剩余劳动构成的。

如果可变资本 500 镑产生 500 镑剩余价值,那么,5 000 镑就生产 $10 \times 500 = 5\ 000$ 镑的剩余价值。但是,预付的可变资本是 500 镑。我们把一年内生产的剩余价值总额和预付可变资本的价值额之比,称为年剩余价值率。在当前考察的场合,年剩余价值率 $= \dfrac{5\ 000}{500} =$ 1 000%。我们进一步分析这个比率就会知道,年剩余价值率等于预付可变资本在一个周转期间内生产的剩余价值率乘以可变资本的周转次数(它和全部流动资本的周转次数是一致的)。

2. 单个可变资本的周转

剩余价值的生产，取决于所使用的可变资本的量和劳动剥削程度。但是，这件事情会影响为在一年内推动一定量劳动力所必须预付的货币资本的量，因而，会决定年剩余价值率。

3. 从社会的角度考察的可变资本的周转

现在我们从社会的观点来考察一下这个问题。假定一个工人每周需费1镑，工作日等于10小时。A和B一年内都雇用100个工人（100个工人每周需费100镑，5周就需费500镑，50周就需费5 000镑），每一个工人在每周的6天中劳动60小时。因此，100个工人每周劳动6 000小时，在50周内劳动300 000小时。这个劳动力已经由A和B一手占有，因此不能再由社会用在别的目的上。因此，就这方面来说，从社会的观点来看，A和B的情况相同。其次，A和B的各100个工人每年都得到工资5 000镑（200个工人合计得10 000镑），并且从社会取走相当于这笔金额的生活资料。就这方面来说，从社会的观点来看，A和B的情况又相同。由于工人在两个场合都是每周得到报酬，所以他们都是每周从社会取走生活资料，为此，他们在两个场合也都是每周把货币等价物投入流通。但是，区别就是从这里开始的。

第一，A的工人投入流通的货币，不像B的工人那样，只是他的劳动力的价值的货币形式（实际上是对已经完成的劳动的支付手段）；从开业后的第二个周转期间起，它已经是**工人本身**在第一个周转期间生产的**价值产品**（＝劳动力的价格加上剩余价值）的货币形式，工人在第二个周转期间的劳动的报酬就是用这个价值产品来支付的。而B却不是这样。从工人方面来说，在这里，货币虽然是他的已经完成的劳动的支付手段，但是这个已经完成的劳动的报酬，不是用这个劳动本身的已经转化为货币的价值产品（这个劳动本身所生产的价值的货币形式）来支付。这种情况要到第二年才会发生，那时，B 的工人的报酬才用他自己前一年的已经转化为货币的价值产品来支付。

第二，这和第一点区别有联系，B 的工人和 A 的工人一样，也是用那个在他手中变成流通手段的可变资本，来支付他所购买的生活资料的费用的。例如，他不仅从市场上取走小麦，而且也用一个货币形式的等价物来补偿小麦。但是，和 A 的工人不同，B 的工人用来支付并从市场上取走生活资料的货币，不是他在这一年内投入市场的价值产品的货币形式，因此，他虽然对生活资料的卖者提供货币，但是，没有提供任何可供后者用得到的货币购买的商品——不管是生产资料，还是生活资料，相反，A 的工人却提供了商品。因此，在 B 的场合，从市场上取走了劳动力，取走了这种劳动力的生活资料，取走了 B 所使用的劳动资料形式的固定资本以及生产材料，而把货币等价物作为它们的补偿投入市场；但是，在一年内没有把任何产品投入市场，来补偿从市场上取走的生产资本的各种物质要素。如果我们设想一个社会不是资本主义社会，而是共产主义社会，那么首先，货币资本会完全消失，因而，货币资本所引起的交易上的伪装也会消失。问题就简单地归结为：社会必须预先计算好，能把多少劳动、生产资料和生活资料用在这样一些产业部门而不致受任何损害，这些部门，如铁路建设，在一年或一年以上的较长时间内不提供任何生产资料和生活资料，不提供任何有用效果，但会从全年总生产中取走劳动、生产资料和生活资料。相反，在资本主义社会，社会的理智总是事后才起作用，因此可能并且必然会不断发生巨大的紊乱。

第三，至于所使用的流动资本本身（可变流动资本和不变流动资本），由劳动期间的长短引起的周转期间的长短，会产生这种区别：在一年周转多次的场合，可变流动资本或不变流动资本的一个要素可以由它本身的产品来提供，例如煤炭生产，服装业等等。在不是这样的场合，就不能这样，至少在一年内不能这样。

第 17 章
剩余价值的流通

除了实际的积累或者剩余价值向生产资本的转化（以及与此相适应的规模扩大的再生产）以外，还进行着货币积累，即把一部分剩余价值作为潜在的货币资本积攒起来，这部分货币资本只是在后来达到一定数量时，才会作为追加的能动的资本执行职能。

把甚至阻碍再生产按原有规模进行的那些干扰撇开不说，再生产只能有两种正常的情况：

或者是再生产按原有的规模进行；

或者是发生剩余价值的资本化，即积累。

1. 简单再生产

在简单再生产的场合，每年或者在一年的多次周转中周期地生产的和实现的剩余价值，都由它的所有者资本家个人消费掉，也就是非生产地消费掉。

问题不在于剩余价值从何而来，而在于剩余价值借以货币化的货币从何而来？

资本主义生产方式——它的基础是雇佣劳动，工人的报酬是用货币支付的，并且实物报酬一般已转化为货币报酬——只有在国内现有的货币量能充分满足流通和由流通决定的货币贮藏（准备金等）的需要的地方，才能够得到较大规模的、比较深入和充分的发展。这是历史的前提，虽然我们不能把这一点理解为，必须先有充足的贮藏货币，然后才开始有资本主义生产。应当说，资本主义生产是和它的条件同时发展的，其中条件之一就是贵金属有足够的供给。因此，16世纪以来贵金属供给的增加，在资本主义生产的发展史上是一个重要的因素。但是，如果问题涉及在资本主义生产方式的基础上必须进一步供给货币材料，那么，一方面以产品形式存在的剩余价值投入流通时，没有该产品转化为货币所需要的货币，另一方面以金形式存在的剩余价值投入流通时，无须事先由产品转化为货币。

要转化为货币的追加商品会找到必要的货币量，因为另一方面要转化为商品的追加的金（和银）可以不通过交换，而通过生产本身投入流通。

2. 积累和扩大再生产

如果积累以规模扩大的再生产的形式发生，那么很明显，它对于货币流通不会提出什么新的问题。

就追加生产资本执行职能所需要的追加货币资本来说，它是由一部分已经实现的剩余价值提出来的，这部分剩余价值是作为货币资本，而不是作为货币形式，由资本家投入流通的。货币已经在资本家手中。只是它的用法不同而已。

我们现在要考察这样一种情况，就是说，没有发生实际的积累，即没有直接扩大生产规模，但一部分已经实现的剩余价值会在或长或短的期间内作为货币准备金积累起来，以便以后转化为生产资本。

这里积累的货币，是已经出售的商品的货币形式，并且是对商品所有者来说表现为剩余价值的那部分商品价值的货币形式（假定这里没有信用制度）。积累这种货币的资本家是相应地卖而不买。

如果按实际情况进行考察，为了以后的使用而积累的潜在的货币资本有以下几项：

1. 银行存款。
2. 公债券。
3. 股票。

第三篇 社会总资本的再生产和流通

第18章 导　言
第19章 前人对这个问题的阐述
第20章 简单再生产
第21章 积累和扩大再生产

第18章

导　言

1. 研究的对象

正如每一单个资本家只是资本家阶级的一个分子一样，每一单个资本只是社会总资本中一个独立的、可以说赋有个体生命的部分。社会资本的运动，由社会资本的各个独立部分的运动的总和，即各个单个资本的周转的总和构成。正如单个商品的形态变化是商品世界的形态变化系列——商品流通——的一个环节一样，单个资本的形态变化，它的周转，是社会资本循环中的一个环节。

这个总过程，既包含生产消费（直接的生产过程）和作为其中介的形式转化（从物质方面考察，就是交换），也包含个人消费和作为其中介的形式转化或交换。一方面，它包含可变资本向劳动力的转化，从而包含劳动力的并入资本主义生产过程。在这里，工人是他的商品——劳动力的卖者，资本家是这种商品的买者。另一方面，商品的出售，包含工人阶级对商品的购买，也就是说，包含工人阶级的个人消费。在这里，工人阶级是买者，资本家是向工人出售商品的卖者。

商品资本的流通，还包含剩余价值的流通，从而也包含对资本家的个人消费，即对剩余价值的消费起中介作用的买和卖。

因此，总括起来成为社会资本的各个单个资本的循环，也就是说，就社会资本的总体来考察的循环，不仅包括资本的流通，而且也包括一般的商品流通。后者本来只能由两部分构成：1. 资本本身的循环；2. 进入个人消费的商品的循环，也就是工人用工资，资本家用剩余价值（或其中的一部分）购买的那些商品的循环。当然，资本的循环也包括剩余价值的流通，因为剩余价值构成商品资本的一部分，而且还包括可变资本向劳动力的转化，工资的支付。但是，这个剩余价值和工资耗费在商品上，并不构成资本流通的环节，虽然至少工资的耗费是这个流通所不可缺少的。

在第一篇和第二篇，我们考察的，始终只是单个资本，只是社会资本中一个独立部分的运动。

但是，各个单个资本的循环是互相交错的，是互为前提、互为条件的，而且正是在这种交错中形成社会总资本的运动。

现在，我们就要考察作为社会总资本的组成部分的各个单个资本的流通过程（这个过程的总体就是再生产过程的形式），也就是考察这个社会总资本的流通过程。

2. 货币资本的作用

（虽然下面阐述的内容属于本篇的后面部分，但我们还是想立即研究一下，就是说，把货币资本作为社会总资本的一个组成部分来考察。）

在考察单个资本的周转时，货币资本显示出两个方面。

第一，它是每个单个资本登上舞台，作为资本开始它的过程的形式。因此，它表现为发动整个过程的第一推动力。

第二，由于周转期间的长短不同和周转期间各组成部分——劳动期间和流通期间——的比例不同，必须不断以货币形式预付和更新的那部分预付资本价值与它所推动的生产资本即连续进行的生产的规模之间的比例也就不同。但不管这个比例如何，能够不断执行生产资本职能的那部分处在过程中的资本价值，总是受必须不断以货币形式与生产资本同时存在的那部分预付资本价值的限制。这里说的只是正常的周转,一个抽象的平均数。在这里,为消除流通的停滞而追加的货币资本是撇开不说的。

有些事业在较长时间内取走劳动力和生产资料,而在这个时间内不提供任何有效用的产品;而另一些生产部门不仅在一年间不断地或者多次地取走劳动力和生产资料,而且也提供生活资料和生产资料。在社会的生产的基础上,必须确定前者按什么规模进行,才不致有损于后者。在社会的生产中,和在资本主义的生产中一样,在劳动期间较短的生产部门,工人将照旧只在较短时间内取走产品而不提供产品;在劳动期间长的生产部门,则在提供产品之前,在较长时间内不断取走产品。因此,这种情况是由各该劳动过程的物质条件造成的,而不是由这个过程的社会形式造成的。在社会的生产中,货币资本不再存在了。社会把劳动力和生产资料分配给不同的生产部门。生产者也许会得到纸的凭证,以此从社会的消费品储备中,取走一个与他们的劳动时间相当的量。这些凭证不是货币。它们是不流通的。

我们知道,如果对货币资本的需求是由劳动期间的持续所引起的,那么,这是由两种情况造成的:**第一**,货币一般地说是每一单个资本(撇开信贷不说)为了转化成生产资本所必须采取的形式;这是由资本主义生产的性质,由一般商品生产的性质引起的。**第二**,必要的预付货币量的产生,是由于在较长时间内不断从社会取走劳动力和生产资料,而在这个时间内却不向社会提供任何可以再转化为货币的产品。

第 19 章

前人对这个问题的阐述

1. 重农学派

魁奈的《经济表》用几根粗线条表明，国民生产的具有一定价值的年产品怎样通过流通进行分配，才能在其他条件不变的情况下，使它的简单再生产即原有规模的再生产进行下去。上一年度的收获，理所当然地构成生产期间的起点。无数单个的流通行为，从一开始就被概括为它们的具有社会特征的大量运动——几个巨大的、职能上确定的、经济的社会阶级之间的流通。在这里，我们感兴趣的是：总产品的一部分——它和总产品的任何其他部分一样，作为使用物品，是过去一年劳动的新的结果——同时只是以同一实物形式再现的原有资本价值的承担者。它不流通，而是留在它的生产者租地农场主阶级手里，以便在那里重新开始它的资本职能。魁奈还把一些无关的要素包括在年产品的这个不变资本部分中，但是他把握住了主要问题，这要归功于他的有限的眼界，即认为农业是使用人类劳动来生产剩余价值的唯一领域，就是说，从资本主义的观点看，是唯一的真正生产的领域。经济的再生产过程，不管它的特殊的社会性质如何，在这个部门（农业）内，总是同一个自然的再生产过程交织在一起。后者的显而易见的条件,会阐明前者的条件,并且会排除只是由流通幻影引起的思想混乱。

2. 亚当·斯密

斯密的一般观点

亚当·斯密就是这样把一切个别考察的商品的价格和"每一个国家的土地和劳动的年产品的……全部价格或交换价值",分解为雇佣工人、资本家和土地所有者的收入的三个源泉,即分解为工资、利润和地租,在这之后,他还是不得不迂回曲折地把第四个要素,即资本的要素偷偷地塞了进来。这是通过划分总收入和纯收入的区别来达到的。

斯密把交换价值分解为 v+m

亚当·斯密的教条是:每一个单个商品——从而合起来构成社会年产品的一切商品(他到处都正确地以资本主义生产为前提)——的价格或交换价值,都是由三个组成部分构成,或者说分解为:工资、利润和地租。这个教条可以还原为:商品价值=v+m,即等于预付可变资本的价值加上剩余价值。而且我们确实也能够把利润和地租还原为一个我们叫作 m 的共同单位。

不变资本部分

现在让我们看看,亚当·斯密企图用什么魔术,把资本的不变价值部分从商品价值中驱逐出去。

他在所举的例子中承认,谷物的价格不仅由 v+m 构成,而且也由生产谷物时所消耗的生产资料的价格构成。但是,他说,这一切生产资料本身的价格,和谷物的价格一样,也分为 v+m;不过亚当·斯密忘记加上一句:此外,还分为生产这些生产资料本身所耗费的生产资料的价格。他引导我们由一个生产部门到另一个生产部门,又由另一个生产部门到第三个生产部门。商品的全部价格"直接地"或

"最终地"分解为 v + m 这个论断，不过是一个空洞的遁词。

亚当·斯密所说的资本和收入

亚当·斯密所说的，是完全错误的：

"维持生产劳动所使用的资本部分……在为他［资本家］执行资本的职能之后……就形成他们［工人］的收入。"

资本家用来支付他所购买的劳动力的货币，所以能"为他执行资本的职能"，是因为他由此把劳动力并入他的资本的物质组成部分，而只有这样，他的资本才能够执行生产资本的职能。我们应当分清：劳动力在工人手中是商品，不是资本，并且在工人能不断地反复出卖它的时候，它构成工人的收入；在它卖掉之后，在资本家手中，在生产过程本身中，它执行资本的职能。劳动力在这里起双重作用：在工人手中，它是按价值出卖的商品；在购买它的资本家手中，它是生产价值和使用价值的力。

总　　结

总之，劳动过程的不同因素——物的因素和人的因素——开始就是戴着资本主义生产时期的面具出现的。因此，对商品价值的分析，也直接与这种考虑相一致：一方面这个价值在什么程度之内只是所花费的资本的等价物；另一方面它在什么程度之内是"免费的"、不补偿任何预付资本价值的价值，即剩余价值。从这个观点加以互相比较的各部分商品价值，这样就不知不觉地转化为它的独立的"组成部分"，并且最终地转化为"一切价值的源泉"。进一步的结论是，商品价值由不同种类的收入构成，或"分解为"不同种类的收入，这样一来，不是收入由商品价值组成，而是商品价值由"收入"组成。但是，正如商品价值或货币执行资本价值的职能，并不改变商品价值作为商品价值的性质或货币作为货币的性质一样，商品价值后来执行这个人或那个人的收入的职能，也并不改变商品价值的性质。亚当·斯密所要研究的商品，一开始就是商品资本（它除了包含生产商品时消耗的资本价值，还包含剩余价值），也就是以资本主义方式生产的商品，是资本主义生产过程的结果。因此，本应该先分析这个生产过程，从而分析其中包含的价值增殖过程和价值形成过程。但因为资本主义生产过程的前提本身又是商品流通，所以，在阐述资本主义生产过程时，就要撇开这个生产过程，事先分析商品。亚当·斯密有时"内在地"抓到了正确的东西，即使在这种场合，他也只是在分析商品的时候，也就是在分析商品资本的时候，才考虑价值的生产。

3. 以后的经济学家

事实上，李嘉图完全接受了亚当·斯密关于商品价格分解为工资和剩余价值（或可变资本和剩余价值）的理论。

拉姆赛反对李嘉图，他说：

> "李嘉图忘记了，全部产品不仅分为工资和利润，而且还必须有一部分补偿固定资本。"（《论财富的分配》1836年爱丁堡版第174页）

亚当·斯密把商品的价值，从而把社会年产品的价值，分解为工资和剩余价值，从而分解为单纯的收入，但是他反对从这种论断中必然得出的结论：全部年产品都可以被消费掉。具有独创精神的思想家从来不会作出荒谬的结论。他们把这件事留给萨伊和麦克库洛赫之流去做。

萨伊实际上轻而易举地处理了这个问题。一个人的资本预付就是或曾经是另一个人的收入和纯产品；总产品和纯产品的区别纯粹是主观上的。

顺便指出，萨伊的这个发现也为蒲鲁东据为己有。

施托尔希在原则上也接受亚当·斯密的学说，但发现萨伊对这一学说的实际应用是站不住脚的。

但是，施托尔希忘记告诉我们，这个不变资本部分的存在，和他所接受的斯密的价格分析，是怎样一致的，按照这种分析，商品价值只包括工资和剩余价值，并不包括不变资本部分。

西斯蒙第曾专门研究资本和收入的关系，并且事实上把对这种关系的特殊解释当成他的《新原理》的特征。他没有说出一个科学的字眼，对于问题的说明，没有作出一丝一毫的贡献。

巴顿、拉姆赛和舍尔比利埃都试图超出斯密的解释。他们失败了，因为他们不能把不变资本价值和可变资本价值之间的区别，与固定资本和流动资本之间的区别明确地分开，从而一开始提出问题就是片面的。

约翰·斯图亚特·穆勒以他惯有的妄自尊大，重复亚当·斯密传给他的后继者们的理论。

结果是：斯密的混乱思想一直延续到今天，他的教条成了政治经济学的正统信条。

第 20 章

简单再生产

1. 问题的提出

如果我们考察社会资本,即总资本——各单个资本只是它的组成部分,这些部分的运动,既是它们的单个的运动,同时又是总资本运动的不可缺少的环节——在一年内执行职能的结果,也就是说,如果我们考察社会在一年间提供的商品产品,那么必定会看到,社会资本的再生产过程是怎样进行的,这个再生产过程和单个资本的再生产过程相比有哪些不同的特征,二者又有哪些共同的特征。年产品既包括补偿资本的那部分社会产品,即社会再生产,也包括归入消费基金的、由工人和资本家消费的那部分社会产品,就是说,既包括生产消费,也包括个人消费。这种消费包括资本家阶级和工人阶级的再生产(即维持),因而也包括总生产过程的资本主义性质的再生产。

显然,我们应当分析的是 $W'—\begin{cases} G—W\cdots P\cdots W' \\ g—w \end{cases}$ 这个流通公式,在这里,消费必然会起作用;因为起点 $W' = W + w$。即商品资本,既包含不变资本价值和可变资本价值,也包含剩余价值。所以,它的运动既包括生产消费,也包括个人消费。

为了我们当前的目的，再生产过程必须从 W′ 的各个组成部分的价值补偿和物质补偿的观点来加以考察。

直接摆在我们面前的问题是：生产上消费掉的资本，就它的价值来说，怎样由年产品得到补偿？这种补偿的运动怎样同资本家对剩余价值的消费和工人对工资的消费交织在一起？

当我们从单个资本的角度来考察资本的价值生产和产品价值时，商品产品的实物形式，对于分析是完全无关的……说到资本的再生产，我们只要假定，代表资本价值的那部分商品产品，会在流通领域内找到机会再转化为它的生产要素，从而再转化为它的生产资本的形态。同样，我们只要假定，工人和资本家会在市场上找到他们用工资和剩余价值购买的商品。但是，当我们考察社会总资本及其产品价值时，这种仅仅从形式上来说明的方法，就不够用了。产品价值的一部分再转化为资本，另一部分进入资本家阶级和工人阶级的个人消费，这在表现为总资本的结果的产品价值本身内形成一个运动。这个运动不仅是价值补偿，而且是物质补偿，因而既要受社会产品的价值组成部分相互之间的比例的制约，又要受它们的使用价值，它们的物质形态的制约。

既然一方面，在资本主义基础上，没有任何积累或规模扩大的再生产，是一种奇怪的假定，另一方面，生产条件在不同的年份不是绝对不变的（而假定它们是不变的），那么，规模不变的简单再生产就只是表现为一个抽象。前提是：一定价值的社会资本，今年和去年一样，再提供一样多的商品价值，满足一样多的需要，虽然商品的形式在再生产过程中可能改变。但是，只要有积累，简单再生产总是积累的一部分，所以，可以就简单再生产本身进行考察，它是积累的一个现实因素。年产品的价值可以减少，而使用价值量不变；年产品的价值可以不变，而使用价值量减少；价值量和再生产的使用价值量也可以同时减少。这一切就在于，再生产不是在比以前更有利的情况下进行，就是在更困难的情况下进行。后者可能造成的结果，是出现一个不完备的——有缺陷的——再生产。

2. 社会生产的两个部类

社会的总产品，从而社会的总生产，分成两大部类：

Ⅰ. **生产资料**：具有必须进入或至少能够进入生产消费的形式的商品。

Ⅱ. **消费资料**：具有进入资本家阶级和工人阶级的个人消费的形式的商品。

这两个部类中，每一部类拥有的所有不同生产部门，总合起来都形成一个单一的大的生产部门：一个是生产资料的生产部门，另一个是消费资料的生产部门。两个生产部门各自使用的全部资本，都形成社会资本的一个特殊的大部类。

每一部类的资本都分成两个组成部分。

1. **可变资本**。从**价值**方面看，这个资本等于该生产部门使用的社会劳动力的价值，也就是等于为这个社会劳动力而支付的工资总额。从物质方面看，这个资本是由发挥作用的劳动力本身构成的，即由这个资本价值所推动的活劳动构成的。

2. **不变资本**，即该部门在生产上使用的全部生产资料的价值。这些生产资料本身又分成**固定**资本：机器、工具、建筑物、役畜等等，流动不变资本：生产材料，如原料、辅助材料、半成品等等。

这两个部类中，每一部类借助于这些资本而生产的全部年产品的价值，都分成：代表生产上消费掉的、按其价值来说只是转移到产品中去的不变资本 c 的价值部分和由全部年劳动追加的价值部分。后者又分成：补偿预付可变资本 v 的部分和超过可变资本而形成剩余价值 m 的部分。因此，每一部类的全部年产品的价值，和每个个别商品的价值一样，也分成 $c + v + m$。

我们研究简单再生产，要以下列公式为基础，其中 c = 不变资本，v = 可变资本，m = 剩余价值，并且假定价值增殖率 m/v = 100%。数字可以表示几百万马克，几百万法郎，或几百万镑。

Ⅰ. 生产资料的生产：

资本 ················· $4\,000c + 1\,000v = 5\,000$，

商品产品…………4 000c + 1 000v + 1 000m = 6 000，以生产资料的形式存在。

Ⅱ. 消费资料的生产：

资本…………2 000c + 500v = 2 500，

商品产品…………2 000c + 500v + 500m = 3 000，以消费资料的形式存在。

概括起来说，全年总商品产品：

Ⅰ. 4 000c + 1 000v + 1 000m = 6 000 生产资料；

Ⅱ. 2 000c + 500v + 500m = 3 000 消费资料。

总价值等于9 000，按照假定，其中不包括继续以实物形式执行职能的固定资本。

现在，如果我们研究简单再生产基础上（这里全部剩余价值都是非生产地消费掉）的各种必要的交换，并且先不考察作为交换中介的货币流通，那么，我们一开始就会得出三大要点：

1. 第Ⅱ部类工人的工资500v和资本家的剩余价值500m，必须用于消费资料。但是，它们的价值存在于价值1 000的消费资料中，这种消费资料掌握在第Ⅱ部类的资本家的手里，补偿预付的500v，并代表500m。因此，第Ⅱ部类的工资和剩余价值，在第Ⅱ部类内部同第Ⅱ部类的产品交换。这样，就有（500v + 500m）Ⅱ = 1 000以消费资料形式从总产品中消失。

2. 第Ⅰ部类的1 000v + 1 000m，同样必须用于消费资料，即用于第Ⅱ部类的产品。因此，它们必须同第Ⅱ部类产品的其余的、数量与它们相等的不变资本部分2 000c交换。为此，第Ⅱ部类会得到数额相等的生产资料，得到体现第Ⅰ部类的1 000v + 1 000m的价值的第Ⅰ部类产品。因此，就有2 000Ⅱc和（1 000v + 1 000m）Ⅰ从计算中消失。

3. 还剩下4 000Ⅰc。它们由生产资料构成，只能用于第Ⅰ部类，以便补偿该部类消费掉的不变资本，因此，要通过第Ⅰ部类的各个资本家之间的互相交换来解决，就像（500v + 500m）Ⅱ要通过第Ⅱ部类的工人和资本家之间的交换，或通过第Ⅱ部类的各个资本家之间的交换来解决一样。

3. 两个部类之间的交换：Ⅰ(v+m) 和Ⅱc 的交换

我们从两个部类之间的大宗交换开始。(1 000v+1 000m) Ⅰ——这些价值以生产资料的实物形式存在于它们的生产者手中——要和2 000Ⅱc，即以消费资料的实物形式存在的价值交换。通过这种交换，第Ⅱ部类的资本家阶级把他们的不变资本2 000从消费资料形式再转化为消费资料的生产资料形式，在这种形式中，不变资本可以重新作为劳动过程的因素，并且为了价值增殖而作为不变的资本价值执行职能。另一方面，通过这种交换，第Ⅰ部类的劳动力的等价物（1 000Ⅰv）和第Ⅰ部类的资本家的剩余价值（1 000Ⅰm），在消费资料中实现；二者都由生产资料的实物形式转化为一种可以作为收入来消费的实物形式。

由此得出结论：在简单再生产中，第Ⅰ部类的商品资本中的v+m价值额（也就是第Ⅰ部类的总商品产品中与此相应的比例部分），必须等于不变资本Ⅱc，也就是第Ⅱ部类的总商品产品中分出来的与此相应的部分；或者说，Ⅰ(v+m) = Ⅱc。

4. 第Ⅱ部类内部的交换。必要生活资料和奢侈品

年商品生产的第Ⅱ部类是由种类繁多的产业部门构成的，但是，按它们的产品来说，可分成两大分部类。

(a) 消费资料。它们进入工人阶级的消费，但因为它们是必要生活资料，所以也构成资本家阶级的消费的一部分，虽然就其质量和价值来说，往往和工人的**必要**生活资料不同。为了这里研究的目的，我们可以把这整个分部类概括为必要消费资料这个项目。至于像烟草这一类产品，从生理学观点来看，是不是必要消费资料，在这里是完全没有关系的，只要习惯上认为它是必要消费资料就行了。

(b) **奢侈**消费资料。它们只进入资本家阶级的消费，所以只能和花费的剩余价值交换，而剩余价值是绝对到不了工人手中的。就前一个项目来说，很明显，为了生产该项目的种种商品而预付的可变资

本，一定以货币形式直接流回到第Ⅱ部类中生产这些必要生活资料的那部分资本家阶级（即Ⅱa的资本家）手中。他们按照支付工人工资的可变资本的数额，把必要生活资料卖给他们自己的工人。尽管各有关产业部门的资本家之间的交易是很频繁的，并且通过这种交易流回的可变资本是按比例分配的，但对第Ⅱ部类资本家阶级的整个分部类a来说，这种回流是**直接**进行的。这是靠工人支出的货币直接提供流通手段的流通过程。而分部类Ⅱb的情况却不同。我们这里考察的价值产品的整个部分，即Ⅱb（v+m），是以奢侈品的实物形式存在的，就是说，这种奢侈品，同以生产资料形式存在的商品价值Ⅰv一样，工人阶级是无法购买的，尽管这种奢侈品和那种生产资料都是这些工人的产品。因此，这一分部类预付的可变资本以它的货币形式再回到资本主义生产者手中的那种回流，不能直接进行，而是像Ⅰv一样，必须间接进行。

从（Ⅱb）v在（Ⅱa）m的一个等价部分中实现这一点可以得出如下结论：年产品中的奢侈品部分越是增大，从而奢侈品生产中吸收的劳动力的数量越是增加，预付在（Ⅱb）v上的可变资本要再转化为可以重新作为可变资本的货币形式来执行职能的货币资本，因而在Ⅱb中就业的那部分工人阶级要生存和再生产——他们的必要消费资料的供给——也就越是要取决于资本家阶级的挥霍，越是要取决于这个阶级的剩余价值的很大一部分转化为奢侈品。

我们在上面已经看到，必要消费资料的生产和奢侈品的生产之间的比例关系，是以Ⅱ（v+m）在Ⅱa和Ⅱb之间的分割为条件的，从而也是以Ⅱc在（Ⅱa）c和（Ⅱb）c之间的分割为条件的。因此，这种分割从根本上影响着生产的性质和数量关系，对生产的总形态来说，是一个本质的决定因素。

简单再生产实质上是以消费为目的的，虽然攫取剩余价值表现为单个资本家的动机；但是，剩余价值——不管它的比例量如何——在这里最终只是用于资本家的个人消费。

既然简单再生产是每个规模扩大的年再生产的一部分，并且还是它最重要的一部分，所以，这种个人消费的动机总是和发财致富的动机本身相伴而生，同时又和它相对立。实际上，问题表现得更复杂，因为掠夺物——资本家的剩余价值——的分享者，会作为独立于资本家以外的消费者出现。

5. 货币流通在交换中的中介作用

对商品流通来说，有两样东西始终是必要的：投入流通的商品和投入流通的货币。

例如，在 II c 和 I（v+m）之间的流通中，我们假定，第 II 部类为这个流通预付了 500 镑货币。大的社会的生产者群之间的流通，分解为无数的流通过程，其中，时而这一生产者群的某个人，时而那一生产者群的某个人，首先作为买者出现，从而把货币投入流通。

6. 第 I 部类的不变资本

现在留下还要研究的是第 I 部类的不变资本 4 000 I c。这个价值等于第 I 部类的商品产品中再现的价值，即在这个商品量的生产上所消费的生产资料的价值。

在第 I 部类，全部商品产品由生产资料，即由建筑物、机器、容器、原料和辅助材料等等构成。因此，其中用来补偿这个部门所使用的不变资本的那一部分，能够以它的实物形式立即重新作为生产资本的组成部分执行职能。如果它进入流通，那也是在第 I 部类内部流通。

当构成第 I 部类的不变资本价值的部分产品不再直接进入自己的特殊生产部门或自己那个生产部门的时候，这些产品只是变换了位置。它们以实物形式进入第 I 部类的另一个生产部门，而第 I 部类其他生产部门的产品则对它们进行实物补偿。这只不过是这些产品的换位。它们全部作为补偿第 I 部类的不变资本的因素再进入第 I 部类，不过不是进入第 I 部类这一个群，而是进入这个部类的另一个群。在这里，只要交换是在第 I 部类的各个资本家之间进行的，这种交换就是一种实物形式的不变资本和另一种实物形式的不变资本的交换，就是一种生产资料和其他生产资料的交换。这是第 I 部类的不同的单个不变资本部分的互相交换。只要产品不是直接在本生产部门作为生产资料使用，这些产品就离开它们自己的生产场所，进入另一个生产场所，因而，互相得到补偿……如果生产是社会的，而不是资本主义的，那么很明显，为了进行再生产，第Ⅰ部类的这些产品同样会不断地再作为生产资料在这个部类的各个生产部门之间进行分配，一部分直接留在这些产品的生产部门，另一部分则转入其他生产场所，因此，在这个部类的不同生产场所之间发生一种不断往返的运动。

7. 两个部类的可变资本和剩余价值

每年生产的消费资料的总价值，等于当年再生产的第Ⅱ部类的可变资本价值和新生产的第Ⅱ部类的剩余价值（即等于第Ⅱ部类当年生产的价值），加上当年再生产的第Ⅰ部类的可变资本价值和新生产的第Ⅰ部类的剩余价值（也就是加上第Ⅰ部类当年生产的价值）。

因此，在简单再生产的前提下，每年生产的消费资料的总价值，等于年价值产品，即等于社会劳动在当年生产的全部价值。其所以必然如此，因为在简单再生产中，这全部价值将被消费掉。

8. 两个部类的不变资本

就总产品价值9 000和它分成的各个范畴来说，对它们的分析不会比对一个单个资本产品价值的分析遇到更多的困难，不如说困难是一样的。

困难不在于社会产品价值本身的分析。困难是在于把社会产品的**价值**组成部分和它**物质**组成部分作比较时产生的。

不变的、仅仅再现的那部分价值，等于由**生产**资料构成的那部分产品的价值，并在该部分产品中体现出来。

当年的新的价值产品即 $v+m$，等于由**消费**资料构成的那部分产品的价值，并在该部分产品中体现出来。

但是，除了一些在这里没有意义的例外，生产资料和消费资料是完全不同的两类商品，是具有完全不同的实物形式或使用形式的产品，从而也是完全不同种类的具体劳动的产品。使用机器生产生活资料的劳动，是和制造机器的劳动完全不同的。年总工作日（其价值表现等于3 000）好像全部耗费在消费资料等于3 000 的生产上，其中没有任何不变的价值部分再现出来，因为这 3 000 = 1 500v + 1 500m，只分解为可变资本价值+剩余价值。另一方面，不变资本价值等于6 000 则以一种和消费资料完全不同的产品形式，以生产资料形式再现出来，社会工作日好像没有任何部分耗费在这种新产品的生产上；相反，这整个工作日好像只是由以消费资料而不是以生产资料作为结果的劳动方式构成。秘密已经揭穿。年劳动的价值产品，等于第Ⅱ部类的产品价值，等于新生产的消费资料的总价值。但是，这个产品价值，比耗费在消费资料生产（第Ⅱ部类）上的那部分年劳动大$\frac{2}{3}$。年劳动只有$\frac{1}{3}$耗费在消费资料的生产上。这个年劳动的$\frac{2}{3}$耗费在生产资料的生产上，也就是耗费在第Ⅰ部类。第Ⅰ部类在这期间生产的价值产品，等于第Ⅰ部类所生产的可变资本价值加上剩余价值，等于第Ⅱ部类以消费资料形式再现的第Ⅱ部类的不变资本价值。所以，它们可以互相交换和互相用实物补偿。因而，第Ⅱ部类的消费资料的总价值，也等于第Ⅰ部类+第Ⅱ部类的新价值产品之和，或者Ⅱ（c+v+m）= Ⅰ（v+m）+ Ⅱ（v+m），所以等于年劳动以 v + m 形式生产的新价值之和。

另一方面，生产资料（Ⅰ）的总价值，等于以生产资料（Ⅰ）形式再现的不变资本价值同以消费资料（Ⅱ）形式再现的不变资本价值之和，所以，等于在社会总产品中再现的不变资本价值之和。

在简单再生产的前提下，由生产资料构成的那部分产品的价值，必须等于社会资本的不变价值部分。

从社会的角度来考察，生产生产资料的社会工作日部分，也就是说，既把新价值加到生产资料中去，又把在它们的生产上所消费的生产资料的价值转移到生产资料中去的社会工作日部分，不外是生产新的不变资本，用来补偿第Ⅰ部类和第Ⅱ部类以旧生产资料形式消费的不变资本。

9. 对于亚当·斯密、施托尔希和拉姆赛的回顾

我们再次看见了亚当·斯密把不变资本和可变资本的区别淹没在固定资本和流动资本的区别之中所造成的恶果。拉姆赛所说的不变资本是由劳动资料构成的,他所说的流动资本是由生活资料构成的;二者都是有一定价值的商品;其中一个和另一个一样,都不能生产剩余价值。

10. 资本和收入:可变资本和工资

一部分政治经济学家为了摆脱理论上的困难,即对现实联系的理解,提出了一种流行的看法:对一个人是资本的东西,对另一个人就是收入;反过来说也一样。这种看法部分地说是正确的,如果使它具有普遍意义,那就是完全错误的。(所以,这种看法包括对在年再生产中进行的全部交换过程的根本误解,也就是对这种部分正确的东西的事实根据的误解。)

在资本家那里最初作为可变资本的货币形式执行职能的货币,现在在工人手中作为他的工资的货币形式执行职能,工人又把工资转化为生活资料;所以,这些货币是作为**收入**的货币形式执行职能的。这种收入是工人靠不断反复出卖他的劳动力得到的。

这里我们看到的只是这一简单事实:买者(这里指资本家)的货币从买者手中转到卖者(这里指劳动力的卖者,即工人)手中。这并不是可变**资本**执行双重职能,既作为资本家的资本,又作为工人的收入;而是同一个**货币**先在资本家手中作为他的可变资本的货币形式,从而作为可能的可变资本;当资本家把它转化为劳动力时,它就在工人手中充当所出卖的劳动力的等价物。同一个货币在买者手中有一种用途,在卖者手中有另一种用途,这是一切商品买卖都有的现象。

11. 固定资本的补偿

至于机器以及其他具有比较耐久形式的固定资本，则会发生而且经常发生这样的情况：尽管整个建筑物或机器的躯体寿命很长，但是，其中有一些部分却必须在这一年内全部进行补偿。这些部分，与那些必须在一年内补偿的固定资本要素属于同一个范畴。

一旦这种固定要素如建筑物、机器等等的寿命已经完结，不能再在生产过程中执行职能，它的价值就在它旁边存在着，全部由货币来补偿，即由货币沉淀的总和，由固定资本逐渐转移到它参与生产的商品中去的、已经通过商品出售而转化为货币形式的价值的总和来补偿。接着，这些货币就用来对固定资本（或固定资本的要素，因为固定资本的不同要素有不同的寿命）进行实物补偿，从而对生产资本的这个组成部分进行实际更新。

损耗的价值部分在货币形式上的补偿

如果我们现在从下列公式开始：

$$\text{I. } 4\,000c + 1\,000v + 1\,000m$$
$$\text{II. } \cdots\cdots\cdots\cdots 2\,000c + 500v + 500m,$$

那么，商品 2 000 Ⅱc 和同等价值的商品 Ⅰ（1 000v + 1 000m）交换的前提是：2 000 Ⅱc 全部以实物形式再转化为第Ⅰ部类所生产的第Ⅱ部类的不变资本的实物组成部分；但是，后者借以存在的商品价值 2 000 包含着补偿固定资本的价值损失的要素，这个要素不需要立即用实物来补偿，而要转化为货币，这个货币逐渐积累成一个总额，直到固定资本需要以实物形式更新的时候为止。

固定资本的实物补偿

除了用货币补偿损耗部分以外，还用实物补偿寿命全部完结的固定资本。

第Ⅱ部类是由许多资本家构成的，他们的固定资本处在再生产的完全不同的期限中。对一些资本家来说，固定资本已经到了必须全部用实物更新的期限。对另一些资本家来说,它和这个阶段多少还有些距离。对后一类资本家的全体成员来说,有一点是共同的:他们的固定资本并没有实际再生产,即并没有用实物来更新,或者说,并没有用同一种新的物品来补偿,它的价值则相继以货币形式积累起来。前一类资本家则完全处于企业开办时的那种情况(或部分地处于那种情况,这一点和这里的问题无关)。那时,他们带着货币资本来到市场,一方面要把它转化为(固定的和流动的)不变资本,另一方面则要把它转化为劳动力,即可变资本。

结　　论

关于固定资本的补偿,一般应当指出:

在其他一切条件不变的前提下,也就是说,在不仅生产规模不变,而且特别是劳动生产率也不变的前提下,如果Ⅱc的固定要素比去年有更大一部分已经寿命完结,从而有更大一部分要用实物更新,那么,还在死亡途中的、在死亡期到来以前暂时要以货币形式补偿的那部分固定资本,必然会按照同一比例减少,因为按照这个前提,在第Ⅱ部类执行职能的固定资本部分的总量(以及价值总量)是保持不变的。

12. 货币材料的再生产

到目前为止,有一个要素我们完全没有考虑,那就是金和银的再生产。金和银如果仅仅作为制造奢侈品或镀金等等的材料,那也和任何其他产品一样,不必在这里专门提起。但是,它们作为货币材料,从而作为可能的货币,是起重要作用的。为了简单起见,我们在这里只是把金当做货币材料。

在资本主义生产占统治地位的国家,只有美国是金和银的生产者。欧洲各资本主义国家几乎所有的金以及绝大部分银都是从澳大利亚、美国、墨西哥、南美和俄国得到的。

金的生产和一般金属生产一样,属于第Ⅰ部类,属于包括生产资料生产的部类。

13. 德斯杜特·德·特拉西的再生产理论

这位卓越的著作家关于社会再生产和流通的总过程做了如下说明：

> 有人问我，这些产业主怎么能赚取这样大的利润，他们能够从谁手里取得这样大的利润。我回答说：那是因为他们按高于生产成本的价格出卖他们生产的一切产品。

按照德斯杜特先生的说法，货币资本——资本家以这种形式把工资预付给工人——流回到资本家手里，就成了这些资本家发财致富的第二个源泉。

德斯杜特，这位"非常卓超的著作家"，法国研究院院士，费城哲学协会会员，并且在某种程度上其实是庸俗经济学家的一颗明星，最后要求读者赞赏他在说明社会过程的进程时那种惊人的清晰，赞赏他在这个问题上倾注的光辉。

第 21 章

积累和扩大再生产

第一册已经指出,单个资本家的积累是怎样进行的。由于商品资本转化为货币,代表剩余价值的剩余产品也转化为货币。资本家把这样转化为货币的剩余价值,再转化为他的生产资本的追加的实物要素。这个增大的资本,在生产的下一个循环内,会提供更多的产品。但是,在单个资本上发生的情况,也必然会在全年的总再生产上出现,正像在考察简单再生产时我们已经看到,在单个资本的场合,单个资本的已经损耗的固定组成部分相继沉淀为贮藏货币的现象,也会在社会的年再生产上表现出来。

1. 第 I 部类的积累

货币贮藏

显然,投在构成第 I 部类的许多产业部门的资本,和投在每一个这样的产业部门内的不同的单个资本,都会由于它们的年龄不同,也就是由于已经经历的执行职能的时间不同——完全撇开它们的规模、技术条件、市场关系等等不说——处于剩余价值相继转化为可能的货币资本这个过程的不同阶段,而无论这种货币资本是要用来扩充它们的正在执行职能的资本,还是要用来创立新的工业企业(这是扩大生产的两种形式)。因此,一部分资本家不断地把他们的已经增加到相应数量的可能的货币资本转化为生产资本,也就是用通过剩余价值的货币化而贮藏起来的货币来购买生产资料,即追加的不变资本要素;而另一部分资本家则仍然从事可能的货币资本的贮藏。因此,这两类资本家是互相对立的:一方作为买者,另一方作为卖者,并且每一方在这两种作用中都只起一种作用。

例如,A 卖给 B(可以代表一个以上的买者）600（=400c+100v+100m）。他已经卖掉商品 600,换成货币 600,其中 100 代表剩余价值,他把这 100 从流通中取出,以货币形式贮藏起来;但是这 100 货币不过是剩余产品即价值 100 的承担者的货币形式。货币贮藏根本不是生产,因此从一开始也就不是生产的增长。在这里,资本家的活动不过是把出售剩余产品 100 所得的货币从流通中取出,抓住它,把它扣留下来。不仅 A 这样做,而且在流通领域的许多点上,其他资本家 A′、A″、A‴也这样做,他们都同样热衷于这种货币贮藏。在这许多点上,货币被从流通中取出,并积累成无数单个的贮藏货币或可能的货币资本。这许多点也就像是流通的许多障碍,因为它们使货币的运动停止,使货币在一个或长或短的时间内失去流通能力。但是必须注意,远在商品流通建立在资本主义商品生产的基础上以前,在简单的商品流通中已经产生了货币贮藏;社会现有的货币量,总是大于它处于实际流通中的部分,虽然这一部分会由于情况的变化而增加或减少。我们在这里又遇到了同样的贮藏货币和同样的货币贮藏,不过现在它是资本主义生产过程的一个内在因素。

在信用制度下,所有这些可能的资本,由于它们积聚在银行等等的手中,而成为可供支配的资本、"可贷资本"、货币资本,而且不再是被动的东西,不再是未来的音乐,而是能动的、生利的东西。

但是,A 所以能进行这种货币贮藏,仅仅是因为就他的剩余产品来说,他只作为卖者,而不接着作为买者出现。所以,他的剩余产品——要转化为货币的剩余价值的承担者——的连续生产,就是这种货币贮藏的前提。在只考察第 I 部类内部的流通这种场合,作为总产品的一部分的剩余产品的实物形式,和总产品的实物形式一样,是第 I

部类的不变资本的一个要素的实物形式，也就是说，属于生产资料的生产资料的范畴。我们马上就会知道，在B、B′、B″等等买者手中，它将会变成什么，将会执行什么样的职能。

在这里，首先要记住一点：尽管A从流通中取出相当于他的剩余价值的货币，把它贮藏起来，但另一方面，他也把商品投入流通，而没有以此从流通中取出其他商品，因此，B、B′、B″等等就能够把货币投入流通而只取出商品。在这个场合，这种商品，按照它的实物形式和它的用途来说，是要加入到B、B′等的不变资本的固定要素或流动要素中去的。

追加的不变资本

剩余产品，剩余价值的承担者，对于它的占有者，第Ⅰ部类的资本家，是不费分文的。他们用不着预付任何货币或商品，就可以得到它……因此，第Ⅰ部类资本家预付的，不外是他们的不变资本和可变资本。工人不仅通过自己的劳动，为他们保存了不变资本；不仅用一个新创造的具有商品形式的相应的价值部分，为他们补偿了可变资本价值；而且，工人还用自己的剩余劳动，向他们提供了一个以剩余产品形式存在的剩余价值。他们通过相继出售这种剩余产品，形成了货币贮藏，形成了追加的可能的货币资本。在这里考察的场合，这个剩余产品从一开始就是由生产资料的生产资料构成的。这个剩余产品，只有在B、B′、B″等等（Ⅰ）的手中，才执行追加的不变资本的职能。但是，它在出售以前，在货币贮藏者A、A′、A″（Ⅰ）的手中已经是潜在的追加的不变资本了……为了从简单再生产过渡到扩大再生产，第Ⅰ部类的生产要能够少为第Ⅱ部类制造不变资本的要素，而相应地多为第Ⅰ部类制造不变资本的要素。完成这种过渡往往不是没有困难的，但是，由于第Ⅰ部类的有些产品可以作为生产资料在两个部类起作用这一事实，完成这种过渡就容易些。

由此得出结论：如果只考察价值量，扩大再生产的物质基础是在简单再生产内部生产出来的。简单说来，这种物质基础就是直接用在第Ⅰ部类生产资料的生产上的、用在第Ⅰ部类潜在的追加资本的创造上的第Ⅰ部类工人阶级的剩余劳动。因此，A、A′、A″（Ⅰ）方面潜在的追加货币资本的形成——通过相继出售他们的在没有任何资本主义货币支出的情况下形成的剩余产品——在这里也就只是追加地生产出来的第Ⅰ部类的生产资料的货币形式。

追加的可变资本

因为以上我们只考察了追加的不变资本,所以现在要转入考察追加的可变资本。

在第一册,我们已经详细地论述过,在资本主义生产的基础上,劳动力总是准备好的;在必要时,不用增加所雇用工人的人数,即不用增加劳动力的量,就可以推动更多的劳动。因此,这里暂时没有必要进一步加以论述,而只要假定,新形成的货币资本中可以转化为可变资本的部分,在应该转化时总会找到劳动力。

2. 第Ⅱ部类的积累

现在,我们要比较详细地考察一下第Ⅱ部类的积累。

Ⅱc方面的第一个困难,即怎样由第Ⅱ部类的商品资本的一个组成部分转化为第Ⅱ部类的不变资本的实物形式,是与简单再生产有关的。让我们采用以前的公式:

(1 000v + 1 000m) Ⅰ 和
2 000 Ⅱc 交换

假如第Ⅰ部类的剩余产品的一半,即$\frac{1\,000}{2}$m或500Ⅰm,再作为不变资本并入第Ⅱ部类,留在第Ⅰ部类的这部分剩余产品,就不能补偿Ⅱc的任何部分。它不转化为消费资料(在转化为消费资料的场合,在第Ⅰ部类和第Ⅱ部类之间的这部分流通中发生的,是商品的实际的互相的交换,也就是双方的商品换位,这不同于以第Ⅰ部类的工人作为中介的1 000Ⅱc由1 000Ⅰv进行的补偿),而要在第Ⅰ部类本身内作为追加的生产资料来用。它不能同时在第Ⅰ部类和第Ⅱ部类完成这个职能。资本家不能既把他的剩余产品的价值花费在消费资料上,同时又对这个剩余产品本身进行生产消费,即把它并入他的生产资本。

因此，能转化为 2 000 Ⅱc 的，已不是 2 000 Ⅰ（v＋m），而只是 1 500，即（1 000v＋500m）Ⅰ。这样，500 Ⅱc 就不能从它的商品形式再转化为第Ⅱ部类的生产（不变）资本。于是第Ⅱ部类就会发生生产过剩，过剩的程度恰好与第Ⅰ部类生产已经扩大的程度相适应。第Ⅱ部类的生产过剩也许会这样反映到第Ⅰ部类上，以致第Ⅰ部类的工人用在第Ⅱ部类消费资料上的 1 000，也仅仅是部分地流回，因而这 1 000 也不是以可变的货币资本的形式回到第Ⅰ部类的资本家手中。第Ⅰ部类的资本家将会发觉，仅仅因为他们有扩大再生产的企图，就连规模不变的再生产也会受到阻碍。这里还要注意，第Ⅰ部类事实上只有简单再生产，公式中列举的要素只不过为将来的扩大，比如说下一年的扩大，进行不同的组合罢了。

我们在这里涉及的是一种特殊现象，这种现象之所以发生，源于这种组合的变化，否则就根本不可能发生规模扩大的再生产。

3. 用公式来说明积累

现在我们按照下列公式来考察再生产：

公式（a） $\left.\begin{array}{l}\text{Ⅰ．}4\ 000c + 1\ 000v + 1\ 000m = 6\ 000\\ \text{Ⅱ．}1\ 500c + 376v + 376m = 2\ 252\end{array}\right\}$ 合计 = 8 252

首先要指出，年社会产品的总额 8 252，小于第一个公式的总额 9 000。我们尽可以假定一个大得多的总额，比如说，一个增大 10 倍的总额。但这里选择一个小于第一个公式的总额，正是为了要清楚地说明，规模扩大的再生产（在这里，这种再生产只是指用较大的投资来进行的生产）与产品的绝对量无关，也正是为了要清楚地说明，对一定量商品来说，规模扩大的再生产所需要的前提只是，既定产品的各种要素已经有了不同的组合，或不同的职能规定，因此，按价值量来说，这种再生产首先只是简单再生产。所改变的，不是简单再生产的各种既定要素的量，而是它们的质的规定，并且这种改变是以后随着发生的规模扩大的再生产的物质前提。

在可变资本和不变资本之间的比例不同时，我们对公式的表述可以不同，例如：

公式（b）$\begin{array}{l}\text{I}.4\,000c+875v+875m=5\,750\\ \text{II}.1\,750c+376v+376m=2\,502\end{array}\Big\}$合计$=8\,252$

这样，这个公式似乎是为简单再生产而列出的，以至于剩余价值全都作为收入花掉，而没有积累起来。在（a）和（b）这两个场合，年产品的价值量是相同的，只是在（b）的场合，它的各种要素在职能上的组合使再生产按照相同的规模再开始，而在（a）的场合，年产品各要素在职能上的组合却形成规模扩大的再生产的物质基础。在（b）的场合，$(875v+875m)\text{I}=1\,750\text{I}(v+m)$，它和$1\,750\text{IIc}$交换时，没有余额，而在（a）的场合，$(1\,000v+1\,000m)\text{I}=2\,000\text{I}(v+m)$，它和$1\,500\text{IIc}$交换时，却留下一个余额$500\text{I}m$，供第 I 部类进行积累。

第一例

（A）简单再生产的公式

$\begin{array}{l}\text{I}.4\,000c+1\,000v+1\,000m=6\,000\\ \text{II}.2\,000c+500v+500m=3\,000\end{array}\Big\}$总额$=9\,000$

（B）规模扩大的再生产的开端公式

$\begin{array}{l}\text{I}.4\,000c+1\,000v+1\,000m=6\,000\\ \text{II}.1\,500c+750v+750m=3\,000\end{array}\Big\}$总额$=9\,000$

假定在公式（B）中，第 I 部类的剩余价值的一半即 500 被积累。因此，首先，$(1\,000v+500m)\text{I}$ 或 $1\,500\text{I}(v+m)$ 要由 $1\,500\text{IIc}$ 补偿；这样，第 I 部类留下的是 $4\,000c+500m$，后者要用于积累。$(1\,000v+500m)\text{I}$ 由 $1\,500\text{IIc}$ 来补偿，是简单再生产的一个过程，这在考察简单再生产时已经阐明了。

我们假定，$500\text{I}m$ 中有 400 要转化为不变资本，100 要转化为可变资本。要在第 I 部类内部资本化的 400m 的交换已经阐明了；它们能够直接并入 Ic；这样，第 I 部类是：

$4\,400c+1\,000v+100m$（最后一项要转化为 100v）

第 II 部类方面为了积累的目的，要向第 I 部类购买 $100\text{I}m$（以生产资料的形式存在），于是这 $100\text{I}m$ 形成第 II 部类的追加不变资本；而第 II 部类为这个目的而支付的 100 货币，就转化为第 I 部类的追加可变资本的货币形式。这样，第Ⅰ部类的资本是 4 400c + 1 100v（后者以货币形式存在）等于 5 500。

第Ⅱ部类的不变资本现在是 1 600c；第Ⅱ部类要运用这个资本，就必须再投入 50v 的货币来购买新的劳动力，从而使他的可变资本由 750 增加到 800。第Ⅱ部类这样增加的不变资本和可变资本，共计 150，要由该部类的剩余价值来偿付；因此，在 750Ⅱm 中，只剩下 600m 作为第Ⅱ部类资本家的消费基金，他们的年产品现在划分如下：

Ⅱ. 1 600c + 800v + 600m（消费基金）= 3 000

在消费资料上生产的 150m，在这里已经转化为（100c + 50v）Ⅱ。它将以它的实物形式，全部进入工人的消费：如上所述，100 为第Ⅰ部类的工人（100Ⅰv）所消费，50 为第Ⅱ部类的工人（50Ⅱv）所消费。事实上，因为第Ⅱ部类的总产品要以积累所必需的形式制造出来，所以增大了 100 的剩余价值部分要以必要消费资料的形式再生产出来。如果再生产实际是按扩大的规模开始的，第Ⅰ部类的可变货币资本 100，就会通过他们的工人阶级的手，流回到第Ⅱ部类；第Ⅱ部类则把商品储备中的 100m 转给第Ⅰ部类，同时又把商品储备中的 50 转给本部类的工人阶级。

为积累的目的而改变的组合，现在表述如下：

Ⅰ. 4 400c + 1 100v + 500 消费基金 = 6 000
Ⅱ. 1 600c + 800v + 600 消费基金 = 3 000
总计同上 = 9 000

其中，资本是：

$$\left.\begin{array}{l}\text{Ⅰ. } 4\,400c + 1\,100v\,(货币) = 5\,500 \\ \text{Ⅱ. } 1\,600c + 800v\,(货币) = 2\,400\end{array}\right\} = 7\,900$$

在开始生产时则是：

$$\left.\begin{array}{l}\text{Ⅰ. } 4\,000c + 1\,000v = 5\,000 \\ \text{Ⅱ. } 1\,500c + 750v = 2\,250\end{array}\right\} = 7\,250$$

如果实际积累现在是在这个基础上进行的，这就是说，如果用这个已经增加的资本实际进行生产，在第二年结束时，我们就得出：

$$\left.\begin{array}{l}\text{Ⅰ. } 4\,400c + 1\,100v + 1\,100m = 6\,600 \\ \text{Ⅱ. } 1\,600c + 800v + 800m = 3\,200\end{array}\right\} = 9\,800$$

第二例

现在假定有年产品9 000，这个年产品完全是处在产业资本家阶级手中的商品资本，其中可变资本和不变资本的一般平均比例是1∶5。这种情况的前提是：资本主义生产已经有了显著的发展；与此相应，社会劳动的生产力也已经有了显著的发展；生产规模在此以前已经有了显著的扩大；最后，在工人阶级中造成相对人口过剩的所有条件也已经有了发展。这时，把分数去掉，年产品就会划分如下：

$$\left.\begin{array}{l}\text{I}.\ 5\ 000c + 1\ 000v + 1\ 000m = 7\ 000 \\ \text{II}.\ 1\ 430c + 285v + 285m = 2\ 000\end{array}\right\} = 9\ 000$$

现在假定，第Ⅰ部类的资本家阶级只消费剩余价值的一半＝500，而把其余一半积累起来。这样，（1 000v＋500m）Ⅰ＝1 500要转化为1 500Ⅱc。但是因为在这里Ⅱc只等于1 430，所以要从剩余价值那里补进70。285Ⅱm减去这个数额，还留下215Ⅱm。于是我们得出：

Ⅰ．5 000c＋500m（待资本化的剩余价值）＋资本家和工人的消费基金1 500（v＋m）

Ⅱ．1 430c＋70m（待资本化的剩余价值）＋285v＋215m

因为在这里70Ⅱm直接并入Ⅱc，所以，为了推动这个追加的不变资本，就要有一个可变资本 $\frac{70}{5} = 14$。这14也要从215Ⅱm中扣除；剩下的是201Ⅱm，因此我们得出：

Ⅱ．（1 430c＋70c）＋（285v＋14v）＋201m

1 500Ⅱ（v＋$\frac{1}{2}$m）和1 500Ⅱc的交换，是简单再生产的过程，关于这一点已经讲过了。不过，在这里还必须指出某些特征，这些特征所以会发生，是由于在有积累的再生产中，Ⅰ（v＋$\frac{1}{2}$m）不是单单由Ⅱc来补偿，而是由Ⅱc加Ⅱm的一部分来补偿。

不言而喻，既然把积累作为前提，Ⅰ（v＋m）就大于Ⅱc，而不像简单再生产那样，和Ⅱc相等；因为1. 第Ⅰ部类已经把它的一部分剩余产品并入自己的生产资本，并把其中的 $\frac{5}{6}$ 转化为不变资本，所以，它不能同时又用第Ⅱ部类的消费资料来补偿这 $\frac{5}{6}$；2. 第Ⅰ部类要用它的剩余产品，为第Ⅱ部类进行积累时所必需的不变资本提供材料，就像第Ⅱ部类必须为第Ⅰ部类的可变资本提供材料完全一样，这个可变资本应当推动第Ⅰ部类的剩余产品中由第Ⅰ部类自己用作追加不变资本的部分。我们知道，实际的可变资本是由劳动力构成的，因此，追加的可变资本也是由劳动力构成的。第Ⅰ部类的资本家不必为了他们将要使用的追加劳动力，向第Ⅱ部类购买必要生活资料，把它们储备起来，或积累这种必要生活资料，而奴隶主却不得不这样做。工人自己会和第Ⅱ部类进行交易。但是，不妨说，从资本家的观点看来，追加劳动力的消费资料只是生产和维持他们势必要有的追加劳动力的手段，因而是他们的可变资本的实物形式。他们（这里指第Ⅰ部类资本家）自己的直接活动，只是贮存为购买追加劳动力所必需的新的货币资本。一旦他们把这个劳动力并入他们的资本，货币对于这种劳动力来说，就成为第Ⅱ部类商品的购买手段，因此必须找到劳动力的消费资料。

因此，就像第Ⅰ部类必须用它的剩余产品为第Ⅱ部类提供追加的不变资本一样，第Ⅱ部类也要同样为第Ⅰ部类提供追加的可变资本。就可变资本来说，当第Ⅱ部类以必要消费资料的形式再生产它的总产品的更大部分，特别是它的剩余产品的更大部分时，它就既为第Ⅰ部类又为它自己进行积累了。

在以资本的增加为基础的生产中，Ⅰ（v+m）必须：Ⅱc加上再并入资本的那部分剩余产品，加上第Ⅱ部类扩大生产所必需的不变资本的追加部分；而第Ⅱ部类扩大生产的最低限度，就是第Ⅰ部类本身进行实际积累，即实际扩大生产所不可缺少的最低限度。

积累时Ⅱc的交换

在Ⅰ（v+m）和Ⅱc的交换上有不同的情况。

在简单再生产时，二者必须相等，必须互相补偿；因为如果不是这样，正像前面说过的，简单再生产就不可能不受到干扰。

在积累时，首先要考察的是积累率。在以上各个场合，我们都假定第Ⅰ部类的积累率＝$\frac{1}{2}$mⅠ，并且每年保持不变。我们只是假定这个积累资本分成可变资本和不变资本的比例会发生变化。这里有三种情形：

1. Ⅰ（v＋$\frac{1}{2}$m）＝Ⅱc。因此，Ⅱc小于Ⅰ（v＋m）。必须总是这样，否则第Ⅰ部类就无法积累了。

2. Ⅰ（v＋$\frac{1}{2}$m）大于Ⅱc。在这个场合，要完成这一补偿，就要把Ⅱm的一个相应部分加进Ⅱc，使Ⅱc的总额＝Ⅰ（v＋$\frac{1}{2}$m）。这里的交换，对第Ⅱ部类来说，不是它的不变资本的简单再生产，而已经是积累，即它的不变资本已经增加了用以交换第Ⅰ部类的生产资料的那部分剩余产品。这种增加同时包括第Ⅱ部类还从它本身的剩余产品中取出一部分相应地增加它的可变资本。

3. Ⅰ（v＋$\frac{1}{2}$m）小于Ⅱc。在这个场合，第Ⅱ部类没有通过这种交换而全部再生产它的不变资本，所以必须通过向第Ⅰ部类购买，才能补偿这种不足。但是，这种情况并不需要第Ⅱ部类可变资本的进一步积累，因为它的不变资本只是通过这种购买在原有数量上全部再生产出来。另一方面，第Ⅰ部类中仅仅积累追加货币资本的那一部分资本家，却已经通过这种交换完成了这种积累的一部分。

4. 补充说明

对第Ⅱ部类来说，原始的货币源泉是第一类金生产者用来和Ⅱc的一部分进行交换的v＋m……只要指出，第Ⅱ部类的不同生产部门内部的积累，以及每个单个生产部门中的每个单个资本家的积累，都是处于不同的阶段，这个问题就已经可以得到说明了，如果作相应的变动，这也完全适用于第Ⅰ部类。一方面还处在货币贮藏、只卖不买的阶段，另一方面却已经处在实际扩大再生产、只买不卖的阶段。诚然，追加的可变货币资本首先是投在追加的劳动力上；但是这种劳动力向那些从事货币贮藏，持有追加的、供工人消费的消费资料的人购买生活资料。同这些人的货币贮藏相适应，货币不会从他们手里回到它的起点，他们会把货币积累起来。

第三卷
资本主义生产的总过程（上）

恩格斯 编

第一篇　剩余价值转化为利润和剩余价值率转化为利润率

第二篇　利润转化为平均利润

第三篇　利润率趋向下降的规律

第四篇　商品资本和货币资本转化为商品经营资本和货币经营资本（商人资本）

第五篇　利润分为利息和企业主收入。生息资本

序　言

我终于把马克思的主要著作的第三册,理论部分的终结,交给读者了。当1885年第二册出版的时候,我曾以为,第三册的困难大概只是技术性的,当然,某些极为重要的章节是例外。实际上情况也是这样;但我当时没有想到,正是全书这些最重要的章节会给我造成这么多的困难,同样也没有想到,还有其他一些障碍会如此严重地拖延本书的付排。

首先而且主要妨碍我的,是长期视力衰退,因此,我多年来不得不把写作时间限制到最低限度,直到现在,我在灯光下写东西也只是很偶尔的事情。此外,还有一些别的无法推卸的工作,如马克思和我本人以前各种著作的重新出版和翻译,就是说要订正、作序、增补(而这些工作没有新的研究往往是不可能进行的)等等。首先要提到的是第一册英文版,我对这个版本的文字负最后责任,所以它占了我许多时间。谁要是稍为注意一下最近10年国际社会主义文献的巨大增长,特别是马克思和我以前的著作的译本的数量,他就会同意我下面的看法:我很庆幸自己只能在有限的几种文字上对译者有所帮助,因而对译者的文字负有进行校订的不容推卸的责任。但是文献的增加不过是国际工人运动本身相应发展的一个象征。而这种发展又赋予我新的责任。从我们开始公开活动的那些日子起,各国的社会主义者和工人在本国进行的运动之间的联络工作,大部分落到马克思和我身上;这项工作随着整个运动的壮大而相应地增加了。但在马克思去世以前,这方面的工作主要由马克思担负,在他去世以后,这项不断增加的工作就落到我一个人身上了。不过在此期间,各国工人政党互相间的直接交往已经成为常规,而且值得庆幸的是,情况越来越是这样;虽然如此,从我的理论工作考虑,人们要求我给予的帮助还是太多了。但是谁要是像我这样50多年来一直在这个运动中从事活动,对他来说由此产生的各项工作就是一种义不容辞的、必须立即履行的义务。在我们这个动荡不定的时代,也像16世纪一样,在公共利益的领域内,只是在反动派方面还有单纯的理论家,正因为如此,这些先生们根本就不是真正的理论家,而只是反动派的辩护士。

我住在伦敦,进行这种党的交往,在冬季主要是靠通信,在夏季大部分是靠面谈。由于这个缘故,并且由于我必须注视着运动在日益增多的国家中的发展以及增加得更快的机关报刊的情况,因此,凡是不容中断的工作都只好等到冬天,特别是一年的最初三个月去完成。一个人过了70岁,大脑中的迈内尔特联想纤维工作起来迟钝得令人讨厌,要克服困难的理论工作上的中断所造成的影响,再也不像以前那样容易和迅速了。因此,一个冬天的工作要是没有完成,到下一个冬天很大部分只好重新做起。这种情况发生了,特别在困难最多的第五篇。

读者从下面的叙述将会知道,本册的编辑工作根本不同于第二册。第三册只有一个初稿,而且极不完全。每一篇的开端通常都相当细心地撰写过,甚至文字多半也经过推敲。但是越往下,文稿就越是带有草稿性质,越不完全,越是离开本题谈论那些在研究过程中冒出来的、其最终位置尚待以后安排的枝节问题,句子也由于表达的思想是按照形成时的原样写下来的而越冗长,越复杂。在许多地方,笔迹和叙述非常清楚地显露出,作者由于工作过度而得的病发作了,并且逐渐加重;这种情况起先使他独自进行工作越来越困难,最后竟时常使他的工作完全无法进行。这并不奇怪。在1863年和1867年之间,马克思不仅已经为《资本论》后两册写成了初稿,把第一册整理好准备付印,而且还为国际工人协会的创立和扩大做了大量的工作。但是，由于这个原因，他的病体的严重症状在1864年和1865年就显露出来了，这使他不能亲手完成第二册和第三册的工作。

我的工作首先是按照原文把全部手稿口授一遍，弄出一个易读的抄本；这个手稿的原文，甚至连我也往往费很大劲才能辨认。这件事就花费了相当多的时间。抄完以后，才能开始真正的编辑工作。我把这种编辑工作限制在最必要的范围内。凡是意义明白的地方，我总是尽可能保存初稿的面貌。个别重复的地方，我也没有删去，因为在那些地方，像马克思通常所做的那样，问题总是从另一个角度来论述，或至少是用另一种说法来表达。在我所作的改动或增补已经超出单纯编辑的范围的地方，或在我必须利用马克思提供的实际材料，哪怕尽可能按照马克思的精神而自行得出结论的地方，我都用方括号括起来，并附上我的姓名的缩写。我加的脚注有时没有用括号；但是，凡是注的末尾附有我的姓名的缩写的地方，这个注就全部由我负责。

在这个手稿里面有许多提示，表示这些地方留待以后阐述，可是这些诺言并没有全都实现，这对一个初稿来说是不言而喻的。我让这些地方保持原样，因为它们可以表明作者打算将来进行加工的意图。

弗·恩格斯
1894年10月4日于伦敦

第一篇 剩余价值转化为利润和剩余价值率转化为利润率

第1章　成本价格和利润

第2章　利润率

第3章　利润率和剩余价值率的关系

第4章　周转对利润率的影响

第5章　不变资本使用上的节约

第6章　价格变动的影响

第7章　补充说明

第1章

成本价格和利润

我们在本册中将阐明的资本的各种形态，同资本在社会表面上，在各种资本的互相作用中，在竞争中，以及在生产当事人自己的通常意识中所表现出来的形式，是一步一步地接近了。

按照资本主义方式生产的每一个商品 W 的价值，用公式来表示是 $W=c+v+m$。如果我们从这个产品价值中减去剩余价值 m，那么，在商品中剩下的，只是一个在生产要素上耗费的资本价值 $c+v$ 的等价物或补偿价值。

商品使资本家耗费的东西和商品的生产本身所耗费的东西，无疑是两个完全不同的量。商品价值中由剩余价值构成的部分，不需要资本家耗费什么东西，因为它耗费的只是工人的无酬劳动。但是，因为在资本主义生产的基础上，工人自己在进入生产过程之后，就成为执行职能的并属于资本家的生产资本的一个组成部分，也就是说，资本家是实际的商品生产者，所以，对资本家来说，商品的成本价格必然表现为商品本身的实际费用。我们把成本价格叫作 k，$W=c+v+m$ 这个公式就转化为 $W=k+m$ 这个公式，或者说，商品价值＝成本价格＋剩余价值。

因此，把商品价值中那些只是补偿商品生产上耗费的资本价值的部分概括为成本价格这个范畴，这一方面表明资本主义生产的特殊性质。商品的资本主义费用是用**资本**的耗费来计量的,而商品的实际费用则是用劳动的耗费来计量的。所以,商品的资本主义的成本价格,在数量上是与商品的价值或商品的实际成本价格不同的;它小于商品价值,因为,既然 W = k + m,那么 k = W - m。另一方面,商品的成本价格也绝不仅仅是资本家账簿上的一个项目。这个价值部分的独立存在,在现实的商品生产中,会经常在实际中表现出来,因为这个价值部分会通过流通过程,由它的商品形式不断地再转化为生产资本的形式,也就是说,商品的成本价格必须不断买回在商品生产上消费的各种生产要素。

以上我们只考察了商品价值的一个要素,即成本价格。现在我们也必须看看商品价值的另一个组成部分,即超过成本价格的余额或剩余价值。剩余价值首先是商品价值超过商品成本价格的余额。但是,因为成本价格等于所耗费的资本的价值,并且不断地再转化为所耗费的资本的各种物质要素,所以,这个价值余额就是商品的生产上耗费掉的并且会从商品流通中流回的资本的价值增加额。

我们以前已经看到,虽然剩余价值 m 只是产生于可变资本 v 的价值变动,因而本来只是可变资本的一个增长额,但在生产过程结束以后,它同样也成为所耗费的总资本 c + v 的一个价值增加额。

但是,剩余价值不仅对进入价值增殖过程的预付资本部分来说是一个增加额,而且对不进入价值增殖过程的预付资本部分来说也是一个增加额;因而,不仅对用商品的成本价格来补偿的所耗费的资本来说是一个价值增加额,而且对生产中所使用的全部资本来说也是一个价值增加额……总资本虽然只有一部分进入价值增殖过程,但在物质上总是全部进入现实的劳动过程。或许正是由于这个原因,它虽然只是部分地参加成本价格的形成,但会全部参加剩余价值的形成。不管怎样,结论总是:剩余价值是同时由所使用的资本的一切部分产生的。

剩余价值,作为全部预付资本的这样一种观念上的产物,取得了利润这个转化形式。因此,一个价值额之所以成为资本,是因为它用来生产利润,换句话说,利润之所以产生出来,是因为有一个价值额被当做资本来使用。如果我们把利润叫作 p,那么,W = c + v + m = k

+ m 这个公式，就变成 W = k + p 这个公式，也就是**商品价值 = 成本价格 + 利润**。

因此，我们目前在这里看到的利润，与剩余价值是一回事，不过它具有一个神秘化的形式，而这个神秘化的形式必然会从资本主义生产方式中产生出来。因为在成本价格的表面的形成上，不变资本和可变资本之间的区别看不出来了，所以在生产过程中发生的价值变化的起源，必然从可变资本部分转移到总资本上面。因为在一极上，劳动力的价格表现为工资这个转化形式，所以在另一极上，剩余价值表现为利润这个转化形式。

我们知道，商品的成本价格小于它的价值。因为 W = k + m，所以 k = W - m。只有 m = 0，公式 W = k + m 才会化为 W = k，即商品价值 = 商品成本价格。这种情况在资本主义生产的基础上是绝不会发生的，虽然在特殊的市场情况下，商品的出售价格可以降低到商品的成本价格，甚至降低到商品的成本价格以下。

因此，如果商品是按照它的价值出售的，那么，利润就会被实现，这个利润等于商品价值超过商品成本价格的余额，也就是等于商品价值中包含的全部剩余价值。然而，资本家即使低于商品的价值出售商品，也可以得到利润。只要商品的出售价格高于商品的成本价格，即使它低于商品的价值，也总会实现商品中包含的剩余价值的一部分，从而总会获得利润。

这不仅可以说明日常的竞争现象，例如某些低价出售的情形，某些产业部门的商品价格异常低廉的现象等等。我们下面将会看到，政治经济学迄今没有理解的关于资本主义竞争的基本规律，即调节一般利润率和由它决定的所谓生产价格的规律，就是建立在商品价值和商品成本价格之间的这种差别之上的，建立在由此引起的商品低于价值出售也能获得利润这样一种可能性之上的。

商品出售价格的最低界限，是由商品的成本价格规定的。如果商品低于它的成本价格出售，生产资本中已经消耗的组成部分，就不能全部由出售价格得到补偿。如果这个过程继续下去，预付资本价值就会消失。从这个观点来说，资本家就乐于把成本价格看做商品的真正的内在价值，因为单是为了保持他的资本，成本价格已是必要的价格。况且，商品的成本价格还是资本家自己为了生产商品而支付的购买价格，因而是由商品的生产过程本身决定的购买价格。因此，在资本家面前，在商品出售时实现的价值余额或剩余价值，表现为商品的出售价格超过它的价值的余额，而不是表现为它的价值超过它的成本价格的余额，因而商品中包含的剩余价值好像不是通过商品的出售来实现，而是从商品的出售本身产生的。

第 2 章

利 润 率

资本的总公式是 G—W—G′；这就是说，一个价值额投入流通，是为了从流通中取出一个更大的价值额。这个更大价值额的产生过程，是资本主义的生产；这个更大价值额的实现过程，是资本的流通。资本家生产商品，不是为了商品本身，不是为了商品的使用价值或他的个人消费。资本家实际关心的产品，不是可以摸得着的产品本身，而是产品的价值超过在产品上消费的资本的价值的余额。资本家预付总资本时并没有考虑它的各个组成部分在剩余价值的生产上所起的不同作用。他把这一切组成部分同样地预付出去，不仅是为了再生产预付资本，而且是为了生产一个超过预付资本的价值余额。

虽然只有可变资本部分才能创造剩余价值，但它只有在另一些部分，即劳动的生产条件也被预付的情况下，才会创造出剩余价值。因为资本家只有预付不变资本才能对劳动进行剥削，因为他只有预付可变资本才能使不变资本增殖，所以在他的心目中，这两种资本就完全混同在一起了。而且，因为他实际获利的程度不是决定于利润和可变资本的比率，而是决定于利润和总资本的比率，即不是决定于剩余价值率，而是决定于利润率，所以情形就更是这样。

这样，我们就得到了一个与剩余价值率 $\frac{m}{v}$ 不同的**利润率** $\frac{m}{C}$ =

$$\frac{m}{c+v}\text{。}$$

用可变资本来计算的剩余价值的比率,叫作剩余价值率;用总资本来计算的剩余价值的比率,叫作利润率。这是同一个量的两种不同的计算法,由于计算的标准不同,它们表示的是同一个量的不同的比率或关系。

应当从剩余价值率到利润率的转化引出剩余价值到利润的转化,而不是相反。实际上,利润率从历史上说也是出发点。剩余价值和剩余价值率相对地说是看不见的东西,是要进行研究的本质的东西,而利润率,从而剩余价值作为利润的形式,却会在现象的表面上显示出来。

由于资本的一切部分都同样表现为超额价值(利润)的源泉,资本关系也就神秘化了。

尽管利润率和剩余价值率在数量上不同,而剩余价值和利润实际上是一回事并且数量上也相等,但是利润还是剩余价值的一个转化形式,在这个形式中,剩余价值的起源和它存在的秘密被掩盖了,被抹杀了。实际上,利润是剩余价值的表现形式,而剩余价值只有通过分析才得以从利润中剥离出来。在剩余价值中,资本和劳动的关系赤裸裸地暴露出来了;在资本和利润的关系中,也就是在资本和剩余价值——它一方面表现为在流通过程中实现的、超过商品成本价格的余额,另一方面表现为一个通过它对总资本的关系而获得进一步规定的余额——的关系中,**资本**表现为**一种对自身的关系**,在这种关系中,资本作为原有的价值额,同它自身创造的新价值相区别。至于说资本在它通过生产过程和流通过程的运动中创造出这个新价值,这一点是人们意识到了的。但是这种情况是怎样发生的,现在却神秘化了,好像它来自资本本身固有的秘密性质。

第3章
利润率和剩余价值率的关系

当利润和剩余价值在数量上被看做相等时,利润的大小和利润率的大小,就由在每个场合已定或可定的单纯数量的关系来决定。因此,首先要在纯粹数学的范围内进行研究。

我们仍然沿用第一册和第二册的各种符号。总资本 C 分为不变资本 c 和可变资本 v,生产一个剩余价值 m。我们把这个剩余价值和预付可变资本的比率 $\frac{m}{v}$ 叫作剩余价值率,并且用 m′ 来表示。这样,$\frac{m}{v}$ = m′,因而 m = m′v。这个剩余价值如果不是同可变资本相对比,而是同总资本相对比,就叫作利润(p),而剩余价值 m 和总资本 C 的比率 $\frac{m}{C}$,就叫作利润率 p′。这样我们就得到:

$$p' = \frac{m}{C} = \frac{m}{c+v}$$

用 m 的上述的值 m′v 代替 m,我们又得到:

$$p' = m'\frac{v}{C} = m'\frac{v}{c+v}$$

这个方程式也可以用如下的比例来表示:

$$p': m' = v: C;$$

利润率和剩余价值率之比,等于可变资本和总资本之比。

从这个比例可以看出,利润率 p′ 总是小于剩余价值率 m′,因为可变资本 v 总是小于 C,即 v + c 之和,可变资本加上不变资本之和;不过要把 v = C 这种唯一的但是实际上不可能有的情形除外,也就是要把资本家完全不预付不变资本,不预付生产资料,而只预付工资的情形除外。

第4章

周转对利润率的影响

［周转对剩余价值的生产,从而对利润的生产的影响,已经在第二册作了说明。这种影响可以简述如下:因为周转需要持续一段时间,所以,在生产中不能同时使用全部资本;一部分资本总是以货币资本的形式,以储存的原料的形式,以已经制成但尚未售出的商品资本的形式,或者以尚未到期的债权的形式闲置起来;在实际生产中即在创造和占有剩余价值中发生作用的资本,总是要减去这个部分,而所创造和占有的剩余价值,也总是要按相同的比例减少。所以,周转时间越短,同全部资本相比,这个闲置的资本部分就越小,因此,在其他条件相同时,所占有的剩余价值也就越大。

第二册已经详细说明,周转时间或它的两个部分(生产时间和流通时间)中的任何一个部分的缩短,都会增加所生产的剩余价值量。但是,因为利润率表示的,只是所生产的剩余价值量和参加剩余价值量生产的总资本的比率,所以,很清楚,每一次这样的缩短,都会提高利润率。我们以前在第二册第二篇对剩余价值的阐述,同样适用于利润和利润率,没有必要在这里重复。不过,我们要着重指出几个要点。

缩短生产时间的主要方法是提高劳动生产率,这就是人们通常所说的工业进步。如果这不会同时由于添置昂贵的机器等等而引起总投资的大大增加，从而不会引起按总资本计算的利润率的降低，那么利润率就必然会提高。在冶金工业和化学工业上许多最新的进步中，情况确实是这样。

缩短流通时间的主要方法是改进交通。近50年来，交通方面已经发生了革命，只有18世纪下半叶的工业革命才能与这一革命相比。在陆地上，碎石路已经被铁路排挤到次要地位，在海上，缓慢的不定期的帆船已经被快捷的定期的轮船航线排挤到次要地位，并且整个地球布满了电报网。苏伊士运河才真正开辟了通往东亚和澳洲的轮船交通。1847年，运往东亚的商品的流通时间，至少还需要12个月（见第2册第235页[47]），现在已经减少到12个星期左右。1825年到1857年期间的两大危机策源地，美国和印度，由于交通手段的这种变革，同欧洲的工业国家靠近了70%～90%，因而失去了它们的爆发能力的大部分。全世界贸易的周转时间，都已经按相同的程度缩短，参加世界贸易的资本的活动能力，已经增加到两倍或三倍多。不用说，这不会不对利润率发生影响。

要把总资本的周转对利润率的影响纯粹地表示出来，我们就必须假定，互相比较的两个资本的其他一切条件是相等的。所以，除了要假定剩余价值率和工作日相等，还特别要假定资本的百分比构成相等。假定资本A的构成是$80c+20v=100C$，剩余价值率为100%，资本每年周转两次。这样，年产品就是：

$160c+40v+40m$。但是在求利润率时，我们不是按周转的资本价值200来计算40m，而是按预付资本价值100来计算。因此，$p'=40\%$。

让我们用这个资本和资本$B=160c+40v=200C$比较一下。资本B有同样的剩余价值率100%，但每年只周转一次。这样，年产品就和上述的年产品一样是：

$160c+40v+40m$。但在这个场合，40m要按预付资本200来计算，利润率只有20%，也就是只有资本A的利润率的一半。

由此可见，在资本百分比构成相等，剩余价值率相等，工作日相等的时候，两个资本的利润率和它们的周转时间成反比。如果在互相比较的两种情况中，资本构成不相等，或剩余价值率不相等，或工作日不相等，或工资不相等，那当然会造成利润率的进一步的差别；但这些事情同周转无关，所以也同我们这里的问题无关。

周转时间的缩短对剩余价值的生产，从而对利润的生产的直接影响，在于使可变资本部分由此提高效率。这一点我们在第二册第16章《可变资本的周转》中考察过了。那里指出，一个每年周转10次的可变资本500，和一个剩余价值率相等、工资相等，但每年只周转一次的可变资本5 000，会在这个时间内占有同样多的剩余价值。

一年内占有的剩余价值量，等于可变资本一个周转期间所占有的剩余价值量乘以一年内可变资本周转的次数。如果我们把一年内占有的剩余价值或利润叫作M，一个周转期间所占有的剩余价值叫作m，一年内可变资本周转的次数叫作n，那么，$M = mn$，年剩余价值率$M' = m'n$。这一点已经在第二册第16章第一节说明过了。

要使年利润率的公式完全正确，我们必须用年剩余价值率代替简单的剩余价值率，即用M'或$m'n$代替m'。换句话说，我们必须让剩余价值率m'——或者让C中所含的可变资本部分v——乘以这个可变资本在一年内周转的次数n。这样我们就得到：$p' = m'n \dfrac{v}{C}$，这就是年利润率的计算公式……——弗·恩格斯〕

第5章
不变资本使用上的节约

1. 概　论

在可变资本不变，也就是说，按相同的名义工资使用的工人人数不变的条件下，绝对剩余价值的增加，或剩余劳动从而工作日的延长——不管额外时间有没有报酬都一样——会相对地降低不变资本同总资本、同可变资本相比的价值，并由此提高利润率（这里也是把剩余价值量的增加和剩余价值率的可能的提高撇开不说）。不变资本的固定部分即工厂建筑物、机器等等的规模，不管用来工作16小时，还是12小时，都会仍旧不变。工作日的延长并不要求在不变资本的这个最花钱的部分上有新的支出。此外，固定资本的价值，由此会在一个较短的周转期间系列中再生产出来，因而，这种资本为获得一定利润所必须预付的时间缩短了。因此，甚至在额外时间支付报酬，而且在一定限度内甚至比正常劳动时间支付较高报酬的情况下，工作日的延长都会提高利润。因此，现代工业制度下不断增长的增加固定资本的必要性，也就成了唯利是图的资本家延长工作日的一个主要动力。

把机器和固定资本其他组成部分的价值再生产出来的持续时间，

实际上不是由它们的单纯的存在时间决定的，而是由它们在其中发挥作用和被使用的整个劳动过程的持续时间决定的。如果工人每天必须做苦工18小时，而不是12小时，那么，一周就会多出三天，一周就会变为一周半，两年就会变为三年。如果额外时间没有报酬，工人就会在正常的剩余劳动时间之外，每两周再白送一周，每两年再白送一年。这样，机器价值的再生产也会加快50%，并且只要平常必要时间的 $\frac{2}{3}$ 就行了。

在论述协作、分工和机器时，我们已经指出，生产条件的节约（这是大规模生产的特征）本质上是这样产生的：这些条件是作为社会劳动的条件，社会结合的劳动的条件，因而作为劳动的社会条件执行职能的。它们在生产过程中由总体工人共同消费，而不是由一批互相没有联系的，或最多只是在小范围内互相直接协作的工人以分散的形式消费。在一个有一台或两台中央发动机的大工厂内，发动机的费用，不会和发动机的马力，因而不会和发动机的可能的作用范围，按相同的比例增加；传动机的费用，不会和传动机所带动的工作机的数量，按相同的比例增加；工作机机身，也不会和被它用作自己的器官来执行职能的工具的数目的增加，按比例变得更贵，等等。其次，生产资料的集中，可以节省各种建筑物，这不仅指真正的工场，而且也指仓库等等。燃料、照明等等的支出，也是这样。其他生产条件，不管由多少人利用，会仍旧不变。

但是，这种由生产资料的集中及其大规模应用而产生的全部节约，是以工人的聚集和协作，即劳动的社会结合这一重要条件为前提的。因此，如果说剩余价值来源于单独地考察的每一个工人的剩余劳动，那么，这种节约来源于劳动的社会性质。甚至在这里可能进行和必须进行的不断改良，也完全是由大规模结合的总体工人的生产所提供的和所给予的社会的经验和观察产生的。

关于生产条件节约的另一个大类，情况也是如此。我们指的是生产排泄物，即所谓的生产废料再转化为同一个产业部门或另一个产业部门的新的生产要素；这是这样一个过程，通过这个过程，这种所谓的排泄物就再回到生产从而消费（生产消费或个人消费）的循环中。

第5章 不变资本使用上的节约 383

我们以后还要比较详细地探讨的这一类节约，也是大规模社会劳动的结果。由于大规模社会劳动所产生的废料数量很大，这些废料本身才重新成为贸易的对象，从而成为新的生产要素。这种废料，只有作为共同生产的废料，因而只有作为大规模生产的废料，才对生产过程有这样重要的意义，才仍然是交换价值的承担者。这种废料——撇开它作为新的生产要素所起的作用——会按照它可以重新出售的程度降低原料的费用，因为正常范围内的废料，即原料加工时平均必然损失的数量，总是要算在原料的费用中。在可变资本的量已定，剩余价值率已定时，不变资本这一部分的费用的减少，会相应地提高利润率。

我们已经说过总体工人——社会结合工人——在生产过程中共同使用生产资料而造成的节约。下面我们将进一步考察由于流通时间的缩短（在这里，交通工具的发展是重要的物质要素）在不变资本的支出上产生的节约。但在这里，应该立即想到机器的不断改良所引起的节约，也就是：1. 机器的材料改良了，例如铁代替了木材；2. 由于机器制造的改良，机器便宜了；这样，不变资本固定部分的价值虽然随着大规模劳动的发展而不断增加，但远不是按相同的程度增加；3. 那种使现有机器的使用更便宜和更有效的特殊改良，例如蒸汽锅炉的改良等等，这一点我们以后还要比较详细地讲到；4. 由于机器的改良，废料减少了。

凡是使机器从而全部固定资本在一定生产期间内的损耗减少的事情，不仅会使单个商品变得便宜（因为每个商品都在它的价格中再现归它负担的损耗部分），而且会使此期间内相应的资本支出减少。维修劳动等等，凡是必要的，在计算时就要包括在机器原来的费用之内。这种劳动会因机器更加耐用而减少，这会相应地降低机器的价格。

所有这一类节约，在大多数场合又只有在存在着结合工人的情况下才可能实现，并且往往要在更大规模的劳动下才能实现，因而要求工人直接在生产过程中达到更大规模的结合。

但是另一方面，**一个**生产部门，例如铁、煤、机器的生产或建筑业等等的劳动生产力的发展——这种发展部分地又可以和精神生产领域内的进步，特别是和自然科学及其应用方面的进步联系在一起——

在这里表现为**另一些**产业部门（例如纺织工业或农业）的生产资料的价值减少，从而费用减少的条件。这是不言而喻的，因为商品作为产品从一个产业部门生产出来后，会作为生产资料再进入另一个产业部门。它的便宜程度，取决于把它作为产品生产出来的生产部门的劳动生产率，同时它的便宜程度不仅是它作为生产资料参加其生产的那种商品变得便宜的条件，而且也是它构成其要素的那种不变资本的价值减少的条件，因此又是利润率提高的条件。

产业的向前发展所造成的不变资本的这种节约，具有这样的特征：在这里，**一个**产业部门利润率的提高，要归功于**另一个**产业部门劳动生产力的发展。在这里，资本家得到的好处，又是社会劳动的产物，虽然并不是他自己直接剥削的工人的产物。生产力的这种发展，最终总是归结为发挥着作用的劳动的社会性质，归结为社会内部的分工，归结为脑力劳动特别是自然科学的发展。在这里，资本家利用的，是整个社会分工制度的优点。在这里，劳动生产力在其他部门即为资本家提供生产资料的部门的发展，相对地降低资本家所使用的不变资本的价值，从而提高利润率。

提高利润率的另一条途径，不是来源于生产不变资本的劳动的节约，而是来源于不变资本本身使用上的节约。工人的集中和他们的大规模协作，一方面会节省不变资本。同样的建筑物、取暖设备和照明设备等等用于大规模生产所花的费用，比用于小规模生产相对地说要少。动力机和工作机也是这样。它们的价值虽然绝对地说是增加了，但是同不断扩大的生产相比，同可变资本的量或者说同所推动的劳动力的量相比，相对地说却是减少了。一个资本在本生产部门内实现的节约，首先是并且直接是劳动的节约，即本部门内工人的有酬劳动的减少；而上面所说的那种节约，却是用最经济的方式，也就是说，在既定的生产规模上，用最少的费用，来实现对他人无酬劳动的这种尽可能大的占有。这种节约的基础不是上面已经提到的对用于不变资本生产的社会劳动的生产率的利用，而是不变资本本身使用上的节约，就这一点说，这种节约或者是直接来源于一定生产部门本身内的协作和劳动的社会形式，或者是来源于机器等的生产已经达到这样一种规模，以致机器等的价值不是和它们的使用价值按相同的比例增加。

第 5 章　不变资本使用上的节约　385

在这里，要注意两点：如果 c 的价值等于零，那么 p′就等于 m′，利润率就达到它的最高限度。但是第二，就对劳动本身的直接剥削来说，重要的绝不是所使用的剥削手段的价值，不管这些剥削手段是固定资本，还是原料和辅助材料。就机器、建筑物、原料等充当劳动吸收器，充当劳动从而剩余劳动在其中对象化或借以对象化的手段来说，它们的交换价值多大，是完全没有关系的。在这里，唯一重要的是，一方面，它们的数量在技术上要适合与一定量的活劳动相结合的需要，另一方面，它们要合乎目的，因此不仅要有性能好的机器，而且要有优质的原料和辅助材料。利润率部分地取决于原料的优劣。优质材料留下的废料比较少；因此，为吸收同量劳动所需要的原料数量也较少。其次，工作机遇到的障碍也较少。这甚至会部分地影响剩余价值和剩余价值率。原料差，工人加工同量的原料就需要更多的时间；在支付的工资不变时，这会减少剩余劳动，还会大大影响资本的再生产和积累。

因此，资本家狂热地节约生产资料是可以理解的。要做到一点也不损失，一点也不浪费，要做到生产资料只按生产本身的要求的方式来消耗，这部分地取决于工人的训练和教育，部分地取决于资本家强加给工人的纪律。

生产资料的相对便宜，当然并不排除它们的绝对价值额的增加；因为所使用的生产资料的绝对数量，会随着劳动生产力的发展，以及随之而来的生产规模的扩大而大大增加。不变资本使用上的节约，无论从哪一方面来考察，部分地只是生产资料作为工人的共同生产资料执行职能和被消费的结果，所以这种节约本身表现为直接生产劳动的社会性质的产物；但是部分地又是那些为资本提供生产资料的部门的劳动生产率发展的结果，所以，如果我们把总劳动和总资本对立起来考察，而不仅是把资本家 X 所使用的工人和这个资本家 X 对立起来考察，这种节约就再表现为社会劳动生产力发展的产物，而区别不过是，资本家 X 不仅从他自己的工场的劳动生产率中，而且也从其他工场的劳动生产率中得到利益。

因为大规模生产首先是在资本主义形式上发展起来的，所以，一方面是疯狂追求利润的欲望，另一方面是迫使人们尽可能便宜地生产商品的竞争，使不变资本使用上的这种节约表现为资本主义生产方式的特点，从而表现为资本家的职能。

资本主义生产方式一方面促进社会劳动生产力的发展，另一方面也促进不变资本使用上的节约。

但问题还不只是限于：在工人即活劳动的承担者这一方和他的劳动条件的经济的，即合理而节约的使用这另一方之间，存在着异化和毫不相干的现象。资本主义生产方式按照它的矛盾的、对立的性质，还把浪费工人的生命和健康，压低工人的生存条件本身，看做不变资本使用上的节约，从而看做提高利润率的手段。

因为工人一生的大部分时间是在生产过程中度过的，所以，生产过程的条件大部分也就是工人的能动生活过程的条件，是工人的生活条件，这些生活条件中的节约，是提高利润率的一种方法；正如我们在前面已经看到的，过度劳动，把工人变成一种役畜，是加速资本自行增殖，加速剩余价值生产的一种方法。这种节约的范围包括：使工人挤在一个狭窄的有害健康的场所，用资本家的话来说，这叫作节约建筑物；把危险的机器塞进同一些场所而不安装安全设备；对于那些按其性质来说有害健康的生产过程，或对于像采矿业中那样有危险的生产过程，不采取任何预防措施，等等。更不用说缺乏一切对工人来说能使生产过程合乎人性、舒适或至少可以忍受的设备了。从资本主义的观点来看，这会是一种完全没有目的和没有意义的浪费。总之，资本主义生产尽管非常吝啬，但对人身材料却非常浪费，正如另一方面，由于它的产品通过贸易进行分配的方法和它的竞争方式，它对物质资料也非常浪费一样；资本主义生产一方面使社会失去的东西，就是另一方面使各个资本家获得的东西。

资本有一种趋势，要在直接使用活劳动时，把它缩减为必要劳动，并且要利用劳动的各种社会生产力来不断缩减生产产品所必要的劳动，因而要尽量节约直接使用的活劳动，同样，它还有一种趋势，要在最经济的条件下使用这种已经缩减到必要程度的劳动，也就是说，要把所使用的不变资本的价值缩减到它的尽可能最低的限度。如果说商品价值是由商品包含的必要劳动时间决定，而不是由商品一般地包含的劳动时间决定，那么，正是资本才实现这种决定，同时不断地缩短生产商品所需要的社会必要劳动时间。这样一来，商品的价格就缩减到它的最低限度，因为生产商品所需要的劳动的每一个部分都缩减到它的最低限度了。

我们在考察不变资本使用上的节约时，必须注意如下的区别。如果使用的资本的数量增加了，它的价值额也随之增加了，那么，这首先只是表明更多的资本积聚在一个人手里。然而正是在一个人手里使用的资本量的这种增大——在大多数情况下，与此相适应，被使用的劳动量绝对地增大，但相对地减少——使不变资本的节约成为可能。就单个资本家来看，资本特别是固定资本的必要支出的数量增大了；但就所加工的材料量和被剥削的劳动量来说，这种支出的价值却是相对地减少了。

现在我们举几个例子来对这一点作简要的说明。我们从最后一点，也就是从生产条件的节约说起，因为生产条件同时又是工人的生存条件和生活条件。

2. 靠牺牲工人而实现的劳动条件的节约

煤矿。对最必要支出的忽视。

"在煤矿主之间……盛行竞争的情况下，除了为克服最明显的肉体上的困难所必需的费用之外，不再花别的费用；在煤矿工人（他们的人数通常总是过多）之间存在着竞争的情况下，煤矿工人情愿冒极大的危险，忍受最有害的影响，为的是挣得比附近的农业短工略高的工资，此外，还因为矿山劳动能使他们的儿女找到挣钱的机会。这种双重竞争……使大部分煤矿只有极不完善的排水设备和通风设备；往往是竖井建造得很差，支架很糟，机械师不够格，坑道和车道设计和修建得不好；结果是生命、肢体和健康遭到损害，关于这方面的统计展示出一幅令人不寒而栗的景象。"（《矿山童工调查委员会的第 1 号报告。1829 年 4 月 21 日》第 102 页）

1860 年前后，在英国煤矿中平均每周有 15 人死亡。根据《煤矿事故》的报告（1862年2月6日），在1852～1861年的10年内共死亡8 466人。

工厂。在这里可以看到，即使是真正的工厂也缺乏保障工人安全、舒适和健康的一切措施。关于产业大军伤亡的战报（见工厂年度报告）很大一部分就是由此而来的。同样，车间拥挤，通风很差，等等。

室内劳动。大家知道，空间的节约，从而建筑物的节约，使工人拥挤在狭小地方的情况多么严重。此外，还有通风设备的节约。这两件事，再加上劳动时间过长，使呼吸器官的疾病大量增加，从而使死亡人数增加。

3. 动力生产、动力传送和建筑物的节约

伦·霍纳在他的1852年10月的报告中，引用了帕特里克罗夫特的著名工程师、蒸汽锤的发明人詹姆斯·内史密斯的一封信，其中谈到：

"加快蒸汽机速度的办法，现在几乎已经普遍采用了，因为经验表明，这样做不仅可以由同一台机器得到较多的可供利用的动力，而且因为飞轮的力矩更大了，运动也更有规律了。在气压和冷凝器真空度不变的情况下，单是加快活塞的运动，就得到了更多的动力。"

以上关于发动机所说的话，也同样适用于传动装置和工作机。

"近几年来机器改良的迅速发展，使工厂主能够不增加动力而扩大生产。由于工作日缩短，必须更节约地使用劳动。大多数经营得法的工厂，都在不断考虑既能增加生产又能减少支出的办法。"

机器的这些改良，只有在它们被安装在适宜的新厂房中的时候，才能充分发挥它们的作用。

"谈到机器的改良，我必须指出，首先在建造适于安装这种新机器的工厂方面，已经有巨大的进步……我把底层全部用来并

纱，把29 000个并纱锭全部安装在这里。单在这个车间和库房，我至少节省了10%的劳动。"

4. 生产排泄物的利用

生产排泄物和消费排泄物的利用，随着资本主义生产方式的发展而扩大。我们所说的生产排泄物，是指工业和农业的废料；消费排泄物则部分地指人的自然的新陈代谢所产生的排泄物，部分地指消费品消费以后残留下来的东西。因此，化学工业在小规模生产时损失掉的副产品，制造机器时废弃的但又作为原料进入铁的生产的铁屑等等，是生产排泄物。人的自然排泄物和破衣碎布等等，是消费排泄物。消费排泄物对农业来说最为重要。在利用这种排泄物方面，资本主义经济浪费很大；例如，在伦敦，450万人的粪便，就没有什么好的处理方法，只好花很多钱用来污染泰晤士河。

原料的日益昂贵，自然成为废物利用的刺激。

总的说来，这种再利用的条件是：这种排泄物必须是大量的，而这只有在大规模的劳动的条件下才有可能；机器的改良，使那些在原有形式上本来不能利用的物质，获得一种在新的生产中可以利用的形态；科学的进步，特别是化学的进步，发现了那些废物的有用性质。当然，在小规模园艺式的农业中，例如在伦巴第，在中国南部，在日本，也有过这种巨大的节约。不过总的说来，这种制度下的农业生产率，以人类劳动力的巨大浪费为代价，而这种劳动力也就不能用于其他生产部门。

所谓的废料，几乎在每一种产业中都起着重要的作用。例如，1863年10月的工厂报告中提到的英格兰和爱尔兰许多地方的租地农场主不愿种植亚麻和很少种植亚麻的一个主要理由是：

"靠水力推动的小型梳麻工厂，在加工亚麻的时候留下……很多废料……在加工棉花时废料比较少，但在加工亚麻时废料却很多。用水渍法和机械梳理法精细处理，可以使这种损失大大减少……在爱尔兰，亚麻通常是用极粗糙的方法梳理，以致损失28%～30%。"

这种损失，用较好的机器就可以避免。因为留下来的麻屑这样多，所以工厂视察员说：

"有人告诉我，爱尔兰一些梳麻工厂的工人，常常把那里的废麻拿回家去当燃料，可是这些废麻是很有价值的。"

毛纺织业比亚麻加工业精明。

"收集废毛和破烂毛织物进行再加工，过去一向认为是不光彩的事情，但是，对已成为约克郡毛纺织工业区的一个重要部门的再生呢绒业来说，这种偏见已经完全消除。毫无疑问，废棉加工业很快也会作为一个符合公认的需要的生产部门，而占有同样的位置。30年前，破烂毛织物即纯毛织物的碎片等等，每吨平均约值4镑4先令；最近几年，每吨已值44镑。同时，需求量如此之大，连棉毛混纺织物也被利用起来，因为有人发明一种能破坏棉花但不损伤羊毛的方法；现在已经有数以千计的工人从事再生呢绒的制造，消费者由此得到了巨大利益，因为他们现在能用低廉的价格买到普通质量的优秀毛织物。"（《工厂视察员报告》，1863年10月，第107页）

化学工业提供了废物利用的最显著的例子。它不仅找到新的方法来利用本工业的废料，而且还利用其他各种各样工业的废料，例如，把以前几乎毫无用处的煤焦油转化为苯胺染料、茜红染料（茜素），近来甚至把它转化为药品。

应该把这种通过生产排泄物的再利用而造成的节约和由于废料的减少而造成的节约区别开来，后一种节约是把生产排泄物减少到最低限度和把一切进入生产中去的原料和辅助材料的直接利用提到最高限度。

废料的减少，部分地要取决于所使用的机器的质量。机器零件加工得越精确，抛光越好，机油、肥皂等物就越节省。这是就辅助材料而言的。但是部分地说——而这一点是最重要的——在生产过程中究竟有多大一部分原料变为废料，这取决于所使用的机器和工具的质量。最后，这还取决于原料本身的质量。而原料的质量又部分地取决于生产原料的采掘工业和农业的发展（即本来意义上的文化的进步），部分地取决于原料在进入制造厂以前所经历的过程的发达程度。

5. 由于发明而产生的节约

固定资本使用上的这种节省，如上所述，是劳动条件大规模使用的结果，一句话，是劳动条件成为直接社会的、社会化的劳动的条件，或成为生产过程内直接协作的条件的结果。一方面，这是力学和化学上的各种发明得以应用而又不会使商品价格变得昂贵的唯一条件，并且这总是不可缺少的条件。另一方面，从共同的生产消费中产生的节约，也只有在大规模生产中才有可能。但是最后，只有结合工人的经验才能发现并且指出，在什么地方节约和怎样节约，怎样用最简便的方法来应用各种已有的发现，在理论的应用即把它用于生产过程的时候，需要克服哪些实际障碍，等等。

附带指出，应当把一般劳动和共同劳动区别开来。二者都在生产过程中起着自己的作用，并互相转化，但二者也有区别。一般劳动是一切科学劳动，一切发现，一切发明。它部分地以今人的协作为条件，部分地又以对前人劳动的利用为条件。共同劳动以个人之间的直接协作为前提。

以上所述，从时常观察到的下列事实中得到新的证明。

1. 一台新机器初次制造的费用和再生产的费用之间有很大的差别。

2. 经营一个建立在新发明基础上的企业所需要的费用，同后来在它的废墟上，在它的遗骸上出现的企业相比，要大得多。这种现象如此普遍，以致最初的企业家大都遭到破产，而后来用比较便宜的价格得到建筑物、机器等等的人才兴旺起来。因此，从人类精神的一般劳动的一切新发展中，以及这种新发展通过结合劳动所取得的社会应用中，获得最大利润的，大多数是最无用和最可鄙的货币资本家。

第6章

价格变动的影响

1. 原料价格的波动及其对利润率的直接影响

因为利润率是 $\frac{m}{C}$ 或 $=\frac{m}{c+v}$，所以很清楚，一切使 c 的大小，从而使 C 的大小发生变化的东西，即使在 m 和 v 以及它们相互间的比例保持不变的情况下，也会使利润率发生变化。但原料是不变资本的一个主要部分。甚至在不使用真正原料的产业部门，也有原料作为辅助材料或机器组成部分等等加入，这样，原料的价格波动也会相应地影响利润率。如果原料的价格降低了，降低的数额 = d，那么，$\frac{m}{c}$ 或 $\frac{m}{c+v}$ 就变为 $\frac{m}{C-d}$ 或 $\frac{m}{(c-d)+v}$；因而利润率就提高。相反，如果原料价格提高了，那么，$\frac{m}{C}$ 或 $\frac{m}{c+v}$ 就变为 $\frac{m}{C+d}$ 或 $\frac{m}{(c+d)+v}$，因而利润率就下降。因此，在其他条件不变的情况下，利润率的高低和原料价格成反比。由此可以看出，即使在原料的价格波动时产品出售领域完全没有发生变化，就是说，即使完全撇开供求关系，原料价格的低廉对工业国来说也是非常重要的。其次，还可以看出，即使撇开对外贸易由于使必要生活资料便宜而对工资产生的任何影响，对外贸易也会影响利润率。这就是说，它会影响工业或农业中所使用的原料或辅助材料的价格。

2. 资本的增值和贬值、游离和束缚

首先要问：我们怎样理解资本的游离和束缚？增值和贬值的意思是不言自明的。它们不外就是指：现有资本由于某些一般的经济情况（因为这里说的不是任何一个私人资本的特殊遭遇）在价值上增加或减少了，也就是说，预付在生产中的资本，撇开它所使用的剩余劳动造成的增殖不说，在价值上提高或降低了。

我们把资本的束缚理解为：当生产要按照原有的规模继续进行时，产品总价值中的一定部分必须重新转化为不变资本或可变资本的各种要素。我们把资本的游离理解为：当生产要在原有规模的限度内继续进行时，产品总价值中一个一直必须再转化为不变资本或可变资本的部分，现在成为可以自由支配和多余的了。资本的这种游离或束缚和收入的游离或束缚不同。如果一个资本 C 的年剩余价值比方说 $= x$，那么，由于资本家所消费的商品便宜了，现在用 $x-a$ 就能获得和以前一样多的享受品等等。因此，收入的一部分（$=a$）就会游离出来，它可以用来扩大消费，或者再转化为资本（即积累）。反之，如果需要用 $x+a$ 才能继续维持同样的生活方式，那就必须或者对这种生活方式加以限制，或者把以前用作积累的收入部分（$=a$）现在当做收入来花掉。

增值和贬值，既可以发生在不变资本上面，也可以发生在可变资本上面，或者同时发生在二者上面。当它们发生在不变资本上面的时候，它们又可以发生在固定资本上面，或者发生在流动资本上面，或者同时发生在二者上面。

就不变资本来说要考察的是：原料和辅助材料，包括半成品（我们把以上这些统称为原料）、机器和其他固定资本。

以上我们考察了原料的价格或价值的变动及其对利润率的影响，并且得出了一个普遍规律：在其他条件相同时，利润率和原料价值的

高低成反比。这个规律对于新投入企业的资本来说，是无条件正确的，在这种场合，投资，即货币转化为生产资本，是第一次发生。

但是，撇开这种新投入的资本不说，已经执行职能的资本中有很大一部分是处在流通领域中，而另一个部分则处在生产领域中。一部分在市场上作为商品存在，需要转化为货币；另一部分，不管具有什么形式，作为货币存在，需要再转化为各种生产条件；最后，第三部分则处在生产领域中，其中一部分具有生产资料的最初形式，即原料、辅助材料、从市场上买来的半成品、机器以及其他固定资本，另一部分是正在制造的产品。增值或贬值在这里怎样发生作用，在很大程度上取决于这些组成部分的相互比例。

至于不变资本的另一部分，即机器和一般固定资本，那么，这方面发生的增值，特别是和建筑物、土地等等有关的增值，离开地租学说是无法阐明的，因而不是这里应当讨论的问题。但是，关于贬值，以下所说却具有一般的意义。

首先是不断实行的改良，这会相对地减低现有机器、工厂设备等等的使用价值，从而减低它们的价值。这个过程，特别是在采用新机器的初期，在机器尚未达到一定的成熟程度以前，具有强烈的影响，因而在机器还没有来得及再生产出自身的价值以前，就不断变得陈旧了。这就是为什么在这样的时期盛行无限延长劳动时间、日夜换班工作的原因之一，这样做的目的是要在较短期间内再生产出机器的价值，而又不使机器的损耗算得过高。反之，如果机器的短暂的作用期间（在可以预见的改良面前，机器的寿命总是短暂的）不能用这种办法得到补偿，它就会把过大的价值部分作为无形损耗转移到产品中去，这样它甚至连手工劳动也竞争不过。

现在还需要提一下可变资本。

如果劳动力价值提高，是因为再生产劳动力所必需的生活资料的价值提高了，或者反过来，劳动力价值降低，是因为这种生活资料的价值降低了——而可变资本的增值和贬值不外就是这两种情形的表现——那么，在工作日长度不变时，和这种增值相适应的是剩余价值的减少，和这种贬值相适应的是剩余价值的增加。但是，和这种现象同时联系在一起的还可能有别的情况——资本的游离和束缚。这些情况，上面还没有研究，现在必须简略地谈一谈。

如果工资因劳动力价值降低（这种现象甚至可以和劳动的实际价格的提高结合在一起）而降低了，那么以前投在工资上面的资本，就会有一部分游离出来。这就是可变资本的游离。这种情况对于新投入的资本产生的影响不过是，这个资本在执行职能时具有的剩余价值率会提高。它可以用比过去少的货币，推动和以前一样多的劳动，这样，无酬劳动部分就靠有酬劳动部分的减少而增加。但是对于已经使用的资本来说，不仅剩余价值率会提高，而且以前投在工资上面的资本的一部分还会游离出来。这个部分过去被束缚起来，形成一个经常存在的部分，如果企业要按原有规模经营，这个部分就要从出售产品所得的货款中扣出，投在工资上面，作为可变资本执行职能。现在，这个部分可以自由支配，因而可以当做新的投资来利用——或者用来扩大同一企业，或者用在另外一个生产部门。

刚才研究的可变资本的游离和束缚，是可变资本各种要素即劳动力再生产费用的贬值和增值的结果。但是，如果由于生产力的发展，在工资率不变时，推动同量不变资本所需要的工人减少了，那么可变资本也能游离出来。反之，如果由于劳动生产力的降低，推动同量不变资本所需要的工人增加了，那么也能发生追加可变资本的束缚。另一方面，如果有一部分以前作为可变资本使用的资本，现在作为不变资本使用了，因而只是同一资本的各个组成部分之间的分配起了变化，那么，这固然也会影响剩余价值率和利润率，但不属于我们这里所考察的资本的束缚和游离的范围。

我们已经看到，由于组成不变资本的各种要素的增值或贬值，不变资本也可能被束缚或游离。撇开这一点不说，如果劳动生产力增长了，同量劳动可以生产更多产品，因而可以推动更多不变资本，那么，不变资本才有可能被束缚（在一部分可变资本不转化为不变资本的情形下）。如果生产力降低了，那么，在一定条件下也能发生同样的现象，例如，在农业上，这时同量劳动要生产出同样多的产品，就需要有更多的生产资料，例如更多的种子、肥料或排水设备等等。如果由于各种改良、自然力的应用等等，一个价值较小的不变资本能够发挥以前一个价值较大的不变资本那样的技术作用，那么，即使没有贬值，不变资本也能游离。

3. 一般的例证：1861～1865年的棉业危机

"目前营业已经不振……少数棉纺织厂缩减了劳动时间，许多丝织厂只是部分开工。原料昂贵。几乎在每一个纺织业部门，原料价格都超过了广大消费者能够承受的程度。"（《工厂视察员报告》，1861年4月，第33页）

第 7 章

补充说明

在这一篇中,我们假定每个特殊生产部门占有的利润量,和投入这个部门的总资本所产生的剩余价值的总和相等。即使如此,资产者也不会把利润和剩余价值即无酬的剩余劳动,看做是同一的东西,其原因如下:

1. 他在流通过程中忘记了生产过程。在他看来,实现了商品价值——包括商品中剩余价值的实现——就是创造了剩余价值。

2. 假定劳动的剥削程度相同,正如我们已经看到的,撇开信用制度所引起的一切变化,撇开资本家互相间的一切欺骗和诈取,再撇开对市场的一切有利的选择,利润率仍然可以有很大的差别,这取决于采购的原料的价格的贵贱,原料采购人员的内行程度;取决于所使用的机器的生产效率、适用程度和便宜程度;取决于生产过程各个阶段的总安排的完善程度,即原料的浪费是否被杜绝,指挥和监督是否简单而有效,等等。总之,如果一定量可变资本的剩余价值已定,这个剩余价值会表现为多大的利润率,从而会提供多大的利润量,在很大的程度上还要取决于资本家自己或他的经理和职员的经营本领。

利润率的提高总是这样发生的:剩余价值同它的生产费用即同全部预付资本相比,相对地或绝对地增加了,或者说,利润率和剩余价值率之间的差额缩小了。

第二篇 利润转化为平均利润

第 8 章　不同生产部门的资本的不同构成和由此引起的利润率的差别

第 9 章　一般利润率（平均利润率）的形成和商品价值转化为生产价格

第10章　一般利润率通过竞争而平均化。市场价格和市场价值。超额利润

第11章　工资的一般变动对生产价格的影响

第12章　补充说明

第8章

不同生产部门的资本的不同
构成和由此引起的利润率的差别

在前一篇中已经指出，在劳动的剥削程度不变时，利润率会随着不变资本各个组成部分的价值变化以及资本周转时间的变化而变化。由此自然可以得出结论说，如果其他条件不变，不同生产部门所使用的资本的周转时间不同，或者这些资本的有机组成部分的价值比率不同，那么，同时并存的不同生产部门的利润率就会不同。我们以前当做同一个资本在时间上相继发生的变化来考察的东西，现在要当做不同生产部门各个并存的投资之间同时存在的差别来考察。

在这里，我们必须研究：1. 资本**有机构成**上的差别；2. 资本周转时间上的差别。

不言而喻，这整个研究的前提是：当我们说到某一生产部门的资本的构成或周转时，我们总是指投在这个生产部门的资本的平均正常状况，一般说来，也就是指投在这个生产部门的总资本的平均状况，而不是指投在这个部门的各个资本的偶然差别。

其次，因为假定剩余价值率和工作日不变，并且因为这个假定也包含着工资不变，所以，一定量的可变资本表示一定量的被推动的劳动力，因此也表示一定量的对象化劳动。

如果在生产部门 A 的一个投资中，总资本每 700 中只有 100 用在可变资本上，600 用在不变资本上，而在生产部门 B 的一个投资中，

600用在可变资本上,只有100用在不变资本上,那么,A的总资本700就只能推动100劳动力,按照以前的假定,也就是只能推动100劳动周或6 000小时活劳动,而B的一个同样大的总资本却能推动600劳动周或36 000小时活劳动。因此,A的资本只能占有50劳动周或3 000小时剩余劳动;而B的一个同样大的资本却能占有300劳动周或18 000小时剩余劳动。可变资本不仅是它本身所包含的劳动的指数;在剩余价值率已定时,它同时还是超出这个限度所推动的超额劳动或剩余劳动的指数。在劳动剥削程度相等时,在前一个场合,利润率为$\frac{100}{700}=\frac{1}{7}=14\frac{2}{7}\%$;在后一个场合$=\frac{600}{700}=85\frac{5}{7}\%$,是前者6倍的利润率。但是在这个场合,利润本身实际上也是前者的6倍,对B来说是600,对A来说是100,因为用相等的资本,B所推动的活劳动为A所推动的活劳动的6倍,所以在劳动剥削程度相等时,生产了6倍的剩余价值,也就是生产了6倍的利润。

用百分比计算的不等量资本——或者说等量资本,在这里是一样的——在工作日相等、劳动剥削程度相等时,会生产出极不相同的利润量,因为它们会生产出极不相同的剩余价值量;确切些说,这是因为在不同的生产部门由于资本的有机构成不同,它们的可变部分也就不同,因而它们所推动的活劳动量也就不同,它们所占有的剩余劳动量,即剩余价值从而利润的实体的量,也就不同。在不同生产部门,总资本的大小相等的部分,包含着剩余价值的大小不等的源泉,而剩余价值的唯一源泉是活劳动。在劳动剥削程度相等时,资本100所推动的劳动量,从而它所占有的剩余劳动量,取决于它的可变组成部分的大小。

以上的论述是以商品按照它们的价值出售为前提的。一个商品的价值,等于该商品中包含的不变资本的价值,加上该商品中再生产的可变资本的价值,加上这个可变资本的增长额,即所生产的剩余价值。在剩余价值率相等时,剩余价值量显然取决于可变资本量。资本100的产品的价值,在一个场合是90c+10v+10m=110;在另一个场合是10c+90v+90m=190。如果商品是按照它们的价值出售的,那么,第一种产品就卖110,其中10代表剩余价值或无酬劳动;第二种产品就卖190，其中90代表剩余价值或无酬劳动。

除了资本的有机构成不同以外，也就是说，除了等量资本在不同生产部门会推动不等量劳动，从而在其他条件相同时会推动不等量剩余劳动以外，利润率的不等还有另外一个源泉，即不同生产部门资本的周转时间不同。我们在第4章已经看到，在资本构成相同，其他条件也相同时，利润率和周转时间成反比；我们还看到，如果同一个可变资本的周转时间不同，它生产的年剩余价值量就会不等。所以，周转时间的差别，是等量资本在不同生产部门在相等时间内生产出不等量利润的另一个原因，因而也是这些不同生产部门利润率不等的另一个原因。

从本册第一篇可以得出，不同的生产部门，不管资本的有机构成如何不同，只要为生产产品所预付的资本部分相等，其产品的成本价格总是相等的。对资本家说来，在成本价格上，可变资本和不变资本的区别消失了。资本家为了生产一种商品，必须支出100镑，不管他的支出是 $90c+10v$ 还是 $10c+90v$，这种商品总是耗费一样多。对他来说，商品总是要耗费100镑，不多也不少。不管所生产的价值和剩余价值多么不同，成本价格对投在不同部门的等量资本来说总是一样的。成本价格的这种等同性，形成各个投资竞争的基础，而平均利润就是通过这种竞争确定的。

第9章

一般利润率（平均利润率）的形成和商品价值转化为生产价格

为了简便起见，假定不变资本到处都是同样地全部加入所考察的资本的年产品。其次还假定，不同生产部门的资本，会和它们的可变部分的量成比例地每年实现同样多的剩余价值；这就是说，我们把周转时间的差别能在这方面引起的差别暂时撇开不说。这一点以后再研究。

让我们拿五个不同的生产部门来说。投在这五个生产部门的资本的有机构成各不相同，例如：

资本	剩余价值率	剩余价值	产品价值	利润率
Ⅰ. $80c + 20v$	100%	20	120	20%
Ⅱ. $70c + 30v$	100%	30	130	30%
Ⅲ. $60c + 40v$	100%	40	140	40%
Ⅳ. $85c + 15v$	100%	15	115	15%
Ⅴ. $95c + 5v$	100%	5	105	5%

在这里我们看到，不同的生产部门，在劳动的剥削程度相等的情况下，按照资本的不同有机构成，有很不相同的利润率。

投在五个部门的资本的总额等于500；它们生产的剩余价值的总额等于110；它们生产的商品的总价值等于610。如果我们把这500

看做一个资本，Ⅰ—Ⅱ不过是这个资本的不同部分（比方说好像一个棉纺织厂分成不同部分：梳棉间、粗纺间、纺纱间和织布间，这些部分的不变资本和可变资本的比率各不相同，而整个工厂的平均比率只有通过计算才能得出），那么，首先这个资本500的平均构成是$390c+110v$，用百分比表示为$78c+22v$。既然每个资本100都只是被看做总资本的$\frac{1}{5}$，那么它的构成就是这个平均构成$78c+22v$；同样，每100都有22作为平均剩余价值；因此，平均利润率等于22%；最后，这500所生产的总产品的任何$\frac{1}{5}$的价格等于122。因此，全部预付资本的任何$\frac{1}{5}$所生产的产品，都必须按122的价格出售。

但是，为了避免得出完全错误的结论，必须认为不是所有成本价格都等于100。

在资本有机构成等于$80c+20v$，剩余价值率等于100%时，如果全部不变资本都加入年产品，资本Ⅰ=100所生产的商品的总价值就是$80c+20v+20m=120$。在有些情况下，这个结果也许能在一定生产部门内发生。但在所有c和v的比率等于4∶1的地方，很难都有这样的结果。因此，在谈到不同资本每100所生产的商品的价值时，必须考虑到，商品价值会因c中由固定组成部分和流动组成部分之比不同而不同，并且不同资本的固定组成部分又会快慢不等地损耗，从而在相同的时间内把不等的价值量加入产品。不过，这对利润率来说没有什么关系。不论80c是把价值80，50，或5转移到年产品中去，从而也不论年产品是$80c+20c+20m=120$，还是$50c+20v+20m=90$，或者是$5c+20v+20m=45$，在所有这些场合，产品的价值超过产品的成本价格的余额，都等于20；并且在所有这些场合，在确定利润率时，这20都按资本100计算；因此，在所有这些场合，资本Ⅰ的利润率都等于20%。为了把这一点说得更清楚些，我们在为上述五个资本编制的下表中，假定不变资本各以不同的部分加入产品的价值。

第9章 一般利润率(平均利润率)的形成和商品价值转化为生产价格

资本	剩余价值率	剩余价值	已经用掉的	商品价值	成本价格
Ⅰ．80c+20v	100%	20	50	90	70
Ⅱ．70c+30v	100%	30	51	111	81
Ⅲ．60c+40v	100%	40	51	131	91
Ⅳ．85c+15v	100%	15	40	70	55
Ⅴ．95c+5v	100%	5	10	20	15
合计 390v+110v	—	110	—	—	—
平均 78v+22v	—	—			

如果我们再把资本Ⅰ—Ⅴ看做一个总资本，那么就会看到，在这个场合，这五个资本的总和的构成是500=390c+110v，平均构成等于78c+22v，仍然和以前一样；平均剩余价值也是22。把剩余价值平均分配给Ⅰ—Ⅴ，就会得到如下的商品价格：

资本	剩余价值	商品价值	商品成本价格	商品价格	利润率	价格同价值的偏离
Ⅰ．80c+20v	20	90	70	92	22%	+2
Ⅱ．70c+30v	30	111	81	103	22%	-8
Ⅲ．60c+40v	40	131	91	113	22%	-18
Ⅳ．85c+15v	15	70	55	77	22%	+7
Ⅴ．95c+5v	5	20	15	37	22%	+17

总起来说，这些商品比价值高2+7+17=26出售，又比价值低8+18=26出售，所以，价格的偏离，由于剩余价值的均衡分配，或者说，由于每100预付资本有平均利润22分别加入Ⅰ—Ⅴ的各种商品的成本价格，而互相抵消。一部分商品出售时比自己的价值高多少，另一部分商品出售时就比自己的价值低多少。并且，只因为它们是按照这样的价格出售，Ⅰ—Ⅴ的利润率才能同样是22%，虽然资本Ⅰ—Ⅴ的有机构成不同。求出不同生产部门的不同利润率的平均数，把这个平均数加到不同生产部门的成本价格上，由此形成的价格，就是**生产价格**。生产价格以一般利润率的存在为前提；而这个一

般利润率，又以每个特殊生产部门的利润率已经分别化为同样多的平均率为前提。这些特殊的利润率在每个生产部门都等于 m/c，并且像本册第一篇所做的那样，它们要从商品的价值引申出来。没有这种引申，一般利润率（从而商品的生产价格）就是一个没有意义、没有内容的概念。因此，商品的生产价格，等于商品的成本价格加上依照一般利润率按百分比计算应加到这个成本价格上的利润，或者说，等于商品的成本价格加上平均利润。

由于投在不同生产部门的资本有不同的有机构成，因而，由于等量资本按可变部分在一定量总资本中占有不同的百分比而推动极不等量的劳动，等量资本也就占有极不等量的剩余劳动，或者说，生产极不等量的剩余价值。根据这一点，不同生产部门中占统治地位的利润率，本来是极不相同的。这些不同的利润率，通过竞争而平均化为一般利润率，而一般利润率就是所有这些不同利润率的平均数。按照这个一般利润率归于一定量资本（不管它的有机构成如何）的利润，就是平均利润。一个商品的价格，如等于这个商品的成本价格，加上生产这个商品所使用的资本（不只是生产它所消费的资本）的年平均利润中根据这个商品的周转条件归于它的那部分，就是这个商品的生产价格。例如，我们拿一个 500 的资本来说，其中 100 为固定资本，400 为流动资本，并且在流动资本每一个周转期间内，固定资本的损耗为 10%。再假定这个周转期间内的平均利润是 10%。这样，在这个周转期间内制造的产品的成本价格就是：固定资本的损耗 10c ＋流动资本 400（c＋v）＝410，它的生产价格则是成本价格 410 ＋利润 50（500 的 10%）＝460。

因此，虽然不同生产部门的资本家在出售自己的商品时收回了生产这些商品所用掉的资本价值，但是他们不是得到了本部门生产这些商品时所生产的剩余价值从而利润，而只是得到了社会总资本在所有生产部门在一定时间内生产的总剩余价值或总利润均衡分配时归于总资本的每个相应部分的剩余价值从而利润。每 100 预付资本，不管它的构成怎样，每年或在任何期间得到的利润，就是作为总资本一个部分的 100 在此期间所得的利润。就利润来说，不同的资本家在这里彼此只是作为一个股份公司的股东发生关系，在这个公司中，按每 100

资本均衡地分配一份利润。因此，对不同的资本家来说，他们的各份利润之所以有差别，只是因为每个人投在总企业中的资本量不等，因为每个人在总企业中的入股比例不等，因为每个人持有的股票数不等。因此，商品价格的一个部分，即用来补偿生产商品所用掉的资本价值，从而必须用来买回这些用掉的资本价值的部分，也就是说，成本价格，完全是由各生产部门的支出决定的，而商品价格的另一个组成部分，即加在这个成本价格上的利润，却不是由这个一定资本在这个一定生产部门于一定时间内生产的利润量决定的，而是由每个所使用的资本作为总生产所使用的社会总资本的一定部分在一定时间内平均得到的利润量决定的。

因此，如果资本家按商品的生产价格出售他的商品，他就取回相当于他在生产上所耗费的资本的价值量的货币，并且比例于他的只是作为社会总资本的一定部分的预付资本取得利润。他的成本价格是特殊的。加在这个成本价格上的利润，不以他的特殊生产部门为转移，而只是归于每100预付资本的平均数。

可见，一般利润率取决于两个因素。

1. 不同生产部门的资本的有机构成，从而各个部门的不同的利润率。

2. 社会总资本在这些不同部门之间的分配，即投在每个特殊部门因而有特殊利润率的资本的相对量；也就是，每个特殊生产部门在社会总资本中所吸收的相对份额。

到目前为止，利润和剩余价值的差别，只与质的变化，与形式变换有关，而在转化的这个第一阶段上，实际的量的差别还只存在于利润率和剩余价值率之间，而不是存在于利润和剩余价值之间。

现在，一个特殊生产部门实际生产的剩余价值或利润，与商品出售价格中包含的利润相一致，这只是一种偶然的现象。现在，不仅利润率和剩余价值率，而且利润和剩余价值，通常都是实际不同的量。现在，在劳动的剥削程度已定时，一个特殊生产部门生产的剩余价值量，对社会资本的总平均利润，从而对整个资本家阶级，比直接对每个生产部门的资本家更重要。它对每个特殊生产部门的资本家之所以重要，只是因为他那个部门生产的剩余价值量作为一个决定的因素参加平均利润的调节。但这是一个在他背后进行的过程，这个过程是他所看不见的，不理解的，实际上不关心的。现在，在各特殊生产部门内，利润和剩余价值之间——不仅是利润率和剩余价值率之间——实际的量的差别，把利润的真正性质和起源完全掩盖起来，这不仅对由于特殊利益在这一点上欺骗自己的资本家来说是这样，而且对工人来说也是这样。随着价值转化为生产价格，价值规定的基础本身就被掩盖起来。

第10章

一般利润率通过竞争而平均化。市场价格和市场价值。超额利润

一部分生产部门所使用的资本具有中等构成或平均构成，也就是说，这部分生产部门的资本的构成完全是或接近于社会平均资本的构成。

在这些部门中生产的商品的生产价格，是同这些商品的用货币来表现的价值完全一致或接近一致的。如果没有别的方法可以达到数学上的极限，那么，用这样的方法也许可以达到。竞争会把社会资本这样地分配在不同的生产部门中，以致每个部门的生产价格，都按照这些中等构成部门的生产价格的样板来形成，也就是说，它们等于 k + kp′（成本价格加上成本价格乘以平均利润率所得之积）。

在这里，真正困难的问题是：利润到一般利润率的这种平均化是怎样进行的，因为这种平均化显然是结果，而不可能是起点。

我们先假定，不同生产部门的一切商品都按照它们的实际价值出售。这样一来会怎么样呢？如前所述，在不同的生产部门占统治地位的就会是极不相同的利润率。商品是按照它们的价值来出售（即按照它们包含的价值的比例，按照与它们的价值相一致的价格来交换），还是按照那种使它们的出售能为它们的各自生产上所预付的等量资本提供等量利润的价格来出售，这显然是完全不同的两件事情。

全部困难是由这样一个事实产生的：商品不只是当做商品来交

换，而是当做**资本的产品**来交换。这些资本要求从剩余价值的总量中，分到和它们各自的量成比例的一份，或者在它们的量相等时，要求分到相等的一份。一定资本在一定时间内生产的商品的总价格，应该满足这种要求。但是，这些商品的总价格，只是资本所生产的各个商品的价格的总和。

商品按照它们的价值或接近于它们的价值进行的交换，比那种按照它们的生产价格进行的交换，所要求的发展阶段要低得多。按照它们的生产价格进行的交换，则需要资本主义的发展达到一定的高度。

不同商品的价格不管最初用什么方式来互相确定或调节，它们的变动总是受价值规律的支配。在其他条件相同的情况下，如果生产商品所需要的劳动时间减少了，价格就会降低；如果增加了，价格就会提高。

因此，撇开价格和价格变动受价值规律支配不说，把商品价值看做不仅在理论上，而且在历史上先于生产价格，是完全恰当的。

要使商品互相交换的价格接近于符合它们的价值，只需要：1.不同商品的交换，不再是纯粹偶然的或仅仅一时的现象；2.就直接的商品交换来说，这些商品是双方按照大体符合彼此需要的数量来生产的，这一点是由交换双方在销售时取得的经验来确定的，因此是从连续不断的交换本身中产生的结果；3.就出售来说，没有任何自然的或人为的垄断能使立约双方的一方高于价值出售，或迫使一方低于价值抛售。至于偶然的垄断，我们是指那种由偶然的供求状况所造成的对买者或卖者的垄断。

不同生产部门的商品按照它们的价值来出售这个假定，当然只是意味着：它们的价值是它们的价格围绕着运动的重心，而且价格的不断涨落也是围绕这个重心来拉平的。此外，必须始终把**市场价值**——下面我们就要谈到它——与不同生产者所生产的个别商品的个别价值区别开来。在这些商品中，有些商品的个别价值低于市场价值（也就是说，生产这些商品所需要的劳动时间少于市场价值所表示的劳动时间），另外一些商品的个别价值高于市场价值。市场价值，一方面，应看做一个部门所生产的商品的平均价值，另一方面，又应看做是在这个部门的平均条件下生产的并构成该部门的产品很大数量的那种商品的个别价值。只有在特殊的组合下,那些在最坏条件下或在最好条件下生产的商品才会调节市场价值,而这种市场价值又成为市场价格波动的中心,不过市场价格对同类商品来说是相同的。如果满足通常的需求的,是按平均价值,也就是按两端之间的大量商品的中等价值来供给的商品,那么,其个别价值低于市场价值的商品,就会实现一个额外剩余价值或超额利润,而其个别价值高于市场价值的商品,却不能实现它们所包含的剩余价值的一部分。

不管价格是怎样调节的,我们都会得到如下的结论。

1. 价值规律支配着价格的运动,生产上所需要的劳动时间的减少或增加,会使生产价格降低或提高。

2. 决定生产价值的平均利润,必定总是同一定资本作为社会总资本的一个相应部分所分到的剩余价值量接近相等……既然商品的总价值调节总剩余价值,而总剩余价值又调节平均利润从而一般利润率的水平——这是一般的规律,也就是支配各种变动的规律——那么,价值规律就调节生产价格。

竞争首先在一个部门内实现的,是使商品的不同的个别价值形成一个相同的市场价值和市场价格。但只有不同部门的资本的竞争,才能形成那种使不同部门之间的利润率平均化的生产价格。这后一过程同前一过程相比,要求资本主义生产方式有更高的发展。

要使生产部门相同、种类相同、质量也接近相同的商品按照它们的价值出售,必须具备两个条件。

第一,不同的个别价值,必须平均化为**一个**社会价值,即上述市场价值,为此就需要在同种商品的生产者之间有一种竞争,并且需要有一个可供他们共同出售自己商品的市场。为了使种类相同,但各自在不同的带有个别色彩的条件下生产的商品的市场价格,同市场价值相一致,而不是同市场价值相偏离,即既不高于也不低于市场价值,这就要求各个卖者互相施加足够大的压力,以便把社会需要所要求的商品量,也就是社会能够按市场价值支付的商品量提供到市场上来。如果产品量超过这种需要,商品就必然会低于它们的市场价值出售;反之,如果产品量不够大,就是说,如果卖者之间的竞争压力没有大到足以迫使他们把这个商品量带到市场上来,商品就必然会高于它们的市场价值出售。如果市场价值发生了变化，总商品量得以出售的条件也就会发生变化。如果市场价值降低了，社会需要（在这里总是指有支付能力的需要）平均说来就会扩大，并且在一定限度内能够吸收较大量的商品。如果市场价值提高了，商品的社会需要就会缩减，就只能吸收较小的商品量。因此，如果供求调节市场价格，或者确切地说，调节市场价格与市场价值偏离，那么另一方面，市场价值调节供求关系，或者说，调节一个中心，供求的变动使市场价格围绕这个中心发生波动。

在这里顺便指出，"社会需要"，也就是说，调节需求原则的东西，本质上是由不同阶级的互相关系和它们各自的经济地位决定的，因而也就是，第一是由全部剩余价值和工资的比率决定的；第二是由剩余价值所分成的不同部分（利润、利息、地租、赋税等等）的比率决定的。这里再一次表明，在供求关系借以发生作用的基础得到说明以前，供求关系绝对不能说明什么问题。

虽然商品和货币这二者都是交换价值和使用价值的统一，但我们已经看到（第1册第1章第3节），在买和卖的行为上，这两个规定分别处在两端，商品（卖者）代表使用价值，货币（买者）代表交换价值。商品要有使用价值，因而要满足社会需要，这是卖的一个前提。另一个前提是，商品中包含的劳动量要代表社会必要的劳动，因而，商品的个别价值（在这里的前提下，也就是出售价格）要同它的社会价值相一致。

让我们把这一点应用到市场上现有的、构成某一整个部门的产品的商品总量上来。

如果我们把商品总量，首先是把一个生产部门的商品总量，当做**一个**商品，并且把许多同种商品的价格总额，当做一个总价格，那么问题就很容易说明了。这样一来，关于单个商品所说的话就完全适用于市场上现有的一定生产部门的商品总量。商品的个别价值应同它的社会价值相一致这一点，现在在下面这一点上得到了实现或进一步的规定；这个商品总量包含着为生产它所必要的社会劳动，并且这个总量的价值等于它的市场价值。

现在假定这些商品的很大数量是在大致相同的正常社会条件下生

产出来的，因而社会价值同时就是这个很大数量的商品由以构成的各个商品的个别价值。这时，如果这些商品中有一个较小的部分的生产条件低于这些条件，而另一个较小的部分的生产条件高于这些条件，因此一部分的个别价值大于大部分商品的中等价值，另一部分的个别价值小于这种中等价值，如果这两端互相拉平，从而使属于这两端的商品的平均价值同属于中间的大量商品的价值相等，那么，市场价值就会由中等条件下生产的商品的价值来决定。商品总量的价值，也就同所有单个商品合在一起——既包括那些在中等条件下生产的商品，也包括那些在高于或低于中等条件下生产的商品——的价值的实际总和相等。在这种情况下，商品总量的市场价值或社会价值，即其中包含的必要劳动时间，就由中间的大量商品的价值来决定。

相反，假定投到市场上的该商品的总量仍旧不变，然而在较坏条件下生产的商品的价值，不能由于较好条件下生产的商品的价值而拉平，以致在较坏条件下生产的那部分商品，无论同中间的商品相比，还是同另一端的商品相比，都构成一个相当大的量，那么，市场价值或社会价值就由在较坏条件下生产的大量商品来调节。

最后，假定在高于中等条件下生产的商品量，大大超过在较坏条件下生产的商品量，甚至同中等条件下生产的商品量相比也构成一个相当大的量；那么，市场价值就由在最好条件下生产的那部分商品来调节。这里撇开市场商品充斥的情况不说，因为在那种情况下，市场价格总是由在最好条件下生产的那部分商品来调节的；但是，我们这里所谈的，并不是和市场价值不同的市场价格，而是市场价值本身的不同的规定。

事实上，严格地说（当然，实际上只是接近如此，而且还会有千变万化），在第一种情况下，由中等价值调节的商品总量的市场价值，等于它们的个别价值的总和；尽管这个价值，对两端生产的商品来说，表现为一种强加于它们的平均价值。这样，在最坏的一端生产的人，必然低于个别价值出售他们的商品；在最好的一端生产的人，必然高于个别价值出售他们的商品。

在第二种情况下，在两端生产的两个个别价值量并不拉平，而是在较坏条件下生产的商品起了决定作用。严格地说，每一单个商品或商品总量的每一相应部分的平均价格或市场价值，在这里是由那些在不同条件下生产的商品的价值相加而成的这个总量的总价值，以及每一单个商品从这个总价值中所分摊到的部分决定的。这样得到的市场价值，不仅会高于有利的一端生产的商品的个别价值，而且会高于属于中等部分的商品的个别价值；但它仍然会低于不利的一端生产的商品的个别价值。至于它和后一种个别价值接近到什么程度，或最后是否和它相一致，这完全要看不利的一端生产的商品量在该商品部门中具有多大规模。只要需求稍占优势，市场价格就会由在不利条件下生产的商品的个别价值来调节。

最后，假定和第三种情况一样，在有利的一端生产的商品量，不仅同另一端相比，而且同中等条件下生产的商品量相比，都占据较大的地盘，那么，市场价值就会降低到中等价值以下。这时，由两端和中等条件下生产的商品的价值额合计得到的平均价值，就会低于中等价值；它究竟是接近还是远离这个中等价值，这要看有利的一端所占据的相对地盘而定。如果需求小于供给，那么在有利条件下生产的那部分不管多大，都会把它的价格缩减到它的个别价值的水平，以便强行占据地盘。但市场价值决不会同在最好的条件下生产的商品的这种个别价值相一致，除非供给极大地超过了需求。

以上**抽象地**叙述的市场价值的确定，在需求恰好大到足以按这样确定的价值吸收掉全部商品的前提下，在实际市场上是通过买者之间的竞争来实现的。在这里，我们就谈到另外一点了。

第二，说商品有使用价值，无非就是说它能满足某种社会需要。当我们只是说到单个商品时，我们可以假定，存在着对这种特定商品的需要——它的量已经包含在它的价格中——而用不着进一步考察这个有待满足的需要的量。但是，只要一方面有了整个生产部门的产品，另一方面又有了社会需要，这个量就是一个重要的因素了。因此，现在有必要考察一下这个社会需要的规模，即社会需要的量。

在上述关于市场价值的各个规定中，我们假定，所生产的商品的量是不变的，是已定的，只是这个在不同条件下生产的量的各个组成部分的比例发生了变化，因此，同样数量的商品的市场价值按不同的方法来调节。假定这个量就是通常的供给量，并且我们撇开所生产的商品的一部分会暂时退出市场的可能性不说。如果对这个总量的需求仍旧是通常的需求，这个商品就会按照它的市场价值出售，而不管这个市场价值是按以上研究过的三种情况中的哪一种情况来调节。这个商品量不仅满足了一种需要，而且满足了社会范围内的需要。与此相反，如果这个量小于或大于对它的需求，市场价格就会偏离市场价值。第一种偏离就是：如果这个量过小，市场价值就总是由最坏条件下生产的商品来调节，如果这个量过大，市场价值就总是由最好条件下生产的商品来调节，因而市场价值就由两端中的一端来决定，尽管单纯就不同条件下生产的各个量的比例来看，必然会得到另外的结果。如果需求和生产量之间的差额更大，市场价格也就会偏离市场价值更远，或者更高于市场价值，或者更低于市场价值。但是所生产的商品量和按市场价值出售的商品量之间的差额，可以由双重原因产生。或者是这个量本身发生了变化，变得过小或过大了，因而再生产必须按照与调节现有市场价值的规模不同的另一种规模来进行。在这种情况下，供给发生了变化，尽管需求仍旧不变，这样一来，就会产生相对的生产过剩或生产不足的现象。或者是再生产即供给保持不变，但需求由于各种各样的原因而增加或减少了。在这里，尽管供给的绝对量不变，但它的相对量，也就是同需要相比较或按需要来计量的量，还是发生了变化。结果是和第一种情形一样，不过方向相反。最后，如果两方面都发生了变化，但方向相反，或者方向相同，但程度不同，总之，如果双方都发生了变化，而且改变了它们之间的以前的比例，那么，最后结果就必然总是归结为上述两种情况中的一种。

要给需求和供给这两个概念下一般的定义，真正的困难在于，它们好像只是同义反复。让我们首先考察供给，这就是处在市场上的产品，或者能提供给市场的产品。为了不涉及在这里完全无用的细节，我们在这里只考虑每个产业部门的年再生产总量，而把不同商品有多少能够从市场取走，储存起来，以备比如说下一年消费这一点撇开不说。这个年再生产首先表现为一定的量，是多大量还是多少个，要看这个商品量是作为可分离的量还是作为不可分离的量来计量而定；它们不仅是满足人类需要的使用价值，而且这种使用价值还以一定的量出现在市场上。其次，这个商品量还有一定的市场价值，这个市场价值可以表现为单位商品的或单位商品量的市场价值的倍数。因此，市场上现有商品的数量和它们的市场价值之间，没有必然的联系，例如，有些商品的价值特别高，另一些商品的价值特别低，因而一定的价值额可以表现为一种商品的很大的量，也可以表现为另一种商品的很小的量。在市场上现有的物品量和这些物品的市场价值之间只有这样一种联系：在一定的劳动生产率的基础上，每个特殊生产部门制造一定量的物品，都需要一定量的社会劳动时间，尽管这个比例在不同生产部门是完全不同的，并且同这些物品的用途或它们的使用价值的特殊性质没有任何内在联系。在其他条件完全相同的情况下，如果 a 量的某种商品花费劳动时间 b，na 量的商品就花费劳动时间 nb。其次，既然社会要满足需要，并为此目的而生产某种物品，它就必须为这种物品进行支付。事实上，因为商品生产是以分工为前提的，所以，社会购买这些物品的方法，就是把它所能利用的劳动时间的一部分用来生产这些物品，也就是说，用该社会所能支配的劳动时间的一定量来购买这些物品。社会的一部分人，由于分工的缘故，要把他们的劳动用来生产这种既定的物品；这部分人，当然也要从体现在各种满足他们需要的物品上的社会劳动中得到一个等价物。但是，一方面，耗费在一种社会物品上的社会劳动的总量，即总劳动力中社会用来生产这种物品的可除部分，也就是这种物品的生产在总生产中所占的数量，和另一方面，社会要求用这种特定物品来满足的需要的规模之间，没有任何必然的联系，而只有偶然的联系。尽管每一物品或每一定量某种商品都只包含生产它所需要的社会劳动，并且从这方面来看，所有这种商品的市场价值也只代表必要劳动，但是，如果某种商品的产量超过了当时社会的需要，社会劳动时间的一部分就浪费掉了，这时，这个商品量在市场上代表的社会劳动量就比它实际包含的社会劳动量小得多。（只有在生产受到社会实际的预定的控制的地方，社会才会在用来生产某种物品的社会劳动时间的数量和要由这种物品来满足的社会需要的规模之间，建立起联系。）因此，这些商品必然要低于它们的市场价值出售，其中一部分甚至会根本卖不出去。如果用来生产某种商品的社会劳动的数量，同要由这种产品来满足的特殊的社会需要的规模相比太小，结果就会相反。但是，如果用来生

第 10 章　一般利润率通过竞争而平均化。市场价格和市场价值。超额利润

产某种物品的社会劳动的数量，和要满足的社会需要的规模相适应，从而产量也和需求不变时再生产的通常规模相适应，那么这种商品就会按照它的市场价值来出售。商品按照它们的价值来交换或出售是理所当然的，是商品平衡的自然规律。应当从这个规律出发来说明偏离，而不是反过来，从偏离出发来说明规律本身。

现在，我们考察另一个方面：需求。

商品被买来当做生产资料或生活资料，以便进入生产消费或个人消费——即使有些种类商品能达到这两个目的，也不会引起任何变化。因此，生产者（这里指的是资本家，因为假定生产资料已经转化为资本）和消费者都对商品有需求。看来，这首先要假定：在需求方面有一定量的社会需要，而在供给方面则有不同生产部门的一定量的社会生产与之相适应。如果棉纺织业每年按一定规模重新进行再生产，那就要有往年那样数量的棉花；如果考虑到再生产因资本积累每年在扩大，在其他条件不变的情况下，就还要有棉花的追加量。生活资料也是这样。工人阶级要维持通常的中等水平的生活，至少必须再得到同样数量的必要生活资料，虽然这个数量在各种商品上的分配可能会有或多或少的变化；如果考虑到人口每年在增长，那就还要有必要生活资料的追加量。这里所说的情况，经过或多或少的修改，也适用于其他阶级。

因此，在需求方面，看来存在着某种数量的一定社会需要，要满足这种需要，就要求市场上有一定量的某种物品。但是，从量的规定性来说，这种需要具有很大的弹性和变动性。它的固定性是一种假象。如果生活资料便宜了或者货币工资提高了，工人就会购买更多的生活资料，对这些商品种类就会产生更大的"社会需要"。这里完全撇开需要救济的贫民等等不说，这种人的"需求"甚至低于他们的身体需要的最低限度。另一方面，比如说，如果棉花便宜了，资本家对棉花的需求就会增长，投入棉纺织业中的追加资本就会增加，等等。这里决不要忘记，根据我们的前提，生产消费的需求是资本家的需求，他的真正目的是生产剩余价值，因此，只是为了这个目的，他才生产某种商品。另一方面，这种情况并不妨碍资本家在他作为例如棉花的买者出现在市场上的时候，代表着对棉花的需要；就像对棉花

的卖者来说，棉花的买者把棉花转化为衬衣料子，还是转化为火棉，还是想用它来堵塞自己和世人的耳朵，都是无所谓的。可是，这种情况对于资本家是什么样的买者当然会有很大的影响。他对棉花的需要由于下述情况而发生本质的变化：这种需要实际上只是掩盖他榨取利润的需要。**市场上**出现的对商品的需要，即需求，和**实际的社会**需要之间存在着数量上的差别，这种差别的界限，对不同的商品说来当然是极不相同的；我说的是下面二者之间的差额：一方面是所要求的商品量；另一方面是商品的货币价格发生变化时可能要求的商品量，或者，买者的货币条件或生活条件发生变化时可能要求的商品量。

要理解供求之间的不平衡，以及由此引起的市场价格同市场价值的偏离，是再容易不过的了。真正的困难在于确定供求一致究竟是指什么。

如果供求之间的比例，使某个生产部门的商品总量能够按照它们的市场价值出售，既不高，也不低，供求就是一致的。这是我们听到的第一点。

第二点是，如果商品都能够按照它们的市场价值出售，供求就是一致的。

如果供求一致，它们就不再发生作用，正因为如此，商品就按照自己的市场价值出售。如果有两种力量按照相反的方向发生相等的作用，它们就会互相抵消，而不会对外界发生任何影响，在这种条件下发生的各种现象，就必须用另外的作用，而不是用这两种力量的作用来解释。如果互相抵消，它们就不再说明任何事情，就不会对市场价值发生影响，并且使我们更加无从了解，为什么市场价值正好表现为这样一个货币额，而不表现为另外一个货币额。资本主义生产的实际的内在规律，显然不能由供求的互相作用来说明（完全撇开对这两种社会动力的更深刻的分析不说，在这里不需要作出这种分析），因为这种规律只有在供求不再发生作用时，也就是互相一致时，才纯粹地实现。供求实际上从来不会一致；如果它们达到一致，那也只是偶然现象，所以在科学上等于零，可以看做没有发生过的事情。可是，在政治经济学上必须假定供求是一致的。为什么呢？这是为了对各种现象在它们的合乎规律的、符合它们的概念的形态上来进行考察，也就是说，撇开由供求变动引起的假象来进行考察。另一方面，是为了找出供求变动的实际趋势，为了在一定程度上把这种趋势确定下来。因为各种不平衡具有互相对立的性质，并且因为这些不平衡会彼此接连不断地发生，所以它们会由它们的相反的方向，由它们互相之间的矛盾而互相平衡。这样，虽然在任何一个场合供求都是不一致的，但是它们的不平衡的接连发生——而且朝一个方向偏离的结果，会引起另一个方向相反的偏离——从一个或长或短的时期的整体来看，使供求总是互相一致；然而这种一致只是作为过去的变动的平均，并且只是作为它们的矛盾的不断运动的结果。由此，各种同市场价值相偏离的市场价格，按平均数来看，就会平均化为市场价值，因为这种和市场价值的偏离会作为正负数互相抵消。这个平均数绝不是只有理论意义，而且对资本来说还有实际意义，因为投资要把或长或短的一定时期内的变动和平均化计算在内。

因此，供求关系一方面只是说明市场价格同市场价值的偏离，另一方面是说明抵消这种偏离的趋势，也就是抵消供求关系的作用的趋势。（那种有价格而没有价值的商品是一种例外，在这里不必考察。）供求可以在极不相同的形式上消除由供求不平衡所产生的作用。例如，如果需求减少，因而市场价格降低，结果，资本就会被抽走，这样，供给就会减少。但这也可能导致这样的结果：由于某种发明缩短了必要劳动时间，市场价值本身降低了，因而与市场价格平衡。反之，如果需求增加，因而市场价格高于市场价值，结果，流入这个生产部门的资本就会过多，生产就会增加到使市场价格甚至降低到市场价值以下；或者另一方面，这也可以引起价格上涨，以致需求本身减少。这还可以在这个或者那个生产部门，在一个或长或短的期间内引起市场价值本身的提高，因为所需要的一部分产品在此期间内必须在较坏的条件下生产出来。

要使一个商品按照它的市场价值来出售，也就是说，按照它包含的社会必要劳动来出售，耗费在这种商品总量上的社会劳动的总量，就必须同这种商品的社会需要的量相适应，即同有支付能力的社会需要的量相适应。竞争，同供求比例的变动相适应的市场价格的波动，总是力图把耗费在每一种商品上的劳动的总量归结到这个标准上来。

但是，说到供给和需求，那么供给等于某种商品的卖者或生产者的总和，需求等于这同一种商品的买者或消费者（包括个人消费和生产消费）的总和。而且，这两个总和是作为两个统一体，两个集合力量来互相发生作用的。个人在这里不过是作为社会力量的一个部分，作为总体的一个原子来发生作用，并且也就是在这个形式上，竞争显示出生产和消费的**社会**性质。

在竞争中一时处于劣势的一方，同时就是这样一方，在这一方中，个人不顾自己那群竞争者，而且常常直接反对这群竞争者而行动，并且正因为如此，使人可以感觉到一个竞争者对其他竞争者的依赖，而处于优势的一方，则或多或少地始终作为一个团结的统一体来同对方相抗衡。如果对这种商品来说，需求超过了供给，那么，在一定限度内，一个买者就会比另一个买者出更高的价钱，这样就使这种商品对全体买者来说都昂贵起来，提高到市场价值以上；另一方面，卖者却会共同努力，力图按照高昂的市场价格来出售。相反，如果供给超过了需求，那么，一个人开始廉价抛售，其他的人不得不跟着干，而买者却会共同努力，力图把市场价格压到尽量低于市场价值。只有每个人通过共同行动比没有共同行动可以得到更多好处，他才会关心共同行动。只要自己这一方变成劣势的一方，而每个人都力图靠自己的力量找到最好的出路，共同行动就会停止。其次，如果一个人用较便宜的费用进行生产，用低于现有市场价格或市场价值出售商品的办法，能售出更多的商品，在市场上夺取一个更大的地盘，他就会这样去做，并且开始起这样的作用，即逐渐迫使别人也采用更便宜的生产方法，把社会必要劳动减少到新的更低的标准。如果一方占了优势，每一个属于这一方的人就都会得到好处；好像他们实现了一种共同的垄断一样。如果一方处于劣势，每个人就可各自努力去取得优势（例如用更少的生产费用来进行生产），或者至少也要尽量摆脱这种劣势；这时，他就根本不顾自己周围的人了，尽管他的做法不仅影响他自己，而且也影响他所有的同伙。

在资本主义生产中，问题不仅在于，要用那个以商品形式投入流通的价值额，取出另一种形式（货币形式或其他商品形式）的等量的价值额，而且在于，要用那个预付在生产中的资本，取出和任何另一个同量资本所取得的一样多的或者与资本的大小成比例的剩余价值或利润，而不管预付资本是用在哪个生产部门；因此，问题在于，最低限度要按照那个会提供平均利润的价格，即生产价格来出售商品。在这种形式上，资本就意识到自己是一种**社会权力**，每个资本家都按照他在社会总资本中占有的份额而分享这种权力。

第一，资本主义生产本身并不关心它所生产的商品具有什么样的使用价值，不关心它所生产的商品具有什么样的特殊性质。在每个生产部门中，它所关心的只是生产剩余价值，在劳动产品中占有一定量的无酬劳动。同样，从属于资本的雇佣劳动，按它的性质来说，也不关心它的劳动的特殊性质，它必须按照资本的需要让人们变来变去，把它从一个生产部门抛到另一个生产部门。

第二，事实上，一个生产部门和另一个生产部门好坏都是一样的。每个生产部门都提供同样的利润，而且，如果它所生产的商品不去满足某种社会需要，它就是无用的。

但是，如果商品都按照它们的价值出售，那就像已经说过的那样，不同生产部门由于投入其中的资本量的有机构成不同，会产生极不相同的利润率。但是资本会从利润率较低的部门抽走，投入利润率较高的其他部门。通过这种不断的流出和流入，总之，通过资本在不同部门之间根据利润率的升降进行的分配，供求之间就会形成这样一种比例，使不同的生产部门都有相同的平均利润，因而价值也就转化为生产价格。资本主义或多或少能够实现这种平均化，资本主义在一国社会内越是发展，也就是说，该国的条件越是适应资本主义生产方式，资本就越能够实现这种平均化。随着资本主义生产的发展，这种生产的各种条件也发展了，这种生产使生产过程借以进行的全部社会前提从属于它的特殊性质和它的内在规律。

那种在不断的不平衡中不断实现的平均化，在下述两个条件下会进行得更快：1. 资本有更大的活动性，也就是说，更容易从一个部门和一个地点转移到另一个部门和另一个地点；2. 劳动力能够更迅速地从一个部门转移到另一个部门，从一个生产地点转移到另一个生产地点。第一个条件的前提是：社会内部已有完全的贸易自由，消除了自然垄断以外的一切垄断，即消除了资本主义生产方式本身造成的垄断；其次，信用制度的发展已经把大量分散的可供支配的社会资本在各个资本家面前集中起来；最后，不同的生产部门都受资本家支配。最后这一点，在我们假定一切按资本主义方式经营的生产部门的价值转化为生产价格时，已经包括在我们的前提中了；但是，如果有数量众多的非资本主义经营的生产部门（例如小农经营的农业）插在资本主义企业中间并与之交织在一起，这种平均化本身就会遇到更大的障碍。最后还必须有很高的人口密度。第二个条件的前提是：废除了一切妨碍工人从一个生产部门转移到另一个生产部门，或者从一个生产地点转移到另一个生产地点的法律；工人对于自己劳动的内容是不关心的；一切生产部门的劳动都已尽可能地化为简单劳动；工人抛弃了一切职业的偏见；最后，特别是工人受资本主义生产方式的支配。关于这个问题的进一步说明，属于专门研究竞争的范围。

根据以上所说可以得出结论，每一单个资本家，同每一个特殊生产部门的所有资本家总体一样，参与总资本对全体工人阶级的剥削，并参与决定这个剥削的程度，这不只是出于一般的阶级同情，而且也是出于直接的经济利益，因为在其他一切条件（包括全部预付不变资本的价值）已定的前提下，平均利润率取决于总资本对总劳动的剥削程度。

平均利润和每100资本所生产的平均剩余价值相一致；就剩余价值来说，以上所述本来是不言而喻的。就平均利润来说，不过要把预付资本价值作为利润率的一个决定因素加进来。事实上，一个资本家或一定生产部门的资本，在对他直接雇用的工人的剥削上特别关心的只是：或者通过例外的过度劳动，或者通过把工资降低到平均工资以下的办法，或者通过所使用的劳动的例外生产率，可以获得一种额外利润，即超出平均利润的利润。撇开这一点不说，一个在本生产部门内完全不使用可变资本，因而完全不使用工人的资本家（事实上这是一个极端的假定），会像一个只使用可变资本，因而把全部资本都投到工资上面的资本家（又是一个极端的假定）一样地关心资本对工人阶级的剥削，并且会像后者一样地从无酬的剩余劳动获取他的利润。但劳动的剥削程度，在工作日已定时，取决于劳动的平均强度，而在劳动强度已定时，则取决于工作日的长度。剩余价值率的高低，因而，在可变资本的总额已定时，剩余价值量，从而利润量，取决于劳动的剥削程度。一个部门的资本，与总资本不同，对本部门直接雇用的工人的剥削会表现出特别的关心，而单个资本家，与整个本部门不同，则对他个人使用的工人的剥削会表现出特别的关心。

另一方面，资本的每一个特殊部门和每一个资本家，都同样关心总资本所使用的社会劳动的生产率。因为有两点取决于这种生产率：第一是平均利润借以表示的使用价值量；这一点有双重的重要性，因为这个平均利润既可以充当新资本的积累基金，又可以充当供享受的收入基金。第二是全部预付资本（不变资本和可变资本）价值的大小；在整个资本家阶级的剩余价值量或利润量已定时，这个价值的大小决定利润率或一定量资本的利润。在一个特殊的生产部门或这个部门的特殊的单个企业内出现的特殊的劳动生产率，只有当它使单个部门同总资本相比，或者使单个资本家同他所属的部门相比能够获得一笔额外利润的时候，才会引起那些直接有关的资本家的关心。

因此，我们在这里得到了一个像数学一样精确的证明：为什么资本家在他们的竞争中表现出彼此都是假兄弟，但面对整个工人阶级却结成真正的共济会团体。

根据以上所说可以看出，市场价值（关于市场价值所说的一切，加上必要的限定，全都适用于生产价格）包含着每个特殊生产部门中在最好条件下生产的人所获得的超额利润。把危机和生产过剩的情况完全除外，这一点也适用于所有的市场价格，而不管市场价格同市场价值或市场生产价格有多大的偏离。就是说，市场价格包含这样的意思：对同种商品支付相同的价格，虽然这些商品可以在极不相同的个别条件下生产出来，因而会有极不相同的成本价格。（这里我们不说那种普通意义上的垄断——人为垄断或自然垄断——所产生的超额利润。）

此外，超额利润还能在下列情况下产生出来：某些生产部门可以不把它们的商品价值转化为生产价格，从而不把它们的利润化为平均利润。在论述地租的那一篇，我们将研究超额利润的这两种形态的更进一步的变形。

第 11 章
工资的一般变动对生产价格的影响

假定社会资本的平均构成是 80c + 20v，利润是 20%。在这种情况下，剩余价值率就是 100%。假定其他一切条件相同，工资的一般提高就是剩余价值率的降低。对平均资本来说，利润和剩余价值是一致的。假定工资提高 25%。以前花费 20 来推动的劳动量，现在就要花费 25。因此，一次周转的价值以前是 80c + 20v + 20p，现在是 80c + 25v + 15p。可变资本推动的劳动和以前一样，生产一个 40 的价值额。现在 v 由 20 增加到 25，所以余额 m 或 p 只等于 15。利润 15，按 105 计算，等于 $14\frac{2}{7}$%，这是新的平均利润率。因为平均资本生产的商品的生产价格是和它们的价值一致的，所以这种商品的生产价格不变；因此，工资的提高，虽然引起利润的降低，但不会引起商品价值和价格的变动。

由于工资提高 25%：

1. 对于社会平均构成的资本来说，商品的生产价格保持不变；

2. 对于较低构成的资本来说，商品的生产价格提高了，虽然不是按照利润降低的比例而提高；

3. 对于较高构成的资本来说，商品的生产价格降低了，虽然也不是按照利润降低的比例而降低。

第 12 章

补 充 说 明

1. 引起生产价格变化的原因

一个商品的生产价格发生变化,只能由于两个原因。

第一,一般利润率发生变化。它之所以能够发生变化,只是因为平均剩余价值率本身发生变化,或者,平均剩余价值率不变,所占有的剩余价值的总额和预付社会总资本的总额的比率发生了变化。

第二,一般利润率保持不变。这时,一个商品的生产价格能够变动,只是因为它本身的价值已经变动,只是因为它本身的再生产所需要的劳动增多了或减少了,这或是由于生产取得最终形式的商品本身的劳动生产率发生了变动,或是由于生产那些进入该商品生产中的商品的劳动生产率发生了变动。

2. 中等构成的商品的生产价格

我们已经看到,生产价格同价值的偏离是由下述原因造成的。

1. 加在一个商品的成本价格上的,不是该商品中包含的剩余价值,而是平均利润;

2. 一个商品的这样同价值偏离的生产价格，会作为要素加入另一个商品的成本价格，因此，撇开商品本身由于平均利润和剩余价值的差额而发生的偏离不说，一个商品的成本价格，就已经能够包含同该商品中所消费的生产资料价值的偏离。

因此，即使就中等构成的资本所生产的商品来说，成本价格也可能同构成生产价格的这个组成部分的各种要素的价值总额发生偏离。

3. 资本家的补偿理由

在这里，基本观念是平均利润本身，是等量资本必须在相同时间内提供等量利润。而这又以下述观念为基础：每个生产部门的资本，都应按照各自大小的比例来分享社会总资本从工人那里榨取来的总剩余价值；或者说，每个特殊资本都只作为总资本的一部分，每个资本家事实上都作为总企业的一个股东，按照各自资本股份的大小比例来分享总利润。

第三篇
利润率趋向下降的规律

第13章　规律本身
第14章　起反作用的各种原因
第15章　规律的内部矛盾的展开

第 13 章

规 律 本 身

利润率因生产力的发展而下降,同时利润量却会增加,这个规律也表现为:资本所生产的商品的价格下降,同时商品所包含的并通过商品出售所实现的利润量却会相对增加。

因为生产力的发展以及与之相适应的资本构成的提高,会使数量越来越小的劳动,推动数量越来越大的生产资料,所以,总产品中每一个可除部分,每一个商品,或者说,所生产的商品总量中每一定量商品,都只吸收较少的活劳动,而且也只包含较少的对象化劳动,即所使用的固定资本的损耗以及所消费的原料和辅助材料中所体现的对象化劳动。因此,每一个商品都只包含一个较小的、对象化在生产资料中的劳动和生产中新追加的劳动的总和。这样,单个商品的价格就下降了。尽管如此,单个商品中包含的利润量,在绝对剩余价值率或相对剩余价值率提高时仍能增加。它包含较少的新追加劳动,但是这种劳动的无酬部分同有酬部分相比却增加了。不过,只有在一定范围内情况才是这样。当单个商品中包含的新追加的活劳动的总和在生产发展过程中大大地绝对减少时,其中包含的无酬劳动的量也会绝对地减少,不管它同有酬部分相比相对地增加了多少。尽管剩余价值率提高了，每一个商品中的利润量却会随着劳动生产力的发展而大大减少；而这种减少和利润率的下降完全一样，只是由于不变资本要素变得便宜，由于本册第一篇所指出的在剩余价值率不变甚至下降时使利润率提高的其他情况才延缓下来。

第 14 章

起反作用的各种原因

如果我们考虑到，同以往的一切时期相比，仅仅最近 30 年间社会劳动生产力有了巨大的发展；特别是，如果我们考虑到，除了真正的机器，又有大量的固定资本加入社会生产过程的总体，那么，一向使经济学家感到麻烦的困难，即说明利润率下降，就会让位给相反的困难，即说明这种下降为什么不是更大、更快。必然有某些起反作用的影响在发生作用，来阻挠和抵消这个一般规律的作用，使它只有趋势的性质，因此，我们也就把一般利润率的下降叫作趋向下降。下面就是这些原因中最普遍的原因。

1. 劳动剥削程度的提高

劳动的剥削程度，剩余劳动和剩余价值的占有，特别会由于工作日的延长和劳动的强化而提高。

剩余价值率的提高是决定剩余价值量从而决定利润率的一个因素。这特别是因为这种提高，如上所述，在不变资本同可变资本相比完全没有增加或不按比例增加的情况下也会发生。这个因素不会取消一般的规律。但是，它不如说会使一般的规律作为一种趋势来发生作用，即成为这样一种规律，它的绝对的实现被起反作用的各种情况所阻碍、延缓和减弱。但是，因为使剩余价值率提高（甚至延长劳动时间也是大工业的一个结果）的同一些原因，具有使一定量资本所使用的劳动力减少的趋势，所以同一些原因具有使利润率降低的趋势，同时又使这种降低的运动延缓下来。

2. 工资被压低到劳动力的价值以下

在这里，这种情况只是作为经验的事实提出，因为它和其他许多似乎应该在这里提到的情况一样，实际上同资本的一般分析无关，而属于不是本书所要考察的竞争的研究范围。但它是阻碍利润率下降趋势的最显著的原因之一。

3. 不变资本各要素变得便宜

就总资本来看，不变资本的价值并不和它的物质量按同一比例增加。例如，一个欧洲纺纱工人在一个现代工厂中加工的棉花量，同一个欧洲纺纱业者从前用纺车加工的棉花量相比，是极大地增加了。但是加工的棉花的价值，并不和它的量按同一比例增加。机器和其他固定资本的情况也是这样。总之，使不变资本量同可变资本相比相对增加的同一发展，由于劳动生产力的提高，会使不变资本各要素的价值减少，从而使不变资本的价值不和它的物质量，就是说，不和同量劳动力所推动的生产资料的物质量，按同一比例增加，虽然不变资本的价值会不断增加。在个别情况下，不变资本各要素的量，甚至会在不变资本的价值保持不变或甚至下降的时候增加。

同上述情况有关的，是现有资本（即它的物质要素）随着工业发展而发生的贬值。它也是阻碍利润率下降的不断发生作用的原因之一，虽然它在某些情况下会使提供利润的资本的量减少，从而使利润量减少。这里再一次表明，造成利润率下降趋势的同一些原因，也会阻碍这种趋势的实现。

4. 相对过剩人口

相对过剩人口的产生,是和表现为利润率下降的劳动生产力的发展分不开的,并且由于这种发展而加速。一个国家的资本主义生产方式越发展,这个国家的相对过剩人口就表现得越明显。一方面,相对过剩人口又是造成下述情况的原因:许多生产部门中劳动或多或少不完全从属于资本的现象继续存在,而且,即使这种现象初看起来和一般发展水平已不相适应,这种现象仍会继续存在;它也是下述情况造成的结果:可供支配的或被游离的雇佣工人价格低廉和数量众多,一些生产部门出于其本性而更加强烈地反对由手工劳动转化为机器劳动。另一方面,出现了新的生产部门,特别是生产奢侈品的部门,这些生产部门把其他生产部门中常常由于不变资本占优势而被游离的上述相对过剩人口作为基础,而这些生产部门本身又建立在活劳动要素占优势的基础之上,只是逐渐地走上其他生产部门所走过的路。在这两个场合,可变资本在总资本中占有相当大的比重,工资则低于平均水平,结果这些生产部门的剩余价值率和剩余价值量都非常高。因为一般利润率是由各特殊生产部门利润率的平均化而形成的,所以,造成利润率下降趋势的同一些原因,在这里又会产生一种和这种趋势相反的对抗力量,或多或少地抵消这种趋势的作用。

5. 对外贸易

对外贸易一方面使不变资本的要素变得便宜,一方面使可变资本转变成的必要生活资料变得便宜,就这一点说,它具有提高利润率的作用,因为它使剩余价值率提高,使不变资本价值降低。一般说来,它在这方面起作用,是因为它可以使生产规模扩大。因此,它一方面加速积累,但是另一方面也加速可变资本同不变资本相比的相对减少,从而加速利润率的下降。同样,对外贸易的扩大,虽然在资本主义生产方式的幼年时期是这种生产方式的基础,但在资本主义生产方式的发展中,由于这种生产方式的内在必然性,由于这种生产方式要求不断扩大市场，它成为这种生产方式本身的产物。在这里，我们再一次看见了同样的二重作用。

因此，一般说来，我们已经看到，引起一般利润率下降的同一些原因，又会产生反作用，阻碍、延缓并且部分地抵消这种下降。这些原因不会取消这个规律，但是会减弱它的作用。否则，不能理解的就不是一般利润率的下降，反而是这种下降的相对缓慢了。所以，这个规律只是作为一种趋势发生作用；它的作用，只有在一定情况下，并且经过一个长的时期，才会清楚地显示出来。

6. 股份资本的增加

除上述五点外，还可以补充下面一点，不过关于这一点，我们暂时不能进行深入的研究。在和加速的积累同时并进的资本主义生产的发展中，资本的一部分只作为生息资本来计算和使用……这里的生息资本是在下述意义上说的：这些资本虽然投在大的生产企业上，但在扣除一切费用之后，只提供或大或小的利息，即所谓股息。例如，投在铁路上的资本就是这样。因此，这些资本不参加一般利润率的平均化，因为它们提供的利润率低于平均利润率。如果它们参加进来，平均利润率就会下降得更厉害，从理论上说，我们可以把它们计算进去，这样得到的利润率小于表面上存在的并且对资本家实际上起决定作用的利润率，因为恰好在这些企业内，不变资本同可变资本相比最大。

第 15 章

规律的内部矛盾的展开

1. 概 论

利润率的下降和积累的加速，就二者都表现生产力的发展来说，只是同一个过程的不同表现。积累，就引起劳动的大规模集中，从而引起资本构成的提高来说，又加速利润率的下降。另一方面，利润率的下降又加速资本的积聚，并且通过对小资本家的剥夺，通过对那些还有一点东西可供剥夺的直接生产者的最后残余的剥夺，来加速资本的集中。所以，虽然积累率随着利润率的下降而下降，但是积累在量的方面还是会加速进行。

利润率下降，不是因为对工人的剥削少了，而是因为所使用的劳动同所使用的资本相比少了。

利润量甚至在利润率较低时也会随着所投资本量的增加而增加。但是，这同时需要有资本的积聚，因为这时各种生产条件都要求使用大量资本。这同样需要有资本的集中，即小资本家为大资本家所吞并，小资本家丧失资本。这不过又是劳动条件和生产者的再一次的分离，这些小资本家还属于生产者，因为对他们来说，本人的劳动还起着作用；一般说来，资本家的劳动和他的资本量成反比，就是说，和他成为资本家的程度成反比。正是劳动条件和生产者之间的这种分离,形成资本的概念;这种分离从原始积累(第1册第24章)开始,然后在资本的积累和积聚中表现为不断的过程,最后表现为现有资本集中在少数人手中和许多人丧失资本(现在剥夺正向这方面变化)。如果没有相反的趋势总是在向心力之旁又起离心作用,这个过程很快就会使资本主义生产崩溃。

2. 生产扩大和价值增殖之间的冲突

总的说来,矛盾在于:资本主义生产方式包含着绝对发展生产力的趋势,而不管价值及其中包含的剩余价值如何,也不管资本主义生产借以进行的社会关系如何;而另一方面,它的目的是保存现有资本价值和最大限度地增殖资本价值(也就是使这个价值越来越迅速地增加)。它的独特性质是把现有的资本价值用作最大可能地增殖这个价值的手段。它用来达到这个目的的方法包含着:降低利润率,使现有资本贬值,靠牺牲已经生产出来的生产力来发展劳动生产力。

资本主义生产的**真正限制**是**资本自身**,这就是说:资本及其自行增殖,表现为生产的起点和终点,表现为生产的动机和目的;生产只是为资本而生产,而不是反过来生产资料只是生产者社会的生活过程不断扩大的手段。以广大生产者群众的被剥夺和贫穷化为基础的资本价值的保存和增殖,只能在一定的限制以内运动,这些限制不断与资本为它自身的目的而必须使用的并旨在无限制地增加生产,为生产而生产,无条件地发展劳动社会生产力的生产方法相矛盾。手段——社会生产力的无条件的发展——不断地和现有资本的增殖这个有限的目的发生冲突。因此,如果说资本主义生产方式是发展物质生产力并且创造同这种生产力相适应的世界市场的历史手段,那么,这种生产方式同时也是它的这个历史任务和同它相适应的社会生产关系之间的经常的矛盾。

3. 人口过剩时的资本过剩

单个资本家为了生产的使用劳动所必需的资本最低限额，随着利润率的下降而增加；这个最低限额所以是必需的，既是为了剥削劳动，也是为了使所用劳动时间成为生产商品的必要劳动时间，使它不超过生产商品的平均社会必要劳动时间。同时积聚也增长了，因为超过一定的界限，利润率低的大资本比利润率高的小资本积累得更迅速。这种不断增长的积聚，达到一定程度，又引起利润率重新下降。因此，大量分散的小资本被迫走上冒险的道路：投机、信用欺诈、股票投机、危机。所谓的资本过剩，实质上总是指利润率的下降不能由利润量的增加来抵消的那种资本——新形成的资本嫩芽总是这样——的过剩，或者是指那种自己不能独立行动而以信用形式交给大经营部门的指挥者去支配的资本的过剩。资本的这种过剩是由引起相对过剩人口的同一些情况产生的，因而是相对过剩人口的补充现象，虽然二者处在对立的两极上：一方面是失业的资本，另一方面是失业的工人人口。

4. 补充说明

资本主义生产的三个主要事实：

1. 生产资料集中在少数人手中，因此不再表现为直接劳动者的财产，而是相反地转化为社会的生产能力，尽管首先表现为资本家的私有财产。这些资本家是资产阶级社会的受托人，但是他们会把从这种委托中得到的全部果实装进私囊。

2. 劳动本身由于协作、分工以及劳动和自然科学的结合而组织成为社会的劳动。

从这两方面，资本主义生产方式把私有财产和私人劳动扬弃了，虽然是在对立的形式上把它们扬弃的。

3. 世界市场的形成。

在资本主义生产方式内发展着的、与人口相比惊人巨大的生产力，以及虽然不是与此按同一比例的、比人口增加快得多的资本价值（不仅是它的物质实体）的增加，同这个惊人巨大的生产力为之服务的、与财富的增长相比变得越来越狭小的基础相矛盾，同这个不断膨胀的资本的价值增殖的条件也相矛盾，危机就是这样发生的。

第四篇

商品资本和货币资本转化为商品经营资本和货币经营资本（商人资本）

第16章　商品经营资本

第17章　商业利润

第18章　商人资本的周转。价格

第19章　货币经营资本

第20章　关于商人资本的历史考察

第 16 章

商品经营资本

商人资本或商业资本分为两个形式或亚种,即商品经营资本和货币经营资本。现在,我们要在分析资本的核心构造所必要的范围内,较详细地说明这两种资本的特征。

商品资本的运动在第二册已经分析过了。就社会总资本来说,它的一部分总是作为商品处在市场上,以便转化为货币,虽然这部分的构成要素不断改变,甚至数量也在变化;另一部分则以货币形式处在市场上,以便转化为商品。社会总资本总是处在这种转化即这种形态变化的运动中。只要处在流通过程中的资本的这种职能作为一种特殊资本的特殊职能独立起来,作为一种由分工赋予特殊一类资本家的职能固定下来,商品资本就成为商品经营资本或商业资本。

商品经营资本不外是这个不断处在市场上、处在形态变化过程中并总是局限在流通领域内的流通资本的一部分的转化形式。我们说一部分,是因为商品的买和卖有一部分是不断地在产业资本家自身中间直接进行的。

商品经营者,作为资本家一般,首先是作为某个货币额的代表出现在市场上;他作为资本家预付这个货币额,也就是说,他要把这个货币额从 x(这个货币额的原有价值)转化为 $x + \triangle x$(这个货币额加上它的利润)。但是,对他这个不仅是作为资本家一般,而且特别是作为商品经营者的人来说,不言而喻的是,他的资本最初必须以货币资本的形式出现在市场上,因为他不生产商品,而只是经营商品,对商品的运动起中介作用,而要经营商品,他就必须首先购买商品,因此必须是货币资本的占有者。

商品经营资本无非是生产者的商品资本,这种商品资本必须经历它转化为货币的过程,必须在市场上完成它作为商品资本的职能;不过这种职能已经不是表现为生产者的附带活动,而是表现为一类特殊资本家即商品经营者的专门活动,它已经作为一种特殊投资的业务而独立起来。

此外,这种情况也表现在商品经营资本的特有流通形式上。商人购买商品,然后把它卖掉:G—W—G′。

对生产资本家来说是W—G的行为,即他的资本执行其商品资本这一暂时形态上的简单职能的行为,对商人来说却是G—W—G′的行为,即他所预付的货币资本实现特殊增殖过程的行为。商品形态变化的一个阶段,在这里,对商人来说,表现为G—W—G′,也就是表现为一种独特的资本的演变。

既然商品经营资本在自行销售的生产者手中显然只是他的资本在再生产过程中的一个特殊阶段上,即停留在流通领域的时候所表现的一种特殊形式,那么,是什么情况使商品经营资本具有一个独立执行职能的资本的性质呢?

第一,是下面这个情况:商品资本是在一个和它的生产者不同的当事人手中完成它最终转化为货币的过程,即完成它的第一形态变化,完成它在市场上作为商品资本所固有的职能的;商品资本的这种职能,是以商人的活动,即商人的买卖为中介的,于是这种活动就形成一种特别的、与产业资本的其他职能分离的、因而是独立存在的业务。这是社会分工的一种特殊形式,结果是,一部分本来要在资本再生产过程的一个特殊阶段(在这里就是流通阶段)中完成的职能,现在表现为一种和生产者不同的、特别的流通当事人的专门职能。但是单有这一点,这种特殊业务还决不会表现为一种和处于再生产过程的产业资本不同的、独立于产业资本之外的特殊资本的职能;在商品经营只是由产业资本家的推销员或其他直接代理人进行的地方，它实际上还没有表现为这种职能。因此，还必须有第二个因素。

第二，这是由于独立的流通当事人，商人在这个地位上要预付货币资本（他自有的或借入的）。那个对于处在再生产过程中的产业资本来说只表现为 W—G，即商品资本转化为货币资本或单纯的卖的行为，对商人来说却表现为 G—W—G′，即同一商品的买和卖，因而表现为货币资本的回流，这个货币资本在商人进行购买时离开了他，通过出售又回到他手中。

因此，商品资本会在商品经营资本形式上取得一种独立资本的形态，是由于这样一种情况：商人预付货币资本，这种资本所以能作为资本自行增殖，能执行资本的职能，是因为它专门从事这样一种活动，即作为中介实现商品资本的形态变化，实现这一资本作为商品资本的职能，也就是实现它向货币的转化，并且这一点是通过商品的不断的买和卖来实现的。这是商品经营资本的唯一活动；对产业资本流通过程起中介作用的这种活动，就是商人使用的货币资本的唯一职能。通过这种职能，商人把他的货币转化为货币资本，把他的 G 表现为 G—W—G′；并且通过同一过程，他把商品资本转化为商品经营资本。

商品经营资本，只要它以商品资本的形式存在，从社会总资本的再生产过程来看，显然不过是产业资本中那个还处在市场上、处在自己的形态变化过程中、现在作为商品资本存在和执行职能的部分。因此，这只是商人预付的货币资本，这种货币资本是专门用于买卖商品的，因而只采取商品资本和货币资本的形式，而从来不采取生产资本的形式，并且总是处在资本的流通领域中。

只要商人资本没有超过它的必要的比例，那就必须承认：

1. 由于分工，专门用于买卖的资本（在这里，除了购买商品的货币以外，还包括在经营商业所必要的劳动方面和在商人的不变资本即仓库、运输等等方面必须支出的货币），小于产业资本家在必须亲自从事他的企业的全部商业活动时所需要的这种资本。

2. 因为商人专门从事这种业务，所以，不仅生产者可以把他的商品较早地转化为货币，而且商品资本本身也会比它处在生产者手中的时候更快地完成它的形态变化。

3. 就全部商人资本同产业资本的关系来看,商人资本的一次周转,不仅可以代表一个生产部门许多资本的周转,而且可以代表不同生产部门若干资本的周转。前一种情况是,例如,在麻布商人用他的3 000镑购买麻布生产者的产品并再把它卖掉以后,在这个生产者再把同量商品投入市场以前,他又去购买另一个或几个麻布生产者的产品并再把它卖掉,这样也就对同一生产部门中的不同资本的周转起中介作用。后一种情况是,例如,在商人把麻布卖掉之后,接着买进生丝,从而对另一个生产部门的资本的周转起中介作用。

商人资本的周转,与一个同样大小的产业资本的周转或一次再生产是不同的;相反地,它同若干个这种资本的周转的总和相等,而不管这种资本是属于同一生产部门还是属于不同生产部门。商人资本周转得越快,总货币资本中充当商人资本的部分就越小;商人资本周转得越慢,总货币资本中充当商人资本的部分就越大。生产越不发达,商人资本的总额,同投入流通的商品的总额相比,就越大;但是绝对地说,或者同比较发达的状态相比,则越小。反过来,情况也就相反。因此,在这样的不发达状态下,真正的货币资本大部分掌握在商人手中,这样,商人的财产对于其他人的财产来说成为货币财产。

商人预付的货币资本的流通速度取决于:1. 生产过程更新的速度和不同生产过程互相衔接的速度;2. 消费的速度。

商人资本仅仅为了完成上述周转,不需要按自己的全部价值量先买进商品,然后再把它卖掉。商人同时完成这两种运动。在这种情况下,他的资本分为两部分。一部分由商品资本构成,另一部分由货币资本构成。他在这里买东西,从而把他的货币转化为商品。他在那里卖东西,从而把另一部分商品资本转化为货币。一方面,他的资本作为货币资本流回他手中,另一方面,商品资本流到他手中。以一种形式存在的部分越大,以另一种形式存在的部分就越小。二者互相交替并互相平衡。如果货币作为支付手段的应用和由此发展起来的信用制度,同货币作为流通手段的应用结合在一起,那么,商人资本的货币资本部分同这个商人资本完成的交易额相比,就会更加减少。如果我购买了价值1 000镑的葡萄酒,支付期是3个月,在3个月期满以前，我已经按现金交易把葡萄酒卖掉了，那么，进行这笔交易就一文钱也没有预付。

商人资本不外是在流通领域内执行职能的资本。流通过程是总再生产过程的一个阶段。但是在流通过程中，任何价值也没有生产出来，因而任何剩余价值也没有生产出来。在这个过程中，只是同一价值量发生了形式变化。事实上不过是发生了商品的形态变化，这种形态变化本身同价值创造或价值变化毫无关系。如果说在生产的商品出售时实现了剩余价值，那是因为剩余价值已经存在于该商品中；因此，在第二个行为，即货币资本同商品（各种生产要素）的再交换中，买者也不会实现任何剩余价值，在这里货币同生产资料和劳动力的交换只是为剩余价值的生产做了准备。相反地，既然这些形态变化要花费流通时间——在这个时间内资本根本不生产东西，因而也不生产剩余价值——这个时间也就限制价值的创造，表现为利润率的剩余价值会正好和流通时间的长短成反比。因此，商人资本既不创造价值，也不创造剩余价值，就是说，它不直接创造它们。但既然它有助于流通时间的缩短，它就能间接地有助于产业资本家所生产的剩余价值的增加。既然它有助于市场的扩大，并对资本之间的分工起中介作用，因而使资本能够按更大的规模来经营，它也就能提高产业资本的生产效率和促进产业资本的积累。既然它缩短流通时间，它也就提高剩余价值对预付资本的比率，也就是提高利润率。既然它把资本的一个较小部分作为货币资本束缚在流通领域中，它就增大了直接用于生产的那部分资本。

第 17 章

商 业 利 润

　　商品经营资本——撇开可以和它结合在一起的一切异质的职能，如保管、发送、运输、分类、散装等，只说它的真正的为卖而买的职能——既不创造价值，也不创造剩余价值，它只是对它们的实现起中介作用，因而同时也对商品的实际交换，对商品从一个人手里到另一个人手里的转让，对社会的物质变换起中介作用。但是，因为产业资本的流通阶段，和生产一样，形成再生产过程的一个阶段，所以在流通过程中独立地执行职能的资本，也必须和在各不同生产部门中执行职能的资本一样，提供年平均利润。如果商人资本比产业资本带来百分比更高的平均利润，那么，一部分产业资本就会转化为商人资本。如果商人资本带来更低的平均利润，那么就会发生相反的过程。一部分商人资本就会转化为产业资本。没有哪一种资本比商人资本更容易改变自身的用途，更容易改变自身的职能了。

　　因为商人资本本身不生产剩余价值，所以很清楚，以平均利润的形式归商人资本所有的剩余价值，是总生产资本所生产的剩余价值的一部分。但是现在问题在于：商人资本怎样从生产资本所生产的剩余价值或利润中获得归它所有的那一部分呢？

　　认为商业利润是单纯的加价，是商品价格在名义上高于它的价值的结果，这不过是一种假象。

很清楚，商人只能从他所出售的商品的价格中获得他的利润，更清楚的是，他出售商品时赚到的这个利润，必然等于商品的购买价格和它的出售价格之间的差额，必然等于后者超过前者的余额。

假定一年中预付的总产业资本为720c+180v=900（比如说以百万镑为单位），m′=100%。因而产品等于720c+180v+180m。然后我们把这个产品或生产出来的商品资本叫作W，它的价值或生产价格（因为就全部商品来说，二者是一致的）就等于1 080，总资本900的利润率等于20%。按照前面的阐述，这个20%是平均利润率，因为在这里剩余价值不是根据这个或那个具有特殊构成的资本计算的，而是根据具有平均构成的总产业资本计算的。因而W=1 080，利润率=20%。现在我们假定，在这900镑产业资本之外，还有100镑商人资本加入，它要按照自己大小的比例从利润中分得和产业资本相同的份额。按照假定，它是总资本1 000中的$\frac{1}{10}$。因此，它从全部剩余价值180中分得$\frac{1}{10}$；也就是按18%的比率获得一笔利润。因此，留下来要在其余$\frac{9}{10}$的总资本中进行分配的利润实际上只有162，对资本900来说也是18%。因此，产业资本900的所有者把w卖给商品经营者的价格是720c+180v+162m=1 062。因此，如果商人对他的资本100加上18%的平均利润，他就是按照1 062+18=1 080，也就是按照商品的生产价格来出售商品，或者就总商品资本来看，也就是按照商品的价值来出售商品，虽然他的利润只是在流通中并且通过流通才获得的，只是由于他的出售价格超过他的购买价格的余额才获得的。不过，他还是没有高于商品的价值或高于商品的生产价格出售商品，而正是因为他是低于商品的价值或低于商品的生产价格从产业资本家那里购买商品的。

因此，商人资本会按照它在总资本中所占的比例，作为一个决定的因素参加一般利润率的形成。拿上述例子来说，平均利润率=18%，所以，如果不是总资本有$\frac{1}{10}$是商人资本，由此使一般利润率降低了$\frac{1}{10}$，那么一般利润率就会等于20%。这样一来，关于生产价格也就出现一个更确切的有限制的规定。我们仍然要把生产价格理解为商品的价格，即等于商品的成本（商品中包含的不变资本＋可变资本的价值）＋平均利润。但是，这个平均利润现在是由另外的方法决定的。它是由总生产资本所生产的总利润决定的；但不是按这个总生产资本来计算的，而是按总生产资本＋商业资本来计算的。在前一个场合，如果总生产资本如上所述等于900，利润等于180，平均利润率就会是$\frac{180}{900}$＝20%；在后一个场合，如果生产资本为900，商业资本为100，平均利润率就是$\frac{180}{1000}$＝18%。因此，生产价格等于k（成本）＋18，而不是等于k＋20。在平均利润率中，总利润中归商业资本所有的部分已经计算在内了。因此，总商品资本的实际价值或实际生产价格等于k＋p＋h（在这里，h代表商业利润）。所以，生产价格或者说产业资本家本人出售商品的价格，小于商品的实际生产价格；或者，就商品的总体来看，产业资本家阶级出售全部商品的价格，小于这全部商品的价值。这样，拿上述例子来说，900（成本）＋900的18%，即900＋162＝1 062。现在商人把他花费100的商品，按118出售，他当然加价18%；但是，因为他用100买来的商品本来值118，所以他并没有以高于商品的价值出售。我们以后要在上述这个更确切的意义上使用生产价格这个用语。在这种情况下很清楚，产业资本家的利润等于商品的生产价格超过它的成本价格的余额，而和这种产业利润不同，商业利润等于商品的出售价格超过它的生产价格的余额，这个生产价格对商人来说就是商品的购买价格；但是，商品的实际价格＝商品的生产价格＋商业利润。正像产业资本之所以能实现利润，只是因为利润作为剩余价值已经包含在商品的价值中一样，商业资本之所以能实现利润，只是因为产业资本在商品的价格中实现的并非全部的剩余价值或利润。因此，商人的出售价格之所以高于购买价格，并不是因为出售价格高于总价值，而是因为购买价格低于总价值。

可见，商人资本虽然不参加剩余价值的生产，但参加剩余价值到平均利润的平均化。因此，一般利润率已经意味着从剩余价值中扣除了属于商人资本的部分，也就是说，对产业资本的利润做了一种扣除。

根据以上所说可以得出如下结论：

1. 同产业资本相比，商人资本越大，产业利润率就越小。反过来，情况也就相反。

2. 如果像第一篇已经说明的那样，利润率总是表现为一个小于实际剩余价值率的比率，也就是说，总是把劳动的剥削程度表现得过小，如以上述 $720c + 180v + 180m$ 的情况为例，一个 100% 的剩余价值率仅仅表现为一个 20% 的利润率，那么，既然平均利润率本身在商人资本应得的份额计算进来时表现得更小，在这里，是 18%，而不是 20%，这个比率就相差得更大。因此，直接进行剥削的资本家的平均利润率所表现的利润率小于实际的利润率。

商人除了为购买商品而预付的货币资本以外，总是还要预付一个追加的资本，用来购买和支付这种流通手段。如果这个成本要素是由流动资本构成的，它就全部作为追加要素加入商品的出售价格，如果这个成本要素是由固定资本构成的，它就按照自己损耗的程度，作为追加要素加入商品的出售价格；不过，这样一个要素，即使它和纯粹的商业流通费用一样不形成商品价值的实际追加，也会作为一个形成名义价值的要素加入商品的出售价格。但是，这全部追加资本不管是流动的还是固定的，都会参加一般利润率的形成。

纯粹的商业流通费用（因而发送、运输、保管等费用除外），归结为这样一些费用：为了实现商品的价值，使之由商品转化为货币或由货币转化为商品，对商品交换起中介作用所必需的。在这里，我们把那些会在流通行为中继续进行的并且可以和商人业务完全分开的生产过程撇开不说。正像例如真正的运输业和发送业事实上可以是而且是和商业完全不同的产业部门一样，待买和待卖的商品也可以堆在码头或别的公共场所，由此引起的费用，如果必须由商人预付，会由第三者记在商人账上。这一切都会在真正的批发商业中发生。在批发商业中，商人资本以最纯粹的形式出现，最少同其他职能交织在一起。运输业者、铁路经营者、船主，都不是"商人"。我们在这里考察的费用，是指买和卖方面的费用。以前已经指出，这种费用归结为计算、簿记、市场、通讯等方面的开支。为此必需的不变资本包括事务所、纸张、邮资等。另外一些费用则归结为可变资本,这是为雇用商业上的雇佣工人而预付的。

所有这些费用都不是在生产商品的使用价值时花掉的,而是在实现商品的价值时花掉的;它们是纯粹的流通费用。它们不加入直接的生产过程,但是加入流通过程,因而加入再生产的总过程。

在这些费用中,我们在这里唯一感兴趣的部分,是花费在可变资本上的那部分。

现在要问:商业资本家即这里所说的商品经营者所雇用的商业雇佣工人的情况,是怎样的呢?

从一方面说,一个这样的商业工人,和任何另一个工人一样,是雇佣工人。第一,因为这种劳动是用商人的可变资本,而不是用作为收入来花费的货币购买的;因此,购买这种劳动的目的并不是为了替私人服务,而是为了使预付在这上面的资本自行增殖。第二,因为他的劳动力的价值,从而他的工资,也和一切其他雇佣工人的情况一样,是由他特有的劳动力的生产费用和再生产费用决定的,而不是由他的劳动的产物决定的。

但是,在商业工人和产业资本直接雇用的工人之间,必然会出现产业资本和商业资本之间,从而产业资本家和商人之间出现的同样的差别。因为商人作为单纯的流通当事人既不生产价值,也不生产剩余价值(因为他由自己的费用加到商品上的追加价值,不过是原先已有的价值的追加,尽管这里还有一个问题:他究竟怎样保持和保存他的不变资本的这个价值?),所以,他雇用的执行同样职能的商业工人,也不可能直接为他创造剩余价值。

商业资本只是由于它的实现价值的职能,才在再生产过程中作为资本执行职能,因而才作为执行职能的资本,从总资本所生产的剩余价值中取得自己的份额。对单个商人来说,他的利润量取决于他能够用在这个过程中的资本量,而他的店员的无酬劳动越大,他能够用在买卖上的资本量就越多。商业资本家会把他的货币借以成为资本的职能本身,大部分交给他的工人去承担。这些店员的无酬劳动,虽然不创造剩余价值,但能使他占有剩余价值;这对这个资本来说,就结果而言是完全一样的;因此,这种劳动对商业资本来说是利润的源泉。

否则，商业就不可能大规模地经营，就不可能按资本主义的方式经营了。

正如工人的无酬劳动为生产资本直接创造剩余价值一样，商业雇佣工人的无酬劳动，也为商业资本在那个剩余价值中创造出一个份额。

困难在于：既然商人本身的劳动时间和劳动不是创造价值的劳动（尽管这种劳动为他在已经生产的剩余价值中创造出一个份额），他用来购买商业劳动力的可变资本的情况又是怎样的呢？

我们把直接投在商品买卖上的资本叫作 B，把在执行这个职能时消耗的不变资本（物质上的经营费用）叫作 K，把商人投入的可变资本叫作 b。

B 的补偿不会造成任何困难。对商人说来，它只是已经实现的购买价格，对工厂主说来，它只是生产价格。商人支付这个价格，但在再出售时会把 B 作为他的出售价格的一部分收回；在这个 B 之外，正如我们在前面所说的那样，他还会得到 B 的利润。例如，商品值 100 镑。利润假定是 10%。那么，商品就要卖 110 镑。这个商品原来就已经值 100 镑；商人资本 100 只是给它加进了 10。

再说 K。它至多和生产者在卖出和买进上所消耗的那部分不变资本一样大，但事实上总是比后者小；然而这部分不变资本会形成生产者在生产上直接使用的不变资本的一种追加。但无论如何，这个部分总是必须不断由商品的价格得到补偿，或者同样可以说，必须有一个相应部分的商品不断以这个形式支出，就社会总资本来看，也就是必须不断以这个形式再生产出来。这部分预付不变资本，和直接投在生产上的全部不变资本一样，会对利润率发生限制作用。只要产业资本家把他的业务的商业部分转交给商人，他就无须预付这部分资本。商人会代替他预付这部分资本。但这只是名义上的预付；商人既不生产也不再生产他所消费的不变资本（物质上的经营费用）。因此，这种不变资本的生产表现为某些产业资本家的专门业务，或者至少表现为他们的业务的一部分。这些产业资本家所起的作用，是和那些为生活资料的生产者提供不变资本的产业资本家所起的作用一样的。商人首先要得到这种不变资本的补偿；其次要取得这种不变资本的利润。因此，二者都会使产业资本家的利润减少。不过，由于与分工相连的集中和节约，利润的减少，比在产业资本家必须亲自预付这种资本的情况下要小。利润率的减少比较小，因为这样预付的资本比较小。

因此，到现在为止，出售价格是由 B + K + （B + K 的利润）构成的。出售价格的这个部分，根据以上所说，不会造成任何困难。但是，现在出现了 b，即商人预付的可变资本。

这样一来，出售价格就变为 B + K + b + （B + K 的利润）+ （b 的利润）。

按照假定，只是商业劳动，即只是对资本的流通职能即对 W—G 和 G—W 起中介作用所必要的劳动。但商业劳动是使一个资本作为商人资本执行职能、对从商品到货币和从货币到商品的转化起中介作用所必要的劳动。这种劳动实现价值，但不创造价值。并且，只是由于一个资本执行了这些职能——也就是说，一个资本家用他的资本进行了这些活动，进行了这些劳动——这个资本才作为商人资本执行职能，才参加一般利润率的规定，也就是说，才从总利润中取得它的份额。不过在 b + b 的利润中，看来要支付的是：第一，劳动的报酬（不管产业资本家是为商人自己的劳动支付报酬，还是为商人所雇用的店员的劳动支付报酬都一样）；第二，对这种劳动——本来应由商人自己完成的劳动——所作的支付额应获得的利润。商人资本第一会得到 b 的补偿物，第二会得到 b 的利润；因此，这是这样产生的：第一，它让人对那种使它得以作为商人资本执行职能的劳动付给它报酬；第二，它让人付给它利润，因为它作为资本执行了职能，也就是说，因为它作为执行职能的资本完成了一种应得到利润作为报酬的劳动。因此，这就是我们要解决的问题。

我们假定 B = 100，b = 10，利润率 = 10%。我们还假定 K = 0，以便使购买价格中这个与这里无关并且已经得到说明的要素不再不必要地重新加入计算中去。这样，出售价格 = B + P + b + p（= B + Bp′ + b + bp′，P′在这里代表利润率）= 100 + 10 + 10 + 1 = 121。

但是，如果商人不是把 b 投在工资上面——因为 b 只是用来支付商业劳动的报酬，而这种劳动是实现由产业资本投入市场的商品资本的价值所必需的——情形就会变成这样：商人只好花费自己的时间用

B（=100）从事购买或出售；我们假定，这是他能够支配的唯一时间。如果这个用 b 或 10 来代表的商业劳动不是通过工资而是通过利润来支付，那就要假定另外还有一个商人资本等于100，因为它按10%计算为 b=10。这第二个 B（=100）不会追加到商品价格中去，但是这个10%却会追加到商品价格中去。因此，会有两个用100进行的业务，加起来等于200，这样，商品要按200+20=220来购买。

  商业工人不直接生产剩余价值。但是，他的劳动的价格是由他的劳动力的价值决定的，也就是由他的劳动力的生产费用决定的，而这个劳动力的应用，作为一种发挥，一种力的表现，一种消耗，却和任何别的雇佣工人的情况一样，是不受他的劳动力的价值限制的。因此，他的工资并不与他帮助资本家实现的利润量保持任何必要的比例。资本家为他支出的费用，和他带给资本家的利益，是不同的量。他给资本家带来利益，不是因为他直接创造了剩余价值，而是因为他在完成劳动——一部分是无酬劳动——的时候，帮助资本家减少了实现剩余价值的费用。

  对产业资本来说，流通费用表现为并且确实是非生产费用。对商人来说，流通费用表现为他的利润的源泉，在一般利润率的前提下，他的利润和这种流通费用的大小成比例。因此，对商业资本来说，投在这种流通费用上的支出，是一种生产投资。所以，它所购买的商业劳动，对它来说，也是直接生产的。

第18章
商人资本的周转。价格

商人资本的周转,因为事实上只是商品资本的独立化的运动,所以只是把商品形态变化的第一阶段 W—G,表现为一种特殊资本自我回流的运动;从商人来看的 G—W、W—G,表现为商人资本的周转。

因此,一定量商人资本的周转次数,在这里和货币作为单纯流通手段的流通的反复,十分相似。正像同1个塔勒流通10次就是买了10次价值1塔勒的商品一样,商人手中的同一货币资本,例如100,周转10次就是买了10次价值100的商品,或者说,实现了价值10倍的总商品资本:1 000。但是有一个区别,在货币作为流通手段进行流通时,同一货币要经过不同人的手,就是说,反复完成同一职能,因此流通的货币量由流通速度来弥补。但是,在商人那里,同一货币资本(不管它是由哪些货币单位构成),同一货币价值,却是按其价值额反复买卖商品资本,因而作为 G + △G 反复流回同一个人手里,也就是作为价值加上剩余价值流回它的起点。这就是它的周转作为资本的周转所具有的特征。从流通中取出的货币总是比投入流通的货币多。此外,不言而喻,随着商人资本周转的加速(在发达的信用制度下,货币作为支付手段的职能成了货币的主要职能),同一货币量的流通也会加快。

但是,商品经营资本的反复周转,始终只是表示买和卖的反复;

而产业资本的反复周转，则表示总再生产过程（其中包括消费过程）的周期性和更新。但这一点对商人资本来说，只表现为外部条件。产业资本必须不断把商品投入市场，并从市场再取走商品，商人资本才能保持迅速周转。如果再生产过程是缓慢的，商人资本的周转也就是缓慢的。当然，商人资本对生产资本的周转起中介作用，但这只是就它缩短生产资本的流通时间来说的。它不会直接影响生产时间，而生产时间也是对产业资本周转时间的一个限制。这对商人资本的周转来说是第一个界限。第二，把再生产消费所造成的限制撇开不说，商人资本的周转最终要受全部个人消费的速度和规模的限制，因为商品资本中加入消费基金的整个部分，取决于这种速度和规模。

但是（把商业界内部的周转撇开不说，在那里，一个商人总是把同一商品卖给另一个商人，在投机时期，这种流通会显得非常旺盛），第一，商人资本会缩短生产资本的 W—G 阶段。第二，在现代信用制度下，商人资本支配着社会总货币资本的一个很大的部分，因此，它可以在已购买的物品最终卖掉以前反复进行购买。在这里，无论是我们这个商人直接把商品卖给最后的消费者，还是在这二者之间另有 12 个商人，都与问题无关。当再生产过程有巨大的弹性，能够不断突破每一次遇到的限制时，商人在生产本身中不会发现任何限制，或者只会发现有很大弹性的限制。因此，除了由于商品性质造成的 W—G 和 G—W 的分离以外，这里将会创造出一种虚假的需求。尽管商人资本的运动独立化了，它始终只是产业资本在流通领域内的运动。但是，由于商人资本的独立化，它的运动在一定界限内就不受再生产过程的限制，因此，甚至还会驱使再生产过程越出它的各种限制。内部的依赖性和外部的独立性会使商人资本达到这样一点：内部联系要通过暴力即通过一次危机来恢复。

如果 1 磅砂糖的生产价格为 1 镑，商人用 100 镑就能买到 100 磅砂糖。如果这是他在一年内买卖的数量，如果年平均利润率为 15%，他就会在 100 镑上加进 15 镑，即在 1 磅的生产价格 1 镑上加进 3 先令。这样，他会按 1 镑 3 先令的价格出售 1 磅砂糖。现在，如果 1 磅砂糖的生产价格下降到 1 先令，商人用 100 镑就能买到 2 000 磅砂糖，并且会按每磅 1 先令 $1\frac{4}{5}$ 便士的价格来出售。投在砂糖营业上的

100镑资本的年利润仍旧等于15镑。不过在一个场合，他只要卖100镑，在另一个场合，他却要卖2 000镑。生产价格的高低，对利润率没有任何意义；但是，对每磅砂糖的出售价格中构成商业利润的部分的大小，也就是说，对商人在一定量商品（产品）上的加价的多少，却有很大的、决定性的意义。如果一个商品的生产价格很小，商人预付在该商品的购买价格上的金额，即为一定量该商品预付的金额也就很小，因此，在利润率已定时，他从这个一定量廉价商品上获得的利润额也就很小。或者，换一种说法也一样：商人在这种情况下能用一定量资本，例如100镑，买到大量这种便宜的商品，他从这100镑上获得的总利润15，会分成很小的份额，分配到这个商品量的每个单位上去。反过来，情况也就相反。这完全取决于把商人所经营的商品生产出来的那个产业资本的生产率的大小。如果把商人是垄断者并且同时垄断着生产的情况，比如荷兰东印度公司当时的情况撇开不说，那么，再也没有什么东西比下面这种流行的看法更为荒唐的了，按照这种看法，就单个商品来说，是薄利多销，还是厚利少销，完全取决于商人自己。他的出售价格有两个界限：一方面是商品的生产价格，这是不由他做主的；另一方面是平均利润率，这也是不由他做主的。他能够决定的只有一件事情，就是他愿意经营昂贵的商品还是经营便宜的商品；但即使在这件事情上，他可以支配的资本量和其他一些情况也在起作用。因此，商人怎么干，完全取决于资本主义生产方式的发展程度，而不是取决于商人的愿望。

对商人资本来说，平均利润率是一个已定的量。商人资本不直接参与利润或剩余价值的创造；它按照自己在总资本中所占的部分，从产业资本所生产的利润量中取得自己的份额，只是就这一点来说，它才作为一个决定的因素参加一般利润率的形成。

对商人资本来说，利润率是一个已定的量，一方面由产业资本所生产的利润量决定，另一方面由总商业资本的相对量决定，即由总商业资本同预付在生产过程和流通过程中的资本总额的数量关系决定。它的周转次数，当然会作为一个决定的因素影响它和总资本的比率，或影响流通所必要的商人资本的相对量，因为很清楚，必要的商人资本的绝对量和它的周转速度成反比；如果其他一切条件不变，它的相对量，即它在总资本中所占的份额，就由它的绝对量决定。如果总资本是10 000，那么，在商人资本等于总资本的$\frac{1}{10}$时，就是1 000；如果总资本是1 000，它的$\frac{1}{10}$就是100。就这种情况来说，尽管商人资本的相对量仍旧不变，它的绝对量却不同了，按照总资本的量而不同了。在这里，我们假定它的相对量已定，比如说是总资本的$\frac{1}{10}$。但是，这个相对量本身又由周转决定。在周转快的时候，它的绝对量在第一个场合比如说等于1 000，在第二个场合等于100，因此，它的相对量$=\frac{1}{10}$。在周转较慢的时候，它的绝对量在第一个场合比如说等于2 000，在第二个场合等于200。因此，它的相对量就由总资本的$\frac{1}{10}$，增加到总资本的$\frac{1}{5}$。各种会缩短商人资本平均周转的情况，例如，运输工具的发展，都会相应地减少商人资本的绝对量，从而会提高一般利润率。反过来，情况也就相反。同以前的状况相比，发达的资本主义生产方式会对商人资本产生双重影响：同量商品可以借助一个数量较小的实际执行职能的商人资本来周转；由于商人资本周转的加速和再生产过程速度的加快（前者以后者为基础），商人资本对产业资本的比率将会缩小。另一方面，随着资本主义生产方式的发展，一切生产都会变成商品生产，因而一切产品都会落到流通当事人手中。

但是，假定商人资本同总资本相比的相对量是已定的，不向商业部门中周转的差别，就不会影响归商人资本所有的总利润量，也不会影响一般利润率。商人的利润，不是由他所周转的商品资本的量决定的，而是由他为了对这种周转起中介作用而预付的货币资本的量决定的。如果一般年利润率为15%，商人预付100镑，那么，在他的资本一年周转一次时，他就会按115的价格出售他的商品。如果他的资本一年周转5次，他就会在一年中5次按103的价格出售他按购买价100买来的商品资本，因而在全年内就是按515的价格出售500的商品资本。但是和前一场合一样，他的预付资本100所得到的年利润仍旧是15。如果情况不是这样，商人资本就会随着它的周转次数的增加，比产业资本提供高得多的利润，而这是和一般利润率的规律相矛盾的。

因此，不同商业部门的商人资本的周转次数，会直接影响商品的商业价格。商业加价的多少，一定资本的商业利润中加到单个商品的生产价格上的部分的大小，和不同营业部门的商人资本的周转次数或周转速度成反比。如果一个商人资本一年周转5次，而另一个商人资本一年只能周转一次，那么，前者对同一价值的商品资本的加价，就只有后者对同一价值的商品资本的加价的$\frac{1}{5}$。

此外，不言而喻，商人资本周转的这个规律在每个商业部门中——撇开互相抵消的、较快的周转和较慢的周转交替出现的情况不说——只适用于投入该部门的全部商人资本的平均周转。和资本B投在同一个部门内的资本A的周转次数，可能多于或少于平均周转次数。在这种情况下，其他资本的周转次数就会少于或多于平均周转次数。这丝毫也不会改变投在该部门的商人资本总量的周转。但是，这对单个商人或零售商人来说却有决定意义。在这种情况下，他会赚到超额利润，正像在比平均条件更有利的条件下进行生产的产业资本家会赚到超额利润一样。如果为竞争所迫，他可以卖得比他的伙伴便宜一些，但不会使他的利润降到平均水平以下。如果那些使他能加速资本周转的条件本身是可以买卖的，例如店铺的位置，那么，他就要为此付出额外的租金，也就是说，把他的一部分超额利润转化为地租。

第19章
货币经营资本

货币在产业资本和现在我们可以补充进来的商品经营资本的流通过程中（因为商品经营资本把产业资本的一部分流通运动当做自己特有的运动承担起来）所完成的各种纯粹技术性的运动，当它们独立起来，成为一种特殊资本的职能，而这种资本把它们并且只把它们当做自己特有的活动来完成的时候，就把这种资本转化为货币经营资本了。产业资本的一部分，进一步说，还有商品经营资本的一部分，不仅要作为货币资本一般，而且要作为正在执行这些技术职能的货币资本，不断处于货币形式。现在，从总资本中有一定的部分在货币资本的形式上分离出来并独立起来，这种货币资本的资本职能，是专门替整个产业资本家和商业资本家阶级完成这些活动。就像在商品经营资本的场合一样，这里也是在流通过程中以货币资本形态存在的一部分产业资本分离出来，替其余的所有资本完成再生产过程中的这些活动。所以，这种货币资本的运动，仍然不过是处在自己的再生产过程中的产业资本的一个独立部分的运动。

一旦借贷的职能和信用贸易同货币经营业的其他职能结合在一起，货币经营业就得到了充分的发展，而这种情况即使在货币经营业的最初时期也总会发生。关于这一点，我们在下一篇论述生息资本时再谈。

如果整个货币流通就它的规模、它的形式和它的运动来说,只是商品流通的结果,而从资本主义的观点来看,商品流通本身只表示资本的流通过程(在这里,就收入花费在零售商业中来说,既包括资本对收入的交换,又包括收入对收入的交换),那么,不言而喻,货币经营业就不只是对商品流通的这个单纯结果和表现方式,即对货币流通起中介作用。这个货币流通本身,作为商品流通的一个要素,对货币经营业来说是既定的。货币经营业作为中介,担任货币流通的各种技术性业务,使之集中、缩短和简化。货币经营业不进行货币贮藏,而是提供技术手段,使自愿进行的这个货币贮藏(因而,既不是闲置资本的表现,也不是再生产过程紊乱的表现)减少到它的经济上的最低限度,因为购买手段和支付手段的准备金,在对它的管理是为了整个资本家阶级的场合,不需要像它由每个资本家各自管理的场合那样大。货币经营业不购买贵金属,只是在商品经营业买了贵金属以后对它的分配起中介作用。就货币执行支付手段的职能来说,货币经营业会使差额的平衡易于进行,并且会通过各种人为的结算机制减少平衡差额所需要的货币量;但它既不决定各种互相支付的联系,也不决定它们的规模。例如,在银行和票据交换所内互相交换的汇票和支票,就代表完全独立的营业,是已经完成的各种活动的结果,问题只在于使这些结果的平衡在技术上更完善。就货币作为购买手段而流通来说,买和卖的规模与次数就完全不以货币经营业为转移。货币经营业只能缩短买和卖引起的各种技术活动,并由此减少这种周转所必要的货币现金量。

可见,我们在这里考察的纯粹形式的货币经营业,即与信用制度相分离的货币经营业,只与商品流通的一个要素即货币流通的技术以及由此产生的不同的货币职能有关。

这是货币经营业在本质上区别于商品经营业的地方。商品经营业对商品的形态变化和商品交换起中介作用,或者,甚至使商品资本的这个过程表现为一个由产业资本分离出来的资本的过程。因此,如果说商品经营资本表示一个独特的流通形式 G—W—G,在其中,商品两次换位,货币由此流回(这和 W—G—W 相反,在其中,货币两次转手,由此对商品交换起中介作用),那么,在货币经营资本那里看不出这样的特殊形式。

显然，货币经营者所操作的货币资本的总量，就是商人和产业家的处在流通中的货币资本；货币经营者所完成的各种活动，只是他们作为中介所实现的商人和产业家的活动。

同样很清楚，货币经营者的利润不过是从剩余价值中所作的一种扣除，因为他们的活动只与已经实现（即使只是在债权形式上实现）的价值有关。

第20章
关于商人资本的历史考察

　　以上我们是从资本主义生产方式的角度,并且在资本主义生产方式的界限内,来考察商人资本的。但是,不仅商业,而且商业资本也比资本主义生产方式古老,实际上它是资本在历史上最古老的自由的存在方式。

　　因为商业资本限制在流通领域,而它的职能是专门对商品交换起中介作用,所以,它的存在——撇开由直接的物物交换所产生的各种不发达的形式不说——所必要的条件,无非就是简单的商品流通和货币流通所必要的条件。或者不如说,简单的商品流通和货币流通就是它的存在条件。作为商品而进入流通的产品,不论是在什么生产方式的基础上生产出来的——不论是在原始共同体的基础上,还是在奴隶生产的基础上,还是在小农民和小市民的生产的基础上,还是在资本主义生产的基础上生产出来的——都不会改变自己的作为商品的性质;作为商品,它们都要经历交换过程和随之发生的形态变化。商人资本为之作中介的两极,对商人资本来说,是已经存在的东西,就像它们对货币和对货币的运动来说是已经存在的东西一样。唯一必要的事情是这两极作为商品已经存在,而不管生产完全是商品生产,还是投入市场的只是独立经营的生产者靠自己的生产满足自己的直接需要以后余下的部分。商人资本只是对这两极的运动,即对它来说已经作为前提存在的商品的运动，起中介作用。

产品进入商业、通过商人之手的规模，取决于生产方式，而在资本主义生产充分发展时，即在产品只是作为商品，而不是作为直接的生存资料来生产时，这个规模达到自己的最大限度。另一方面，在每一种生产方式的基础上，商业都会促进那些为了增加生产者（这里是指产品所有者）的享受或贮藏货币而要进入交换的剩余产品的生产；因此，商业使生产越来越具有面向交换价值的性质。

在资本主义生产方式中——也就是说，一旦资本支配生产本身并赋予生产一个完全改变了的独特形式——商人资本只是表现为执行一种特殊职能的资本。在以前的一切生产方式中，商人资本表现为资本的真正职能，而生产越是为生产者本人直接生产生活资料，情形就越是如此。

因此，要理解商人资本为什么在资本支配生产本身以前很久就表现为资本的历史形式，这丝毫也不困难。商人资本的存在和发展到一定的水平，本身就是资本主义生产方式发展的历史前提。1. 因为这种存在和发展是货币财产集中的先决条件；2. 因为资本主义生产方式的前提是为贸易而生产，是大规模的销售，而不是面向一个个顾客的销售，因而需要有这样的商人，他不是为满足他个人需要而购买，而是把许多人的购买行为集中到他的购买行为上。另一方面，商人资本的一切发展都会促使生产越来越具有面向交换价值的性质，促使产品越来越转化为商品。但是像我们在下面马上就要进一步叙述的那样，商人资本的发展就它本身来说，还不足以促成和说明一个生产方式到另一个生产方式的过渡。

资本作为商人资本而实现的独立的、优先的发展，意味着生产还没有从属于资本，就是说，资本还是在一个和资本格格不入的、不以它为转移的社会生产形式的基础上发展。因此，商人资本的独立发展，是与社会的一般经济发展成反比例的。

独立的商人财产作为占统治地位的资本形式，意味着流通过程离开它的两极而独立，而这两极就是进行交换的生产者自己。这两极对流通过程仍保持独立，而流通过程对这两极也仍保持独立。产品在这里通过商业而变成商品。在这里，正是商业使产品发展为商品，而不是已经生产出来的商品以自己的运动形成商业。

商人资本的独立发展与资本主义生产的发展程度成反比例这个规律，在例如威尼斯人、热那亚人、荷兰人等经营的转运贸易（carrying trade）的历史上表现得最为明显，在这种贸易上，主要利润的获取不是靠输出本国产品，而是靠在商业和一般经济不发达的各共同体间的产品交换中起中介作用，靠对两个生产国家进行剥削。

古代的商业民族存在的状况，就像伊壁鸠鲁的神存在于世界的空隙中，或者不如说，像犹太人存在于波兰社会的缝隙中一样。最初的独立的、获得巨大发展的商业城市和商业民族的商业，是作为纯粹的转运贸易建立在生产民族的野蛮状态的基础上的，这些商业城市和商业民族对这些生产民族起着中介人的作用。

在资本主义社会以前的各阶段中，商业支配着产业；在现代社会里，情况正好相反。当然，商业对于那些互相进行贸易的共同体来说，会或多或少地发生反作用；它会使生产越来越从属于交换价值，因为它会使享受和生活日益依赖于出售，而不依赖于产品的直接消费。它由此使旧的关系解体。它增进了货币流通。它已经不再是仅仅掌握生产的余额，而且逐渐地侵蚀生产本身，使整个整个的生产部门依附于它。不过，这种解体作用，在很大程度上取决于从事生产的共同体的性质。

只要商业资本是对不发达的共同体的产品交换起中介作用，商业利润就不仅表现为侵占和欺诈，而且大部分是从侵占和欺诈中产生的。

商业和商业资本的发展，到处都使生产朝着交换价值的方向发展，使生产的规模扩大，使它多样化和世界化，使货币发展成为世界货币。因此，商业对各种已有的、以不同形式主要生产使用价值的生产组织，到处都或多或少地起着解体的作用。但是它对旧生产方式究竟在多大程度上起着解体作用，这首先取决于这些生产方式的坚固性和内部结构。并且，这个解体过程会导向何处，换句话说，什么样的新生产方式会代替旧生产方式，这不取决于商业，而是取决于旧生产方式本身的性质。在古代世界，商业的影响和商人资本的发展，总是以奴隶经济为其结果；不过由于出发点不同，有时也只是使家长制的、以生产直接生存资料为目的的奴隶制度，转化为以生产剩余价值为目的的奴隶制度。相反，在现代世界，它会导致资本主义生产方式。由此可以得出结论，这些结果本身，除了取决于商业资本的发展以外，还取决于完全另外一些情况。

城市工业本身一旦和农业分离，它的产品会从一开始就是商品，因而它的产品的出售就需要有商业作为中介，这是理所当然的。因此，商业依赖于城市的发展，而城市的发展也要以商业为条件，这是不言而喻的。但工业的发展在多大程度上与此齐头并进，在这里，却完全取决于另外一些情况。在古罗马，还在共和制的后期，商人资本已发展到古代世界前所未有的高度，而工业的发展却没有什么进步；在科林斯，在欧洲和小亚细亚的其他希腊城市，商业的发展却伴随有手工业的高度发展。另一方面，正好与城市的发展及其条件相反，对那些没有定居下来的游牧民族来说，商业的精神和商业资本的发展，却往往是它们固有的特征。

资本主义以前的、民族的生产方式具有的内部的坚固性和结构，对于商业的解体作用造成了多大的障碍，这从英国人同印度和中国的交往中可以明显地看出来。在印度和中国，小农业和家庭工业的统一形成了生产方式的广阔基础。此外，在印度还有建立在土地公有制基础上的村社的形式，这种村社在中国也是原始的形式。在印度，英国人曾经作为统治者和地租所得者，同时使用他们的直接的政治权力和经济权力，以图摧毁这种小规模的经济公社。如果说他们的商业在那里对生产方式发生了革命的影响，那只是指他们通过他们的商品的低廉价格，消灭了纺织业——工农业生产的这种统一体的一个自古不可分割的部分，这样一来也就破坏了公社。但是，就是在这里，对他们来说，这种解体进程也是进行得极其缓慢的。在中国，那就更缓慢了，因为在这里没有直接政治权力的帮助。因农业和手工制造业的直接结合而造成的巨大的节约和时间的节省，在这里对大工业产品进行了最顽强的抵抗；因为在大工业产品的价格中，会加进大工业产品到处都要经历的流通过程的各种非生产费用。

从封建生产方式开始的过渡有两条途径。生产者变成商人和资本家，而与农业的自然经济和中世纪城市工业的受行会束缚的手工业相对立。这是真正革命化的道路。或者是商人直接支配生产。

这里发生了三重过渡：第一，商人直接成为工业家；在各种以商业为基础的行业，特别是奢侈品工业中情形就是这样；这种工业连同原料和工人一起都是由商人从外国输入的，例如在15世纪，从君士坦丁堡向意大利输入。第二，商人把小老板变成自己的中介人，或者也直接向独立生产者购买；他在名义上使这种生产者独立，并且使他的生产方式保持不变。第三，工业家成为商人，并直接为商业进行大规模生产。

起初，商业是行会手工业、农村家庭手工业和封建农业转化为资本主义企业的前提。它使产品发展成为商品，这有时是因为它为产品创造了市场，有时是因为它提供了新的商品等价物，为生产提供了新的原料和辅助材料，并由此开创了一些一开始就以商业为基础的生产部门，它们既以替市场和世界市场生产为基础，也以世界市场造成的生产条件为基础。一旦工场手工业相当巩固了，尤其是大工业相当巩固了，它就又为自己创造市场，并用自己的商品来夺取市场。这时，商业就成了工业生产的奴仆，而对工业生产来说，市场的不断扩大则是它的生活条件。不断扩大的大量生产，会使现有市场商品充斥，因此，它不断扩大这个市场，突破它的界限。限制这种大量生产的，不是商业（就它仅仅反映现有需求而言），而是执行职能的资本的量和劳动生产力的发展水平。产业资本家总是面对着世界市场，并且把他自己的成本价格不仅同国内的市场价格相比较，而且同全世界的市场价格相比较，同时必须经常这样做。以前，这种比较几乎完全是商人的事，这样就保证了商业资本对产业资本的统治。

第五篇 利润分为利息和企业主收入。生息资本

第21章　生息资本

第22章　利润的分割。利息率。"自然"利息率

第23章　利息和企业主收入

第24章　资本关系在生息资本形式上的外表化

第25章　信用和虚拟资本

第26章　货币资本的积累，它对利息率的影响

第27章　信用在资本主义生产中的作用

第28章　流通手段和资本。图克和富拉顿的见解

第 21 章

生 息 资 本

　　货币——在这里它被看做一个价值额的独立表现,而不管这个价值额实际上以货币形式还是以商品形式存在——在资本主义生产的基础上能转化为资本,并通过这种转化,由一个一定的价值变为一个自行增殖、自行增加的价值。它会生产利润,也就是说,使资本家能够从工人那里榨出一定量的无酬劳动,剩余产品和剩余价值,并把它据为己有。这样,货币除了作为货币具有的使用价值以外,又取得一种追加的使用价值,即作为资本来执行职能的使用价值。在这里,它的使用价值正在于它转化为资本而生产的利润。就它作为可能的资本,作为生产利润的手段的这种属性来说,它变成了商品,不过是一种特别的商品。或者换一种说法,资本作为资本,变成了商品。

　　我们先来考察生息资本的特有的流通。然后第二步再来研究它作为商品出售的独特方式,即它是贷放,而不是永远出让。

　　起点是 A 贷给 B 的货币。A 把货币贷给 B,可以有担保,也可以没有担保;前一种形式是比较古老的,不过用商品或用像票据、股票等等的债券作担保的贷款除外。这些特殊形式和我们这里无关。在这里,我们只是考察普通形式上的生息资本。

　　货币在 B 手中实际转化为资本,完成 G—W—G′ 运动,然后作为

G′，作为 G + △G 回到 A 手中，在这里，△G 代表利息。为简便起见，我们在这里暂且把资本长期留在 B 手中并按期支付利息的情况撇开不说。

这样，运动就是：

$$G—G—W—G′—G′。$$

在这里，出现两次的是，1. 货币作为资本的支出；2. 货币作为已经实现的资本，作为 G′或 G + △G 的流回。

贷出的资本的回流是双重的；在再生产过程中，它流回到执行职能的资本家手中，然后回流再进行一次，转移到贷出者即货币资本家手中，偿还给它的真正的所有者，它的法律上的起点。

以上我们只考察了借贷**资本**在它的所有者和产业资本家之间的运动。现在来研究**利息**。

贷出者把他的货币作为资本放出去；他让渡给另一个人的价值额是资本，因此，这个价值额会流回到他那里。但单是流回到他那里，还不是**作为资本**贷出的价值额的回流，而只是一个贷出的价值额的偿还。预付的价值额要作为资本流回，就必须在运动中不仅保存自己，而且增殖自己，增大自己的价值量，也就是必须带着一个剩余价值，作为 G + △G 流回。在这里，这个△G 是利息，或者说平均利润中不是留在执行职能的资本家手中，而是落到货币资本家手中的部分。

贷出者和借入者双方都是把同一货币额作为资本支出的。但它只有在后者手中才执行资本的职能。同一货币额作为资本对两个人来说取得了双重的存在，这并不会使利润增加一倍。它所以能对双方都作为资本执行职能，只是由于利润的分割。其中归贷出者的部分叫作利息。

第 22 章

利润的分割。利息率。"自然"利息率

因为利息只是利润的一部分,按照我们以上的前提,这个部分要由产业资本家支付给货币资本家,所以,利润本身表现为利息的最高界限,达到这个最高界限,归执行职能的资本家的部分就会等于零。撇开利息事实上可能大于利润,因而不能用利润支付的个别情况不说,我们也许还可以把全部利润减去其中可以归结为监督工资的部分(这部分我们以后加以说明)的余额,看做是利息的最高界限。利息的最低界限则完全无法规定。它可以下降到任何程度。不过这时候,总会出现起反作用的情况,使它提高到这个相对的最低限度以上。

假定其他一切条件相同,也就是说,假定利息和总利润之间的比率或多或少是不变的,执行职能的资本家就能够并且也愿意与利润率的高低成正比地支付较高或较低的利息。因为我们已经知道,利润率的高低和资本主义生产的发展成反比,所以由此可以得出结论,如果利息率的差别实际上表示利润率的差别,一个国家利息率的高低就同样会和产业发展的水平成反比。我们以后会知道,情形并不总是这样。在这个意义上我们可以说,利息是由利润调节的,确切些说,是由一般利润率调节的。并且,这种调节利息的方法,甚至也适用于利息的平均水平。

不管怎样，必须把平均利润率看成是利息的有最后决定作用的最高界限。

要找出平均利息率，就必须：1. 算出大工业周期中发生变动的利息率的平均数；2. 算出那些资本贷出时间较长的投资部门中的利息率。

一个国家中占统治地位的平均利息率——不同于不断变动的市场利息率——不能由任何规律决定。在这方面，像经济学家所说的自然利润率和自然工资率那样的自然利息率，是没有的。

至于不断变动的市场利息率，那么，它和商品的市场价格一样，在每一时刻都是作为固定的量出现的，因为在货币市场上，全部借贷资本总是作为一个总额和执行职能的资本相对立，从而，借贷资本的供给和借贷资本的需求之间的关系，决定着当时市场的利息状况。信用制度的发展和由此引起的信用制度的集中，越是赋予借贷资本以一般的社会的性质，并使它一下子同时投到货币市场上来，情形就越是这样。与此相反，一般利润率只是不断地作为一种趋势，作为一种使各种特殊利润率平均化的运动而存在。

第23章

利息和企业主收入

事实上，只有资本家分为货币资本家和产业资本家，才使一部分利润转化为利息，一般地说，才产生出利息的范畴；并且，只有这两类资本家之间的竞争，才产生出利息率。

现在产生的问题是：利润分为纯利润和利息这种纯粹量的分割，怎么会转变为质的分割？换句话说，只使用自有资本，不使用借入资本的资本家，怎么也要把他的总利润的一部分，归入利息这个特殊的范畴，并特别把它作为利息来计算？从而进一步说，怎么一切资本，不管是不是借入的，都要作为生息的资本，和作为生出纯利润的资本的自身区别开来？

为了回答这个问题，我们必须更详细地谈一下利息形成的实际起点；也就是从这样的前提出发，货币资本家和生产资本家实际上互相对立，不仅在法律上有不同的身份，而且在再生产过程中起着完全不同的作用，或者说，在他们手中，同一资本实际上要通过双重的完全不同的运动。一个只是把资本贷出去，另一个则把资本用在生产上。

对那种用借入的资本从事经营的生产资本家来说，总利润会分成两部分：利息和超过利息的余额。他必须把前者支付给贷出者，而后者则形成他自己所占的利润部分。如果一般利润率已定，这后一部分就由利息率决定；如果利息率已定，这后一部分就由一般利润率决定。其次，无论总利润即全部利润的实际价值量在每个具体场合可以怎样同平均利润发生偏离，其中属于执行职能的资本家的部分仍然要由利息决定，因为利息是由一般利息率（撇开特殊的合法协议不说）确定的，并且在生产过程开始以前，也就是在它的结果即总利润取得以前，已经当做预先确定的量了。我们已经知道，资本的真正的特有产物是剩余价值，进一步说，是利润。但对用借入的资本从事经营的资本家来说，那就不是利润，而是利润减去利息，是支付利息以后留给自己的那部分利润。因此，这部分利润，对他来说必然表现为执行职能的资本的产物；这对他来说确实也是这样，因为他所代表的资本只是执行职能的资本。他在资本执行职能的时候，才是资本的人格化，而资本在它投在产业或商业中带来利润，并由它的使用者用来从事本营业部门要求的各种活动的时候，才执行职能。因此，同他必须从总利润中付给贷出者的利息相反，剩下归他的那部分利润必然采取产业利润或商业利润的形式，或者用一个把二者包括在内的德语名词来表达，就是采取Unternehmergewinn（企业主收入）的形态。如果总利润等于平均利润，这个企业主收入的大小就只由利息率决定。如果总利润同平均利润相偏离，总利润和平均利润（在二者都扣除利息以后）的差额，就由一切会引起暂时偏离——不管这种偏离是一个特殊生产部门的利润率同一般利润率的偏离，还是某个资本家在一定生产部门获得的利润同这个特殊部门的平均利润的偏离——的市场行情决定。但是我们现在已经看到，利润率在生产过程本身中，不仅取决于剩余价值，而且取决于许多其他情况：生产资料的购买价格，效率高于平均水平的生产方法，不变资本的节约，等等。并且撇开生产价格不说，资本家是否高于或低于并且按什么程度高于或低于生产价格购买或出售，因而在流通过程中占有总剩余价值的一个较大的或较小的部分，取决于一些特殊的市场行情，而就每一笔交易来说，取决于资本家的狡猾程度和钻营能力。但是不管怎样，总利润的量的分割在这里都会转化为质的分割，并且，由于这种量的分割本身还取决于供分割的东西是**什么**，取决于能动资本家**怎样**用资本来经营，取决于这个资本作为执行职能的资本，也就是说，资本家作为能动资本家执行职能，使他获得怎样的总利润，情况就更是如此。在这里，职能资本家被假定为资本的非所有者。对他来说，代表资本所有权的是贷出者即货币资本家。因此，他支付给贷出者的利息，表现为总利润中属于资本所有权本身的部分。与此相反，属于能动资本家的那部分利润，现在则表现为企业主收入，这一收入好像完全是从他用资本在再生产过程中所完成的活动或职能产生出来的，特别是从他作为产业或商业企业主所执行的职能产生出来的。因此，利息对他来说只是表现为资本所有权的果实，表现为抽掉了资本再生产过程的资本自身的果实，即不进行"劳动"，不执行职能的资本的果实；而企业主收入对他来说则只是表现为他用资本所执行的职能的果实，表现为资本的运动和过程的果实，这种过程对他来说现在表现为他自己的活动，而与货币资本家的不活动，不参加生产过程相对立。总利润这两部分之间的这种质的区分，即利息是资本自身的果实，是撇开了生产过程的资本所有权的果实，而企业主收入则是处在过程中的、在生产过程中发挥作用的资本的果实，因而是资本使用者在再生产过程中所起的能动作用的果实——这种质的区分绝不仅仅是货币资本家和产业资本家的主观见解。这种区分以客观事实为基础，因为利息归货币资本家所有，归资本的单纯所有者，也就是在生产过程之前和生产过程之外单纯代表资本所有权的贷出者所有；企业主收入则归单纯的职能资本家所有，归资本的非所有者所有。

对于用借入的资本从事经营的产业资本家和不亲自使用自己的资本的货币资本家来说，总利润在两种不同的人，即在两种对同一资本，从而对由它产生的利润享有不同合法权的人之间的单纯量的分割，都会因此转变为质的分割。利润的一部分现在表现为一个规定上的资本应得的果实，表现为利息；利润的另一部分则表现为一个相反规定上的资本的特有的果实，因而表现为企业主收入。一个单纯表现为资本所有权的果实，另一个则表现为用资本单纯执行职能的果实，表现为处在过程中的资本的果实，或能动资本家所执行的职能的果实。总利润的这两部分硬化并且互相独立化了，好像它们出自两个本质上不同的源泉。这种硬化和互相独立化，对整个资本家阶级和整个资本来说，现在必然会固定下来。而且，不管能动资本家所使用的资本是不是借入的，也不管属于货币资本家的资本是不是由他自己使用，情况都是一样。每个资本的利润，从而以资本互相平均化为基础的平均利润，都分成或被割裂成两个不同质的、互相独立的、互不依赖的部分，即利息和企业主收入，二者都由特殊的规律来决定。用自有的资本从事经营的资本家，同用借入的资本从事经营的资本家一样，把他的总利润分为利息和企业主收入。利息归他所有，因为他是资本的所有者，是把资本贷给自己的贷出者，企业主收入也归他所有，因为他是能动的、执行职能的资本家。因此，对于这种质的分割来说，资本家实际上是否和另一个资本家共分，是没有意义的。资本的使用者，即使是用自有的资本从事经营，也具有双重身份，即资本的单纯所有者和资本的使用者；他的资本本身，就其提供的利润范畴来说，也分成资本**所有权**，即处在生产过程**以外**的、本身提供利息的资本，和处在生产过程**以内**的、由于在过程中活动而提供企业主收入的资本。

因此，利息固定下来，以致现在它不是表现为总利润的一种同生产无关的、仅仅在产业家用别人的资本从事经营时才偶然发生的分割。即使产业家用自有的资本从事经营，他的利润也会分为利息和企业主收入。因此，单纯量的分割变为质的分割；不管产业家是不是自己的资本的所有者，同这种偶然的情况无关，这种分割都会发生。这不仅是在不同的人之间进行分配的利润的不同部分，而且还是利润的两种不同范畴。它们和资本有不同的关系，也就是说，和资本的不同规定性有关。

为什么总利润分为利息和企业主收入这种分割，一旦转变为质的分割，就会对整个资本和整个资本家阶级保持这个质的分割的性质，现在理由变得很简单了。

第一，这是由于下面这种简单的经验的事实：大多数产业资本家都按照不同的比例兼用自有资本和借入资本来从事经营，并且自有资本和借入资本之间的比例在不同的时期是变动的。

第二，总利润的一部分转化为利息形式，就会使它的另一部分转化为企业主收入。一旦利息作为独特的范畴存在，企业主收入事实上就只是总利润超过利息的余额所采取的对立形式。

第三，不管产业资本家是用自有的资本还是用借入的资本从事经营，都不会改变这样的情况，即货币资本家阶级是作为一种特殊的资本家，货币资本是作为一种独立的资本，利息是作为一个与这种特别资本相适应的独立的剩余价值形式，来同产业资本家相对立的。

从质的方面来看，利息是资本的单纯所有权所提供的剩余价值，是资本自身提供的剩余价值，虽然资本的所有者一直处在再生产过程之外；因此，是资本在和自己的过程相分离的情况下提供的剩余价值。

从量的方面来看，形成利息的那部分利润，表现为不是同产业资本本身和商业资本本身有关，而是同货币资本有关，并且剩余价值的这一部分的比率，即利息率，又把这种关系固定下来。因为第一，利息率——尽管它取决于一般利润率——是独立地决定的；第二，利息率像商品的市场价格一样，同不可捉摸的利润率相反，表现为在任何变动中都是固定的、一致的、明确的、总是既定的比率。

利息不过是这样一个事实的表现：价值一般——一般社会形式上的对象化劳动——在现实生产过程中采取生产资料形态的价值，会作为独立的权力与活的劳动力相对立，并且是占有无酬劳动的手段；它所以是这样一种权力，因为它是作为他人的财产与工人相对立。但是另一方面，在利息的形式上，这种与雇佣劳动的对立却消失了；因为生息资本就它本身来说，不是以雇佣劳动为自己的对立面，而是以执行职能的资本为自己的对立面；借贷资本家就他本身来说，直接与在再生产过程中实际执行职能的资本家相对立，而不是与正是在资本主义生产基础上被剥夺了生产资料的雇佣工人相对立。生息资本是**作为所有权**的资本与**作为职能**的资本相对立的。但是，资本在它不执行职能的时候，不剥削工人，也不是同劳动处于对立之中。

另一方面，企业主收入也不与雇佣劳动形成对立，而只与利息形成对立。

第一，假定平均利润已定，企业主收入率就不是由工资决定，而是由利息率决定。企业主收入率的高低与利息率成反比。

第二，执行职能的资本家不是从他对资本的所有权中，而是从资本的职能中，即同资本只是作为惰性的所有权而存在的规定性相对立的职能中,得出他对企业主收入的要求权,从而得出企业主收入本身。一旦他用借入的资本来经营,因而利息和企业主收入归两种不同的人所得,这种情形就会表现为直接存在的对立。企业主收入来自资本在再生产过程中的职能,也就是说,是来自于职能资本家执行产业资本和商业资本的这些职能时所从事的那种活动或行动。但是,充当职能资本的代表,并不像充当生息资本的代表那样,是领干薪的闲职。在资本主义生产的基础上,资本家指挥生产过程和流通过程。对生产劳动的剥削也要花费气力,不管是他自己花费气力,还是让别人替他花费气力。因此,在他看来,与利息相反,他的企业主收入是同资本的所有权无关的东西,宁可说是他作为非所有者,作为劳动者执行职能的结果。

因此,在资本家的脑袋里必然产生这样的观念:他的企业主收入远不是同雇佣劳动形成某种对立,不仅不是他人的无酬劳动,相反,它本身就是**工资**,是监督工资,wages of superintendence of labour,是高于普通雇佣工人工资的工资,1. 因为这是较复杂的劳动;2. 因为是资本家给自己支付工资。利息归资本家所有,即使他不执行资本家的任何职能,而只是资本的所有者;相反,企业主收入归执行职能的资本家所有,即使他不是他用来执行职能的资本的所有者。由于这种对立,人们完全忘记了:资本家作为资本家,他的职能是生产剩余价值即无酬劳动,而且是在最经济的条件下进行这种生产。由于利润即剩余价值所分成的两个部分的对立形式,人们忘记了,二者不过是剩余价值的不同部分,并且它的分割丝毫不能改变剩余价值的性质、它的起源和它的存在条件。

在再生产过程中,执行职能的资本家代表他人所有的资本,同雇佣工人相对立,而货币资本家则由执行职能的资本家来代表,参与对劳动的剥削。由于在再生产过程中的资本职能同在再生产过程外的资本的单纯所有权的对立,人们忘记了:能动资本家只有作为生产资料的代表同工人相对立,才能执行职能,才能使工人为他的利益而劳动,或者说,使生产资料执行资本的职能。

现在,我们来更详细地考察企业主收入。

因为在资本主义生产方式下,资本特有的社会规定性的因素——

具有支配他人劳动这一属性的资本所有权——已经固定下来，利息又因此表现为资本在这种关系中生出的剩余价值的一部分，所以剩余价值的另一部分——企业主收入——就必然表现为：它不是由作为资本的资本生出的，而是由同资本特有的社会规定性（这种规定性已经以资本利息这个名称取得特殊存在方式）相分离的生产过程生出的。但是，生产过程同资本分离开来，就是劳动过程一般。因此，同资本所有者相区别的产业资本家，不是表现为执行职能的资本，而是表现为甚至与资本无关的执行职能的人员，表现为一般劳动过程的简单承担者，表现为劳动者，而且是表现为雇佣劳动者。

　　利息本身正好表明，劳动条件作为资本而存在，同劳动处于社会对立中，并且转化为同劳动相对立且支配着劳动的个人权力。利息把单纯的资本所有权表现为占有他人劳动产品的手段。但是，它是把资本的这种性质表现为某种在生产过程之外属于资本的东西，而不是表现为这个生产过程本身的独特的资本主义规定性的结果。它不是把资本的这种性质表现为同劳动直接对立，而是相反地同劳动无关，只是表现为一个资本家对另一个资本家的关系，也就是说，表现为一种存在于资本对劳动本身的关系之外的、与这种关系无关的规定。因此，在利息上，在利润的这个特殊形态上，资本的对立性质固然得到了独立的表现，但是表现成这样：这种对立在其中已经完全消失，完全抽掉。利息是两个资本家之间的关系，不是资本家和工人之间的关系。

　　另一方面，这个利息形式又使利润的另一部分取得企业主收入，甚至监督工资这种质的形式。资本家作为资本家所要执行的特殊职能，并且恰好是他在同工人相区别和相对立中具有的特殊职能，被表现为单纯的劳动职能。他创造剩余价值，不是因为他作为资本家进行劳动，而是因为他除了具有作为资本家的属性以外，他也进行劳动。因此，剩余价值的这一部分也就不再是剩余价值，而是与剩余价值相反的东西，是所完成的劳动的等价物。因为资本的异化性质，它同劳动的对立，被转移到现实剥削过程之外，即转移到生息资本上，所以这个剥削过程本身也就表现为单纯的劳动过程，在这个过程中，执行职能的资本家与工人相比，不过是在进行另一种劳动。因此，剥削的劳动和被剥削的劳动，二者作为劳动成了同一的东西。剥削的劳动，像被剥削的劳动一样，是劳动。利息成了资本的社会形式，不过被表现在一种中立的、没有差别的形式上；企业主收入成了资本的经济职能，不过这个职能的一定的、资本主义的性质被抽掉了。

在资本家的意识中，这里所说的情况同本册第二篇论述利润平均化为平均利润时提出的各种补偿理由的情况是一样的。这些在剩余价值分配上作为决定的要素起作用的补偿理由，在资本家的观念中，已被歪曲成为利润本身产生的理由和为利润本身辩护的（主观的）理由。

企业主收入是劳动的监督工资这种看法，是从企业主收入同利息的对立中产生的，并由于下面这个事实而得到进一步加强：利润的一部分事实上能够作为工资分离出来，并且确实也作为工资分离出来，或者不如反过来说，在资本主义生产方式的基础上，一部分工资表现为利润的不可缺少的组成部分。正如亚当·斯密已经正确地发现的那样，在那些生产规模等等允许有充分的分工，以致可以对一个经理支付特别工资的营业部门中，这个利润部分会以经理的薪水的形式纯粹地表现出来，一方面同利润（利息和企业主收入的总和），另一方面同扣除利息以后作为所谓企业主收入留下的那部分利润相独立并且完全分离出来。

凡是直接生产过程具有社会结合过程的形态，而不是表现为独立生产者的孤立劳动的地方，都必然会产生监督和指挥的劳动。不过它具有二重性。

一方面，凡是有许多个人进行协作的劳动，过程的联系和统一都必然要表现在一个指挥的意志上，表现在各种与局部劳动无关而与工场全部活动有关的职能上，就像一个乐队要有一个指挥一样。这是一种生产劳动，是每一种结合的生产方式中必须进行的劳动。

另一方面，完全撇开商业部门不说，凡是建立在作为直接生产者的劳动者和生产资料所有者之间的对立上的生产方式中，都必然会产生这种监督劳动。这种对立越严重，这种监督劳动所起的作用也就越大。因此，它在奴隶制度下所起的作用达到了最大限度。但它在资本主义生产方式下也是不可缺少的，因为在这里，生产过程同时就是资本家消费劳动力的过程。这完全同在专制国家中一样，在那里，政府的监督劳动和全面干涉包括两方面：既包括由一切社会的性质产生的各种公共事务的执行，又包括由政府同人民大众相对立而产生的各种特有的职能。

在那些亲眼目睹奴隶制度的古代著作家的著作中，像在那些把资本主义生产方式看做绝对生产方式的现代经济学家的著作中一样，监督劳动的这两个方面在理论上是和在实践上一样不可分地联系在一起的。另一方面，我马上就要举一个例子来说明，现代奴隶制度的辩护士也懂得怎样把监督劳动用作替奴隶制度辩护的理由，就像其他一些经济学家懂得怎样把这种监督劳动用作替雇佣劳动制度辩护的理由一样。

关于卡托时代的斐力卡斯：

"庄园管事（villicus von villa）居于庄园奴隶（familia rustica）之首，他掌管收支、买卖，执行主人的命令，当主人不在的时候，还发布命令，执行惩罚……管事自然比别的奴隶较为自由；马贡农书建议允许管事结婚，生育子女，有自己的钱财；卡托也建议让男管事和女管事结婚。也只有这种管事可以指望在品行端正的情况下，从主人那里获得自由。除此以外，他们的地位与奴隶一样……每一个奴隶，包括管事本身在内，每隔一段时间，按照规定的标准，从主人那里取得自己赖以维持生活的必需品……所得的数量以劳动为准，例如，管事的劳动比奴隶的劳动轻，所得的数量也比奴隶少。"（蒙森《罗马史》1856年第2版第1卷第809、810页）

亚里士多德：

"因为主人（资本家）不是通过获得奴隶（通过使他有权购买劳动的资本所有权），而是通过使用奴隶（通过在生产过程中使用劳动者，在今天是使用雇佣工人），来证明他自己是主人。这种学问并没有什么博大高深的地方；那不过是，凡是奴隶必须会做的事情，主人应当会命令。在主人不必自己操心的地方，这种荣誉就由管家来承受，而主人自己则从事政务或研究哲学。"

（亚里士多德《政治学》，贝克尔编，第1册第7章）

亚里士多德直率地说，在经济领域内和在政治领域内，统治权把各种统治的职能加在掌权者身上，这就是说，在经济领域内，他们必须会消费劳动力。他还说，这种监督劳动没有什么博大高深的地方，因此，主人一旦有了足够的财富，他就会把干这种操心事的"荣誉"让给一个管家。

指挥和监督的劳动，当它不是由一切结合的社会劳动的性质引起的特殊职能，而是由生产资料所有者和单纯的劳动力所有者之间的对立所引起的职能时——不管这种劳动力是像奴隶制度下那样同劳动者本身一道被人买去，还是由工人自己出卖劳动力，因而生产过程同时表现为资本消费工人劳动的过程——这种由奴役直接生产者而产生的职能，常常被人们用作替这种关系本身进行辩护的理由，而对他人的无酬劳动的剥削即占有，也同样常常被人们说成是资本所有者应得的工资。但最妙不可言的，是美国奴隶制度的一个维护者奥康瑙尔律师，他在1859年12月19日在纽约的一次集会上，打着"为南方说几句公道话"的旗号发表高论。他在热烈的掌声中说道：

"是呀，各位先生，自然本身已经决定黑人要处于这种奴隶状态。他身体强壮，干活有劲，但是，给他以这种强壮身体的自然，却既没有给他以统治的智慧，也没有给他以劳动的意志。（鼓掌）这两样东西他都没有！而没有给他以劳动意志的同一个自然，却给了他一个主人，把这个意志强加于他，使他在适合于他生存的那种气候条件下，成为一个既对他自己又对统治他的主人有用的仆人。我认为，使黑人处于自然安排他所处的那种状态，给他一个主人来统治他，这并没有什么不公平。如果人们强迫黑人再去劳动，并为他的主人提供正当的报酬，来报答他的主人为统治他，为使他成为一个对自己和对社会有用的人而花费的劳动和才能，这并没有剥夺他的任何权利。"

现在，雇佣工人也和奴隶一样，必须有一个主人叫他去劳动，并且统治他。既然这种统治和奴役的关系成为前提，那么，雇佣工人被迫生产他自己的工资，并且在这个工资之外再生产监督工资，作为对统治和监督他而花费的劳动的补偿,"并为他的主人提供正当的报酬,来报答他的主人为统治他,为使他成为一个对自己和对社会有用的人而花费的劳动和才能",就是理所当然的了。

监督和指挥的劳动,就它由对立的性质,由资本对劳动的统治产生而言,因而就它为包括资本主义生产方式在内的一切以阶级对立为基础的生产方式所共有而言,这种劳动在资本主义制度下,也是直接地和不可分离地同由一切结合的社会劳动交给单个人作为特殊劳动去完成的生产职能,结合在一起的。一个 Epittopos(古希腊的"管家")或封建法国所称的 réisseur(管家)的工资,只要企业达到相当大的规模,足以为这样一个经理(manager)支付报酬,就会完全同利润分离而采取熟练劳动的工资的形式,虽然我们的产业资本家远没有因此去"从事政务或研究哲学"。

尤尔先生早已指出,"我们的工业制度的灵魂"不是产业资本家,而是产业经理。关于企业的商业部分,我们已经在上一篇中说了我们必须说的一切。

资本主义生产本身已经使那种完全同资本所有权分离的指挥劳动比比皆是。因此,这种指挥劳动就无须资本家亲自进行了。一个乐队指挥完全不必就是乐队的乐器的所有者;如何处理其他演奏者的"工资"问题,也不是他这个乐队指挥职能范围以内的事情。合作工厂提供了一个实例,证明资本家作为生产上的执行职能的人员已经成为多余的了,就像资本家自己发展到最成熟时,认为大地主是多余的一样。只要资本家的劳动不是由单纯作为资本主义生产过程的那种生产过程引起,因而这种劳动并不随着资本的消失而自行消失;只要这种劳动不只限于剥削他人劳动这个职能;从而,只要这种劳动是由作为社会劳动的劳动的形式引起,由许多人为达到共同结果而形成的结合和协作引起,它就同资本完全无关,就像这个形式本身一旦把资本主义的外壳炸毁,就同资本完全无关一样。说这种劳动作为资本主义的劳动,作为资本家的职能是必要的,这无非意味着,庸俗经济学家不能设想各种在资本主义生产方式内部发展起来的形式竟能够离开并且摆脱它们的对立的、资本主义的性质。相对于货币资本家来说,产业资本家是劳动者,不过是作为资本家的劳动者,即作为对他人劳动的剥削者的劳动者。他为这种劳动所要求和所取得的工资，恰好等于他所占有的他人劳动的量，而且就他为进行剥削而亲自花费必要的精力来说，上述的工资直接取决于对这种劳动的剥削程度，而不是取决于他为进行这种剥削所付出的并且在适当的报酬下可以让一个经理去承担的那种努力的程度。每一次危机以后，我们都可以在英国工厂区看到许多以前的工厂主，他们现在作为经理，为了低微的工资，替那些往往就是他们自己的债权人的新工厂主，去管理他们自己从前所有的工厂。

商业经理和产业经理的管理工资，在工人的合作工厂和资本主义的股份企业中，都是完全同企业主收入分开的。管理工资同企业主收入的分离，在其他的场合是偶然发生的，而在这里则是经常的现象。在合作工厂中，监督劳动的对立性质消失了，因为经理由工人支付报酬，他不再代表资本而同工人相对立。随着信用而发展起来的股份企业，一般地说也有一种趋势，就是使这种管理劳动作为一种职能越来越同自有资本或借入资本的占有权相分离，这完全像司法职能和行政职能随着资产阶级社会的发展，同土地所有权相分离一样，而在封建时代，这些职能却是土地所有权的属性。但是一方面，因为执行职能的资本家同资本的单纯所有者即货币资本家相对立，并且随着信用的发展，这种货币资本本身取得了一种社会的性质，集中于银行，并且由银行贷出而不再是由它的直接所有者贷出；另一方面，又因为那些不能在任何名义下，既不能以借贷也不能以别的方式占有资本的单纯的经理，执行着一切应由执行职能的资本家自己担任的现实职能，所以，留下来的只有执行职能的人员，资本家则作为多余的人从生产过程中消失了。

根据英国各合作工厂公布的账目，我们可以看到，在扣除经理的工资——这种工资同其他工人的工资完全一样，形成所投可变资本的一部分——以后，利润大于平均利润，虽然这些工厂有时比私营工厂主支付更高得多的利息。在所有这些场合，利润高的原因是由于不变资本的使用更为节约。但使我们感兴趣的是：在这里，平均利润（利息＋企业主收入）实际地并且明显地表现为一个同管理工资完全无关的量。因为在这里利润大于平均利润，所以企业主收入也大于通常的企业主收入。

企业主收入和监督工资或管理工资的混淆，最初是由利润超过利息的余额所采取的同利息相对立的形式造成的。由于一种辩护的意图，即不把利润解释为剩余价值即无酬劳动，而把它解释为资本家自己劳动所取得的工资，这种混淆就进一步发展了。针对这种情况，于是社会主义者提出了要求：要把利润实际地缩减为它在理论上伪称的那种东西，即单纯的监督工资。不过，一方面，随着一个人数众多的产业经理和商业经理阶级的形成，这种监督工资会像所有其他工资一样，越来越具有确定的水平和确定的市场价格，另一方面，随着导致受过专门训练的劳动力生产费用的下降的普遍发展，这种工资也像所有熟练劳动的工资一样，越来越降低，这样一来，上述这个要求对于理论上的粉饰来说就越发变得讨厌。随着工人方面的合作事业和资产阶级方面的股份企业的发展，混淆企业主收入和管理工资的最后口实也站不住脚了，利润在实践上也就表现为它在理论上无可辩驳的那种东西，即表现为单纯的剩余价值，没有支付等价物的价值，已经实现的无酬劳动；因此，执行职能的资本家实际上是在剥削劳动，并且在他是用借入资本从事经营的时候，他的剥削的结果就分为利息和企业主收入，即利润超过利息的余额。

在资本主义生产的基础上，一种涉及管理工资的新的欺诈在股份企业中发展起来，这就是：在实际的经理之外并在他们之上，出现了一批董事和监事。对这些董事和监事来说，管理和监督实际上不过是掠夺股东、发财致富的一个借口而已。

第24章
资本关系在生息资本形式上的外表化

在生息资本上，资本关系取得了它的最表面和最富有拜物教性质的形式。在这里，我们看到的是 G—G′，是生产更多货币的货币，是没有在两极间起中介作用的过程而自行增殖的价值。在商人资本 G—W—G′ 上，至少还存在着资本主义运动的一般形式，虽然这种运动只处在流通领域内，因而利润只表现为让渡利润；但不管怎样，利润仍然表现为一种社会**关系**的产物，而不是表现为单纯的物的产物。商人资本的形式，仍然表现一个过程，表现两个相反阶段的统一，表现一种分为两个相反行为即商品的买和卖的运动。在 G—G′ 这个生息资本的形式上，这种运动就消失不见了。

G—G′。在这里，我们看到资本的最初起点，G—W—G′ 公式中的货币，已归结为两极 G—G′，其中 G′ = G + △G，即创造更多货币的货币。这是被缩简成了没有意义的简化式的资本最初的一般公式。这是已经完成的资本，是生产过程和流通过程的统一，因而是在一定期间内提供一定剩余价值的资本。在生息资本的形式上，这种性质是直接地表现出来的，没有生产过程和流通过程作中介。资本表现为利息的即资本自身增殖的神秘的和富有自我创造力的源泉。现在，物（货币、商品、价值）作为单纯的物已经是资本，资本表现为单纯的物；总再生产过程的结果表现为物自身具有的属性；究竟是把货币作为货币支出，还是把货币作为资本贷出，取决于货币占有者，即处在随时可以进行交换的形式上的商品的占有者。因此，在生息资本上，这个自动的物神，自行增殖的价值，会生出货币的货币，纯粹地表现出来了，并且在这个形式上再也看不到它的起源的任何痕迹了。社会关系最终成为一种物即货币同它自身的关系。这里显示的，不是货币到资本的实际转化，而只是这种转化的没有内容的形式。像在劳动力的场合一样，在这里，货币的使用价值是创造价值，创造一个比它本身所包含的价值更大的价值。货币本身在可能性上已经是会自行增殖的价值，并且作为这样的价值被贷放，而贷放就是这种独特商品的出售形式。创造价值，提供利息，成了货币的属性，就像梨树的属性是结梨一样。货币贷放人也是把他的货币作为这种可以生息的东西来出售的。

第25章

信用和虚拟资本

详细分析信用制度和它为自己所创造的工具（信用货币等等），在我们的计划之外。在这里，只着重指出为说明资本主义生产方式一般的特征所必要的少数几点。因此，在这里，我们只谈商业信用和银行信用。这种信用的发展和公共信用的发展之间的联系，也在考察范围之外。

随着商业和只是着眼于流通而进行生产的资本主义生产方式的发展，信用制度的这个自然基础也在扩大、普遍化、发展。大体说来，货币在这里只是充当支付手段，也就是说，商品不是为取得货币而卖，而是为取得定期支付的凭证而卖。为了简便起见，我们可以把这种支付凭证概括为票据这个总的范畴。这种票据直到它们期满，支付日到来之前，本身又会作为支付手段来流通；它们形成真正的商业货币。就这种票据由于债权和债务的平衡而最后互相抵消来说，它们是绝对地作为货币来执行职能的，因为在这种情况下，它们已无须最后转化为货币了。就像生产者和商人的这种互相预付形成信用的真正基础一样，这种预付所用的流通工具，票据，也形成真正的信用货币如银行券等等的基础。真正的信用货币不是以货币流通（不管是金属货币还是国家纸币）为基础，而是以票据流通为基础。

信用制度的另一方面，与货币经营业的发展联系在一起，而在资本主义生产中，货币经营业的发展又自然会和商品经营业的发展齐头并进。我们在前一篇（第19章）已经看到，实业家的准备金的保管，货币出纳、国际支付和金银贸易的技术性业务，怎样集中在货币经营者的手中。由于这种货币经营业，信用制度的另一方面，生息资本或货币资本的管理，就作为货币经营者的特殊职能发展起来。货币的借入和贷出成了他们的特殊业务。他们以货币资本的实际贷出者和借入者之间的中介人的身份出现。一般地说，这方面的银行业务是：银行家把借贷货币资本大量集中在自己手中，以致与产业资本家和商业资本家相对立的，不是单个的贷出者，而是作为所有贷出者的代表的银行家。银行家成了货币资本的总管理人。另一方面，由于他们为整个商业界而借款，他们也把借入者集中起来，与所有贷出者相对立。银行一方面代表货币资本的集中，贷出者的集中，另一方面代表借入者的集中。银行的利润一般地说在于：它们借入时的利息率低于贷出时的利息率。

银行拥有的借贷资本，是通过多种途径流到银行那里的。首先，因为银行是产业资本家的出纳业者，每个生产者和商人作为准备金保存的或在支付中得到的货币资本，都会集中到银行手中。这样，这种基金就转化为借贷货币资本。商业界的准备金，由于作为共同的准备金集中起来，就可以限制到必要的最低限度，而本来要作为准备金闲置起来的一部分货币资本也就会贷放出去，作为生息资本执行职能。第二，银行的借贷资本还包括可由银行贷放的货币资本家的存款。此外，随着银行制度的发展，特别是自从银行对存款支付利息以来，一切阶级的货币积蓄和暂时不用的货币，都会存入银行。小的金额是不能单独作为货币资本发挥作用的，但它们结合成为巨额，就形成一个货币力量。这种收集小金额的活动是银行制度的特殊作用，应当把这种作用同银行在真正货币资本家和借款人之间的中介作用区别开来。最后，各种只是逐渐花费的收入也会存入银行。

贷放（这里我们只考察真正的商业信用）是通过票据的贴现——使票据在到期以前转化成货币——来进行的，是通过不同形式的贷款，即以个人信用为基础的直接贷款，以有息证券、国债券、各种股票作抵押的贷款，特别是以提单、栈单及其他各种证明商品所有权的凭证作抵押的贷款来进行的，是通过存款透支等等来进行的。

银行家提供的信用，可以采取不同的形式，例如，向其他银行签发汇票、支票，开立同样的信用账户，最后，对拥有钞票发行权的银行来说，是发行本行的银行券。银行券无非是向银行家签发的、持票人随时可以兑现的、由银行家用来代替私人汇票的一种汇票。最后这一种信用形式在外行人看来特别令人注目和重要，首先因为这种信用货币会由单纯的商业流通进入一般的流通，并在那里作为货币执行职能；还因为在大多数国家里，发行银行券的主要银行，作为国家银行和私人银行之间的奇特的混合物，事实上有国家的信用作为后盾，它们的银行券在不同程度上是合法的支付手段；因为在这里可以明显看到的是，银行家经营的是信用本身，而银行券不过是流通的信用符号。但银行家也经营一切其他形式的信用，甚至贷放存在他那里的货币现金。实际上，银行券只形成批发商业的铸币，而对银行来说具有最重要意义的始终是存款。

第 26 章
货币资本的积累，它对利息率的影响

"在英国，正在发生追加财富的不断积累，其趋势是最终采取货币形式。但是，在获得货币的愿望之后，下一个迫切的愿望是，按照某种会带来利息或利润的投资方法，再把货币投放出去；因为，作为货币的货币是什么也生不出来的。因此，如果在过剩资本不断涌来的同时，投资范围得不到逐渐的充分的扩大，那么，寻找投资场所的货币就必然会周期地，在不同情况下多少不等地积累起来。多年来，国债一直是英国过剩财富的一个大吸收器。自从国债在1816年达到最高限度，不再起吸收器的作用以来，每年至少有2 700万在寻找别的投资场所。此外，还有各种的资本偿还……在经营上需要巨额资本并不时地吸引多余的闲置资本的各种企业……至少在我国是绝对必要的，以便为在普通投资部门找不到地盘的社会过剩财富的周期积累打开出路。"（《通货论》1845年伦敦版第32～34页）

关于1845年，该书说：

"在很短的时期内，物价已经由萧条时期的最低点急剧回升……利息率3%的国债券几乎照票面价值买卖了……英格兰银行地库中的黄金总额超过了以前任何一个时期的储备额。各种股票的价格都高到几乎前所未闻的程度,而利息率却降到几乎只剩一个名义了……这一切都证明:在英国,又一次出现了闲置财富的沉重积累;不要多久,我们将又一次面临投机的狂热时期。"(同上,第36页)

第 27 章
信用在资本主义生产中的作用

到现在为止,我们关于信用制度所作的一般评述,可归结为以下几点。

Ⅰ. 信用制度的必然形成,以便对利润率的平均化或这个平均化运动起中介作用,整个资本主义生产就是建立在这个运动的基础上的。

Ⅱ. 流通费用的减少。

1. 一项主要的流通费用,就是货币本身,因为货币自身具有价值。通过信用,货币以三种方式得到节约。

A. 相当大的一部分交易完全用不着货币。

B. 流通手段的流通加速了。这一点,和第 2 点中要说的有部分共同之处。一方面,这种加速是技术性的;也就是说,在现实的、对消费起中介作用的商品流转额保持不变时,较小量的货币或货币符号,可以完成同样的服务。这是同银行业务的技术联系在一起的。另一方面,信用又会加速商品形态变化的速度,从而加速货币流通的速度。

C. 金币为纸币所代替。

2. 由于信用,流通或商品形态变化的各个阶段,进而资本形态变化的各个阶段加快了，整个再生产过程因而也加快了。（另一方面，信用又使买和卖的行为可以互相分离较长的时间，因而成为投机的基础。）准备金缩小了，这可以从两方面来考察：一方面，流通手段减少了；另一方面，必须经常以货币形式存在的那部分资本缩减了。

Ⅲ. 股份公司的成立。由此：

1. 生产规模惊人地扩大了，个别资本不可能建立的企业出现了。同时，以前曾经是政府企业的那些企业，变成了社会的企业。

2. 那种本身建立在社会生产方式的基础上并以生产资料和劳动力的社会集中为前提的资本，在这里直接取得了社会资本（即那些直接联合起来的个人的资本）的形式，而与私人资本相对立，并且它的企业也表现为社会企业，而与私人企业相对立。这是作为私人财产的资本在资本主义生产方式本身范围内的扬弃。

3. 实际执行职能的资本家转化为单纯的经理，别人的资本的管理人，而资本所有者则转化为单纯的所有者，单纯的货币资本家。因此，即使后者所得的股息包括利息和企业主收入，也就是包括全部利润（因为经理的薪金只是，或者应该只是某种熟练劳动的工资，这种劳动的价格，同任何别种劳动的价格一样，是在劳动市场上调节的），这全部利润仍然只是在利息的形式上，即作为资本所有权的报酬获得的。而这个资本所有权这样一来现在就同现实再生产过程中的职能完全分离，正像这种职能在经理身上同资本所有权完全分离一样。因此，利润（不再只是利润的一部分，即从借入者获得的利润中理所当然地引出来的利息）表现为对他人的剩余劳动的单纯占有，这种占有之所以产生，是因为生产资料已经转化为资本，也就是生产资料已经和实际的生产者相异化，生产资料已经作为他人的财产，而与一切在生产中实际进行活动的个人（从经理一直到最后一个短工）相对立。在股份公司内，职能已经同资本所有权相分离，因而劳动也已经完全同生产资料的所有权和剩余劳动的所有权相分离。资本主义生产极度发展的这个结果，是资本再转化为生产者的财产所必需的过渡点，不过这种财产不再是各个互相分离的生产者的私有财产，而是联合起来的生产者的财产，即直接的社会财产。另一方面，这是再生产过程中所有那些直到今天还和资本所有权结合在一起的职能转化为联合起来的生产者的单纯职能，转化为社会职能的过渡点。

在我们作进一步阐述以前，还要指出一个经济上重要的事实：因为利润在这里纯粹采取利息的形式，所以那些仅仅提供利息的企业仍然可以存在；这是阻止一般利润率下降的原因之一，因为这些不变资本比可变资本庞大得多的企业，不一定参加一般利润率的平均化。

〔自从马克思写了上面这些话以来，大家知道，一些新的产业经营的形式发展起来了。这些形式代表着股份公司的二次方和三次方。在大工业的一切领域内，生产现在能以日益增长的速度增加，与此相反，这些增产的产品的市场的扩大却不断地变慢。大工业在几个月中生产的东西，市场在几年内未必吸收得了。此外，那种使每个工业国家同其他工业国家，特别是同英国隔绝的保护关税政策，又人为地提高了本国的生产能力。结果是全面的经常的生产过剩，价格下跌，利润下降甚至完全消失；总之，历来受人称赞的竞争自由已经日暮途穷，必然要自行宣告明显的可耻破产。这种破产表现在：在每个国家里，一定部门的大工业家会联合成一个卡特尔，以便调节生产。一个委员会确定每个企业的产量，并最后分配接到的订货。在个别场合，甚至有时会成立国际卡特尔，例如英国和德国在铁的生产方面成立的卡特尔。但是生产社会化的这个形式还嫌不足。各个公司的利益的对立，过于频繁地破坏了这个形式，并恢复了竞争。因此，在有些部门，只要生产发展的程度允许的话，就把该部门的全部生产，集中成为一个大股份公司，实行统一领导。在美国，这个办法已经多次实行；在欧洲，到现在为止，最大的一个实例是联合制碱托拉斯。这个托拉斯把英国的全部碱的生产集中到唯一的一家公司手里。单个工厂——超过30家——原来的所有者，以股票的形式取得他们的全部投资的估定价值，共约500万镑，代表该托拉斯的固定资本。技术方面的管理，仍然留在原来的人手中，但是营业方面的领导则已集中在总管理处手中。约100万镑的流动资本是向公众筹集的。所以，总资本共有600万镑。因此，在英国，在这个构成整个化学工业的基础的部门，竞争已经为垄断所代替，并且已经最令人鼓舞地为将来由整个社会即全民族来实行剥夺做好了准备。——弗·恩格斯〕

这是资本主义生产方式在资本主义生产方式本身范围内的扬弃，因而是一个自行扬弃的矛盾，这个矛盾明显地表现为通向一种新的生产形式的单纯过渡点。它作为这样的矛盾在现象上也会表现出来。它在一定部门中造成了垄断，因而引起国家的干涉。它再生产出了一种新的金融贵族，一种新的寄生虫——发起人、创业人和徒有其名的董事；并在创立公司、发行股票和进行股票交易方面再生产出了一整套投机和欺诈活动。这是一种没有私有财产控制的私人生产。

Ⅳ. 把股份制度——它是在资本主义体系本身的基础上对资本主义的私人产业的扬弃；随着它的扩大和侵入新的生产部门，它也在同样的程度上消灭着私人产业——撇开不说，信用为单个资本家或被当做资本家的人，提供在一定界限内绝对支配他人的资本，他人的财产，从而他人的劳动的权利。对社会资本而不是对自己的资本的支配权，使他取得了对社会劳动的支配权。因此，一个人实际拥有的或公众认为他拥有的资本本身，只是成为信用这个上层建筑的基础。以上所述特别适用于经手绝大部分社会产品的批发商业。在这里，一切尺度，一切在资本主义生产方式内多少还可以站得住脚的辩护理由都消失了。进行投机的批发商人是拿社会的财产，而不是拿自己的财产来进行冒险的。资本起源于节约的说法，也变成荒唐的了，因为那种人正是要求别人为他而节约。〔如不久前整个法国为巴拿马运河的骗子总共节约了15亿法郎。巴拿马运河的全部骗局在它发生整整20年之前，就已经在这里多么准确地描绘出来了。——弗·恩格斯〕他的奢侈——奢侈本身现在也成为获得信用的手段——正好给了另一种关于禁欲的说法一记耳光。在资本主义生产不很发达的阶段还有某种意义的各种观念，在这里变得完全没有意义了。在这里，成功和失败同时导致资本的集中，从而导致最大规模的剥夺。在这里，剥夺已经从直接生产者扩展到中小资本家自身。这种剥夺是资本主义生产方式的出发点；实行这种剥夺是资本主义生产方式的目的，而且最后是要剥夺一切个人的生产资料，这些生产资料随着社会生产的发展已不再是私人生产的资料和私人生产的产品，它们只有在联合起来的生产者手中还能是生产资料，因而还能是他们的社会财产，正如它们是他们的社会产品一样。但是，这种剥夺在资本主义制度本身内，以对立的形态表现出来，即社会财产为少数人所占有；而信用使这少数人越来越具有纯粹冒险家的性质。因为财产在这里是以股票的形式存在的，所以它的运动和转移就纯粹变成了交易所赌博的结果；在这种赌博中，小鱼为鲨鱼所吞掉，羊为交易所的狼所吞掉。在股份制度内，已经存在着社会生产资料借以表现为个人财产的旧形式的对立面；但是，这种向股份形式的转化本身，还是局限在资本主义界限之内；因此，这种转化并没有克服财富作为社会财富的性质和作为私人财富的性质之间的对立，而只是在新的形态上发展了这种对立。

工人自己的合作工厂，是在旧形式内对旧形式打开的第一个缺口，虽然它在自己的实际组织中，当然到处都再生产出并且必然会再生产出现存制度的一切缺点。但是，资本和劳动之间的对立在这种工厂内已经被扬弃，虽然起初只是在下述形式上被扬弃，即工人作为联合体是他们自己的资本家，也就是说，他们利用生产资料来使他们自己的劳动增殖。这种工厂表明，在物质生产力和与之相适应的社会生产形式的一定的发展阶段上，一种新的生产方式怎样会自然而然地从一种生产方式中发展并形成起来。没有从资本主义生产方式中产生的工厂制度，合作工厂就不可能发展起来；同样，没有从资本主义生产方式中产生的信用制度，合作工厂也不可能发展起来。信用制度是资本主义的私人企业逐渐转化为资本主义的股份公司的主要基础，同样，它又是按或大或小的国家规模逐渐扩大合作企业的手段。资本主义的股份企业，也和合作工厂一样，应当被看做是由资本主义生产方式转化为联合的生产方式的过渡形式，只不过在前者那里，对立是消极地扬弃的，而在后者那里，对立是积极地扬弃的。

以上，我们主要联系产业资本考察了信用制度的发展以及在这一制度中包含的资本所有权的潜在的扬弃。以下几章，我们将要联系生息资本本身来考察信用，考察信用对这种资本的影响和信用在这里所采取的形式；同时，我们还要作几点专门的经济学的评述。

在此之前，先谈谈下面这点。

如果说信用制度表现为生产过剩和商业过度投机的主要杠杆，那只是因为按性质来说具有弹性的再生产过程，在这里被强化到了极限。它所以会被强化，是因为很大一部分社会资本为社会资本的非所有者所使用，这种人办起事来和那种亲自执行职能、小心谨慎地权衡其私人资本的界限的所有者完全不同。这不过表明，建立在资本主义生产的对立性质基础上的资本增殖，只容许现实的和自由的发展达到一定的限度，因而，它事实上为生产造成了一种内在的，但会不断被信用制度打破的束缚和限制。因此，信用制度加速了生产力的物质上的发展和世界市场的形成；使这二者作为新生产形式的物质基础发展到一定的高度，是资本主义生产方式的历史使命。同时，信用加速了这种矛盾的暴力的爆发，即危机，因而促进了旧生产方式解体的各要素。

信用制度固有的二重性质是：一方面，把资本主义生产的动力——用剥削他人劳动的办法来发财致富——发展成为最纯粹最巨大的赌博欺诈制度，并且使剥削社会财富的少数人的人数越来越减少；另一方面，造成转到一种新生产方式的过渡形式。正是这种二重性质，使信用的主要宣扬者，从约翰·罗到伊萨克·贝列拉，都具有这样一种有趣的混合性质：既是骗子又是预言家。

第28章
流通手段和资本。图克和富拉顿的见解

把流通作为收入的流通和作为资本的流通之间的区别变成通货和资本之间的区别,是完全错误的。

总的结果是,在繁荣时期,用在收入的花费上的流通手段的量,将会显著增加。

至于资本转移所需要的通货,即资本家自身之间必需的通货,那么,这个营业兴旺时期同时也就是信用最具弹性和最易获得的时期。资本家和资本家之间的流通的速度,直接由信用调节,因而,支付结算,甚至现金购买所需要的流通手段量,会相应地减少。绝对地说,它可以增加;但相对地说,和再生产过程的扩大相比来说,它在所有情况下都会减少。一方面,较大额的支付,无须货币介入就可以了结;另一方面,在再生产过程非常活跃的时候,同量货币无论作为购买手段还是作为支付手段都会以较快的速度运动。同量货币会对更多单个资本的回流起中介作用。

总的说来,在这样的时期,货币流通显得很充足,尽管第二部分(资本的转移)至少会相对缩小,而第一部分(收入的花费)会绝对扩大。

第三卷
资本主义生产的总过程（下）

第五篇　利润分为利息和企业主收入。生息资本（续）

第六篇　超额利润转化为地租

第七篇　各种收入及其源泉

第五篇
利润分为利息和企业主收入。生息资本（续）

第29章　银行资本的组成部分
第30章　货币资本和现实资本Ⅰ
第31章　货币资本和现实资本Ⅱ（续）
第32章　货币资本和现实资本Ⅲ（续完）
第33章　信用制度下的流通手段
第34章　通货原理和1844年英国的银行立法
第35章　贵金属和汇兑率
第36章　资本主义以前的状态

第 29 章

银行资本的组成部分

　　银行资本由两部分组成：1. 现金，即金或银行券；2. 有价证券。我们可以再把有价证券分成两部分：一部分是商业证券即汇票，它们是流动的，按时到期的，它们的贴现已经成为银行家的基本业务；另一部分是公共有价证券，如国债券、国库券和各种股票，总之，各种有息的而同汇票有本质差别的证券。这里还可以包括地产抵押单。由这些物质组成部分构成的资本，又分为银行家自己的投资和别人的存款，后者形成银行营业资本或借入资本。对那些发行银行券的银行来说，这里还包括银行券。我们首先把存款和银行券撇开不说。很明显，银行家资本的这些现实组成部分——货币、汇票、有息证券——决不因为这些不同要素是代表银行家自有的资本，还是代表存款即别人所有的资本，而会发生什么变化。不论银行家只用自有的资本来经营业务，还是只用在他那里存入的资本来经营业务，银行家资本的上述区分仍然不变。

　　生息资本的形式造成这样的结果：每一个确定的和有规则的货币收入都表现为一个资本的利息，而不论这种收入是不是由一个资本生出。货币收入首先转化为利息，有了利息，然后得出产生这个货币收入的资本。同样，有了生息资本，每个价值额只要不作为收入花掉，都会表现为资本,也就是都会表现为本金,而同它能够生出的可能的或现实的利息相对立。

事情是简单的,假定平均利息率是一年5%。如果500镑的金额转化为生息资本,一年就会生出25镑。因此,每一笔固定的25镑的年收入,都可以看做500镑资本的利息。但是,这总是一种纯粹幻想的观念,除非这25镑的源泉——不论它是单纯的所有权证书,即债权,还是像地产一样是现实的生产要素——可以直接转移,或采取一种可以转移的形式。我们以国债和工资为例。

国家对借入资本每年要付给自己的债权人以一定量的利息。在这个场合,债权人不能向债务人宣布解除契约,而只能卖掉他的债权,即他的所有权证书。资本本身已经由国家花掉了,耗费了。它已不再存在。对于国家的债权人来说,1.他持有一张比如说100镑的国债券;2.他靠这张国债券有权从国家的年收入即年税收中索取一定的金额,比如说5镑,或5%;3.他可以随意把这张100镑的债券卖给别人。如果利息率是5%,国家提供的保证又很可靠,那么占有者A通常就能按100镑把这张债券卖给B,因为对B来说,无论是把100镑按年息5%借给别人,还是通过支付100镑而从国家的年赋税中保证每年得到5镑,是完全一样的。但在这一切场合,这种资本,即把国家付款看成是自己的幼仔(利息)的资本,是幻想的虚拟的资本。这不仅是说贷给国家的金额已经不再存在。这个金额从来不是要作为资本支出的,不是要作为资本投下的,而只有作为资本投下,它才能转化为一个自行保存的价值。对于原债权人A来说,他在年税收中所占有的部分代表着他的资本的利息,就像对高利贷者来说,他在浪费者的财产中所占有的部分代表着他的资本的利息一样,虽然在这两种情况下,贷出的货币额都不是作为资本支出的。国债券出售的可能性,对A来说,代表着本金流回的可能性。对B来说,从他私人的观点看,他的资本是作为生息资本投下的。但就事情本身来看,B只是代替了A,买进了A对国家的债权。不管这种交易反复进行多少次,国债的资本仍然是纯粹的虚拟资本;一旦债券不能卖出,这个资本的假象就会消失。然而,我们马上就会知道,这种虚拟资本有它的独特的运动。

为了同国债资本对比——在国债的场合,负数表现为资本;因为生息资本一般是一切颠倒错乱形式之母,所以,在银行家的观念中,比如债券可以表现为商品——我们现在来考察劳动力。在这里,工资被看成是利息,因而劳动力被看成是提供这种利息的资本。例如,如果一年的工资等于50镑,利息率等于5%,一年的劳动力就被认为是一个等于1 000镑的资本。资本家们思考方式的错乱在这里达到了顶点,资本的增殖不是用劳动力的被剥削来说明,相反,劳动力的生产性质却用劳动力本身是这样一种神秘的东西即生息资本来说明。在17世纪下半叶(例如在配第那里),这已经是一种很流行的观念,但是一直到今天,一部分是庸俗经济学家,另一部分主要是德国的统计学家,还非常热衷于这个观念。在这里,不幸有两件事情和这种轻率的观念令人不快地交错着:第一,工人必须劳动,才能获得这种利息;第二,他不能通过转让的办法把他的劳动力的资本价值转化为货币。其实,他的劳动力的年价值只等于他的年平均工资,而他必须由他的劳动补偿给劳动力的买者的,却是这个价值本身加上剩余价值,也就是加上这个价值的增殖额。在奴隶制度下,劳动者有一个资本价值,即他的购买价格。如果他被出租,承租人就首先要支付这个购买价格的利息,此外要补偿这个资本的年损耗。

人们把虚拟资本的形成叫作资本化。人们把每一个有规则的会反复取得的收入按平均利息率来计算,把它算作是按这个利息率贷出的一个资本会提供的收益,这样就把这个收入资本化了;例如,在年收入等于100镑,利息率等于5%时,100镑就是2 000镑的年利息,这2 000镑现在就被看成是每年取得100镑的法定所有权证书的资本价值。对这个所有权证书的买者来说,这100镑年收入实际代表他所投资本的5%的利息。因此,和资本的现实增殖过程的一切联系就彻底消灭干净了。资本是一个自行增殖的自动机的观念就牢固地树立起来了。

即使在债券——有价证券——不像国债那样代表纯粹幻想的资本的地方,这种证券的资本价值也纯粹是幻想的。我们上面已经讲过,信用制度怎样产生出联合的资本。这种证券被当做代表这种资本的所有权证书。铁路、采矿、轮船等公司的股票代表现实资本,也就是代表在这些企业中投入的并执行职能的资本,或者说,代表股东所预付的、在这些企业中作为资本来用的货币额。这里决不排除股票也只是一种欺诈的东西。但是,这个资本不能有双重存在:一次是作为所有权证书即股票的资本价值,另一次是作为在这些企业中实际已经投入或将要投入的资本。它只存在于后一种形式,股票不过是对这个资本所实现的剩余价值的一个相应部分的所有权证书。A可以把这个证书卖给B,B可以把它卖给C。这样的交易并不会改变事物的性质。这时,A或B把他的证书转化为资本,而C把他的资本转化为一张对股份资本预期可得的剩余价值的单纯所有权证书。

这些所有权证书——不仅是国债券,而且是股票——的价值的独立运动,加深了这样一种假象,好像除了它们能够有权索取的资本或权益之外,它们还形成现实资本。这就是说,它们已经成为商品,而这些商品的价格有独特的运动和决定方法。它们的市场价值,在现实资本的价值不发生变化(即使它的价值已增殖)时,会和它们的名义价值具有不同的决定方法。一方面,它们的市场价值,会随着它们有权索取的收益的大小和可靠程度而发生变化。假定一张股票的名义价值即股票原来代表的投资额是100镑,又假定企业提供的不是5%而是10%,那么,在其他条件不变的情况下,在利息率是5%时,这张股票的市场价值就会提高到200镑,因为这张股票按5%的利息率资本化,现在已经代表200镑的虚拟资本。用200镑购买这张股票的人,会由这个投资得到5%的收入。如果企业的收益减少,情况则相反。这种证券的市场价值部分地有投机的性质,因为它不是由现实的收入决定的,而是由预期得到的、预先计算的收入决定的。但是,假定现实资本的增殖不变,或者假定像国债那样,资本已不存在,年收益已经由法律规定,并且又有充分保证,那么,这种证券的价格的涨落就和利息率成反比。如果利息率由5%涨到10%,保证可得5镑收益的有价证券,就只代表50镑的资本。如果利息率降到$2\frac{1}{2}$%,这同一张有价证券就代表200镑的资本。它的价值始终只是资本化的收益,也就是一个幻想的资本按现有利息率计算可得的收益。因此,在货币市场紧迫的时候,这种有价证券的价格会双重跌落:第一,是因为利息率提高，第二，是因为这种有价证券大量投入市场，以便实现为货币。不管这种证券保证它的持有者取得的收益，可能像国债券那样是不变的，也不管这种证券所代表的现实资本的增殖，可能像在产业企业中那样会因再生产过程的扰乱而受到影响，在这两种场合，这种价格跌落的现象都是会发生的。只是在后一种场合，除了上述贬值以外，还会加上进一步贬值。一旦风暴过去，只要这种证券代表的不是一个破产的或欺诈性质的企业，它们就会回升到它们以前的水平。它们在危机中的贬值，会作为货币财产集中的一个有力的手段来发生作用。

只要这种证券的贬值或增值同它们所代表的现实资本的价值变动无关，一国的财富在这种贬值或增值以后，和在此以前是一样的。

只要这种贬值不表示生产以及铁路和运河运输的实际停滞，不表示已开始经营的企业的停闭，不表示资本在毫无价值的企业上的白白浪费，一个国家就决不会因为名义货币资本这种肥皂泡的破裂而减少分文。

所有这些证券实际上都只是代表已积累的对于未来生产的索取权或权利证书，它们的货币价值或资本价值，或者像国债那样不代表任何资本，或者完全不决定于它们所代表的现实资本的价值。

在一切进行资本主义生产的国家，都有巨额的所谓生息资本或货币资本（moneyed capital）采取这种形式。货币资本的积累，大部分不外是对生产的这种索取权的积累，是这种索取权的市场价格即幻想的资本价值的积累。

银行家资本的一部分，就是投在这种所谓有息证券上。这本身是准备资本即不在实际银行业务中执行职能的资本的一部分。这些证券的最大部分是汇票，即产业资本家或商人的支付凭据。对货币贷放者来说，这种汇票是有息证券；就是说，在他购买汇票时，会扣除汇票到期以前的利息。这就是所谓的贴现。因此，从汇票所代表的金额中扣除多少，这要看当时的利息率而定。

银行家资本的最后一部分，是他的由金或银行券构成的货币准备。存款，如果没有立据规定较长的期限，随时可由存款人支取。这种存款处在不断的流动中。在有人支取时，又有人会存入，所以，在营业正常进行时，存款的一般平均总额很少变动。

在资本主义生产发达的国家，银行的准备金，总是表示贮藏货币的平均量，而这种贮藏货币的一部分本身又是自身没有任何价值的证券，只是对金的支取凭证。因此，银行家资本的最大部分纯粹是虚拟的，是由债权（汇票）、国债券（它代表过去的资本）和股票（对未来收益的支取凭证）构成的。在这里，不要忘记，银行家保险箱内的这些证券，即使是对收益的可靠支取凭证（例如国债券），或者是现实资本的所有权证书（例如股票），它们所代表的资本的货币价值也完全是虚拟的，是不以它们至少部分地代表的现实资本的价值为转移的；既然它们只是代表取得收益的要求权，并不是代表资本，那么，取得同一收益的要求权就会表现在不断变动的虚拟货币资本上。此外，还要加上这种情况：这种虚拟的银行家资本，大部分并不是代表他自己的资本，而是代表公众在他那里存入的资本——不论有利息，或者没有利息。

存款总是存入货币——金或银行券，或者存入对它们的支取凭证。除了根据实际流通的需要时而收缩时而扩大的准备金外，事实上，这种存款一方面总是在产业资本家和商人手里，他们的汇票靠这种存款来贴现，他们也是靠这种存款来取得贷款；另一方面，这种存款是在有价证券的交易人（交易所经纪人）手里，或者在已经出售有价证券的私人手里，或者在政府手里（例如在发行国库券和举借新债的场合）。存款本身起着双重作用。一方面，正如前面已经讲过的，它们会作为生息资本贷放出去，因而不会留在银行的保险柜里，而只是作为存款人提供的贷款记在银行的账簿上。另一方面，在存款人相互间提供的贷款由他们的存款支票互相平衡和互相抵消时，它们只是作为账面项目起作用；在这里，无论存款存在同一银行家那里，由他在各账户之间进行结算，或者存款存入不同的银行，由各该银行互相交换支票，而只是支付差额，情况都完全是一样的。

随着生息资本和信用制度的发展，一切资本好像都会增加一倍，有时甚至增加两倍，因为有各种方式使同一资本，甚至同一债权在各种不同的人手里以各种不同的形式出现。这种"货币资本"的最大部分纯粹是虚拟的。全部存款，除了准备金外，只不过是银行家账上的结存款项，但它们从来不是作为现金保存在那里。如果存款用在转账业务上，它们就会在银行家把它们贷出以后，对银行家执行资本的职能。银行家彼此之间通过结算的办法，来互相偿付他们对这种已经不存在的存款的支取凭证。

既然同一货币额根据它的流通速度可以完成多次购买，它也可以完成多次借贷，因为购买使货币从一个人手里转到另一个人手里，而借贷不过是货币不以购买为中介而从一个人手里转到另一个人手里。对任何一个卖者来说，货币都代表他的商品的转化形式；而在每一个价值都表现为资本价值的今天，说货币在各次借贷中先后代表各个资本，其实只不过是以前那种认为货币能先后实现各个商品价值的说法的另一种表现。同时，货币还充当流通手段，使那些物质资本从一个人手里转移到另一个人手里。在借贷中，它并不是作为流通手段从一个人手里转移到另一个人手里。只要货币在贷出者手里，那么货币在他手里就不是流通手段，而是他的资本的价值存在。在借贷中，贷出者就是在这个形式上把货币转给另一个人。如果 A 把货币借给 B，B 又把货币借给 C，而没有以购买作为中介，那么同一个货币就不是代表三个资本，而只是代表一个资本，一个资本价值。它实际代表多少个资本，就取决于它有多少次作为不同商品资本的价值形式执行职能。

正如在这种信用制度下一切东西都会增加一倍和两倍，以至于变为纯粹幻想的怪物一样，人们以为终究可以从里面抓到一点实在东西的"准备金"也是如此。

第 30 章

货币资本和现实资本 I

我们现在在考察信用制度时要遇到的仅有的几个困难问题是:

第一,真正货币资本的积累。它在什么程度上是资本的现实积累的标志,即规模扩大的再生产的标志,又在什么程度上不是这种标志呢?所谓资本过剩(plethora),一个始终只用于生息资本即货币资本的用语,仅仅是表现产业生产过剩的一个特殊方式呢,还是除此以外形成一种特殊的现象呢?这种过剩即货币资本的供给过剩,是否与停滞的货币总量(金银条块、金币和银行券)的存在相一致,从而现实货币的这种过剩,是否就是借贷资本的上述过剩的反映和表现形式呢?

第二,货币紧迫,即借贷资本不足,又在什么程度上反映出现实资本(商品资本和生产资本)的不足呢?另一方面,它又在什么程度上与货币本身的不足,即流通手段的不足相一致呢?

在以上考察货币资本和货币财产的积累的特有形式时,我们已经把这种积累的形式归结为对劳动的所有权要求的积累。前面已经说过,国债资本的积累,不过是表明国家债权人阶级的增加,这个阶级有权把税收中的一定数额预先划归自己所有。连债务积累也能表现为资本积累这一事实,清楚地表明那种在信用制度中发生的颠倒现象已经达到完成的地步。这些为原来借入的并且早已用掉的资本而发行的债券,这些代表已经消灭的资本的纸制复本,在它们是可卖商品,因而可以再转化为资本的情况下,对它们的占有者来说,就作为资本执行职能。

公用事业、铁路、矿山等等的所有权证书,正如我们上面所说的,事实上是现实资本的证书。但有了这种证书,并不能去支配这个资本。这个资本是不能提取的。有了这种证书,只是在法律上有权索取这个资本应该获得的一部分剩余价值。但是,这种证书也就成为现实资本的纸制复本,正如提货单在货物之外,和货物同时具有价值一样。它们成为并不存在的资本的名义代表。这是因为现实资本存在于这种复本之外,并且不会由于这种复本的转手而改变所有者。这种复本所以会成为生息资本的形式,不仅因为它们保证取得一定的收益,而且因为可以通过它们的出售而能得到它们的资本价值的偿付。当这些证券的积累表示铁路、矿山、汽船等等的积累时,它们也表示现实再生产过程的扩大,就像动产征税单的扩大表示这种动产的增加一样。但是,作为纸制复本,这些证券只是幻想的,它们的价值额的涨落,和它们有权代表的现实资本的价值变动完全无关,尽管它们可以作为商品来买卖,因而可以作为资本价值来流通。它们的价值额,也就是,它们在证券交易所内的行情,会随着利息率的下降——就这种下降与货币资本特有的运动无关,只不过是利润率趋向下降的结果来说——而必然出现上涨的趋势,所以,单是由于这个原因,这个想像的财富,就其原来具有一定名义价值的每个组成部分的价值表现来说,也会在资本主义生产发展的进程中扩大起来。

由这种所有权证书的价格变动而造成的盈亏,以及这种证书在铁路大王等人手里的集中,就其本质来说,越来越成为赌博的结果。赌博已经取代劳动,表现为夺取资本财产的本来的方法,并且也取代了直接的暴力。这种想像的货币财产,不仅构成私人货币财产的很大的部分,并且正如我们讲过的,也构成银行家资本的很大的部分。

为了尽快地弄清问题,我们不妨把货币资本的积累,理解为银行家(职业的货币贷放者)手中的财富的积累,即私人货币资本家一方和国家、团体以及从事再生产的借款人另一方之间的中介人手中的财富的积累；因为整个信用制度的惊人的扩大，总之，全部信用，都被他们当做自己的私有资本来利用。这些人总是以货币的形式或对货币的直接索取权的形式占有资本和收入。这类人的财产的积累，可以按极不同于现实积累的方向进行，但是无论如何都证明，他们攫取了现实积累的很大一部分。

让我们在较狭小的范围内来谈谈这个问题，国债券也像股票及其他一切有价证券一样，是借贷资本即用于生息的资本的投资领域。它们是资本贷出的形式。但它们本身不是投在它们上面的借贷资本。另一方面，就信用在再生产过程中起直接作用来说，必须指出下面一点，产业资本家或商人拿汇票来贴现或申请一笔贷款时所需要的，既不是股票，也不是国债券。他需要的是货币。所以，如果他不能用别的方法取得货币，他就把那些有价证券抵押或卖出去。我们要在这里研究的问题，就是**这种**借贷资本的积累，而且，特别是借贷货币资本的积累。我们在这里不讨论房屋、机器或其他固定资本的借贷。我们也不涉及产业资本家和商人互相在商品上和在再生产过程范围内进行的借贷，虽然我们对于这点也要预先进行比较仔细的研究。我们这里只研究银行家作为中介人对产业资本家和商人发放的贷款。

因此，我们首先分析商业信用，即从事再生产的资本家互相提供的信用。这是信用制度的基础。它的代表是汇票，是一种有一定支付期限的债券，是一种延期支付的证书。每一个人都一面提供信用，一面接受信用。我们首先撇开银行家的信用不说，它是一个本质上完全不同的要素。如果这些汇票通过背书而在商人自己中间再作为支付手段来流通，由一个人转到另一个人，中间没有贴现，那就不过是债权由 A 到 B 的转移，而这绝对不会影响整个的联系。这里发生的只是人的变换。即使在这种场合，没有货币的介入，也照样可以进行结算。例如，纺纱业者 A 要向棉花经纪人 B 兑付一张汇票，棉花经纪人 B 要向进口商人 C 兑付一张汇票。现在如果 C 又出口棉纱（这是十分常见的现象），他就可以凭这张汇票购买 A 的棉纱，纺纱业者 A 又可以用这张由 C 支付而得到的、要经纪人 B 自己兑付的汇票，来偿付经纪人 B。在这里，至多只有差额要用货币来支付。这全部交易只是棉花和棉纱相交换的中介。出口商人只代表纺纱业者，棉花经纪人只代表棉花种植业者。

在这种纯粹商业信用的循环中,需要指出以下两点:

第一,这些互相的债权的抵消,取决于资本的回流;也就是说,取决于只是延期的 W—G。

第二,这种信用制度并不排除现金支付的必要。

如果我们把这种信用同银行家的信用分开来进行考察,那就很清楚,这种信用随着产业资本本身的规模一同增大。在这里,借贷资本和产业资本是一个东西;贷出的资本就是商品资本,不是用于最后的个人的消费,就是用来补偿生产资本的不变要素。所以,这里作为贷出的资本出现的,总是那种处在再生产过程的一定阶段上的资本,它通过买卖,由一个人手里转到另一个人手里,不过它的代价要到后来才按约定的期限由买者支付。

在这里,信用的最大限度,等于产业资本的最充分的运用,也就是等于产业资本的再生产能力不顾消费界限而达到极度紧张。这些消费界限也会因再生产过程本身的紧张而扩大:一方面这种紧张会增加工人和资本家对收入的消费,另一方面这种紧张和生产消费的紧张是一回事。

只要再生产过程顺畅地进行,从而资本回流确有保障,这种信用就会持续下去和扩大起来,并且它的扩大是以再生产过程本身的扩大为基础的。一旦由于回流延迟,市场商品过剩,价格下降而出现停滞,产业资本就会过剩,不过这种过剩是在产业资本不能执行自己的各种职能的形式上表现出来的。有大量的商品资本,但卖不出去。有大量的固定资本,但由于再生产停滞,大部分闲置不用。信用将会收缩,1.因为这种资本闲置不用,也就是停滞在它的再生产的一个阶段上,因为它不能完成它的形态变化;2.因为再生产过程顺畅进行的信念已经遭到破坏;3.因为对这种商业信用的需求已经减少。纺纱业者缩减了生产,并且还有大量卖不出去的棉纱堆在库房里,他无须通过信用来购买棉花;商人也无须通过信用来购买商品,因为他手中的商品已经过多了。

因此,只要再生产过程的这种扩大受到破坏,或者哪怕是再生产过程的正常紧张状态受到破坏,信用就会减少。通过信用来获得商品就比较困难。要求现金支付,对赊售小心谨慎,是产业周期中紧接着崩溃之后的那个阶段所特有的现象。在危机中,因为每个人都要卖而卖不出去,但是为了支付,又必须卖出去,所以,正是在这个信用最缺乏(并且就银行家的信用来说,贴现率也最高)的时刻,不是闲置的寻找出路的资本,而是滞留在自身的再生产过程内的资本的数量也最大。这时,由于再生产过程的停滞,已经投入的资本实际上大量地闲置不用。工厂停工,原料堆积,制成的产品作为商品充斥市场。因此,如果把这种情况归因于生产资本的缺乏,那就大错特错了。正好在这个时候,生产资本是过剩了,无论就正常的但是暂时紧缩的再生产规模来说,还是就已经萎缩的消费来说,都是如此。

我们假定整个社会只是由产业资本家和雇佣工人构成。此外,我们撇开价格的变动不说。这种价格变动使总资本的大部分不能在平均状况下实行补偿,并且,由于整个再生产过程的普遍联系(特别是由信用发展起来的这种联系),这种价格变动必然总是引起暂时的普遍停滞。同样,我们撇开信用制度所助长的买空卖空和投机交易不说。这样,危机好像只能由各个不同部门生产的不平衡,由资本家自己的消费和他们的积累之间的不平衡来说明。然而实际情况是,投在生产上的资本的补偿,在很大程度上依赖于非生产阶级的消费能力;而工人的消费能力一方面受工资规律的限制,另一方面受以下事实的限制,就是他们只有在他们能够为资本家阶级带来利润时才能被雇用。一切现实的危机的最后原因,总是群众的贫穷和他们的消费受到限制,而与此相对比的是,资本主义生产竭力发展生产力,好像只有社会的绝对的消费能力才是生产力发展的界限。

现在我们回过头来谈货币资本的积累。

借贷货币资本的增大,并不是每次都表示现实的资本积累或再生产过程的扩大。这种情况,在产业周期中紧接着危机过后的那个阶段中,表现得最为明显,这时,借贷资本大量闲置不用。在这种时刻,生产过程紧缩(1847年危机后,英国各工业区的生产减少三分之一),商品价格降到最低点,企业信心不足,这时,低微的利息率就起着支配作用。这种低微的利息率无非是表明,借贷资本的增加,正是由于产业资本的收缩和委靡不振造成的。当商品价格下跌,交易减少，投在工资上的资本收缩时，所需的流通手段就会减少；另一方面，在对外债务一部分由金的流出，一部分由破产而偿清之后，也就不需要追加的货币去执行世界货币的职能了；最后，汇票贴现业务的规模，随着汇票本身的数目和金额的缩小而缩小——这一切都是一目了然的。因此，对借贷货币资本的需求，不论是用于流通手段，还是用于支付手段（这里还谈不上新的投资），都会减少，这样，借贷货币资本相对说来就充裕了。不过，正如以后将会看到的，在这样的情况下，借贷货币资本的供给也会实际增加。

如果再生产过程再一次达到过度紧张状态以前的那种繁荣局面，商业信用就会大大扩张，这种扩张实际上又是资本容易流回和生产扩大的"健全"基础。在这种情况下，利息率虽然已经高于最低限度，但是仍然很低。事实上这是**唯一**的这样一个时期，这时低利息率，从而借贷资本的相对充裕，可以说是和产业资本的现实扩大结合在一起的。由于资本回流容易并且具有规则性，加上商业信用扩大，这就保证了借贷资本的供给（虽然需求已经增长），防止了利息率水平的上升。另一方面，只有到这时，没有准备资本甚至根本没有任何资本而完全依靠货币信用进行操作的冒险家们，才引人注目地涌现出来。此外，还有各种形式的固定资本的显著扩大和新型大企业的大批开张。现在，利息提高到它的平均水平。一旦新的危机爆发，信用突然停止，支付停滞，再生产过程瘫痪，并且，除了上述的例外情况，在借贷资本几乎绝对缺乏的同时，闲置的产业资本发生过剩，这时，利息就会再升到它的最高限度。

因此，表现在利息率上的借贷资本的运动，和产业资本的运动，总的说来是方向相反的。有一个阶段，低的但是高于最低限度的利息率，与危机以后的"好转"和信任的增强结合在一起；特别是另一个阶段，利息率达到了它的平均水平，也就是离它的最低限度和最高限度等距的中位点——只是在这两个阶段，充裕的借贷资本才和产业资本的显著扩大结合在一起。但是，在产业周期的开端，低利息率和产业资本的收缩结合在一起，而在周期的末尾，则是高利息率和产业资本过多地结合在一起。伴随"好转"而来的低利息率，表示商业信用对银行信用的需要是微不足道的，商业信用还是立足于自身。

在再生产过程的全部联系都是以信用为基础的生产制度中，只要信用突然停止，只有现金支付才有效，危机显然就会发生，对支付手段的激烈追求必然会出现。所以乍看起来，好像整个危机只表现为信用危机和货币危机。而且，事实上问题只是在于汇票能否兑换为货币。但是这种汇票多数是代表现实买卖的，而这种现实买卖的扩大远远超过社会需要的限度这一事实，归根到底是整个危机的基础。

由以上所述可以看到，商品资本代表可能的货币资本的那种属性，在危机中和一般地说在营业停滞时期，将会大大丧失。虚拟资本，生息的证券，就它们本身作为货币资本在证券交易所内进行流通而言，也是如此。它们的价格随着利息的提高而下降。其次，它们的价格还会由于信用的普遍缺乏而下降，这种信用的缺乏迫使证券所有者在市场上大量抛售这种证券，以便获得货币。最后，就股票来说，它的价格下降，部分地是由于股票有权要求的收入减少了，部分地是由于它们代表的往往是那种带有欺诈性质的企业。在危机时期，这种虚拟的货币资本大大减少，从而它的所有者凭它在市场上获得货币的力量也大大减少。这些有价证券的行情的下降，虽然和它们所代表的现实资本无关，但是和它们的所有者的支付能力关系极大。

第31章
货币资本和现实资本 II（续）

关于以借贷货币资本形式进行的资本积累，究竟在多大程度上同现实的积累，即再生产过程的扩大相一致的问题，我们还没有探讨完。

货币转化为借贷货币资本，是一件比货币转化为生产资本更简单得多的事情。但是，在这里我们必须把以下两点区别开来：

1. 货币单纯地转化为借贷资本；
2. 资本或收入转化为货币，这种货币再转化为借贷资本。

只有后一点，才能包含同产业资本的现实积累相联系的、真正的借贷资本的积累。

1. 货币转化为借贷资本

我们已经看到，只是由于和生产积累成反比而同生产积累有联系的那种借贷资本的堆积或过多，是能够发生的。这种情况发生在产业周期的两个阶段上：第一是在生产资本和商品资本这两种形式上的产业资本已经收缩，也就是危机以后周期开始的时期；第二是在已经开始好转但商业信用还不大需要银行信用的时期。在前一种场合，以前用在生产和商业上的货币资本,表现为闲置的借贷资本;在后一种场合,货币资本以不断增长的规模被使用,但利息率很低,因为现在正是产业资本家和商业资本家迫使货币资本家接受条件的时候。借贷资本的过剩,在第一种场合,表示产业资本的停滞,在第二种场合,表示商业信用对银行信用的相对独立,这种情况,是以货币回流顺畅,信用期限短,经营主要靠自有资本进行为基础的。依赖他人信用资本的投机家,这时还没有出场;用自有资本进行经营的人,距离近乎纯粹的信用经营还很远。在第一个阶段,借贷资本过剩,正好是现实积累的相反表现。在第二个阶段,借贷资本过剩同再生产过程的新扩大结合在一起,伴随着后者,但不是后者的原因。借贷资本的过剩已经减少,仅仅同需求相比还相对地过剩。在这两种场合,现实积累过程的扩大都会得到促进,因为在第一种场合同低廉的物价相结合的低微利息,以及在第二种场合同缓慢上升的物价相结合的低微利息,都会增加利润中转化为企业主收入的部分。在繁荣时期的顶点,当利息提高到平均水平的时候,情况更是这样,因为这时利息虽然增加了,但是还比不上利润的增加。

另一方面,我们已经看到,在没有任何现实积累的时候,借贷资本的积累,可以通过各种纯技术性的手段,如银行业务的扩大和集中,流通准备金或私人支付手段准备金的节约(因此,这些准备金在短期内就转化为借贷资本)而实现。

2. 资本或收入转化为货币,这种货币再转化为借贷资本

在这里,我们首先要说到不是作为收入来花费,而是要用于积累,但产业资本家最初还不能在他们自己的营业中利用的那部分利润。这个利润直接存在于商品资本中,构成商品资本价值的一部分,并且和商品资本一起实现为货币。现在,如果这个利润不再转化为商品资本的生产要素(我们先把商人撇开,我们将专门来谈他们),那么,它就必须在货币形式上停留一段时间,甚至在利润率下降的时候,这部分利润的总量也会随着资本本身总量的增加而增加。要作为

收入来花费的部分,是会逐渐消费掉的,但在消费以前的那段时间内,它会作为存款,构成银行家的借贷资本。因此,甚至作为收入来花费的利润部分的增加,也表现为借贷资本的逐渐的不断反复的积累。用于积累的另一部分,也是这样。因此,随着信用事业及其组织的发展,甚至收入的增加,即产业资本家和商业资本家消费的增加,也表现为借贷资本的积累。并且,一切逐渐消费的收入,例如地租、高级工资、非生产阶级的收入等等,也是这样。它们都在一定时间内采取货币收入的形式,因此可以变为存款,并由此变为借贷资本。一切收入,不论是预定用于消费还是用于积累的,只要它存在于某种货币形式中,它就是商品资本转化为货币的价值部分,从而是现实积累的表现和结果,但不是生产资本本身。如果一个纺纱业主把他的棉纱换成棉花,但把其中构成收入的部分换成货币,那么他的产业资本的现实存在,就是已经转到织布业主或者例如私人消费者手中的棉纱,而棉纱不管是用于再生产还是用于消费,都既是它包含的资本价值的存在,又是它包含的剩余价值的存在。转化为货币的剩余价值量,取决于棉纱中包含的剩余价值量。但剩余价值一转化为货币,这个货币就只是这个剩余价值的价值存在。而货币作为这种存在,就变成了借贷资本的要素。如果这个货币没有被它的所有者本人贷出,只要它变为存款,它就可以变成借贷资本的要素。但是,要再转化为生产资本,这个货币就必须先达到一定的最低限额。

第32章

货币资本和现实资本Ⅲ（续完）

现在还要说一下货币资本积累的几种特殊的形式。例如，由于生产要素、原料等等价格的下降，资本会游离出来。如果产业家不能直接扩大他的再生产过程，他的货币资本的一部分，就会作为过剩的货币资本从循环中排除出来，并转化为借贷货币资本。其次，特别是在商人那里，只要营业中断，资本就会以货币形式游离出来。如果商人已经完成了一系列的交易，现在由于这样的中断，要到以后才能开始新的一系列交易，那么，已经实现的货币，对他来说，就只代表贮藏货币，即过剩的资本。但是，这种货币同时也直接表现为借贷货币资本的积累。

借贷资本的积累只是在于，货币作为借贷货币沉淀下来。这个过程，和货币实际转化为资本的过程，是很不相同的；这只是货币在可能转化为资本的形式上所进行的积累。但这种积累，像已经证明的那样，可以表示各种和现实积累很不相同的要素。在现实积累不断扩大时，货币资本积累的这种扩大，一部分是这种现实积累扩大的结果，一部分是各种和现实积累的扩大相伴随但和它完全不同的要素造成的结果，最后，一部分甚至是现实积累停滞的结果。仅仅由于这些和现实积累相独立但和它相伴随的要素扩大了借贷资本的积累，就总会在周期的一定阶段出现货币资本的过剩;并且这种过剩会随着信用的发达而发展。因此,驱使生产过程突破资本主义界限的必然性,同时也一定会随着这种过剩而发展,也就是产生贸易过剩,生产过剩,信用过剩。同时,这种现象必然总是在引起反作用的各种形式上出现。

第 33 章

信用制度下的流通手段

"通货速度的大调节器是信用。由此可以说明，为什么货币市场上尖锐的紧迫状态，通常是和通货充足的现象同时发生的。"(《通货论》第 65 页)

这一点应该从两方面去理解。一方面，一切节省流通手段的方法都以信用为基础。而另一方面，以一张 500 镑的银行券为例。A 今天在兑付汇票时把这张银行券交给 B；B 在同一天把它存到他的银行家那里；这个银行家在同一天用它来为 C 的汇票贴现；C 把它支付给他的银行，这个银行再把它贷给汇票经纪人等等。银行券在这里为购买或支付而流通的速度，是由它不断以存款的形式流回到某人手里，并以贷款的形式再转移到他人手里的速度所决定的。流通手段的单纯节约，在票据交换所里，在到期汇票的单纯交换上发展到了最高点，这时货币作为支付手段的主要职能只是结清余额。但这种汇票的存在本身又是以工商业者互相提供的信用为基础的。如果这种信用减少了，票据，特别是长期票据的数目就会减少，因而这种结算方法的效力也会减小。这种节约是由于在交易上排除货币，完全以货币的支付手段职能为基础，而这种职能又是以信用为基础的。这种节约只能有两种

(撇开已或多或少发展的集中支付的技术不说):汇票或支票所代表的互相的债权,或是由同一个银行家结算,他只是把债权从一个户头转到另一个户头;或是由不同的银行家互相之间进行结算。把800万到1000万的汇票集中在一个票据经纪人(例如奥弗伦—葛尼公司)手里,是在当地扩大这种结算规模的主要手段之一。流通手段的效力通过这种节约而提高了,因为单纯结算差额需要的流通手段量变小了。另一方面,作为流通手段的货币的流通速度(流通速度又节约流通手段),完全取决于买卖的顺畅进行,在支付依次以货币进行时,也取决于各种支付的衔接。但信用会作为中介促进并从而提高流通速度。如果货币原来的持有者A向B买,B向C买,C向D买,D向E买,E向F买,也就是,货币只是以现实的买卖作中介从一个人手里转移到另一个人手里,那么,同一货币就会比如说只流通5次,并且在每个人手里都会停留较长的时间——这就是没有信用介入时货币作为单纯流通手段的情形。但是,如果B把A付给他的货币存到他的银行家那里,这个银行家为C的汇票贴现而把它付给C,C向D买,D把它存到他的银行家那里,这个银行家再把它贷给E,E向F买,那么,货币作为单纯流通手段(购买手段)的速度本身,就是以多次信用活动为中介的:B存款到他的银行家那里,这个银行家为C贴现,D存款到他的银行家那里,这个银行家为E贴现;就是说,是以这4次信用活动为中介的。如果没有这些信用活动,同一货币就不会在一定时间内依次完成5次购买。在没有现实的买卖作为中介的情况下,同一货币在存款和贴现上的转手,在这里,加快了它在一系列现实的买卖中的转手。

在考察简单的货币流通时(第1册第3章第2节),我们已经证明,已知通货的速度和支付的节约,现实流通的货币量是由商品的价格和交易量决定的。银行券的流通也受这个规律的支配。

另外一些情况,如一便士邮政制、铁路、电报,总之,各种改进了的交通工具,也有助于流通手段的节约;因此,现在英国虽然银行券的流通量几乎一样,却可以经营5倍甚至6倍的营业。

只要银行券可以随时兑换货币,发行银行券的银行就决不能任意增加流通的银行券的数目。[这里谈的根本不是不能兑现的纸币;不能兑现的银行券,只有在它实际上得到国家信用支持的地方,例如现在的俄国,才会成为一般的流通手段。因此,这种银行券受不能兑现的国家纸币的规律的支配,这些规律在以前就已经阐明过了。(第1册第3章第2节c《铸币。价值符号》)——弗－恩格斯]

流通的银行券的数量是按照交易的需要来调节的,并且每一张多余的银行券都会立即回到它的发行者那里去。

英格兰银行不用它的地库内的金属贮藏作准备金而发行银行券时,它创造了一些价值符号,它们不仅是流通手段,而且对英格兰银行来说,它们还按没有准备金的银行券的票面总额,形成了追加的——虽然是虚拟的——资本。并且这一追加的资本,会为它提供追加的利润。

银行还有其他的创造资本的手段。根据同一个纽马奇的说法,各地方银行,正如上面谈到的,习惯于把它们的剩余基金(即英格兰银行的银行券)送到伦敦的票据经纪人那里去,而经纪人则把贴现的汇票送回给它们。银行用这种汇票来为它的客户服务,因为从当地客户手里接受的汇票,银行照例是不再发出的,以免客户的营业活动被客户周围的人知道。这种从伦敦得到的汇票,不仅会在客户不愿要银行本行签发的在伦敦兑付的汇票的时候,被用来发给那些要在伦敦直接支付的客户;它也被用来结算本地区的支付,因为银行家的背书,可以作为这种汇票在当地有信用的保证。例如在兰开夏郡,这种汇票已经把地方银行本行的全部银行券和英格兰银行的大部分银行券从流通中排挤出去。

因此,在这里,我们看到各银行创造信用和资本的方法:1.发行本行的银行券;2.签发以21天为期在伦敦兑付的汇票,但在签发汇票时,立即收进现金;3.付出已经贴现的汇票,这种汇票之所以有信用能力,至少对有关地区来说,首先是并且主要是因为有了银行的背书。

第 34 章

通货原理和 1844 年英国的银行立法

商品价格的上涨是由于货币价值的跌落，而货币价值的跌落，我们从李嘉图那里知道，是由于流通中的货币过多，也就是由于流通中的货币量超过了货币本身的内在价值和商品的内在价值所决定的水平。

1844 年的银行法把英格兰银行划分为一个发行部和一个银行部。

但是，把银行分成两个独立的部的办法，实际上使银行董事会不能在决定性时刻自由支配它可以支配的全部资金，因而可能发生这种情况：当发行部还有几百万镑金和 1 400 万镑担保品原封未动时，银行部却已经濒于破产了。

第 35 章

贵金属和汇兑率

1. 金贮藏的变动

关于贵金属的流出和流入，必须指出：

第一，要区别以下两方面的情况：一方面，金属在不产金银的区域内流来流去，另一方面，金银从它们的产地流入其他各国，以及这个追加额分配在这些国家之间。

第二，贵金属在不产金银的各国中间不断地流来流去；同一个国家不断地把金银输入，又同样不断地把金银输出。

2. 汇兑率

[众所周知，汇兑率是货币金属的国际运动的晴雨计。如果英国对德国的支付多于德国对英国的支付，马克的价格，以英镑表示，就会在伦敦上涨；英镑的价格，以马克表示，就会在汉堡和柏林下跌。如果英国多于德国的这个支付义务，比如说，不能由德国在英国的超额购买来恢复平衡，向德国签发的马克汇票的英镑价格，就必然会上

涨到这样一点，那时不是用汇票来支付，而是由英国向德国输出金属——金币或金块——来支付就变得合算了。这就是典型的过程。

如果贵金属的这种输出的规模比较大，持续时间比较长，英国的银行准备金就会被动用，以英格兰银行为首的英国货币市场就必然会采取保护措施。我们已经看到，这种保护措施，主要就是提高利息率。在金大量流出时，货币市场通常会出现困难，就是说，对货币形式的借贷资本的需求会大大超过它的供给，因此，较高的利息率就会自然而然地形成；英格兰银行所定的贴现率会适应于这种情况，并在市场上通行。但是也有这样的情形：金属的流出不是由于普通的商贸关系，而是由于其他的原因（例如借款给外国，向国外投资等等）引起的，伦敦的货币市场本身，没有任何理由要实际提高利息率；于是，英格兰银行就会通过在"公开市场"上大量借款，如通常所说，首先"使货币短缺"，以便人为地造成这样一种状况，好像利息的提高是有理由的，或者必要的。这种手法对英格兰银行来说，一年比一年更难实行了。——弗·恩格斯］

第 36 章

资本主义以前的状态

生息资本或高利贷资本（我们可以把古老形式的生息资本叫作高利贷资本），和它的孪生兄弟商人资本一样，是资本的洪水期前的形式，它在资本主义生产方式以前很早已经产生，并且出现在极不相同的经济社会形态中。

高利贷资本的存在所需要的只是，至少已经有一部分产品转化为商品，同时随着商品买卖的发展，货币已经在它的各种不同的职能上得到发展。

高利贷资本的发展，和商人资本的发展，并且特别和货币经营资本的发展，是联结在一起的。在古代罗马，从共和国末期开始，虽然手工制造业还远远低于古代的平均发展水平，但商人资本、货币经营资本和高利贷资本，却已经——在古代形式范围内——发展到了最高点。

我们已经知道，有了货币，就必然出现货币贮藏。但是，职业的货币贮藏家只有当他转化为高利贷者时，才起重要的作用。

在奴隶经济（不是家长制的奴隶经济，而是后来希腊罗马时代那样的奴隶经济）作为致富手段存在的一切形式中，因而，在货币通过购买奴隶、土地等等而成为占有别人劳动的手段的一切形式中，货币正是因为可以这样使用,所以作为资本可以增殖,生出利息。

然而,高利贷资本在资本主义生产方式以前的各时期具有特征的存在形式有两种。我说的是具有特征的形式。同一些形式会在资本主义生产的基础上再现,但只是作为从属的形式。在这里,它们不再是决定生息资本特征的形式了。这两种形式是:**第一**是对那些大肆挥霍的显贵,主要是对地主放的高利贷;**第二**是对那些自己拥有劳动条件的小生产者放的高利贷。这种小生产者包括手工业者,但主要是农民,因为总的说来,在资本主义以前的状态中,只要这种状态允许独立的单个小生产者存在,农民阶级必然是这种小生产者的大多数。

富裕地主因高利贷而遭到破产,小生产者被敲骨吸髓,这二者造成了大货币资本的形成和集中。但是,这个过程会在多大的程度上像在现代欧洲那样使旧的生产方式废除,并且是否会以资本主义生产方式代替它,这完全要取决于历史的发展阶段以及由此产生的各种情况。

高利贷资本作为生息资本的具有特征的形式,是同小生产、自耕农和小手工业主占优势的情况相适应的。

因此,一方面,高利贷对于古代的和封建的财富,对于古代的和封建的所有制,发生破坏和解体的作用。另一方面,它又破坏和毁灭小农民和小市民的生产,总之,破坏和毁灭生产者仍然是自己的生产资料的所有者的一切形式。

高利贷在生产资料分散的地方,把货币财产集中起来。高利贷不改变生产方式,而是像寄生虫那样紧紧地吸附在它身上,使它虚弱不堪。高利贷吮吸着它的脂膏,使它精疲力竭,并迫使再生产在每况愈下的条件下进行。由此产生了民众对高利贷的憎恶,这种憎恶在古代世界达到了极点,因为在那里,生产者对生产条件的所有权,同时是政治关系的基础,即市民独立地位的基础。

在现代信用制度下,生息资本要适应于资本主义生产的各种条件。高利贷本身不仅依然存在,而且在资本主义生产发达的国家,还摆脱了一切旧的立法对它的限制。对于那些不是或不能在资本主义生产方式的意义上进行借贷的个人、阶级或情况来说,生息资本都保持高利贷资本的形式。例如,在下列场合:或者出于个人的需要去到当铺进行借贷；或者把钱借给那些享乐的富人，供他们挥霍浪费；或者借给那些非资本主义的生产者，如小农民、手工业者等等，即自己仍然占有生产条件的直接生产者；最后，借给那种经营规模很小，接近于自食其力的生产者的资本主义生产者。

就生息资本是资本主义生产方式的一个重要要素来说，它和高利贷资本的区别，决不在于这种资本本身的性质或特征。区别只是在于，这种资本执行职能的条件已经变化，从而和货币贷出者相对立的借入者的面貌已经完全改变。即使得到贷款的产业家或商人是没有财产的人，那也是由于相信他会用借来的资本执行资本家的职能，占有无酬劳动。他是作为可能的资本家得到贷款的。

把现代银行支配的资金，单纯看做是有闲者的资金，这是错误的。第一，这是产业家和商人以货币形式持有的暂时闲置的资本部分，即货币准备或尚未使用的资本；所以，是有闲的资本，而不是有闲者的资本。第二，这是一切收入和积蓄中永远或暂时用于积累的部分。这两点对于确定银行制度的性质具有重大意义。

但是，决不要忘记，第一，货币——贵金属形式的货币——仍然是基础，信用制度按其本性来说**永远**不能脱离这个基础。第二，信用制度以社会生产资料（以资本和土地所有权的形式）在私人手里的垄断为前提，所以，一方面，它本身是资本主义生产方式固有的形式，另一方面，它又是促使资本主义生产方式发展到它所能达到的最高和最后形式的动力。

银行制度，就其形式的组织和集中来说，正如早在1697年出版的《对英格兰利息的几点看法》一书已经指出的，是资本主义生产方式造成的最人为的和最发达的产物。因此，像英格兰银行这样的机构，对商业和工业拥有极大的权力，虽然商业和工业的现实运动仍然完全处在它的领域之外，而它对于它们的现实运动也是采取被动的态度。当然，银行制度同时也提供了社会范围的公共簿记和生产资料的公共分配的形式，但只是形式而已。我们已经知道，单个资本家或每个特殊资本的平均利润，不是由这个资本直接占有的剩余劳动决定的，而是由总资本占有的剩余劳动总量决定的，每个特殊资本仅仅是按照它在总资本中所占的比例从这个剩余劳动总量中取得自己的股息。资本的这种社会性质，只是在信用制度和银行制度有了充分发展时才表现出来并完全实现。另一方面，还不仅如此。信用制度和银行制度把社会上一切可用的甚至可能的、尚未积极发挥作用的资本交给产业资本家和商业资本家支配，以致这个资本的贷放者和使用者，都不是这个资本的所有者或生产者。因此，信用制度和银行制度扬弃了资本的私人性质，从而自在地，但也仅仅是自在地包含着资本本身的扬弃。银行制度从私人资本家和高利贷者手中夺走了资本的分配这样一种特殊营业，这样一种社会职能。但是这样一来，银行和信用同时又成了使资本主义生产超出它本身界限的最有力的手段，也是引起危机和欺诈行为的一种最有效的工具。

其次，银行制度用各种形式的流通信用代替货币，这表明货币事实上无非是劳动及其产品的社会性的一种特殊表现，但是，这种社会性与私人生产的基础相对立，归根到底总要表现为一个物，表现为和其他商品并列的一种特殊商品。

最后，毫无疑问，在由资本主义的生产方式向联合起来劳动的生产方式过渡时，信用制度会作为有力的杠杆发生作用；但是，它仅仅是和生产方式本身的其他重大的有机变革相联系的一个要素。

高利贷有两种作用：第一，总的说来，它同商人财产并列，形成独立的货币财产，第二，它把劳动条件占为己有，也就是说，使旧劳动条件的占有者破产，因此，它对形成产业资本的前提是一个有力的杠杆。

第六篇
超额利润转化为地租

第37章　导论

第38章　级差地租：概论

第39章　级差地租的第一形式（级差地租Ⅰ）

第40章　级差地租的第二形式（级差地租Ⅱ）

第41章　级差地租Ⅱ——第一种情况：生产价格不变

第42章　级差地租Ⅱ——第二种情况：生产价格下降

第43章　级差地租Ⅱ——第三种情况：生产价格上涨。结论

第44章　最坏耕地也有级差地租

第45章　绝对地租

第46章　建筑地段的地租。矿山地租。土地价格

第47章　资本主义地租的起源

第37章

导　　论

对土地所有权的各种历史形式的分析，不属于本书的范围。我们只是在资本所产生的剩余价值的一部分归土地所有者所有的范围内，研究土地所有权的问题。因此，我们假定，农业和制造业完全一样受资本主义生产方式的统治，也就是说，农业是由资本家经营；这种资本家和其他资本家的区别，首先只在于他们的资本和这种资本推动的雇佣劳动所投入的部门不同。对我们来说，租地农场主生产小麦等等，和工厂主生产棉纱或机器是一样的。资本主义生产方式已经支配农业这样一个假定，包含着这样的意思：资本主义生产方式已经统治生产的和资产阶级社会的一切部门，因此它的下列条件，如资本的自由竞争、资本由一个生产部门向另一个生产部门转移的可能性、同等水平的平均利润等等，都已经完全成熟。我们所考察的土地所有权形式，是土地所有权的一个独特的历史形式，是封建的土地所有权或小农维持生计的农业（在后一场合，土地的占有是直接生产者的生产条件之一，而他对土地的**所有权**是他的生产方式的最有利的条件，即**他**的生产方式得以繁荣的条件）受资本和资本主义生产方式的影响而**转化成**的形式。如果说资本主义生产方式总的说来是以劳动者被剥夺劳动条件为前提，那么，在农业中，它是以农业劳动者被剥夺土地并从属于一个为利润而经营农业的资本家为前提。

对我们来说，考察现代的土地所有权形式所以是必要的，是因为我们要考察资本投入农业而产生的一定的生产关系和交往关系。不作这种考察，对资本的分析就是不完全的。

土地所有权的前提是，一些人垄断一定量的土地，把它当做排斥其他一切人的、只服从自己私人意志的领域。在这个前提下，问题就在于说明这种垄断在资本主义生产基础上的经济价值，即这种垄断在资本主义生产基础上的实现。

资本主义生产方式的巨大成果之一是，它一方面使农业由社会最不发达部分的单凭经验的和刻板沿袭下来的经营方法，在私有制条件下一般能够做到的范围内，转化为农艺学的自觉的科学的应用；它一方面使土地所有权从统治和从属的关系下完全解脱出来，另一方面又使作为劳动条件的土地同土地所有权和土地所有者完全分离，土地对土地所有者来说只代表一定的货币税，这是他凭他的垄断权，从产业资本家即租地农场主那里征收来的；〔它〕使这种联系发生如此严重的解体，以致在苏格兰拥有土地所有权的土地所有者，可以在君士坦丁堡度过他的一生。这样，土地所有权就取得了纯粹经济的形式，因为它摆脱了它以前的一切政治的和社会的装饰物和混杂物，简单地说，就是摆脱了一切传统的附属物，而这种附属物，像我们以后将要看到的那样，在产业资本家自己及其理论代言人同土地所有权进行斗争的热潮中，曾被斥责为无用的和荒谬的赘瘤。一方面使农业合理化，从而才使农业有可能按社会化的方式经营，另一方面，把土地所有权变成荒谬的东西——这是资本主义生产方式的巨大功绩。资本主义生产方式的这种进步，同它的所有其他历史进步一样，首先也是以直接生产者的完全贫困化为代价而取得的。

资本主义生产方式的前提是：实际的耕作者是雇佣工人，他们受雇于一个只是把农业作为资本的特殊开发场所，作为对一个特殊生产部门的投资来经营的资本家即租地农场主。这个作为租地农场主的资本家，为了得到在这个特殊生产场所使用自己资本的许可，要在一定期限内（例如每年）按契约规定支付给土地所有者即他所开发的土地的所有者一个货币额（和货币资本的借入者要支付一定利息完全一样)。这个货币额,不管是为耕地、建筑地段、矿山、渔场还是为森林等等支付的,统称为地租。这个货币额,在土地所有者按契约把土地租借给租地农场主的整个时期内,都要进行支付。因此,在这里地租是土地所有权在经济上借以实现即增殖价值的形式。其次,在这里我们看到了构成现代社会骨架的三个并存的而又互相对立的阶级——雇佣工人、产业资本家、土地所有者。

资本能够固定在土地上,即投入土地,其中有的是比较短期的,如化学性质的改良、施肥等等,有的是比较长期的,如修排水渠、建设灌溉工程、平整土地、建造经营建筑物等等。我在别的地方,曾把这样投入土地的资本,称为土地资本。它属于固定资本的范畴。为投入土地的资本以及为土地作为生产工具由此得到的改良而支付的利息,可能形成租地农场主支付给土地所有者的地租的一部分,但这种地租不构成真正的地租。真正的地租是为了使用土地本身而支付的,不管这种土地是处于自然状态,还是已被开垦。

地租还可能在另一种形式上和利息相混同,以致它的独特性质为人误解。地租表现为土地所有者出租一块土地而每年得到的一定的货币额。我们已经知道,任何一定的货币收入都可以资本化,也就是说,都可以看做一个想像资本的利息。例如,假定平均利息率是5%,那么一个每年200镑的地租就可以看做一个4 000镑的资本的利息。这样资本化的地租形成土地的购买价格或价值,一看就知道,它和劳动的价格完全一样,是一个不合理的范畴,因为土地不是劳动的产品,从而没有任何价值。可是,另一方面,在这个不合理的形式的背后,却隐藏着一种现实的生产关系。如果一个资本家用4 000镑购买的土地每年提供200镑地租,那么,他从这4 000镑得到5%的年平均利息,这和他把这个资本投在有息证券上,或按5%的利息直接借出去完全一样。这是一个4 000镑的资本按5%增殖。在这个假定下,他就会在20年内用他的地产的收入,补偿这一地产的购买价格。因此,在英国,土地的购买价格,是按年收益若干倍来计算的,这不过是地租资本化的另一种表现。实际上,这个购买价格不是土地的购买价格,而是土地所提供的地租的购买价格,它是按普通利息率计算的。但是,地租的这种资本化是以地租为前提,地租却不能反过来由它本身的资本化而导出和说明。在这里，不如说，和出售无关的地租的存在，是出发的前提。

由此可见，假定地租是一个不变量，土地价格的涨落就同利息率的涨落成反比。如果普通利息率由5%下降到4%，那么一个200镑的年地租就不是代表一个4 000镑的资本的年增殖额，而是代表一个5 000镑的资本的年增殖额，并且同一块土地的价格因此也由4 000镑上涨到5 000镑，或由年收益的20倍上涨到年收益的25倍。在相反的情况下，结果也就相反。这是和地租本身变动无关而只由利息率决定的土地价格的变动。但是，因为我们已经知道，在社会发展的进程中利润率有下降的趋势，所以，从利息率由利润率决定来说，利息率也有下降的趋势；此外，即使撇开利润率不说，由于借贷货币资本的增大，利息率也有下降的趋势，所以可以得出结论，土地价格，即使撇开地租的变动以及土地产品价格（地租构成它的一个部分）的变动来看，也有上涨的趋势。

在研究地租时，有三个妨害分析的主要错误应当避免。

1. 把适应于社会生产过程不同发展阶段的不同地租形式混同起来。不论地租的特殊形式是怎样的，它的一切类型有一个共同点：地租的占有是土地所有权借以实现的经济形式，而地租又是以土地所有权，以某些个人对某些地块的所有权为前提。土地所有者可以是代表共同体的个人，如在亚洲、埃及等地那样；这种土地所有权也可以只是某些人对直接生产者人格的所有权的附属品，如在奴隶制度或农奴制度下那样；它又可以是非生产者对自然的单纯私有权，是单纯的土地所有权；最后，它还可以是这样一种对土地的关系，这种关系，就像在殖民地移民和小农土地所有者的场合那样，在劳动孤立地进行和劳动的社会性不发展的情况下，直接表现为直接生产者对一定土地的产品的占有和生产。

不同地租形式的这种**共同性**——地租是土地所有权在经济上的实现，即不同的人借以独占一定部分土地的法律虚构在经济上的实现，——使人们忽略了区别。

2. 一切地租都是剩余价值，是剩余劳动的产物。地租在它的不发达的形式即实物地租的形式上，还直接是剩余产品。由此产生了一种错误看法，认为只要把剩余价值本身和利润本身的一般存在条件解释清楚，和资本主义生产方式相适应的地租——它始终是超过利润的余额，即超过商品价值中本身也由剩余价值（剩余劳动）构成的那个部分的余额——剩余价值的这个特殊的独特的组成部分也就解释清楚了。这些条件是：直接生产者的劳动时间，必须超过再生产他们自己的劳动力即再生产他们本身所需要的时间。他们总是必须完成剩余劳动。这是主观的条件。而客观的条件是：他们也**能够**完成剩余劳动；自然条件是，他们的可供支配的劳动时间的**一部分**，就足以使他们自己作为生产者再生产出来和自我维持下去，他们的必要生活资料的生产，不会耗费掉他们的全部劳动力。在这里自然的肥力是一个界限，一个出发点，一个基础。另一方面，他们劳动的社会生产力的发展，则是另一个界限，出发点，基础。更进一步考察就是，因为食物的生产是直接生产者的生存和一切生产的首要的条件，所以在这种生产中使用的劳动，即经济学上最广义的农业劳动，必须有足够的生产率，使可供支配的劳动时间不致全被直接生产者的食物生产占去；也就是使农业剩余劳动，从而农业剩余产品成为可能。进一步说，社会上的一部分人用在农业上的全部劳动——必要劳动和剩余劳动——必须足以为整个社会，从而也为非农业劳动者生产必要的食物；也就是使从事农业的人和从事工业的人有实行这种巨大分工的可能，并且也使生产食物的农民和生产原料的农民有实行分工的可能。虽然食物直接生产者的劳动，对他们自己来说也分为必要劳动和剩余劳动，但对社会来说，它所代表的只是生产食物所需的必要劳动。并且，不同于一个工场内部分工的整个社会内部的全部分工也是如此。这是生产特殊物品，满足社会对特殊物品的一种特殊需要所必要的劳动。如果这种分工是合乎比例的，那么，不同类产品就按照它们的价值（进一步说，按照它们的生产价格）出售，或按照这样一种价格出售，这种价格是这些价值或生产价格的由一般规律决定的变形。事实上价值规律所影响的不是个别商品或物品，而总是各个特殊的因分工而互相独立的社会生产领域的总产品；因此，不仅在每个商品上只使用必要的劳动时间，而且在社会总劳动时间中，也只把必要的比例量使用在不同类的商品上。这是因为条件仍然是使用价值。但是，如果说个别商品的使用价值取决于该商品是否满足一种需要，那么，社会产品量的使用价值就取决于这个量是否符合社会对每种特殊产品的量上一定的需要，从而劳动是否根据这种量上一定的社会需要按比例地分配在不同的生产领域。（我们在论述资本在不同的生产领域的分配时，必须考虑到这一点。）在这里，社会需要，即社会规模的使用价值，对于社会总劳动时间分别用在各个特殊生产领域的份额来说，是有决定意义的。但这不过是已经在单个商品上表现出来的同一规律，也就是：商品的使用价值是商品的交换价值的前提，从而也是商品的价值的前提。这一点只有在这种比例的破坏使商品的价值，从而使其中包含的剩余价值不能实现的时候，才会影响到必要劳动和剩余劳动之比。例如，假定棉织品按比例来说生产过多了，尽管在这个棉织品总产品中实现的只是既定条件下生产这个总产品的必要劳动时间。但是，总的来说，这个特殊部门消耗的社会劳动是过多了；就是说，产品的一部分已经没有用处。可见，只有当全部产品是按必要的比例生产时，它们才能卖出去。社会劳动时间可分别用在各个特殊生产领域的份额的这个数量界限，不过是价值规律本身进一步展开的表现，虽然必要劳动时间在这里包含着另一种意义。为了满足社会需要，只有如许多的劳动时间才是必要的。在这里界限是由于使用价值才产生的。社会在既定生产条件下，只能把它的总劳动时间中如许多的劳动时间用在这样一种产品上。但是，剩余劳动和剩余价值本身的主观条件和客观条件，和一定的形式（不管是利润形式或地租形式）无关。这些条件对剩余价值本身起作用，而不管它采取什么特殊的形式。因此它们不能说明地租。

3. 正是在土地所有权在经济上的实现中，在地租的发展中，有一点表现得特别突出，这就是：地租的量完全不是由地租获得者的参与所决定的，而是由他没有参与、和他无关的社会劳动的发展决定的。因此，很容易把一切生产部门及其一切产品在商品生产基础上，确切地说，在资本主义生产（这种生产在它的整个范围内都是商品生产）基础上共有的现象，当做地租的（和农产品一般的）特征来理解。

在社会发展的进程中，地租的量（从而土地的价值）作为社会总劳动的结果而增长起来。一方面，随着社会的发展，土地产品的市场和需求会增大；另一方面，对土地本身的直接需求也会增大，因为土地本身对一切可能的，甚至非农业的生产部门来说，都是进行竞争的生产条件。确切地说，只是就真正的农业地租来说，地租以及土地价值会随着土地产品市场的扩大，从而随着非农业人口的增加，随着他们对食物和原料的需要和需求的增加而增长。资本主义生产方式由于它的本性，使农业人口同非农业人口比起来不断减少，因为在工业（狭义的工业）中，不变资本比可变资本的相对增加，是同可变资本的绝对增加结合在一起的，虽然可变资本相对减少了；而在农业中，经营一定土地所需的可变资本则绝对减少，因此，只有在耕种新的土地时，可变资本才会增加，但这又以非农业人口的更大增加为前提。

其实，这并不是农业及其产品所特有的现象。不如说，在商品生产及其绝对形式即资本主义生产的基础上，这对其他一切生产部门和产品来说都是适用的。

这些产品之所以成为商品，即成为具有交换价值的，而且是具有可以实现的、可以转化为货币的交换价值的使用价值，仅仅因为有其他商品成为它们的等价物，仅仅因为有作为商品和作为价值的其他产品同它们相对立；也就是说，仅仅因为这些产品并不是作为生产者本人的直接生活资料，而是作为商品，即作为只有通过变为交换价值（货币），通过转让才变成使用价值的产品来生产的。由于社会分工，这些商品的市场会扩大；生产劳动的分工，使它们各自的产品互相变成商品，互相成为等价物，使它们互相成为市场。这绝不是农产品的特征。

只有在商品生产的基础上，确切地说，只有在资本主义生产的基础上，地租才能作为货币地租发展起来，并且按照农业生产变为商品生产的程度而发展起来；也就是，按照和农业生产相独立的非农业生产的发展程度而发展起来；因为农产品就是按照这个程度变成商品，变成交换价值和价值的。当商品生产，从而价值生产随着资本主义生产发展时，剩余价值和剩余产品的生产也按照相同的程度发展起来。但随着后者的发展，土地所有权依靠它对土地的垄断权，也按照相同的程度越来越能够攫取这个剩余价值中一个不断增大的部分，从而提高自己地租的价值和土地本身的价格。资本家在这个剩余价值和剩余产品的发展上还是一个能动的执行职能者。土地所有者只是坐享剩余产品和剩余价值中一个这样无须他参与而不断增大的份额。这就是他所处地位的特征；至于土地产品的价值，从而土地的价值总是随着它们的市场的扩大，需求的增加，以及同土地产品相对立的商品世界的扩大，换句话说，也就是随着非农业的商品生产者人数和非农业的商品生产量的扩大，按相同的程度增加，这却不是他所处地位的特征。但是，因为这个结果是没有土地所有者的参与就发生的，所以下面这种情况在他那里就表现为某种特有的东西：价值量、剩余价值量以及这个剩余价值的一部分向地租的转化，都取决于社会生产过程，取决于商品生产一般的发展。因此，例如达夫这样的人，就想以此来说明地租。他说，地租不取决于农产品的量，而取决于它的价值；但这个价值，又取决于非农业人口的数量和生产率。其实，这种说法也适用于任何其他产品，因为产品只有随着构成它的等价物的其他商品系列的数量和种类的增加，才作为商品发展起来。这一点在价值的一般论述中已经指出了。一方面，一个产品的交换能力，一般说来，取决于在它之外存在的商品的多样性。另一方面，这个产品本身能够作为商品来生产的数量，尤其取决于这种多样性。

任何生产者，不管是从事工业，还是从事农业，孤立地看，都不生产价值或商品。他的产品只有在一定的社会联系中才成为价值和商品。第一，只要这个产品是社会劳动的表现，从而，他自己的劳动时间表现为整个社会劳动时间的一部分；第二，他的劳动的这种社会性质，通过他的产品的货币性质，通过他的产品的由价格决定的普遍的可交换性，表现为他的产品所具有的社会性质。

因此，如果说一方面，被说明的不是地租，而是剩余价值，或者更狭隘地说是剩余产品一般，那么，另一方面，这里犯了一个错误，即把作为商品和价值的一切产品具有的性质，说成是农产品特有的性质。这种说明，当从价值的一般规定，回溯到一定商品价值的**实现**时，变得更加肤浅。每一种商品都只能在流通过程中实现它的价值；它是否实现它的价值，在多大程度上实现它的价值，这取决于当时的市场条件。

因此，农产品发展成为价值，并且作为价值而发展的现象，也就是说，农产品作为商品和其他商品相对立，而非农产品和作为商品的农产品相对立的现象，或者说，它们作为社会劳动的特殊表现而发展的现象，并不是地租的特征。地租的特征是：随着农产品作为价值（商品）而发展的条件和它们的价值的实现条件的发展，土地所有权在这个未经它参与就创造出来的价值中占有不断增大部分的权力也发展起来，剩余价值中一个不断增大的部分也就转化为地租。

第38章
级差地租：概论

在分析地租时，我们首先要从下面这个前提出发：支付这种地租的产品，也就是其剩余价值的一部分因而其总价格的一部分转化为地租的产品——对于我们的目的来说，想到农产品或者甚至矿产品也就够了——也就是说，土地和矿山的产品像一切其他商品一样，是按照它们的生产价格出售的。就是说，它们的出售价格，等于它们的成本要素（已耗费的不变资本和可变资本的价值）加上一个由一般利润率决定的、按照预付总资本（包括已经消耗的和没有消耗的）计算的利润。因此，我们假定，这些产品的平均出售价格，等于它们的生产价格。现在要问，在这个前提下，地租怎么能够发展起来，就是说，利润的一部分怎么能够转化为地租，因而商品价格的一部分怎么能够落到土地所有者手中。

为了表明地租这个形式的一般性质，我们假定，一个国家的工厂绝大多数是用蒸汽机推动的，少数是用自然瀑布推动的。我们假定，在这些工业部门，一个耗费资本100的商品量的生产价格是115。15%的利润，不是仅仅按已经耗费的资本100计算的，而是按这个商品价值生产上曾经使用的总资本计算的。前面已经指出，这个生产价格不是由每个从事生产的工业家的个别成本价格决定的，而是由整个生产部门的资本在平均条件下生产这种商品平均耗费的成本价格决定的。这实际上是市场生产价格，是和它的各种波动相区别的平均市场价格。商品价值的性质——即价值不是由某个生产者个人生产一定量商品或某个商品所必要的劳动时间决定，而是由社会必要的劳动时间，由当时社会平均生产条件下生产市场上这种商品的社会必需总量所必要的劳动时间决定——正是通过市场价格的形式，进一步说，正是通过起调节作用的市场价格或市场生产价格的形式而表现出来。

因为所确定的数字比例在这里完全是无关紧要的，所以我们要再假定，用水力推动的工厂的成本价格只是90，而不是100。因为这个商品量的调节市场的生产价格是115，其中有利润15%，所以靠水力来推动机器的工厂主，同样会按115，也就是按调节市场价格的平均价格出售。因此，他们的利润是25，而不是115；起调节作用的生产价格所以会允许他们赚到10%的超额利润，并不是因为他们高于生产价格出售他们的商品，而是因为他们按照生产价格出售他们的商品，因为他们的商品是在特别有利的条件下，即在优于这个部门占统治地位的平均水平的条件下生产出来的，或者说，因为他们的资本是在这种特别有利的条件下执行职能的。

这里立即表明两点：

第一，用自然瀑布作为动力的生产者的超额利润，和一切不是由流通过程中的交易偶然引起，也不是由市场价格的偶然波动引起的超额利润（我们在谈到生产价格时，已经对这个范畴做了说明）首先是性质相同的。因此，这种超额利润，同样也就等于这个处于有利地位的生产者的个别生产价格和这整个生产部门的一般的、社会的、调节市场的生产价格之间的差额。这个差额，等于商品的一般生产价格超过它的个别生产价格的余额。对这个余额起调节作用的有两个界限：一方面是个别的成本价格，因而也就是个别的生产价格；另一方面是一般的生产价格。

第二，到目前为止，那个用自然瀑布而不用蒸汽作动力的工厂主的超额利润，同一切其他的超额利润没有任何区别。一切正常的，也就是并非由于偶然的出售行为或市场价格波动而产生的超额利润，都是由这个特殊资本的商品的个别生产价格和一般生产价格（它调节着这整个生产部门的资本的商品的市场价格,或者说这个生产部门所投总资本的商品的市场价格)之间的差额决定的。

但是,现在就出现了区别。

在当前考察的场合,工厂主能够取得超额利润,即由一般利润率来调节的生产价格对他个人提供的余额,应该归功于什么呢?

首先应该归功于一种自然力,瀑布的推动力。瀑布是自然存在的,它和把水变成蒸汽的煤不同。煤本身是劳动的产品,所以具有价值,必须用一个等价物来支付,需要一定的费用。瀑布却是一种自然的生产要素,它的产生不需要任何劳动。

但是,不仅如此。利用蒸汽机进行生产的工厂主,也利用那些不费他分文就会增加劳动生产率的自然力,而且,只要这样会使工人必需的生活资料的生产变便宜,这些自然力就会增加剩余价值,从而增加利润;因此,这些自然力,和由协作、分工等引起的劳动的社会自然力完全一样,是被资本垄断的。工厂主要对煤炭进行支付,但是对于水改变物态,变成蒸汽的能力,对于蒸汽的压力等等,却没有进行支付。对自然力的这种垄断,也就是对这种由自然力促成的劳动生产力的提高实行的垄断,是一切用蒸汽机进行生产的资本的共同特点。这种垄断可以增加代表剩余价值的劳动产品部分,而相对减少转化为工资的劳动产品部分。只要它发生这样的作用,它就会提高一般利润率,可是没有创造超额利润,因为超额利润正好是个别利润超过平均利润的余额。因此,如果说一种自然力如瀑布的利用,在这里创造出超额利润,那么,这不可能只是由于这样一个事实:在这里一种自然力的利用引起了劳动生产力的提高。这里还必须有其他一些引起变化的情况。

恰恰相反。自然力在工业上的单纯利用所以会影响一般利润率的水平,是因为它会影响生产必要生活资料所需要的劳动量。但它本身并不会造成同一般利润率的偏离,而这里所涉及的问题,却正好是这种偏离。此外,个别资本通常在某一特殊生产部门中所实现的超额利润——因为各特殊生产部门之间利润率的偏离会不断地平均化为平均利润率——如果把纯粹偶然的偏离撇开不说,总是来自成本价格即生产费用的减少。这种减少,或者是由于这一情况,资本的应用量大于平均量,以致生产上的杂费减少了,而提高劳动生产率的一般性原因(协作、分工等),也由于劳动场所比较宽广,而能够在更高的程度上,以更大的强度发生作用;或者是由于这一情况,把执行职能的资本的规模撇开不说,由于采用更好的工作方法、新的发明、改良的机器、化学的制造秘方等等,一句话,由于采用新的、改良的、超过平均水平的生产资料和生产方法。成本价格的减少以及由此而来的超额利润,在这里,是执行职能的资本的投入方式造成的。它们的产生,或者是因为异常大量的资本积聚在一个人手中(这种情况在平均使用同样大的资本量的时候就会消失),或者是因为一定量资本以一种生产率特别高的方式执行职能(这种情况在例外的生产方式已经普遍应用,或者为更发达的生产方式所超过的时候也会消失)。

因此,在这里,超额利润来源于资本本身(包括它所推动的劳动)或者是所用资本的量的差别,或者是这种资本的更适当的应用。本来没有什么事情会妨碍同一生产部门的全部资本按同样的方式来使用。相反地,资本之间的竞争,使这种差别越来越趋于平衡;价值由社会必要劳动时间决定这一点,是通过商品变便宜和迫使商品按同样有利的条件进行生产的压力而为自己开辟道路的。但是,那个利用瀑布的工厂主的超额利润,却不是这样。他所用劳动的已经提高的生产力,既不是来自资本和劳动本身,也不是来自某种不同于资本和劳动,但已并入资本的自然力的单纯利用。它来自和一种自然力的利用结合在一起的劳动的较大的自然生产力,但这种自然力不像蒸汽的压力那样,在同一生产部门可供一切资本自由支配,所以并不是凡有资本投入这个部门,这种自然力的利用就会成为不言而喻的事情。这种自然力是一种可以垄断的自然力,就像瀑布那样,只有那些支配着特殊地段及其附属物的人才能够支配它。但要像每个资本都能把水变成蒸汽那样,创造出这种使劳动有较大生产力的自然条件,就完全不取决于资本了。这种自然条件在自然界只存在于某些地方。在它不存在的地方,它是不能由一定的投资创造出来的。它不是同能够由劳动创造的产品如机器、煤炭等等结合在一起,而是同一部分土地的一定的自然条件结合在一起。占有瀑布的那一部分工厂主,不允许不占有瀑布的那一部分工厂主利用这种自然力,因为土地是有限的,而有水力资源的土地更是有限的。这并不排除：虽然一个国家自然瀑布的数量是有限的，但工业上的可利用的水力的数量是能够增加的。为了充分利用瀑布的动力，可以对瀑布进行人工引流。有了瀑布，就可以改良水车，以便尽可能多地利用水力。在水流的状况不便于使用普通水车的地方，可以使用涡轮机等等。这种自然力的占有，在它的占有者手中形成一种垄断，成为所投资本有较高生产力的条件，这种条件是不能由资本本身的生产过程创造的；能够这样被人垄断的这种自然力，总是和土地分不开的。这样的自然力，既不是相关生产部门的一般条件，也不是该生产部门一般都能创造的条件。

现在，我们假定瀑布连同它所在的土地，属于那些被认为是这一部门分土地的所有者的人，即土地所有者所有。他们不许别人把资本投在瀑布上，不许别人通过资本利用它。他们可以允许或拒绝别人去利用它。但资本自己不能创造出瀑布。因此，利用瀑布而产生的超额利润，不是产生于资本，而是产生于资本对一种能够被人垄断并且已经被人垄断的自然力的利用。在这种情况下，超额利润就转化为地租，也就是说，它落入瀑布的所有者手中，如果工厂主每年要为瀑布而付给瀑布的所有者10镑，工厂主的利润就是15镑；是当前场合他的生产费用100镑的15%；所以，他的情况会和本生产部门用蒸汽进行生产的所有其他资本家的情况一样好，甚至可能更好。如果资本家自己就拥有瀑布，那情况也不会有什么改变。他会照旧以瀑布所有者的身份，而不是以资本家的身份，占有这10镑超额利润。并且，正是因为这个余额不是由于他的资本本身而产生，而是由于支配一种可以和他的资本分离、可以垄断并且数量有限的自然力而产生，所以这个余额就转化为地租。

第一，很明显，这种地租总是级差地租，因为它并不作为决定要素加入商品的一般生产价格，而是以这种生产价格为前提。它总是产生于支配着一种被垄断的自然力的个别资本的个别生产价格和投入该生产部门的一般资本的一般生产价格之间的差额。

第二，这种地租不是产生于所用资本或这个资本所占有的劳动的生产力的绝对提高。一般说来，这种提高只会减少商品的价值。这种地租的产生，是由于一定的投入一个生产部门的个别资本，同那些没有可能利用这种例外的、有利于提高生产率的自然条件的投资相比，相对来说具有较高的生产率。

第三，自然力不是超额利润的源泉，而只是超额利润的一种自然基础，因为它是特别高的劳动生产力的自然基础。这就像使用价值总是交换价值的承担者，但不是它的原因一样。如果一个使用价值不用劳动也能创造出来，它就不会有交换价值，但作为使用价值，它仍然具有它的自然的效用。但是，另一方面，如果一物没有使用价值，也就是没有劳动的这样一个自然的承担者，它也就没有交换价值。如果不同的价值不平均化为生产价格，不同的个别生产价格不平均化为一般的调节市场的生产价格，那么，通过使用瀑布而引起的劳动生产力的单纯的提高，就只会减低那些利用瀑布生产的商品的价格，而不会增加这些商品中包含的利润部分，从另一方面说，这同下述情况完全一样，如果资本不把它所用劳动的生产力（自然的和社会的），当做它自有的生产力来占有，那么，劳动的这种已经提高的生产力，就根本不会转化为剩余价值。

第四，瀑布的土地所有权本身，同剩余价值（利润）部分的创造，从而同借助瀑布生产的商品的价格的创造，没有任何关系。即使没有土地所有权，例如，即使瀑布所在的土地是作为无主的土地由工厂主来利用，这种超额利润也会存在。所以，土地所有权并不创造那个转化为超额利润的价值部分，而只是使土地所有者，即瀑布的所有者，能够把这个超额利润从工厂主的口袋里拿过来装进自己的口袋。它不是使这个超额利润创造出来的原因，而是使它转化为地租形式的原因，也就是使这一部分利润或这一部分商品价格被土地或瀑布的所有者占有的原因。

第五，很明显，瀑布的价格，也就是土地所有者把瀑布卖给第三者或卖给工厂主本人时所得的价格，首先，虽然会加到工厂主的个别成本价格上，但不会加到商品的生产价格上，因为在这里，地租产生于用蒸汽机生产的同种商品的生产价格，这种价格的调节和瀑布没有关系。其次，瀑布的这个价格完全是一个不合理的表现，在它背后却隐藏着一种现实的经济关系。瀑布和土地一样，和一切自然力一样，没有价值，因为它本身没有任何对象化劳动，因而也没有价格，价格通常不外是用货币来表现的价值。在没有价值的地方，也就没有什么东西可以用货币来表现。这种价格不外是资本化的地租。土地所有权使所有者能够把个别利润和平均利润之间的差额占为己有。这样获得的逐年更新的利润能够资本化，并表现为自然力本身的价格。

我们在这样确定级差地租的一般概念之后，现在就要进而考察真正农业中的级差地租了。关于农业所要说的，大体上也适用于采矿业。

第39章

级差地租的第一形式（级差地租Ⅰ）

我们首先考察等量资本在等面积的不同土地上使用时所产生的不相等的结果；或者，在面积不等时，考察按等量土地面积计算的结果。

这些不相等的结果，是由下面两个和资本无关的一般原因造成的：1. **肥力**。（关于这第1点，应当说明一下，土地的自然肥力的全部内容是什么，其中又包括那些不同的要素。）2. 土地的**位置**。这一点对殖民地来说是一个决定性的因素，并且一般说来，各级土地耕种的序列就是由此决定的。其次，很明显，级差地租的这两个不同的原因，肥力和位置，其作用可以是彼此相反的。一块土地可能位置很好，但肥力很差；或者情况相反。这种情况很重要，因为它可以向我们说明，一国土地的开垦为什么既可以由较好土地推向较坏土地，也可以相反。最后，很明显，整个社会生产的进步，一方面，由于它创造了地方市场，并且通过建立交通运输手段而使位置变得便利，所以对形成级差地租的位置会发生拉平的作用；另一方面，由于农业和工业的分离，由于一方面大的生产中心的形成，以及由于另一方面农村的相对孤立化，土地的地区位置的差别又会扩大。

但是，我们先不考察位置这一点，只考察自然肥力。撇开气候等要素不说，自然肥力的差别是由表层土壤的化学成分的差别，也就是由表层土壤所含植物养分的差别形成的。不过，具有相同的化学成分，并且在这个意义上具有相等的自然肥力的两块土地，其现实的有效的肥力还会由于这种植物养分所处的形态而有所不同，因为在有的形态下这些养分容易被同化为、被直接吸收为植物养分，在有的形态下则不容易。因此，在自然肥力相同的各块土地上，同样的自然肥力能被利用到什么程度，一方面取决于农业中化学的发展，一方面取决于农业中机械的发展。

因此，我们假定农业处于一定的发展阶段。其次，我们假定，土地的等级是按照这种发展阶段评定的，对不同土地上同时进行的各个投资来说，情况当然也总是这样。这时，级差地租就可以用一个上升的或下降的序列来表现，因为，尽管就实际耕种的土地总体来说序列已经确定，但总是发生了一个形成这种序列的连续的运动。

假定有四级土地 A、B、C、D。再假定小麦 1 夸脱的价格等于 3 镑或 60 先令。因为这里地租还只是级差地租，所以这个每夸脱 60 先令的价格，对最坏的土地来说，就等于生产费用 316，也就是等于资本加上平均利润。

假定 A 是这种最坏的土地。它由 50 先令的支出，生产了 1 夸特 = 60 先令；因此利润是 10 先令，或 20%。

假定 B 由等额的支出，生产了 2 夸脱 = 120 先令。这就提供了 70 先令的利润，或者说，60 先令的超额利润。

假定 C 由等额的支出，生产了 3 夸脱 = 180 先令；总利润等于 130 先令，超额利润等于 120 先令。

假定 D 生产了 4 夸脱 = 240 先令，超额利润就是 180 先令。

这样，我们就有了如下的序列：

表 I

土地等级	产量 夸脱	产量 先令	预付资本	利润 夸脱	利润 先令	地租 夸脱	地租 先令
A	1	60	50	$\frac{1}{6}$	10	—	—
B	2	120	50	$1\frac{1}{6}$	70	1	60
C	3	180	50	$2\frac{1}{6}$	130	2	120
D	4	240	50	$3\frac{1}{6}$	190	3	180
合计	10	600	—	—	—	6	360

各自的地租：对 D 来说等于 190 先令 – 10 先令，即 D 和 A 之间的差额；对 C 来说等于 130 先令 – 10 先令，即 C 和 A 之间的差额；对 B 来说等于 70 先令 – 10 先令，即 B 和 A 之间的差额。而对 B、C、D 来说，总地租等于 6 夸脱 = 360 先令，等于 D 和 A、C 和 A、B 和 A 之间的差额的总和。

表现一定状态下的一定产品的这种序列，抽象地考察（我们已经说明，为什么实际上也能出现这种情况），可以是下降的序列（由 D 到 A，即由肥沃的土地下降到越来越不肥沃的土地），也可以是上升的序列（由 A 到 D，即由相对不肥沃的土地，上升到越来越肥沃的土地）；最后，还可以交替进行，时而下降，时而上升，例如由 D 到 C，由 C 到 A，再由 A 到 B。

关于级差地租，一般应当指出：市场价值始终超过产品总量的总生产价格。例如，拿表 I 来说，总产量 10 夸脱会卖到 600 先令，因为市场价格是由 A 的生产价格决定的，每夸脱等于 60 先令。但实际的生产价格是：

A1 夸脱 = 60 先令	1 夸脱 = 60 先令
B2 夸脱 = 60 先令	1 夸脱 = 30 先令
C3 夸脱 = 60 先令	1 夸脱 = 20 先令
D4 夸脱 = 60 先令	1 夸脱 = 15 先令
10 夸脱 = 240 先令	平均 1 夸脱 = 24 先令

10夸脱的实际生产价格是240先令；但它们要按600先令的价格出售，贵250%。实际平均价格是每夸脱24先令；但市场价格是60先令，也贵250%。

这是由在资本主义生产方式基础上通过竞争而实现的市场价值所决定的；这种决定产生了一个虚假的社会价值。这种情况是由市场价值规律造成的，土地产品受这个规律支配。产品（也包括土地产品）市场价值的决定是一种社会行为，虽然这是一种不自觉的、无意的行为。这种行为必然是以产品的交换价值为依据，而不是以土地及其肥力的差别为依据。如果我们设想社会的资本主义形式已被扬弃，社会已被组成为一个自觉的、有计划的联合体，10夸脱就会只代表一定量的独立的劳动时间，而和240先令内所包含的劳动时间相等。因此，社会就不会按产品内所包含的实际劳动时间的两倍半来购买这种土地产品；这样，土地所有者阶级存在的基础就会消失。这样一来，结果就像从国外进口产品使产品价格便宜了同一数额完全一样。因此，如果说，维持现在的生产方式，但假定级差地租转归国家，土地产品的价格在其他条件相同时会保持不变，当然是正确的；但如果说，在资本主义生产由联合体代替以后，产品的价值还依旧不变，却是错误的。同种商品的市场价格的等同性，是价值的社会性质在资本主义生产方式的基础上，以及一般说来在一种以个人之间的商品交换为基础的生产基础上借以实现的方式。被当做消费者来看的社会在土地产品上过多支付的东西，社会劳动时间实现在农业生产上时形成负数的东西，现在对社会上的一部分人即土地所有者来说却成了正数。

第40章

级差地租的第二形式（级差地租 II）

以上我们只是把级差地租看做投在面积相等而肥力不同的土地上的等量资本所具有的不同生产率的结果，所以，级差地租是由投在最坏的无租土地上的资本的收益和投在较好土地上的资本的收益之间的差额决定的。在那里，我们假定若干资本同时投在不同的地块上，所以，每投入一笔新的资本，土地的耕作范围就会相应扩展，耕地面积就会相应扩大。但是，级差地租实质上终究只是投在土地上的等量资本所具有的不同生产率的结果。那么，生产率不同的各资本量连续投在同一地块上和同时投在不同地块上，假定结果相同，这是否会有什么差别呢？

首先，不能否认，就超额利润的形成来说，这两种场合是毫无差别的：在一种场合下，投在 A 级一英亩土地上的 3 镑生产费用生产 1 夸脱，从而 3 镑成为 1 夸脱的生产价格和起调节作用的市场价格，投在 B 级一英亩土地上的 3 镑生产费用生产 2 夸脱，并提供一个 3 镑的超额利润，而投在 C 级一英亩土地上的 3 镑生产费用生产 3 夸脱，并提供 6 镑的超额利润，最后，投在 D 级一英亩土地上的 3 镑生产费用生产 4 夸脱，并提供 9 镑的超额利润；在另一场合下，这 12 镑生产费用或 10 镑资本，以同样的收益按同一顺序投在同一英亩上，从而取得同样的结果。在这两种场合下,都是一个10镑的资本,其依次投入的价值部分各为 $2\frac{1}{2}$ 镑,不管它们是同时投在肥力不同的四英亩上,还是相继投在同一英亩上。由于它们的产量不同,其中一部分不会提供超额利润,而其他各部分会按照它们的收益和不提供地租的投资的收益之间的差额提供超额利润。

资本各价值部分的超额利润和不同的超额利润率,在这两种场合都是按同样的方式形成的。地租无非是这个形成地租实体的超额利润的一种形式。但是,无论如何,在第二个方法上,超额利润到地租的转化,也就是使超额利润由资本主义租地农场主手里转到土地所有者手里的这种形式变化,会遇到各种困难。英国租地农场主所以顽强抗拒政府的农业统计,其原因就在于此。他们在确定他们投资的实际成果方面所以和土地所有者进行斗争,其原因也在于此(摩尔顿)。地租是在土地出租时确定的,此后,在租约有效期间,由连续投资所产生的超额利润落入租地农场主的腰包。正因为这样,租地农场主总是力争签订长期租约;但另一方面,由于地主占优势,每年都可解除的租约增加了。

因此,从一开始就很清楚:带来不同结果的各个等量资本,不管是同时投在同样大的各块土地上,还是相继投在同一块土地上,都不会影响超额利润的形成规律,但是,这对于超额利润转化为地租来说,却有重大的差别。后一个方法会把这种转化限制在一方面更为狭小,另一方面更不稳定的界限内。因此,在实行集约化耕作(在经济学上,所谓集约化耕作,无非是指资本集中在同一块土地上,而不是分散在若干毗连的土地上)的各国,税务员的工作,正如摩尔顿在他所著的《地产的资源》一书中所说的,就成了一种极为重要、复杂、困难的职业。

在考察级差地租Ⅱ时,还要强调指出如下几点:

第一,级差地租Ⅱ的基础和出发点,不仅从历史上来说,而且就级差地租Ⅱ在任何一定时期内的运动来说,都是级差地租Ⅰ,就是说,是肥力和位置不同的各级土地的同时并行的耕种,也就是农业总资本的不同组成部分在不同质的地块上同时并行的使用。

历史地看，这是不言而喻的。在殖民地，移民只需投很少的资本；主要的生产要素是劳动和土地。每个家长都企图在他的移民伙伴们经营的场所旁边，为自己和家属开辟一个独立经营的场所。早在资本主义以前的各种生产方式下，在真正的农业中一般说来必然是这种情形。在作为独立的生产部门的牧羊业或整个畜牧业中，或多或少都是共同利用土地，并且一开始就是粗放经营。资本主义生产方式是从生产资料在事实上或法律上为耕者自己所有的旧生产方式上发展起来的，一句话，是从农业的手工业经营上发展起来的。按照事物的本性来说，生产资料只是由此才逐渐走向集中，并逐渐转化为资本，而同转化为雇佣工人的直接生产者相对立。就资本主义生产方式正是在这里表现出自己的特征来说，这首先特别是发生在牧羊业和畜牧业上；所以，并不是发生在资本在较小规模土地范围内的集中上，而是发生在较大规模的生产上，这样就可以节省马的饲养费用及其他生产费用；事实上并不是由于在同一土地上使用了更多的资本。此外，按照耕作的自然规律，当耕作达到一定的水平，地力已经相应地耗尽的时候，资本（在这里同时指已经生产出来的生产资料）就成为土地耕作的决定要素。在已耕地同未耕地相比只占较小面积，地力也还没有耗尽的时候（在真正的农耕和植物性食物占统治地位以前，当畜牧和肉食盛行的时期，情形就是这样），这种刚刚开始的新生产方式同农民生产的区别，首先就在于由一个资本家投资耕种的土地面积较大，也就是资本以粗放的方法投在较大的土地面积上；因此，一开始就要记住：级差地租 I 是作为出发点的历史基础。另一方面，级差地租 II 的运动，在任何一定的瞬间，都只是出现在这样一个领域内，这个领域本身又是级差地租 I 的形形色色的基础。

第二，在级差地租的第 II 形式上，除了肥力的差别，还有资本（以及获得信用的能力）在租地农场主之间的分配上的差别。在真正的工业中，对每个生产部门来说，都会迅速形成各自的经营规模上的最低限额和与此相应的资本的最低限额，资本达不到这个限额，单个的经营便不能顺利进行。同样，在每个生产部门中又会形成多数生产者所必须拥有并且实际也拥有的、高于这个最低限额的标准的平均资本量。大于平均资本量的资本会提供额外利润，而小于平均资本量的资本就得不到平均利润。资本主义生产方式只是缓慢地、非均衡地侵入农业，这是我们在英国这个农业的资本主义生产方式的典型国家中可以看到的。如果没有谷物的自由进口，或者因自由进口的数量很小，影响有限，那么，市场价格就要由耕种较坏的土地的生产者来决定，就是说，要由在低于平均生产条件的较不利条件下进行经营的生产者来决定。用于农业的并且一般可以由农业支配的资本总量中的一大部分，就是掌握在这些生产者手中。

诚然，例如农民在他的小块土地上耗费了大量劳动，但是，这种劳动是孤立的，并且被剥夺了实现生产率的各种社会的和物质的客观条件。

这种情况使实际的资本主义租地农场主能够把超额利润的一部分占为己有；如果资本主义生产方式在农业中，也同在工业中一样均衡地发展，那么，至少就上述这点来说，这种情况就不会发生。

让我们首先只考察级差地租Ⅱ中的超额利润的形成，暂且不考虑这种超额利润能够转化为地租的条件。

这里很明显，级差地租Ⅱ只是级差地租Ⅰ的不同的表现，而实质上二者是一致的。在级差地租Ⅰ中，各级土地的不同肥力所以会发生影响，只是因为不同的肥力使投在土地上的各个资本在资本量相等时或就资本的比例量考察时，会产生出不同的结果，不同的产量。不论这种不同的结果是由相继投在同一块土地上的各个资本产生的，还是由投在好几块等级不同的土地上的各个资本产生的，都不会使肥力的差别或它们的产量的差别发生变化，因此也不会使生产率较高的投资部分的级差地租的形成发生变化。在投资相等的情况下，土地仍然显示出不同的肥力，不过，在这里一个资本分成几个部分相继投在同一土地上所完成的事情，也就是级差地租Ⅰ的场合下社会资本各等量部分投在各级土地上所完成的事情。

级差地租Ⅱ，在连续投入的几个资本的生产率下降的场合，只有当这些资本只能投入最坏土地A的时候，才必然会引起生产价格的上涨和生产率的绝对降低。

关于级差地租Ⅱ（它的前提是以级差地租Ⅰ作为自己的基础）的种种组合，我们下面来谈。

第41章

级差地租Ⅱ——第一种情况:生产价格不变

在这里,地租的提高只是土地投资增加的结果,而且是和资本的这种增加成比例的。产量和地租的这种增加是投资增加的结果,而且是和投资的增加成比例的,就产量和地租量来说,这种增加就好像发生下述情形一样:提供地租的同质土地的耕种面积已经扩大,并且使用和过去在同级土地上投入的同样多的资本来进行耕种。

第 42 章

级差地租 II——第二种情况：生产价格下降

当追加投资的生产率不变、降低或提高时，生产价格都可能下降。

1. 追加投资的生产率不变

这个情况假定：各级土地的产量，会按照土地的质量，随着投在土地上的资本的增加而按同一程度增加。这意味着在各级土地的差别不变时，超额产品按投资增加的比例而增加。所以，这个情况排除了 A 级土地上任何一个会影响级差地租的追加投资。A 级土地的超额利润率等于零；因此，它现在仍然等于零，因为已经假定，追加资本的生产力不变，因而超额利润率也不变。

在这些假定的条件下，起调节作用的生产价格所以能够下跌，只是因为起调节作用的已经不是 A 级土地的生产价格，而是较好一级的 B 级土地的生产价格，或任何一种比 A 好的土地的生产价格；这样，资本就会从 A 级土地上抽出，或者，如果是 C 级土地的生产价格起调节作用，因而一切较坏土地都从种植小麦的土地的竞争中退出来，资本就会从 A 和 B 两级土地上抽出。在上述的假定下，做到这一点的条件是，追加投资的追加产品足以满足需要，以致较坏土地 A 等等的产品对于保证供给已经成为多余。

2. 追加资本的生产率降低

这个情况不会引出什么新的东西，只要在这里假定，同刚才考察过的情况一样，生产价格所以能够下降只是因为追加资本投在比 A 好的土地上，A 的产品已经变为多余，因而资本已经从 A 抽出，或 A 已经用在别种产品的生产上。

3. 追加资本的生产率提高

在追加投资的生产率降低和提高的场合，追加投资都会依照它们在各级土地间的分配情况而产生不同的影响。随着这种不同影响使差额减缓或扩大，各级较好土地的级差地租，从而地租总额，也将会按比例减少或增加，这和级差地租 I 中已经看到的情形一样。此外，一切取决于和 A 一起被排挤掉的土地面积和资本的数量，以及在生产率提高时为提供追加产品以满足需求所必需的预付资本的相对量。

第 43 章

级差地租Ⅱ——第三种情况：生产价格上涨。结论

在这里，生产价格按同一比例上涨，这也使得生产率的降低在收益和货币地租方面都充分得到补偿。

第三种情况，只有在第二次投资的生产率下降，第一次投资的生产率不变时（在第一和第二两种情况下，我们总是这样假定），才会以纯粹的形式出现。在这里，级差地租Ⅰ不受影响，只是由级差地租Ⅱ产生的那个部分有变化。

对级差地租进行的考察，可以得出如下一般的结论：

第一，超额利润可以按不同的途径形成。一方面，是以级差地租Ⅰ为基础，也就是说，以全部农业资本投入由肥力不同的各级土地构成的土地面积为基础。其次，作为级差地租Ⅱ，是以同一土地上的连续投资有不同的级差生产率为基础，也就是说，在这里，和最坏的、无租的，但调节生产价格的土地上的等量投资相比，具有较高的生产率，例如，表现为若干夸脱小麦。

第二，在我们考察新的超额利润的形成时，追加投资的界限是只够补偿生产费用的投资，就是说，这个投资生产 1 夸脱的费用和 A 级土地一英亩上同额投资生产 1 夸脱的费用相等，按照假定是 3

镑。在追加投资的生产率降低时,根据前面的说明,可以得出以下结论,B级土地每英亩总投资不再提供地租的界限是,B级土地每英亩产品的个别平均生产价格已上涨到A级土地每英亩的生产价格。

第44章

最坏耕地也有级差地租

假定对谷物的需求不断增加，并且供给只能通过提供地租的土地上生产率不足的连续投资，或者通过 A 级土地上生产率也不断降低的追加投资，或者通过比 A 更坏的新地上的投资来满足。

这里当然是假定，和以前已耕的土地有同样有利位置的新的 A 级土地已经没法弄到，因此必须按更大的生产费用对已耕的一块 A 级土地进行第二次投资，或耕种更坏的土地 A_{-1}。只要级差地租Ⅱ通过连续的投资而产生出来，上涨的生产价格的界限就能够由较好土地来调节；这时，构成级差地租Ⅰ的基础的最坏的土地也能够提供地租。因此，单纯就级差地租来说，所有的已耕地都会提供地租。

第45章

绝 对 地 租

在分析级差地租时,我们是从最坏的土地不支付地租这一前提出发的;或者用更一般的说法就是:只有这样一种土地才支付地租,这种土地的产品的个别生产价格低于调节市场的生产价格,因此,就产生了超额利润,超额利润就转化为地租。首先必须指出,级差地租本身的规律和这个前提的正确与否完全无关。

如果我们把调节市场的一般生产价格叫作 P,那么,P 是和最坏的土地 A 的产品的个别生产价格相一致的;也就是说,这种价格将补偿生产中消耗的不变资本和可变资本加上平均利润(等于企业主收入加上利息)。

地租在这里等于零。较好一级土地 B 的个别生产价格 = P',而 $P > P'$;也就是说,P 可以补偿 B 级土地的产品的现实生产价格而有余。现在假定 $P - P' = d$;因而 d,即 P 超过 P' 的余额,就是 B 级土地的租地农场主所获得的超额利润。这个 d 转化为必须支付给土地所有者的地租。假定第三级土地 C 的现实生产价格是 P'',而 $P - P'' = 2d$;这 2d 也会转化为地租;同样,假定第四级土地 D 的个别生产价格是 P''',而 $P - P''' = 3d$,后者也会转化为地租,等等。现在,我们假定,对 A 级土地来说,设定地租 =0,因而产品的价格 = P+0 这个前提是错误的。相反，A级土地也会提供地租=r。这时，我们就会得出以下两个结论。

第一，A级土地产品的价格，不是由它的生产价格来调节，而包含着一个超过它的生产价格的余额，即=P+r。既然假定资本主义生产方式处于正常状态，也就是说，既然假定租地农场主支付给土地所有者的这个余额r不是从工资中扣除的，也不是从资本的平均利润中扣除的，那么，他能够支付这个余额，就只是因为他的产品高于生产价格出售，因此，如果他不把这个余额以地租形式支付给土地所有者，他的产品就会给他提供一个超额利润。这样，各级土地在市场上的全部产品的起调节作用的市场价格，就不是资本一般在一切生产部门都会提供的那个生产价格（等于费用加上平均利润），而是生产价格加上地租了，不是P，而是P+r了。因为A级土地产品的价格，一般来说代表起调节作用的一般市场价格的界限，即代表使总产品能够得到供给的那种价格的界限，并且就这一点来说，调节着这个总产品的价格。

但是**第二**，在这种情况下，虽然土地产品的一般价格会发生本质的变化，但级差地租的规律决不会因此就失去作用。既然A级土地产品的价格，从而一般市场价格=P+r，那么，B、C、D等各级土地的产品的价格，也同样=P+r。但对B级土地来说，因为P−P′=d，所以，(P+r) − (P′+r) 同样=d。对C级土地来说，P−P″= (P+r) − (P″+r) =2d；最后，对D级土地来说，P−P‴= (P+r) − (P‴+r)：3d，等等。因此，虽然地租会包含一个和级差地租规律无关的要素，并且会随土地产品的价格同时得到普遍的增加，但是，级差地租仍然不变，并且受同一规律调节。由此可见，不管最不肥沃的土地的地租的情况怎样，级差地租的规律都不仅和这种地租无关，而且理解级差地租性质的唯一方法，就是假定A级土地的地租=0。不管它恰好=0，还是>0，在我们考察级差地租时，都是无关紧要的，而事实上也不在我们考虑的范围之内。

因此，级差地租的规律是和以下的研究结果无关的。

如果我们进一步追问一下，最坏土地A的产品不支付地租这一前提的基础是什么？那么，答复就必然是这样：如果土地产品（例如谷物）的市场价格所达到的高度能使投在 A 级土地上的追加的预付资本达到普通的生产价格，也就是说，为资本提供普通的平均利润，那么，这个条件就足以使追加资本投到 A 级土地上。这就是说，这个条件已足以使资本家投入新的资本而得到普通利润，并进行正常的资本增殖。

  无论如何，只要资本主义的租地农场主作为资本家可以作出决断，他就尽可以在这些情况下耕种 A 级土地。资本正常增殖的条件在 A 级土地上现已存在。但是，即使假定租地农场主不能支付地租，现在只能够按资本增殖的平均条件在 A 级土地上进行投资，从这个前提出发也决不能得出结论说：这个属于 A 级的土地，现在会立即让租地农场主去支配。租地农场主不支付地租而能按普通利润来增殖他的资本这一事实，对土地所有者来说，绝不是把土地白白借给租地农场主并如此慈善地给这位营业伙伴以无息信贷的理由。这样一个前提，意味着土地所有权被抽象掉，土地所有权被废除。而土地所有权的存在，正好是对投资的一个限制，正好是对资本在土地上任意增殖的一个限制。这个限制决不会由于租地农场主单纯有下面这种想法而消失：如果他不支付地租，也就是说，如果他实际上能把土地所有权看做是不存在的，那么，谷物价格的水平就使他能够通过利用 A 级土地的办法从自己的资本中取得普通的利润。但土地所有权的垄断，作为资本的限制的土地所有权，是级差地租的前提，因为，如果没有这种垄断，超额利润就不会转化为地租，就不会落到土地所有者手里，而会落到租地农场主手里。甚至在作为级差地租的地租并不存在的地方，也就是，在 A 级土地上，作为限制的土地所有权还是继续存在。

  级差地租有这样一个特点：土地所有权在这里仅仅取去超额利润，否则这种超额利润就会被租地农场主据为己有，而在一定情况下，在租约未满期间，实际上也是被租地农场主据为已有。在这里，土地所有权只是商品价格中一个未经它本身参与就产生（确切些说，是由于调节市场价格的生产价格决定于竞争这一点产生的）并转化为超额利润的部分发生转移的原因，即价格的这个部分由一个人手里转移到另一个人手里，由资本家手里转移到土地所有者手里的原因。

但在这里，土地所有权并不是创造这个价格组成部分的原因，也不是作为这个组成部分的前提的价格上涨的原因。然而，如果最坏的土地A——虽然它的耕种会提供生产价格——不提供一个超过生产价格的余额，即地租，就不可能被耕种，那么，土地所有权就是引起这个价格上涨的原因。**土地所有权本身已经产生地租。**

假定需求状况要求开垦新的土地，比如说，要求开垦不如一向耕种的土地那样肥沃的土地，那么，土地所有者会因为土地产品的市场价格已上涨到足以使这种土地上的投资为租地农场主提供生产价格，从而提供普通利润，就白白地把这些土地出租吗？绝对不会。投资必须给他提供地租。只有能够向他支付租金，他才会把土地租出去。所以，市场价格必须涨到生产价格以上，达到 $P+r$，才能向土地所有者支付地租。因为按照假定，土地不出租，土地所有权就没有任何收益，在经济上就没有价值，所以，市场价格只要稍稍超过生产价格，就足以使新的最坏的土地进入市场。

现在产生了这样的问题：由于最坏土地也提供地租，即这种不可能来自于肥力差别的地租，是不是就得出结论说，土地产品的价格必然是普通意义上的垄断价格，或者说，必然是一种使地租像在赋税那样的形式上被包含在内的价格，只不过这种赋税由土地所有者征收，而不是由国家征收呢？这种赋税有自己的一定的经济上的界限，这是不言而喻的。旧租地上的追加投资，外国的土地产品——假定土地产品可以自由进口——的竞争，土地所有者之间的互相竞争，最后，消费者的需要和支付能力，都会使这种赋税受到限制。但是问题不在这里。问题在于，最坏的土地支付的地租，是否像税金加到课税商品的价格中去一样，加到这种土地的产品的价格（按照假定，它调节着一般的市场价格）中去，也就是说，是否作为一个和商品价值无关的要素加到这种土地的产品的价格中去。

这绝不是必然的结论，而所以会作出这样的论断，只是因为商品的价值和商品的生产价格之间的区别一直没有被人理解。我们已经知道，一个商品的生产价格和它的价值绝不是一回事，虽然商品的生产价格，就商品的总和来看，只是由商品的总价值来调节，虽然不同种商品的生产价格的变动，在其他一切情况不变时，完全是由这些商品的价值的变动决定的。我们已经指出,一个商品的生产价格可以高于它的价值,或低于它的价值,只有在例外的情况下才和它的价值相一致。所以,土地产品高于它们的生产价格出售这一事实,决不证明它们也高于它们的价值出售,正如工业品平均按它们的生产价格出售这一事实,决不证明它们是按它们的价值出售一样。农产品高于它们的生产价格但低于它们的价值出售的现象是可能的;另一方面同样可能的是,许多工业品只是因为高于它们的价值出售,才提供生产价格。

一个商品的生产价格和它的价值的比率,完全是由生产它所用的资本的可变部分和不变部分的比率,即由生产它所用的资本的有机构成决定的。如果一个生产部门中的资本构成低于社会平均资本的构成,也就是说,如果该资本中投在工资上的可变部分,和投在物质劳动条件上的不变部分的比率,大于社会平均资本中可变部分和不变部分的比率,那么,它的产品的价值就必然会高于它的生产价格。这就是说,一个这样的资本,因为使用了更多的活劳动,所以在对劳动的剥削程度相等的情况下,将会比社会平均资本的一个同样大的部分生产出更多的剩余价值,从而生产出更多的利润。因此,它的产品的价值,就会高于它的生产价格,因为这个生产价格等于资本的补偿加上平均利润,而平均利润则小于这个商品上生产的利润。社会平均资本所生产的剩余价值,比这种有机构成低的资本所生产的剩余价值要小。如果投在一定生产部门的资本的构成,高于社会平均资本,情形就会相反。它所生产的商品的价值,就会低于这些商品的生产价格;一般来说,最发达的工业部门的产品的情况就是这样。

真正农业上的资本构成如果低于社会平均资本的构成,那么,这首先表示,在生产发达的各国,农业的发展程度没有达到加工工业的水平。撇开其他一切经济状况,并且一部分有决定作用的经济状况不说,这个事实已经由下述情况得到说明,力学各科,特别是它们的应用,同化学、地质学和生理学,特别是它们在农业上的应用的较晚的,并且部分地还十分幼稚的发展比较起来,发展得比较早,而且比较快。此外,一个不容置疑并早已为人所共知的事实是,农业本身的进步,总是表现在不变资本部分同可变资本部分相比的相对的增长上。在一个进入资本主义生产的国家,例如英国,农业资本的构成是否低于社会平均资本的构成，这是一个只能用统计来确定的问题，并且，就我们的目的来说，对此也没有必要进行详细的探讨。无论如何，在理论上已经确定的是：农产品的价值只有在这个前提下才能高于它们的生产价格；也就是说，农业上一定量的资本，与同等数量的有社会平均构成的资本相比，会生产较多的剩余价值，或同样也可以说，会推动和支配较多的剩余劳动（因此，也就是使用较多的活劳动一般）。

但是，单是农产品的价值超过它们的生产价格这样一个事实本身，无论如何不足以说明一种同各级土地的不同肥力或同一土地上各连续投资的不同生产率无关的地租的存在，一句话，即在概念上不同于级差地租，因而可以称为绝对地租的那种地租的存在。许多工业品具有这样的特性：它们的价值高于它们的生产价格，但它们不会因此就提供一个可以转化为地租的超过平均利润的余额或超额利润。恰好相反。生产价格以及它所包含的一般利润率的存在和概念，是建立在单个商品不是按照它们的价值出售这样一个基础上的。生产价格是由商品价值的平均化产生的。这种平均化在不同生产部门各自耗费的资本价值得到补偿以后，使全部剩余价值不是按各个生产部门所生产的、从而包含在其产品中的剩余价值所占的比例来进行分配，而是按各个预付资本的量所占的比例来进行分配。只有这样，平均利润和以平均利润为特征要素的商品生产价格才会产生。资本的不断趋势是，通过竞争来实现总资本所生产的剩余价值的分配的这种平均化，并克服这种平均化的一切阻碍。所以，资本的趋势是，只容许这样一种超额利润，这种超额利润在一切情况下都不是来自于商品的价值和生产价格之间的差额，而是来自于调节市场的一般生产价格和与它相区别的个别生产价格之间的差额；所以超额利润不是发生在两个不同生产部门之间，而是发生在每个生产部门之内；因此，它不会影响不同生产部门的一般生产价格，也就是说，不会影响一般利润率，反而以价值转化为生产价格和以一般利润率为前提。但是，正如前面已经指出的，这个前提是建立在社会总资本在不同生产部门之间的不断变动的成比例的分配上，建立在资本的不断流入和流出上，建立在资本由一个部门转移到另一个部门的可能性上，总之，建立在资本在这些不同生产部门（对社会总资本各独立部分来说，就是同样多的可使用的投资场所）之间的自由运动上。在这里，我们假定，例如，在商品的价值高于其生产价格或所生产的剩余价值超过平均利润的某一生产部门中，没有任何限制，或者只有偶然的暂时的限制，会妨碍资本的竞争把价值化为生产价格，从而把这个生产部门的超额剩余价值成比例地分配于资本所开发的一切部门。但是，如果发生了相反的情形，如果资本遇到了一种外力，对这种外力，资本只能局部地克服或完全不能克服，这种外力限制资本投入一些特殊生产部门，只有在完全排斥或部分地排斥剩余价值一般平均化为平均利润的条件下才允许资本投入这种特殊生产部门，那么很明显，在这种生产部门中，由于商品的价值超过其生产价格，就会产生超额利润，这个超额利润将会转化为地租，并且作为地租能够与利润相对立而独立起来。当资本投在土地上时，土地所有权或者说土地所有者，就作为这样一种外力和限制，出现在资本或资本家面前。

　　在这里，土地所有权就是障碍。因此，不纳税，也就是说，不交地租，就不能对从前未耕种或未出租的土地投入任何新的资本，虽然新耕种的土地是一种不会提供任何级差地租的土地，并且如果没有土地所有权，只要市场价格略微上涨，它就已被耕种，以致起调节作用的市场价格使这种最坏的土地的耕种者只能得到他的生产价格。但是，因为有了土地所有权的限制，市场价格必须上涨到一定的程度，才使土地除了生产价格外，还能支付一个余额，也就是说，支付地租。但是，因为按照假定，农业资本所生产的商品的价值高于它们的生产价格，所以，这个地租（除了我们立即就要研究的一种情形外）就是价值超过生产价格而形成的余额或这个余额中的一部分。地租究竟是等于价值和生产价格之间的全部差额，还是仅仅等于这个差额的一个或大或小的部分，这完全取决于供求状况和新耕种的土地面积。

　　在任何情况下，这个来自于价值超过生产价格的余额的绝对地租，都只是农业剩余价值的一部分，都只是这个剩余价值到地租的转化，都只是土地所有者对这个剩余价值的攫取。

　　如果农业资本的平均构成等于或高于社会平均资本的构成，那么，上述意义上的绝对地租，也就是既和级差地租不同，又和以真正垄断价格为基础的地租不同的地租，就会消失。这样，农产品的价值就不会高于它的生产价格；农业资本和非农业资本相比，就不会推动更多的劳动，因此也就不会实现更多的剩余劳动。如果随着耕作的进步，农业资本的构成已和社会平均资本的构成相等，那么，这样的现象就会发生。

乍一看来，这似乎是矛盾的：一方面假定农业资本的构成提高，也就是说，它的不变部分比它的可变部分相对地增大，另一方面又假定土地产品的价格上涨到足以使新的、比以往耕种的土地更坏的土地也能支付地租，而这种地租在这种情况下只能来自市场价格超过价值和生产价格的余额，简单地说，只能来自产品的垄断价格。

第46章
建筑地段的地租。矿山地租。土地价格

凡是存在地租的地方，都有级差地租，而且这种级差地租都遵循着和农业级差地租相同的规律。凡是自然力能被垄断并保证使用它的产业家得到超额利润的地方（不论是瀑布，是富饶的矿山，是盛产鱼类的水域，还是位置有利的建筑地段），那些因对一部分土地享有权利而成为这种自然物所有者的人，就会以地租形式，从执行职能的资本那里把这种超额利润夺走。至于建筑上使用的土地，亚当·斯密已经说明，它的地租的基础，和一切非农业土地的地租的基础一样，是由真正的农业地租调节的（《国民财富的性质和原因的研究》第1卷第1篇第11章第2、3节）。这种地租的特征在于：首先，位置在这里对级差地租具有决定性的影响（例如，这对葡萄种植业和大城市的建筑地段来说，是十分重要的）；其次，所有者显然具有完全的被动性，他的主动性（特别是在采矿业）只在于利用社会发展的进步，而对于这种进步，他并不像产业资本家那样有过什么贡献，冒过什么风险；最后，在许多情况下垄断价格占有优势，特别在对贫穷进行最无耻的榨取方面是这样（因为贫穷对于房租，是一个比波托西银矿对于西班牙更为富饶的源泉），并且这种土地所有权一旦和产业资本结合在一个人手里，便会产生巨大的权力，使得产业资本可以把为工资而进行斗争的工人从他们的容身之所地球上实际排除出去。在这里，社会上一部分人向另一部分人要求一种贡赋，作为后者在地球上居住的权利的代价，因为土地所有权本来就包含土地所有者剥削地球的躯体、内脏、空气，从而剥削生命的维持和发展的权利。不仅人口的增加，以及随之而来的住房需要的增大，而且固定资本的发展（这种固定资本或者合并在土地中，或者扎根在土地中，建立在土地上，如所有工业建筑物、铁路、货栈、工厂建筑物、船坞等等），都必然会提高建筑地段的地租。在这里，即使有凯里那样的强烈愿望，也不可能把房租（就其作为投在房屋上的资本的利息和折旧来说）同单纯土地的地租混为一谈，特别在土地所有者和建筑投机家完全是不同的人的时候（例如在英国）。在这里，我们要考察两个要素：一方面，土地为了再生产或采掘的目的而被利用；另一方面，空间是一切生产和一切人类活动的要素。从这两个方面，土地所有权都要求得到它的贡赋。对建筑地段的需求，会提高作为空间和地基的土地的价值，而对土地的各种可用作建筑材料的要素的需求，同时也会因此增加。

真正的矿山地租的决定方法，和农业地租是完全一样的。

我们必须加以区别，究竟是因为产品或土地本身有一个与地租无关的垄断价格，所以地租才由垄断价格产生，还是因为有地租存在，所以产品才按垄断价格出售。当我们说垄断价格时，一般是指那种只决定于购买者的购买欲和支付能力的价格，它既与一般生产价格所决定的价格，也与产品价值所决定的价格无关。一个葡萄园在它所产的葡萄酒特别好时（这种葡萄酒一般说来只能进行比较小量的生产），就会提供一个垄断价格。由于这个垄断价格（它超过产品价值的余额，只决定于高贵的饮酒者的财富和嗜好），葡萄种植者将实现一个相当大的超额利润。这种在这里由垄断价格产生的超额利润，由于土地所有者对这块具有独特性质的土地的所有权而转化为地租，并以这种形式落入土地所有者手中。因此，在这里，是垄断价格造成地租。反过来，如果由于土地所有权对在未耕地上进行不付地租的投资造成限制，以致谷物不仅要高于它的生产价格出售，而且还要高于它的价值出售，那么，地租就会造成垄断价格。一些人所以能把社会的一部分剩余劳动作为贡赋来占有，并且随着生产的发展，占有得越来越多，只是由于他们拥有土地所有权，而这个事实却被以下的情况掩盖了：资本化的地租，也就是说，正是这个资本化的贡赋，表现为土地价格，因此土地也像任何其他交易品一样可以出售。因此对购买者来说，他对地租的索取权，好像不是白白得到的，不是不付出劳动，不冒风险，不具有资本的企业精神，就白白得到的，而是支付了它的等价物才得到的。像以前已经指出的那样，在购买者看来，地租不过表现为他用以购买土地以及地租索取权的那个资本的利息。对已经购买黑人的奴隶主来说也完全是这样，他对黑人的所有权，好像不是靠奴隶制度本身，而是通过商品的买卖而获得的。不过，这个权利本身并不是由出售产生，而只是由出售转移。这个权利在它能被出售以前，必须已经存在；不论是一次出售，还是一系列这样的出售，不断反复的出售，都不能创造这种权利。总之，创造这种权利的，是生产关系。一旦生产关系达到必须蜕皮的地步，这种权利的和一切以它为依据的交易的物质的、在经济上和历史上有存在理由的、从社会生活的生产过程中产生的源泉，就会消失。从一个较高级的经济的社会形态的角度来看，个别人对土地的私有权，和一个人对另一个人的私有权一样，是十分荒谬的。甚至整个社会，一个民族，以至于一切同时存在的社会加在一起，都不是土地的所有者。他们只是土地的占有者，土地的受益者，并且他们应当做为好家长把经过改良的土地传给后代。

在以下有关土地价格的研究中，我们要撇开一切竞争波动，一切土地投机，甚至小土地所有制（在这里，土地是生产者的主要工具，因此生产者不管按什么价格都必须购买它）。

Ⅰ．土地价格可以在地租不增加的情况下提高，即：

1. 单纯由于利息率的下降，结果，地租按更贵的价格出售，因此，资本化的地租，土地价格，就增长了；

2. 因为投入土地的资本的利息增长了。

Ⅱ．土地价格可以因地租增加而提高。

Ⅲ．这些使地租提高，从而使一般土地价格或各类别土地价格提高的不同条件，可以部分地发生竞争，部分地互相排斥，并且只能交替地发生作用。但是，根据以上所述可以看出，不能从土地价格的增加直接得出地租增加的结论，也不能从地租的增加（这种增加总会引起土地价格的增加）直接得出土地产品增加的结论。

第47章
资本主义地租的起源

1. 导　论

在资本尚未执行强行榨取一切剩余劳动,并直接占有一切剩余价值这一职能,从而资本还没有使社会劳动或只是偶尔使社会劳动从属于自己的社会形式中,根本谈不上现代意义的地租,谈不上作为超过平均利润即超过每个资本在社会总资本所生产的剩余价值中所占比例部分而形成的余额的地租。

2. 劳动地租

如果我们考察地租的最简单的形式,即**劳动地租**——在这个场合,直接生产者以每周的一部分,用实际上或法律上属于他所有的劳动工具(犁、牲口等等)来耕种实际上属于他所有的土地,并以每周的其他几天,无代价地在地主的土地上为地主劳动——那么,事情还是十分清楚的,在这里,地租和剩余价值是一致的。在这里,无酬剩余劳动所借以表现的形式是地租,而不是利润。

这里必须有人身的依附关系，必须有不管什么程度的人身不自由和人身作为土地的附属物对土地的依附，必须有本来意义的依附制度。

从直接生产者身上榨取无酬剩余劳动的独特经济形式，决定了统治和从属的关系，这种关系是直接从生产本身中生长出来的，并且又对生产发生决定性的反作用。

关于劳动地租这个最简单的和最原始的地租形式，有一点是非常明显的，在这里，地租是剩余价值的原始形式，并且和剩余价值是一致的。

3. 产品地租

产品地租的前提是直接生产者已处于较高的文明状态，从而他的劳动以及整个社会已处于较高的发展阶段。产品地租和先前的形式的区别在于，剩余劳动已不再在它的自然形态上，从而也不再在地主或地主代表者的直接监督和强制下进行。驱使直接生产者的，已经是各种关系的力量，而不是直接的强制，是法律的规定，而不是鞭子，他已经不得不自己负责来进行这种剩余劳动了。剩余生产，是指直接生产者超过本人必不可少的需要而在实际上属于他自己的生产场所之内即他自己耕种的土地之内进行的生产，而不是像以前那样是在自己耕种的土地之旁和之外的领主庄园中进行的生产。这种剩余生产，在这里已经成为一个不言而喻的常规。在这种关系中，直接生产者或多或少可以支配自己的全部劳动时间的使用，虽然这个劳动时间的一部分（原来几乎是它的全部剩余部分）仍然是无偿地属于土地所有者；只是后者现在已经不是直接在劳动时间的自然形式上得到它，而是在它借以实现的产品的自然形式上得到它。

4. 货币地租

在这里，我们把货币地租——它和建立在资本主义生产方式基础上的产业地租或商业地租不同，后者只是超过平均利润的余额——理解为单纯由产品地租的形式转化而产生的地租，就像产品地租本身只是已经转化的劳动地租一样。在这里，直接生产者不是把产品，而是把产品的价格付给他的土地所有者（不管是国家还是私人）。因此，一个实物形式的产品余额已经不够；它必须由这个实物形式转化为货币形式。虽然直接生产者仍然要继续亲自生产至少是他的生存资料的绝大部分，但是现在他的一部分产品必须转化为商品，当做商品来生产。因此，整个生产方式的性质就或多或少发生了变化。生产方式失去了它的独立性，失去了超然于社会联系之外的性质。现在由或多或少的货币支出所构成的生产费用所占的比率有了决定性的意义；无论如何，总产品中超过一方面必须重新用作再生产资料，另一方面必须用作直接生存资料的部分而要转化为货币的那部分余额，现在有了决定性的意义。但这种地租的基础，虽然已日趋解体，还是和在那种构成出发点的产品地租的场合下一样。直接生产者仍旧是继承的或其他传统的土地占有者，他必须向他的这种最重要的生产条件的所有者即地主，以转化为货币的剩余产品的形式，提供剩余的强制劳动，也就是没有报酬、没有得到等价的劳动。对那些和土地不同的劳动条件，即对农具和其他动产的所有权，在先前的各种形式下就已经先是在事实上，然后又在法律上，转化为直接生产者的所有权；这一点对货币地租形式来说，更是先决条件。起初只是偶然的，尔后或多或少在全国范围内发生的从产品地租到货币地租的转化，要以商业、城市工业、一般商品生产从而货币流通有了比较显著的发展为前提。这种转化还要以产品有一个市场价格，并或多或少接近自己的价值出售为前提，而在先前的几种形式下，却不需要如此。

但是，作为产品地租的转化形式并和它相对立的货币地租，是我们以上所考察的那种地租，即作为剩余价值的和向生产条件所有者提供的无酬剩余劳动的正常形式的地租的最后形式，同时又是它的解体形式。

货币地租在其进一步的发展中——撇开一切中间形式，例如撇开小农租佃者的形式不说——必然或者使土地变为自由的农民财产，或者导致资本主义生产方式的形式，导致资本主义租地农场主所支付的地租。

在实行货币地租时，占有并耕种一部分土地的隶属农民和土地所有者之间的传统的合乎习惯法的关系，必然转化为一种由契约规定的、按成文法的固定规则确定的纯粹的货币关系。因此，从事耕作的占有者实际上变成了单纯的租佃者。一方面，这种转化在其他方面均适宜的一般生产关系下，会被利用来逐渐剥夺旧的农民占有者，而代之以资本主义租地农场主；另一方面，这种转化又使从前的占有者得以赎免交租的义务，转化为一个对自己耕种的土地取得完全所有权的独立农民。此外，在由实物地租转化为货币地租时，不仅与此同时必然形成一个无产的、为货币而受人雇用的短工阶级，而且甚至在这种转化之前就形成这个阶级。在这个新阶级刚刚产生，还只是偶然出现的时期，在那些境况较佳的有交租义务的农民中间，必然有那种自行剥削农业雇佣工人的习惯发展起来，正如早在封建时期，富裕的依附农自己又拥有依附农一样。因此，他们积累一定的财产并且本人转化为未来资本家的可能性也就逐渐发展起来。在这些旧式的、亲自劳动的土地占有者中间，也就形成了培植资本主义租地农场主的温床，他们的发展，取决于农村以外的资本主义生产的一般发展，如果像在16世纪的英国那样，由于出现了特别有利的情况，对他们起了促进作用，例如，当时由于货币不断贬值，传统的长期租约使土地所有者蒙受损失，却使租地农场主发了财，那么，租地农场主就会特别迅速地发展起来。

此外，地租一旦取得货币地租的形式，同时，交租农民和土地所有者的关系一旦取得契约关系的形式——这种转化一般只是在世界市场、商业和工业已有一定的比较高的发展程度以后才有可能——也就必然出现租赁土地给资本家的现象。这些资本家一向置身在农村范围之外，现在却把他们在城市中获得的资本和城市中已经发展的资本主义经营方式，即产品只是作为商品，并且只是作为占有剩余价值的手段来生产的形式，带到农村和农业中来。这个形式只有在那些在从封建主义生产方式过渡到资本主义生产方式时期支配着世界市场的国家，才能成为一般的常规。一旦资本主义租地农场主出现在土地所有者和实际从事劳动的农民之间，一切从农村旧的生产方式产生的关系就会解体。租地农场主成了这种农业工人的实际指挥官，成了他们的剩余劳动的实际剥削者，而土地所有者现在只和这种资本主义租地农场主发生直接关系，而且是单纯的货币关系和契约关系。因此，地租的性质也发生了变化，并且这种变化不仅是实际的和偶然的（这在以前各种形式上已经部分地发生过），而且是正常的，是在它的公认的和占统治地位的形式上发生的。它已经由剩余价值和剩余劳动的正常形式，下降为这个剩余劳动超过从事剥削的资本家以利润形式占有的部分而形成的余额，并且全部剩余劳动，即利润和超过利润的余额，现在都直接由他榨取，以总剩余产品的形式由他取得，并转化为货币。现在，他交给土地所有者的地租，只是他用他的资本直接剥削农业工人而榨取的这个剩余价值的一个超额部分。他要交给土地所有者多少，平均说来，其界限是由资本在非农业生产部门提供的平均利润和由后者调节的非农业的生产价格决定的。因此，现在地租就由剩余价值和剩余劳动的正常形式，变为这个特殊生产部门即农业生产部门所特有的、超过被资本当做应优先归自己所有并且通常也归自己所有的东西而要求取得的那部分剩余劳动而形成的余额。现在，剩余价值的正常形式已经不是地租，而是利润，地租已经不是剩余价值一般在特殊情况下独立化的形式，而只是剩余价值的一个分支即超额利润在特殊情况下独立化的形式。

5. 分成制和农民的小块土地所有制

分成制可以看成是由地租的原始形式到资本主义地租的过渡形式，在这种形式下，经营者（租地农民）除了提供劳动（自己的或别人的劳动），还提供经营资本的一部分，土地所有者除了提供土地，还提供经营资本的另一部分（例如牲畜），产品则按一定的、不同国家有所不同的比例，在租地人和土地所有者之间进行分配。在这里，从一方面说，租地农民没有足够的资本去实行完全的资本主义经营。从另一方面说，土地所有者在这里所得到的部分并不具有纯粹的地租形式。它可能实际上包含他所预付的资本的利息和一个超额地租。它也可能实际上吞并了租地农民的全部剩余劳动，或者从这个剩余劳动中留给租地农民一个或大或小的部分。但重要的是，地租在这里已不再表现为剩余价值一般的正常形式。一方面，只使用本人劳动或者也使用别人劳动的租地人，不是作为劳动者，而是作为一部分劳动工具的所有者，作为他自己的资本家，要求产品的一部分。另一方面，土地所有者也不只是根据他对土地的所有权，并且也作为资本的贷放者，要求得到自己的一份。

再看一看**小块土地所有制**。在这里，农民同时就是他的土地的自由所有者，土地则是他的主要生产工具，是他的劳动和他的资本的不可缺少的活动场所。在这个形式下，不支付任何租金；因而，地租不表现为剩余价值的一个分离出来的形式，尽管在资本主义生产方式通常已经发展的国家里，同其他生产部门比较，它也会表现为超额利润，不过这种超额利润和劳动的全部收益一样，为农民所得。

自耕农的这种自由小块土地所有制形式，作为占统治地位的正常形式，一方面，在古典古代的极盛时期，形成社会的经济基础，另一方面，在现代各民族中，我们又发现它是封建土地所有制解体所产生的各种形式之一。

自耕农的自由所有权，对小生产来说，也就是对下述生产方式来说，显然是土地所有权的最正常的形式——在这种生产方式中，土地的占有是劳动者对本人的劳动产品拥有所有权的一个条件；在这种生产方式中，耕者不管是一个自由的土地所有者，还是一个隶属农民，总是独立地作为单独的劳动者，同他的家人一起生产自己的生存资料。土地的所有权是这种生产方式充分发展的必要条件，正如工具的所有权是手工业生产自由发展的必要条件一样。在这里，土地的所有权是个人独立性发展的基础。它是农业本身发展的一个必要的过渡点。这种土地所有权衰亡的原因表明了它的限度。这些原因就是：它的正常的补充物即农村家庭工业，由于大工业的发展而被消灭；处在这种耕作下的土地逐渐贫瘠和地力枯竭；公有地（这在一切地方都是小块土地经济的第二个补充物，并且只是因为有了公有地，小块土地经济才有可能饲养牲畜）为大土地所有者所霸占；作为种植园经营的大农业或以资本主义方式经营的大农业加入竞争。农业上的各种改良一方面降低了土地产品的价格，另一方面要求较大的投资和更多的物质生产条件，这些也促进了上述土地所有权的灭亡，例如在18

世纪上半叶的英国，情况就是这样。

小块土地所有制按其性质来说排斥社会劳动生产力的发展、劳动的社会形式、资本的社会积聚、大规模的畜牧和对科学的累进的应用。

高利贷和税收制度必然到处使这种所有制陷入贫困境地。资本在土地价格上的支出，势必夺去用于耕种的资本。生产资料无止境地分散，生产者本身无止境地互相分离。人力产生巨大的浪费。生产条件越来越恶化和生产资料越来越昂贵是小块土地所有制的必然规律。对这种生产方式来说，好年成也是一种不幸。

小农业在它和自由的土地所有权结合在一起的地方所特有的弊病之一，来自于耕者必须投入一笔资本购买土地。（这同样适用于这样一种过渡形式，在这种形式下，大土地所有者首先投入一笔资本购买土地，然后作为自己的租地农场主来从事经营。）由于土地在这里作为单纯的商品取得了可动性，财产的变动也就增加了，这样一来，对每个新的一代来说，在每次分配遗产时，从农民的观点看来，土地都要重新作为投资出现，也就是说，成为他所购买来的土地。因此，土地价格在这里也就在各项虚假的生产费用中，或在单个生产者的产品成本价格中构成一个压倒一切的要素。

小土地所有制的前提是：人口的最大多数生活在农村，占统治地位的，不是社会劳动，而是孤立劳动；在这种情况下，财富和再生产的发展，无论是再生产的物质条件还是精神条件的发展，都是不可能的，因而，也不可能具有合理耕作的条件。在另一个方面，大土地所有制使农业人口减少到一个不断下降的最低限量，而同他们相对立，又造成一个不断增长的拥挤在大城市中的工业人口。由此产生了各种条件，这些条件在社会的以及由生活的自然规律所决定的物质变换的联系中造成一个无法弥补的裂缝，于是就造成了地力的浪费，并且这种浪费通过商业而远及国外。

如果说小土地所有制创造出了一个半处于社会之外的未开化的阶级，它兼有原始社会形式的一切粗野性和文明国家的一切贫困痛苦，那么，大土地所有制则在劳动力的天然能力借以逃身的最后领域，在劳动力作为更新民族生活力的后备力量借以积蓄的最后领域，即在农村本身中，破坏了劳动力。大工业和按工业方式经营的大农业共同发生作用。如果说它们原来的区别在于，前者更多地滥用和破坏劳动力，即人类的自然力，而后者更直接地滥用和破坏土地的自然力，那么，在以后的发展进程中，二者会携手并进，因为产业制度在农村也使劳动者精力衰竭，而工业和商业则为农业提供使土地贫瘠的各种手段。

第七篇 各种收入及其源泉

第48章　三位一体的公式

第49章　关于生产过程的分析

第50章　竞争的假象

第51章　分配关系和生产关系

第52章　阶　级

第48章

三位一体的公式

1

资本—利润（企业主收入加上利息），土地—地租，劳动—工资，这就是把社会生产过程的一切秘密都包括在内的三位一体的形式。

其次，因为正如以前已经指出的那样，利息表现为资本所固有的、独特的产物，与此相反，企业主收入则表现为不以资本为转移的工资，所以，上述三位一体的形式可以进一步归结为：

资本—利息，土地—地租，劳动—工资；在这个形式中，利润，这个体现资本主义生产方式的独特特征的剩余价值形式，就幸运地被排除了。

如果我们现在更仔细地考察一下这个经济上的三位一体，我们就会发现：

每年可供支配的财富的各种所谓源泉，属于完全不同的领域，彼此之间毫无相同之处。它们互相之间的关系，就像公证人的手续费、甜菜和音乐之间的关系一样。

资本，土地，劳动！但资本不是物，而是一定的、社会的、属于一定历史社会形态的生产关系，后者体现在一个物上，并赋予这个物以独特的社会性质。资本不是物质的和生产出来的生产资料的总和。资本是已经转化为资本的生产资料，这种生产资料本身不是资本，就像金或银本身不是货币一样。社会某一部分人所垄断的生产资料，同活劳动力相对立而独立化的这种劳动力的产品和活动条件，通过这种对立在资本上人格化了……因此，在这里，对于历史地形成的社会生产过程的因素之一，我们有了一个确定的、乍一看来极为神秘的社会形式。

现在，与此并列，又有土地，这个无机的自然界本身，这个完全处在原始状态中的"粗糙的混沌一团的天然物"。价值是劳动，因此，剩余价值不可能是土地。

最后，作为其中的第三个同盟者的，只是一个幽灵——劳动，这只不过是一个抽象，就它本身来说，是根本不存在的……只是指人借以实现人和自然之间的物质变换的人类一般的生产活动，它不仅已经脱掉一切社会形式和性质规定，而且甚至在它的单纯的自然存在上，不以社会为转移，超越一切社会之上，并且作为生命的表现和证实，是尚属非社会的人和已经有某种社会规定的人所共同具有的。

2

在资本—利息、土地—地租、劳动—工资这个公式中，资本、土地和劳动，分别表现为利息（代替利润）、地租和工资的源泉，而利息、地租和工资则是它们各自的产物，它们的果实。前者是根据，后者是归结；前者是原因，后者是结果；而且每一个源泉都把它的产物当做是从它分离出来的、生产出来的东西。

3

在资本—利润（或者，更恰当地说是资本—利息）、土地—地租、劳动—工资中，在这个表示价值和财富一般的各个组成部分同其各种源泉的联系的经济三位一体中，资本主义生产方式的神秘化，社会关系的物化，物质的生产关系和它们的历史社会规定性的直接融合已经完成：这是一个着了魔的、颠倒的、倒立着的世界。在这个世界里，资本先生和土地太太，作为社会的人物，同时又直接作为单纯的物，在兴妖作怪。古典经济学把利息归结为利润的一部分，把地租归结为超过平均利润的余额，使这二者以剩余价值的形式一致起来；此外，把流通过程当做单纯的形式变化来说明；最后，在直接生产过程中把商品的价值和剩余价值归结为劳动；这样，它就把上面那些虚伪的假象和错觉，把财富的不同社会要素互相间的这种独立化和硬化，把这种物的人格化和生产关系的物化，把日常生活中的这个宗教揭穿了。这是古典经济学的伟大功绩。然而，甚至古典经济学的最优秀的代表——从资产阶级的观点出发，只能是这样——也还或多或少地被束缚在他们曾批判地予以揭穿的假象世界里，因而，都或多或少地陷入不彻底性、半途而废状态和没有解决的矛盾之中。另一方面，实际的生产当事人对资本—利息、土地—地租、劳动—工资这些异化的不合理的形式感到很自在，这也同样是自然的事情，因为他们就是在这些假象的形态中活动的，他们每天都要和这些形态打交道。庸俗经济学无非是对实际的生产当事人的日常观念进行教学式的、或多或少教义式的翻译，把这些观念安排在某种有条理的秩序中。因此，它会在这个消灭了整个内部联系的三位一体中，为自己的浅薄的妄自尊大，找到自然的不容怀疑的基础，这也同样是自然的事情。同时，这个公式也是符合统治阶级的利益的，因为它宣布统治阶级的收入源泉具有自然的必然性和永恒的合理性，并把这个观点推崇为教条。

第49章

关于生产过程的分析

为了避免不必要的困难，必须把总收益和纯收益同总收入和纯收入区别开来。

总收益或总产品是再生产出来的全部产品。把固定资本中曾被使用但是没有消费掉的部分撇开不说，总收益或总产品的价值，等于预付的并在生产中消费掉的资本即不变资本和可变资本的价值，加上分解为利润和地租的剩余价值。或者，如果我们不是考察单个资本的产品，而是考察社会总资本的产品，那么，总收益等于构成不变资本和可变资本的物质要素加上表现为利润和地租的那种剩余产品的物质要素。

总收入是总生产中扣除了补偿预付的并在生产中消费掉的不变资本的价值部分和由这个价值部分计量的产品部分以后，总产品所余下的价值部分和由这个价值部分计量的产品部分。因而，总收入等于工资（或预定要重新成为工人收入的产品部分）＋利润＋地租。但是，纯收入却是剩余价值，因而是剩余产品，这种剩余产品是扣除了工资以后所余下的，实际上也就是由资本实现的并与土地所有者瓜分的剩余价值和由这个剩余价值计量的剩余产品。

我们已经知道，每一个商品的价值和每一个资本的全部商品产品的价值，都分成两部分：一部分只补偿不变资本；另一部分虽然本身有一部分会作为可变资本流回，因而会以资本的形式流回，却预定要全部转化为总收入，并采取工资、利润和地租的形式，这三者的总和就是总收入。我们还知道，一个社会的年总产品的价值也是这样。单个资本家的产品和社会的产品之间的区别只在于：从单个资本家来看，纯收入不同于总收入，因为后者包括工资，前者不包括工资。如果考察整个社会的收入，那么国民收入是工资加上利润加上地租，也就是总收入。但是，这也只是一种抽象，因为在资本主义生产的基础上，整个社会是站在资本主义的立脚点上，因而只把分解为利润和地租的收入看做纯收入。

但是，如果像萨伊先生那样，认为全部收益，全部总产品，对一个国家来说都分解为纯收益，或者同纯收益没有区别，因而这种区别从国家的角度来看不复存在，那么，这种幻想不过是亚当·斯密以来贯穿整个政治经济学的荒谬教条的必然的和最后的表现，即认为商品价值最终全部分解为收入即工资、利润和地租这样一种教条的必然的和最后的表现。

施托尔希下面这段话，也表达了许多其他人的意见。他说：

"形成国民收入的各种可出售的产品，在政治经济学上必须用两种不同的方法来考察：在对个人的关系上应看做价值；在对国民的关系上应看做财富；因为国民的收入，不是像个人的收入那样，按照它的价值来估计，而是按照它的效用，或者说按照它所能满足的需要来估计。"（《论国民收入的性质》第19页）

第一，将一个把自己的生产方式建立在价值基础上，进而按照资本主义方式组织起来的国家，看成是一个单纯为了满足国民需要而工作的总体，这是错误的抽象。

第二，在资本主义生产方式消灭以后，但社会生产依然存在的情况下，价值决定仍会在下述意义上起支配作用：劳动时间的调节和社会劳动在不同的生产类别之间的分配，最后，与此有关的簿记，将比以前任何时候都更重要。

第 50 章

竞争的假象

　　竞争使劳动的市场价格提高或降低。假定劳动的需求和供给相抵,那么工资又由什么决定呢?由竞争决定。但我们正好假定不再由竞争决定,假定竞争已经由于它的两种相反的力量的平衡而不起作用。我们正是要找出工资的自然价格,即不由竞争调节而是反过来调节竞争的劳动价格。

　　还有一个办法,就是使劳动的必要价格由工人的必要生活资料来决定。但这种生活资料也是有价格的商品。因此,劳动价格是由必要生活资料的价格决定,而生活资料的价格,同所有其他商品的价格一样,首先是由劳动价格决定。因此,由生活资料价格决定的劳动价格,还是要由劳动价格决定。劳动价格由劳动价格决定。换句话说,我们不知道劳动价格究竟是由什么决定的。在这里,劳动有价格,是因为它被当做商品。因此,要谈劳动价格,我们就必须知道价格究竟是什么。但用这种方法,我们恰恰无法知道价格究竟是什么。

　　尽管如此,我们还是假定,劳动的必要价格就是按这种令人满意的方法决定的。但形成商品价格第二要素的平均利润,即每个资本在正常条件下的利润又是怎样决定的呢?平均利润应当由平均利润率决定;平均利润率又是怎样决定的呢?由资本家之间的竞争决定吗?但这种竞争已经以利润的存在为前提。它假定同一个生产部门或不同的生产部门有不同的利润率，因而有不同的利润。竞争之所以能够影响利润率，只是因为它影响商品的价格。竞争只能使同一个生产部门内的生产者以相等的价格出售他们的商品，并使不同生产部门内的生产者按照这样一个价格出售商品，这个价格使他们得到相同的利润，得到已经部分地由工资决定的商品价格上的同一比例的加价。因此，竞争只能使不等的利润率平均化。要使不等的利润率平均化，利润作为商品价格的要素必须已经存在。竞争不创造利润。利润的水平，在平均化过程发生的时候便形成了。竞争不过使它提高或降低，但并不创造它。并且，当我们说必要利润率时，我们正是想要知道那种不以竞争的运动为转移却反而调节竞争的利润率。平均利润率是在互相竞争的资本家势均力敌的时候出现的。竞争可以造成这种均势，但不能造成在这种均势下出现的利润率。当这种均势形成的时候，一般利润率为什么会是10%、20%或100%呢？是由于竞争吗？正好相反，竞争消除了那些造成与10%或20%或100%相偏离的原因。它导致某一商品价格，在这一价格下，每个资本都比例于它的量提供相同的利润。但这个利润本身的量与竞争无关。竞争只是使一切偏离不断地归于这个数量。一个人和其他人竞争；竞争迫使他和其他人一样按同一价格出售商品。但这个价格为什么是10或20或100呢？

这样，只有一个办法，就是把利润率，从而利润，解释为一个以无法理解的方式决定的加价，它被加到在此之前已经由工资决定的商品价格上去。竞争告诉我们的唯一的一点是，这个利润率必须是一个已定的量。而我们在说一般利润率和利润的"必要价格"之前，就已经知道这一点了。

把这个荒谬的推论过程搬到地租上来重新探讨一番，是完全不必要的。无须重新探讨就可以看到，如果把这个过程多少贯彻下去，就会使利润和地租表现为由一些无法理解的规律决定的单纯加价，它们被加到首先由工资决定的商品价格上去。一句话，竞争必须说明经济学家所不理解的一切东西，其实正好相反，经济学家必须说明竞争。

在单个资本家之间进行的竞争和在世界市场上进行的竞争中，作为不变的和起调节作用的量加入到计算中去的，是工资、利息和地租的已定的和预先存在的量。这个量不变，不是指它们的量不会变化，而是指它们在每一单独场合都是已定的，并且对不断波动的市场价格来说形成不变的界限。例如，在世界市场上进行的竞争中，问题仅仅在于：在工资、利息和地租已定时，按照或低于既定的一般市场价格出售商品是否能够得到利益，也就是说，能够实现相当的企业主收入。如果一个国家由于资本主义生产方式总的说来不发展，因而工资和土地价格低廉，资本的利息却很高，而另一个国家的工资和土地价格名义上很高，资本的利息却很低，那么，资本家在前一国家就会使用较多的劳动和土地，在后一国家就会相对地使用较多的资本。在估计两个国家之间这里可能在多大程度上发生竞争时，这些因素是起决定作用的要素。因此在这里，经验从理论方面，资本家的利己盘算从实践方面表明：商品价格由工资、利息和地租决定，由劳动的价格、资本的价格和土地的价格决定；这些价格要素确实是起调节作用的价格形成要素。

当然，这里总有一个要素不是预先存在的，而是由商品的市场价格产生的。这就是超过由工资、利息和地租这几个要素相加得出的成本价格而形成的余额。这第四个要素，在每一单独场合，都表现为由竞争决定，在把各个场合加以平均的情况下，则是由平均利润决定。这个平均利润又是由同一个竞争来调节，不过这是在较长期间内的事情。

第51章
分配关系和生产关系

由每年新追加的劳动新加进的价值——从而,年产品中体现这个价值并且能够从总收益中取出和分离出来的部分——分成三个部分,它们采取三种不同的收入形式,这些形式表明,这个价值的一部分属于或归于劳动力的所有者,另一部分属于或归于资本的所有者,第三部分属于或归于地产的所有者。因此,这就是分配的关系或形式,因为它们表示出新生产的总价值在不同生产要素的所有者中间进行分配的关系。

按照通常的看法,这些分配关系被认为是自然的关系,是从一切社会生产的性质,从人类生产本身的各种规律中产生出来的关系。诚然,不能否认,资本主义以前的社会出现过其他的分配方式,但是,人们把那些方式说成是这种自然分配关系的未发展的、未完成的、被伪装了的、没有被还原为最纯粹表现和最高形态的、具有异样色彩的方式。

这种见解中唯一正确的一点是:在任何一种社会生产(例如,自然发生的印度公社的社会生产,或秘鲁人的多半是人为发展起来的共产主义的社会生产)中,总是能够区分出劳动的两个部分,一个部分的产品直接由生产者及其家属用于个人的消费,另一个部分即始

第51章 分配关系和生产关系

终是剩余劳动的那个部分的产品，总是用来满足一般的社会需要，而不问这种剩余产品怎样分配，也不问谁执行这种社会需要的代表的职能。在这里我们撇开用于生产消费的部分不说。这样，不同分配方式的同一性就归结到一点：如果我们把它们的区别和特殊形式抽掉，只抓住同它们的区别相对立的一致，它们就是同一的。

更有学识、更有批判意识的人们，虽然承认分配关系的历史发展性质，但同时却更加固执地认为，生产关系本身具有不变的、从人类本性产生出来的因而与一切历史发展无关的性质。

相反，对资本主义生产方式的科学分析却证明：资本主义生产方式是一种特殊的、具有独特历史规定性的生产方式；它和任何其他一定的生产方式一样，把社会生产力及其发展形式的一个既定的阶段作为自己的历史条件，而这个条件又是一个先行过程的历史结果和产物，并且是新的生产方式由以产生的既定基础；同这种独特的、历史地规定的生产方式相适应的生产关系——即人们在他们的社会生活过程中、在他们的社会生活的生产中所处的各种关系——具有一种独特的、历史的和暂时的性质；最后，分配关系本质上和这些生产关系是同一的，是生产关系的反面，所以二者共有同样的、历史的和暂时的性质。

在考察分配关系时，人们首先是从年产品分为工资、利润和地租这种所谓的事实出发。但是，把事实说成这样是错误的。产品一方面分为资本，另一方面分为各种收入。其中一种收入，工资，总是先以资本形式同工人相对立，然后才取得收入的形式，即工人的收入的形式。生产出来的劳动条件和劳动产品总是作为资本同直接生产者相对立这个事实，从一开始就意味着：物质劳动条件和工人相对立而具有一定的社会性质，因而在生产本身中，工人同劳动条件的所有者之间，并且工人彼此之间，是处在一定的关系中。这些劳动条件转化为资本这个事实，又意味着直接生产者被剥夺了土地，因而存在着一定的土地所有权形式。

如果产品的一部分不转化为资本，它的另一部分就不会采取工资、利润和地租的形式。

另一方面，如果说资本主义生产方式以生产条件的这种一定的社会形式为前提，那么，它会不断地把这种形式再生产出来。它不仅生产出物质的产品，而且不断地再生产出产品在其中生产出来的那种生产关系，因而也不断地再生产出相应的分配关系。

当然，可以说，资本（以及资本作为自身的对立物而包括进来的土地所有权）本身已经以这样一种分配为前提：劳动者被剥夺了劳动条件，这些条件集中在少数个人手中，另外一些个人对土地拥有排他的所有权，总之，就是存在着论原始积累的那一部分（第1册第24章）已经说明过的全部关系。但是，这种分配完全不同于人们把分配关系看做与生产关系相对立而赋予它以一种历史性质时所理解的那种东西。人们谈到这种分配关系，指的是对产品中归个人消费的部分的各种索取权。相反，前面所说的分配关系，却是在生产关系本身内部由生产关系的一定当事人在同直接生产者的对立中所执行的那些特殊社会职能的基础。这种分配关系赋予生产条件本身及其代表以特殊的社会的质。它们决定着生产的全部性质和全部运动。

资本主义生产方式一开始就有两个特征。

第一，它生产的产品是商品。使它和其他生产方式相区别的，不在于生产商品，而在于，成为商品是它的产品的占统治地位的、决定的性质。这首先意味着，工人自己也只是表现为商品的出售者，因而表现为自由的雇佣工人，这样，劳动就表现为雇佣劳动。有了以上说明，已无须重新论证资本和雇佣劳动的关系怎样决定着这种生产方式的全部性质。这种生产方式的主要当事人，资本家和雇佣工人，本身不过是资本和雇佣劳动的体现者，人格化，是由社会生产过程加在个人身上的一定的社会性质，是这些一定的社会生产关系的产物。

这种性质，即1. 产品作为商品和2. 商品作为资本产品的性质，已经包含着一切流通关系，即产品必须通过并在其中取得一定社会性质的一定的社会过程；同样，这种性质也包含着生产当事人之间的一定的关系，这种关系决定着他们的产品的价值实现和产品到生活资料或生产资料的再转化。但是，即使撇开这点不说，从上述两种性质，即产品作为商品的性质，或商品作为按资本主义方式生产出来的商品的性质，就会得出全部价值决定和价值对全部生产的调节作用。在这个十分独特的价值形式上，一方面，劳动只作为社会劳动起作用；另一方面，这个社会劳动的分配，它的产品的互相补充，它的产品的物质变换，它从属于和被纳入社会的传动机构，这一切却听任资本主义生产者个人偶然的、互相抵消的冲动去摆布。因为这些人不过作为商品所有者互相对立，每个人都企图尽可能以高价出售商品（甚至生产本身似乎也只是由他们任意调节的），所以，内在规律只有通过他们之间的竞争，他们互相施加的压力来实现，正是通过这种竞争和压力，各种偏离得以互相抵消。在这里，价值规律不过作为内在规律，对单个当事人作为盲目的自然规律起作用，并且是在生产的偶然波动中，实现着生产的社会平衡。

其次，在商品中，特别是在作为资本产品的商品中，已经包含着作为整个资本主义生产方式的特征的社会生产规定的物化和生产的物质基础的主体化。

资本主义生产方式的**第二个**特征是，剩余价值的生产是生产的直接目的和决定动机。资本本质上是生产资本的，但只有生产剩余价值，它才生产资本。在考察相对剩余价值时，进而在考察剩余价值转化为利润时，我们已经看到，在这上面怎样建立起资本主义时期所特有的一种生产方式，这是劳动社会生产力发展的一种特殊形式，不过，这种劳动社会生产力是作为与工人相对立的资本的独立力量而发展的，并因而直接与工人本身的发展相对立。这种为了价值和剩余价值而进行的生产，像较为详细的说明已经指出的那样，包含着一种不断发生作用的趋势，就是要把生产商品所必需的劳动时间，即把商品的价值，缩减到当时的社会平均水平以下。力求将成本价格缩减到它的最低限度的努力，成了提高劳动社会生产力的最有力的杠杆，不过在这里，劳动社会生产力的提高只是表现为资本生产力的不断提高。

资本家作为资本的人格化在直接生产过程中取得的权威，他作为生产的领导者和统治者而担任的社会职能，同建立在奴隶生产、农奴生产等等基础上的权威，有重大的区别。

尽管在资本主义生产的基础上，对于直接生产者大众来说，他们的生产的社会性质是以实行严格管理的权威的形式，并且是以劳动过程的完全按等级组织的社会机制的形式出现的——这种权威的承担者，只是作为同劳动相对立的劳动条件的人格化，而不是像在以前的各种生产形式中那样，是作为政治的统治者或神权政体的统治者得到这种权威的——但是，在这种权威的承担者中间，在只是作为商品所有者互相对立的资本家本身中间，占统治地位的却是极端无政府状态，在这种状态中，生产的社会联系只是表现为对于个人随意性起压倒作用的自然规律。

只是由于劳动采取雇佣劳动的形式，生产资料采取资本的形式这样的前提——也就是说，只是由于这两个基本的生产要素采取这种独特的社会形式——价值（产品）的一部分才表现为剩余价值，这个剩余价值才表现为利润（地租），表现为资本家的盈利，表现为可供支配的、归他所有的追加的财富。但也只是由于一部分价值这样表现为**他的利润**，用来扩大再生产并构成一部分利润的追加生产资料，才表现为新的追加资本，并且整个再生产过程的扩大，才表现为资本主义的积累过程。

尽管劳动作为雇佣劳动的形式对整个过程的面貌和生产本身的特殊方式有决定的作用，雇佣劳动却并不决定价值。在价值的决定上所涉及的，只是社会一般劳动时间，只是社会一般可以支配的劳动量，而不同的产品在这个劳动量中所吸收的相对量，又在一定程度上决定着这些产品的各自的社会比重。当然，社会劳动时间在商品价值上作为决定要素起作用的一定形式，从下述意义上说是同劳动作为雇佣劳动的形式，以及生产资料作为资本这一相应形式联系在一起的，就是说，只有在这个基础上，商品生产才成为生产的一般形式。

我们再来考察一下这种所谓的分配关系本身。工资以雇佣劳动为前提，利润以资本为前提。因此，这些一定的分配形式是以生产条件的一定的社会性质和生产当事人之间的一定的社会关系为前提的。因此，一定的分配关系只是历史地规定的生产关系的表现。

现在我们来谈利润。剩余价值的这种一定的形式，是在资本主义生产形式中新形成生产资料的前提，因而是一种支配再生产的关系，虽然在资本家个人看来，好像他真正能够把全部利润当做收入来消费掉。但他会在这方面碰到限制，这些限制以保险基金和准备金的形式，以竞争规律等形式出现在他面前，并且在实践中向他证明，利润并不只是个人消费品的分配范畴。其次，整个资本主义生产过程，是由产品的价格来调节的。可是起调节作用的生产价格本身，又是由利润率的平均化和与之相适应的资本在不同社会生产部门之间的分配来调节的。因此，在这里，利润不是表现为产品分配的主要因素，而是表现为产品生产本身的主要因素，即资本和劳动本身在不同生产部门之间分配的因素。利润分割为企业主收入和利息，这表现为同一收入的分配。但这种分割的发生，首先是由于资本作为自行增殖的、生产剩余价值的价值的发展，由于占统治地位的生产过程的这种一定的社会形式的发展。这种分割从它本身发展出了信用和信用制度，因而也发展出了生产的形式。在利息上等等，所谓的分配形式是作为决定的生产要素加入价格的。

至于地租，它能够表现为只是分配的形式，因为土地所有权本身在生产过程本身中不执行职能，至少不执行正常的职能。但是 1. 地租只限于超过平均利润的余额；2. 土地所有者从生产过程和整个社会生活过程的操纵者和统治者降为单纯土地出租人，单纯用土地放高利贷的人，单纯收租人——这些事实却是资本主义生产方式的独特的历史产物。土地取得土地所有权的形式，是资本主义生产方式的历史前提。土地所有权取得允许农业实行资本主义经营方式的形式，是这个生产方式的特殊性质的产物。人们尽可以把其他社会形式中土地所有者的收入也称为地租。但那种地租和这个生产方式中出现的地租有本质的区别。

可见，所谓的分配关系，是同生产过程的历史地规定的特殊社会形式，以及人们在他们的人类生活的再生产过程中相互所处的关系相适应的，并且是由这些形式和关系产生的。这些分配关系的历史性质就是生产关系的历史性质，分配关系不过表现生产关系的一个方面。资本主义的分配不同于各种由其他生产方式产生的分配形式，而每一种分配形式，都会随着它由以产生并且与之相适应的一定的生产形式的消失而消失。

只把分配关系看做历史的东西而不把生产关系看做历史的东西的见解，一方面，只是资产阶级经济学刚开始进行还带有局限性的批判时的见解。另一方面，这种见解建立在一种混同上面，这就是，把社会的生产过程，同反常的孤立的人在没有任何社会帮助的情况下也必须完成的简单劳动过程相混同。就劳动过程只是人和自然之间的单纯过程来说，劳动过程的简单要素是这个过程的一切社会发展形式所共有的。但劳动过程的每个一定的历史形式，都会进一步发展这个过程的物质基础和社会形式。这个一定的历史形式达到一定的成熟阶段就会被抛弃，并让位给较高级的形式。分配关系，从而与之相适应的生产关系的一定的历史形式，同生产力，即生产能力及其要素的发展这两个方面之间的矛盾和对立一旦有了广度和深度，就表明这样的危急时刻已经到来。这时，在生产的物质发展和它的社会形式之间就发生冲突。

第 52 章

阶　　级

　　单纯劳动力的所有者、资本的所有者和土地的所有者——他们各自的收入源泉是工资、利润和地租——也就是说，雇佣工人、资本家和土地所有者，形成建立在资本主义生产方式基础上的现代社会的三大阶级。

　　在英国，现代社会的经济结构无疑已经达到最高度的、最典型的发展。但甚至在这里，这种阶级结构也还没有以纯粹的形式表现出来。在这里，一些中间的和过渡的阶层也到处使界限规定模糊起来（虽然这种情况在农村比在城市少得多）。不过，这种情况对我们的考察来说是无关紧要的。我们已经看到，资本主义生产方式的经常趋势和发展规律，是使生产资料越来越同劳动分离，使分散的生产资料越来越大量地积聚在一起，从而，使劳动转化为雇佣劳动，使生产资料转化为资本。另一方面，适应于这种趋势，土地所有权同资本和劳动相分离而独立，换句话说，一切土地所有权都转化为同资本主义生产方式相适应的土地所有权形式。

　　首先要解答的一个问题是：是什么形成阶级？这个问题自然会由另外一个问题的解答而得到解答：是什么使雇佣工人、资本家、土地所有者成为社会三大阶级的成员？

乍一看来，好像就是收入和收入源泉的同一性。正是这三大社会集团，其成员，形成这些集团的个人，分别靠工资、利润和地租来生活，也就是分别靠他们的劳动力、他们的资本和他们的土地所有权来生活。

不过从这个观点来看，例如，医生和官吏似乎也形成两个阶级，因为他们属于两个不同的社会集团，其中每个集团的成员的收入都来自同一源泉。对于社会分工在工人、资本家和土地所有者中间造成的利益和地位的无止境的划分——例如，土地所有者分成葡萄园所有者，耕地所有者，森林所有者，矿山所有者，渔场所有者——似乎同样也可以这样说。

计量单位和货币名称表

重 量

1 吨（Ton 英国）	=20 英担	1016.050 公斤
1 英担（Hundredweight 英国）	=112 磅	50.802 公斤
1 英担（Hundredweight 美国）	=100 磅	45.360 公斤
1 夸脱（Quart）	=28 磅	12.700 公斤
1 英石（Stone）	=14 磅	6.350 公斤
1 磅（Pound）	=16 盎司	453.592 克
1 英司（Ounce）		28.349 克

金药衡

1 磅（Troy pound）	=12 盎司	372.242 公斤
1 盎司（Troy pounce）		31.103 克
1 格令（Grain）		0.065 克

长 度

1 英里（Mile）	=5280 英尺	1609.329 米
1 码（Yard 英国）	=3 英尺	91.439 厘米
1 码（Elle 德国）		66.690 厘米
1 英尺（Foot）	=12 英寸	30.480 厘米
1 英寸（Inch）		2.540 厘米

面 积

1 英亩（Acre）	=4 路得	6.0703 市亩
40.47 公亩		4047.0 平方米

1 路得（Rood） 1011.7 平方米
1 公亩（Are） 100.0 平方米
1 摩尔根（Morgen） 2523.0 平方米

容 量

1 蒲式耳（Bushel） =8 加仑 36.349 升
1 加仑（Callon） =8 品脱 4.544 升
1 品脱（Pint） 0.568 升

货 币

1 镑（英国金币） =20 先令
1 先令（英国银币） =12 便士
1 便士（英国铜币） =4 法寻
1 法寻（英国铜币） =$\frac{1}{4}$ 便士
1 基尼（英国金币） =21 先令
1 索维林（英国金币） =1 镑
1 法郎（法国铸币） =100 生丁
1 利弗尔（法国银币） =1 法郎
1 生丁（法车辅币） =$\frac{1}{100}$ 法郎
1 塔勒（德国银币） =3 马克
1 马克（德国银币） =100 分尼
1 格罗申（德国银币） =12 分尼
1 分尼（德国铜币） =$\frac{1}{100}$ 马克

古尔登（德国和荷兰金币）
德拉马（希腊银币）
瑞斯（葡萄牙铸币）
马拉维第（西班牙金币）
杜卡特（欧洲金币，起源于意大利）

作者简介

刘炳瑛 中共中央党校经济学教授、博士生导师。1931年12月生于河北省无极县。1947年由师范学校参加工作，次年加入中国共产党。工作期间先后入中学、大学深造。1961年中国人民大学毕业后在中共中央党校任教至今。先后任《资本论》教研组长、政治经济学教研室副主任、培训部副主任、经济学教研部主任、全国党校系统《资本论》研究会常务副会长。现为中央党校市场经济研究中心主任、中国管理科学院终身院士和顾问、全国马克思主义经济学说史学会副会长、中国科学院管理干部学院兼职教授、山西大学商务学院名誉院长。

个人论著、合著和主编出版的著作主要有：《〈资本论〉学习纲要》（三卷本）、《〈资本论〉学习问答》、《〈资本论〉节选本学习提纲》、《〈资本论〉纲要和释疑》、《〈资本论〉辞典》、《〈资本论〉与市场经济》、《现代市场经济基本理论研究——兼对〈资本论〉拓宽探索》、《知识资本论》、《〈资本论〉体系与实践意义研究》、《现代市场经济》、《社会主义市场经济论纲》、《中国市场大趋势》、《刘炳瑛文集》等50余部；个人撰写发表的论文150余篇。

先后获得个人优秀论文奖、优秀著作奖、优秀报告奖、优秀教师奖、优秀教材奖、教育事业贡献奖、集体中国图书奖、"五个一工程"的一本好书奖等。终身享受国务院授予的为发展社会科学事业做出突出贡献的政府特殊津贴。入选《世界名人录》和《科学中国人·中国专家人才库》。